지리산의 마음

지리산댐백지화 및 지리산살리기운동 백서

지리산의 마음

2023년 9월 7일 초판 1쇄 펴냄
엮은이 지리산댐백지화 기념사업회(준)
편집 박은경
펴낸이 신길순
펴낸곳 (주)도서출판 **삼인**
전화 02-322-1845
팩스 02-322-1846
이메일 saminbooks@naver.com
등록 1996년 9월 16일 제25100-2012-000046호
주소 (03716) 서울시 서대문구 성산로 312 북산빌딩 1층

디자인 끄레디자인
인쇄 수이북스
제책 은정

ISBN 978-89-6436-250-1 93060
값 25,000원

지리산댐백지화 및 지리산살리기운동 백서

지리산의 마음

지리산댐백지화 기념사업회(준)

삼인

일러두기

이 책에서 출처가 표시되지 않은 사진들은 지리산생명연대와 실상사가 소장한 자료입니다.

함께한 모든 사람이 지리산입니다,
그 지리산에 엎드려 절합니다

지난 시간의 기억을 하나로 잘 꿰어내기란 참 힘든 일이었습니다. 지리산댐백지화 및 지리산살리기운동과 관련하여 20여 년 동안 있었던 사건들과 사람들은 지리산 봉우리 숫자처럼 이루 헤아릴 수가 없습니다. 엄청난 자료들의 틈바구니를 헤쳐가면서 하마터면 길을 잃을 뻔한 적도 많습니다. 기억 속으로 떠나는 탐사는 마치 아주 오래된 광맥을 채굴하는 것 같았습니다. 파고들어갈 때마다 저마다의 사연들이 보석처럼 빛납니다.

누군가는 지리산의 마음을 잘 느낄 수 있는 에세이집 형식이면 좋겠다고 하고, 누군가는 고생하지 말고 활동자료 잘 묶어서 자료집으로 내면 좋겠다고 하고…… 생각들도 다양했습니다. 그러나 지리산 에세이집을 만들든, 자료집을 만들든 그 많은 사연들을 다 담을 수는 없다는 것, 거기에도 기준이 필요했고, 취사선택이 있어야 했습니다. 적어도 이 운동을 아는 사람이라면 취하고 내려놓음이 얼마나 힘든 일인지 아시겠지요?

그래서 먼저 지리산댐백지화 및 지리산살리기운동의 전체적인 흐름과 정신을 이해할 수 있도록 해당 시기 관계자의 정리, 참여자의 후기를 중심에 세웠습니다. '고향땅에 살다가 묻히게 해주세요'라고 하셨던 어르신들의 이야기에 대해서는 그날의 사진들을 실어 안타깝고 감사한 마음을 표현했습니다. 함께 걸었던 낙동강 1,300리, 백두대간, 그리고 지리산 능선, 그보다 훨씬 더 길고 많은 지리산의 골짜기며 거기에 깃들여 사는 마을과 사람들…… 빛나는 보석들을 하나하나 들어 올리면서 함께했던 모든 분이 지리산임을 다시 한번 새기는 시간이었습니다.

다음으로 본문에서 글로 담지 못한 이야기는 부록에 주요 연혁과 자료로 담았습니다. 대응조직을 만들고 실행팀을 꾸리고 사회적 발언에 동참했던 사람들의 이름도 그대로 실었습니다. 명단 자체가 적지 않은 분량이라 고민도 많았지만 지리산을 지키기 위해 땀과 정성을 모았던 사람들의 이름을 빠짐없이 기억하는 것도 중요한 일이라는 생각이 들었습니다.

그렇게 갈래를 잡은 뒤에도 이 기념자료집을 펴낸다는 것은 욕심을 내려놓는 수행이었습니다. 자료를 하나씩 둘씩 빼고, 연혁을 한 줄 두 줄 지워가는 것이 결코 쉽지 않았습니다. 이 책에 실린 주요 연혁의 모든 행간에 수많은 대책회의, 기자회견, 시위와 집회, 거리 홍보, 만남 등 어마어마한 노고가 채워져 있다는 것을 말씀드리고 싶습니다. 그 행간에서 무수한 주민들의 노력, 특히 진주환경운동연합, 지리산생명연대 활동가들의 헌신을 떠올려주시기 바랍니다.

* * *

지리산댐 백지화 선언 이후 5년이 흘렀습니다. 그사이 세상의 변화 속도는 더 빨라져 실제로 체감되는 것은 5년이 아니라 더 아득한 옛날이야기로 느껴질 수도 있겠습니다. 예로 이삼십 년 전 '민족의 영산 지리산을 살리자'는 말은, 우리 사회에 엄청난 울림을 주었습니다. 사람들의 마음에 지리산을 그렇게 파헤친다는 것은 천지가 무너지는 소식이었던 게지요.

그러나 요즘 젊은 세대들과 이야기를 나누다 보면 우리가 그토록 가슴 떨려 했던 '지리산'이라는 이름이, '민족의 영산', '지리산 어머니의 품'이니 하는 말들이 그들에게 얼마나 낯선 말이 되었는지를 실감할 수 있습니다. 그렇게 지리산댐백지화와 지리산살리기운동은 이제 역사의 한 페이지가 되었습니다.

그래서 이 책이 더욱 필요한 것 같습니다. 생명의 안전과 평화를 기준으로 삼아 자연과 인간, 인간과 인간이 조화롭게 살아가는 생명평화세상을 향한 꿈을 꾸었던 사람들, 그 꿈을 가로막는 부당한 국가정책에 맞서서 굳건히 삶터를 지켜냈던 사람들의 이야기가 기억되기를 바랍니다. 그리고 지리산 어머니의 가르침으로 치켜들었던 '생명평화'의 깃발이 나부낄 때, 지리산이 고향의 어머니 품처럼 생각났으면 좋겠습니다.

지리산운동은 지리산의 눈으로, 지리산의 가르침으로, 지리산의 마음으로 살고자 하는 생명평화운동입니다. 그래서 지리산운동은 늘 현재 진행형입니다. 부디, 이 기념자료집이 삶의 전환을 꿈꾸고, 새로운 삶의 방식을 찾는 사람들에게 도움이 되기를 바랍니다.

2023년 여름
지리산댐백지화 기념사업회(준)

차례

여는글   함께한 모든 사람이 지리산입니다, 그 지리산에 엎드려 절합니다 5

1부

지리산 어머니의 마음을 듣다

지리산의 눈으로 지리산의 마음으로
―초기 지리산살리기운동의 간략한 서사 16
수지행 당시 지리산살리기·댐백지화 추진 범불교연대 홍보국장

지리산의 선물―시와 생명평화의 길 43
이원규 시인, 당시 지리산살리기 국민행동 사무처장

지리산 첫 마음 76
양재성 당시 함양제일교회 목사, 지리산을 사랑하는 열린 연대 운영위원장

지리산은 푸르게 낙동강은 맑게 82
허욱 당시 녹색연합 간사, 낙동강 1,300리 도보순례 총괄진행

나와 지리산, 지리산운동 90
이병철 당시 지리산공부모임 운영, 생명평화결사 운영위원장

출가행자의 방황하는 몸짓과 지리산운동 99
도법 당시 실상사 주지, 생명평화탁발순례단장

2부

삶터의 주인, 일어서다

또 하나의 역사가 된 제2차 지리산댐 백지화운동   108
이환문 당시 지리산댐백지화대책위 집행위원장

내 마음속 시와 같은 풍경   128
선시영 당시 지리산댐백지화마천면대책위 위원장

지리산 품고 눈보라 헤치며 걸었던 천 리 길 여정   135
이정훈 당시 실상사작은학교 학생

엄천강 하나 보고 귀농했는데   139
유진국 함양군 휴천면 운서마을 주민

'아니오'라고 말해야 했다!   144
임병택 함양시민연대 상임대표

흘러라, 생명·평화의 강   150
전성기 당시 지리산댐백지화함양대책위 위원장

후손에게 물려줘야 할 자연유산   155
김종관 당시 남원시의원, 지리산댐백지화남원대책위 공동위원장

3부

생명평화의 강, 산과 바다, 세상을 잇다

20년 만에 찍은 마침표　164
김휘근 당시 지리산생명연대 팀장

용유담아! 친구하자!　173
정상은 산내면 주민, 당시 자연놀이터 그래 대표

갈등조정가가 바라본 '지리산댐 사회적 대화'의 의미　184
조형일 당시 조계종 화쟁위원, 한국갈등조정연구소 대표

문정댐 관련 사회적 대화에서 화쟁위원회의 역할　195
홍준형 당시 서울대 행정대학원 교수, 댐사전검토협의회 위원장

4부

지
리
산
운
동
돌
아
보
기

—
지
리
산,
생
명
평
화,
공
동
체

어떤 이들이 20년 동안 힘을 모아, 지리산댐 백지화를
이루어냈을까요?—각계각층 연대로 문정을 지키다! 204
서울시NPO지원센터

한국의 생명평화사상과 지리산운동 214
조성환 원광대 원불교사상연구원 책임연구원

지리산운동의 역사와 과제 223
이환문 당시 지리산댐백지화대책위 집행위원장

지리산 한몸 한생명 통합문화권 연계협력 상생방안 236
박태갑 선비문화연구원 사무처장

주요 연혁 253
주요 자료 모음 273

1부

지리산 어머니의 마음을 듣다

ⓒ사진 강병규

지리산의 눈으로 지리산의 마음으로

—초기 지리산살리기운동의 간략한 서사

수지행

당시 지리산살리기·댐백지화 추진 범불교연대 홍보국장

1970년대 이후 고도성장의 다른 면은 자연과 인간의 관계 단절이었다. 모든 정책은 경제성장 중심, 기업 중심이었다. 기업의 성장은 곧 국민의 풍요로운 삶을 의미했다. 1991년 대구시민들을 비롯하여 영남 지역 주민들에게 극심한 고통과 불안을 주었던 두산전자 낙동강 페놀유출사건은 그 어두운 그늘에서 무슨 일이 벌어지고 있는지를 세상에 드러낸 한 단면이었을 뿐이다.

그러나 그러한 엄청난 사건도 한바탕의 소동으로 끝났을 뿐, 별다른 대책도 없이 경제성장의 이면에서 낙동강 수질은 계속 나빠지고 있었다. 그러던 중 1995년 대구시의 위천국가공단 건립 계획이 발표되면서 먹는물에 대한 부산·경남 여론은 더욱 급격히 악화되었다. 당연한 일이었다.

부산·경남 주민들의 안전한 식수 대책을 위해서 상수원인 낙동강 수질 개선이 급선무였다. 그러나 당시 신한국당과 정부는 낙동강상수원을 이전하는 대체 상수원 개발로 방향을 틀었다. 지리산 권역에 5~6개의 댐을 건설하겠다는 것이었다. 마침내 1998년 타당성조사를 위한 부산광역상수도 사업계획 예산안이 승인되고, 댐 건설계획에 착수하기에 이른다.

1999년 2월 진주환경운동연합 등 경남시민사회단체 회원들은 '낙동강살리기 및 위천공단건설 저지 경남도민 궐기대회'를 열고 이에 대한 대응에 들어갔고, 4월에는 진주환경운동연합, 함양기독교환경운동연대, 덕천강댐대책위 등 경남시민사회단체, 한나라당 갑/을지구당 등 총 59개 시민사회단체 및 정당이 참여한 '지리산식수댐계획 백지화투쟁본부'를 결성하였고, 본격적인 대응 활동이 이어졌다.

정부 역시 발 빠르게 상황을 급진전시키고 있었다. 1999년 5월 3일에는 경주에서 환경부 주관으로 '낙동강 물관리종합대책 영남권 토론회'를 열었다. 그러던 중, 8월 8일 MBC 〈시사매거진 2580〉에서 지리산댐 건설에 대한 내용이 방영되었다. 정부의 지리산댐 발상에 세상이 모두 놀랐다. 설마! 민족의 영산 지리산에 댐을 만든다고? 낙동강이 오염

되었으면 낙동강을 살려야지! 이건 낙동강 수질 개선은 포기하겠다는 거잖아.

지리산 유역 주민들의 반응은 더욱 그러했다. 주민들도 신속하게 움직였다. 8월 12일 지리산 문정댐 백지화 대책위원회가 출범하였다. 8월 23일 지리산을 사랑하는 열린 연대 창립총회, 8월 31일 지리산 휴천면 문정마을 수몰지역 주민궐기대회(200여 명 참가, 문정초등학교), 그리고 9월 30일 지리산 함양군 문정댐 백지화 대책위원회(함양 통합대책위)가 출범했다. 당시 지리산댐 백지화의 마음에는 민관이 따로 없었다. 함양군의 공식 입장도 '지리산댐 건설 반대'였고, 댐 예정지 주민들뿐만 아니라 함양지역의 군의원, 주요기관 단체장들도 백지화 대책위원회에 모두 참여하고 있었다.

10월 하순에 예정되어 있던 정부의 '낙동강 물관리종합대책 경남, 부산, 대구·경북 공청회'는 무산되었고, 10월 25일 진주 남강둔치에서는 '지리산댐백지화 및 낙동강살리기 경남도민 총궐기대회'가 열렸다. 도민 5,000여 명이 참여하여 '지리산댐 백지화! 낙동강을 살려라!'를 목놓아 외쳤다.

그럼에도 불구하고 정부는 1999년 12월 30일 '낙동강 물관리종합대책 정부확정안'을 발표하였다. 1999년이, 20세기가 그렇게 저물었고, 21세기가 시작되었다. 그리고 이에 맞서 지리산을 지키고자 하는 기나긴 싸움이 시작되었다.

지리산운동이란 무엇인가

지리산운동이 무엇인가에 대해서는 여러 가지 견해가 있을 수 있다. 지리산의 생태보전과 관련해서 보면 1950~1960년대에 국립공원지정 운동이 있었고, 1980년대에도 지리산댐 반대운동이 있었다. 이 역시 지리산운동이라고 할 수 있을 것이다.

그렇다면 왜 21세기에 들어와서 유독 지리산운동이라는 말이 그토록 공공연하게 쓰였을까? 이 질문을 품은 채 이 운동의 결들을 하나씩 들여다보면, 20세기에서 21세기로 건너갈 시기의 지리산운동은 이전의 운동을 계승함과 동시에 내용에 있어서 훨씬 포괄성을 띤다는 것이 발견된다. 이전의 운동과 질적으로 다른 결이 생성되고 있는 점들을 살펴보면 다음과 같다.

첫째로, 시민사회와 종교계의 전면적인 연대와 협력이다. 물론 이전에도 종교계의 사회참여나 연대활동은 많이 있었고, 특히 이전의 민주화운동 과정에서 큰 역할을 담당했다. 그러나 4대 종단 또는 7대 종단이 연대하여 한목소리를 내고, 시민사회와 손잡고 운동의 전면에 나서는 것은 지리산운동의 과정에서, 그리고 그 이후 운동에서 더욱 두드러져 보인다.

둘째는 성찰과 기도, 학습과 수행이 운동에 있어 핵심적인 실천항목으로 떠올랐다는 점이다. 지리산운동은 무엇보다 자기성찰에 기초한 삶의 전환을 강조했고, 앎과 삶의 일치를 지향했다. 자기 삶의 현장을 가꾸는 운동이 강조되었다. 환경·생태의 문제를 다룸에 있어서도 대안운동을 통한 문제의 극복을 적극적으로 고민하였다. 이러한 고민은 정부나 개발이익을 추구하는 자들의 개발정책에 대한 반대에서 한 걸음 더 나아가 주민이 주체로서 자기 삶의 현장을 가꾸어가는 생태적 지역공동체 모색으로 나아가게 했다.

셋째는 생태계의 지형이 자연과 인간에서 인간과 인간으로까지 확대되었다는 것이다. 지리산운동에 있어서 성찰이란 단순히 개인의 수신修身뿐 아니라 우리 사회가 문제를 다루는 방식까지 포괄하는 것이었다. 초기 지리산운동에서 낙동강 도보순례, 백두대간 순례, 지리산 도보순례는 그런 의미에서 매우 중요한 내용을 담고 있다. 순례 과정에서는 자연생태계만이 아니라 인간생태계가 함께 회복되어야 함이 거듭 강조되었다. 남북갈등, 남남갈등(좌우, 보혁갈등을 포함하여), 지역갈등, 남녀갈등, 세대 갈등 등 우리 사회에 만연한 대립과 갈등을 극복하고 화합과 상생의 사회를 만들어가자고 역설한 것이다.

우리 사회에서 남북분단과 좌우 갈등에 기반한, 인간과 인간의 뒤틀린 관계는 모든 문제를 합리적 대화로 다룰 수 없게 하는 근원이었다. 문제가 생기면 곧바로 대립과 갈등으로 몰아가는 근원적인 동력으로 작동했다. 어쩌면 민족의 영산이면서 동시에 민족사적 아픔을 담지한 지리산에서의 운동이 '자연과 인간의 관계'에서 '인간과 인간의 관계'라는 측면으로까지 문제의식을 확장한 것은 지극히 당연한 귀결이었을지도 모른다. 전국의 시민사회, 종교인 5천여 명이 함께했던 '생명평화 민족화해 지리산위령제'는 그러한 생각과 활동의 결과라고 할 수 있다.

지리산운동은 지리산댐 백지화 및 지리산살리기 운동의 과정에서 지리산이 품고 있는 생태적 가치, 종교적 가치, 역사적(민족사적) 가치에 더욱 깊이 접속해가면서 확장된 문제의식과 깨달음이며 실천이다. 이러한 인식은 지리산운동 과정에서 자주 쓰였던 '지리산 어머니의 마음'이라는 말이나 '지리산의 눈으로, 지리산의 마음으로, 지리산의 가르침으로 세상을 보자'는 슬로건으로 나타났다. 이 확장된 인식이야말로 민족의 영산 지리산의 가치와 역사에 조응하는 것이었다.

그리고 이러한 깨달음은 마침내 '내가 지리산이 되자'고 선언하기에 이른다. 지리산이 품고 있는 생태적 가치, 종교적 가치, 역사적(민족사적) 가치를 내 삶의 중심으로 삼고 살아가는 것, 그것이 바로 지리산운동이고 '생명평화운동'인 것이다. 지리산운동은 이처럼 자기성찰에 기반한 사상운동, 우리 삶터를 생명평화공동체로 가꾸는 대안운동으로 확장되어갔다.

지리산 어머니가 우리를 불렀다

이러한 지리산운동의 태동에는 풀뿌리 민주주의를 모색하던 연세대 정치학과 이신행 교수와 '지리산을 사랑하는 열린 연대', 그리고 지리산에서 민족정신을 찾고자 했던 '지리산공부모임'의 영향이 컸다고 생각된다. 이신행 교수는 1990년대에 학생들과 함께 지리산 언저리에 있는 함양, 구례 같은 지역사회를 많이 다녔다. 지역의 새로운 운동이나 운동단체들에 대한 조사를 벌이고 왕시루봉에 있는 산장에서 토론을 벌이곤 했다.

1999년 8월 23일, 이신행 교수, 함양제일교회의 양재성 목사, 순천 YMCA의 이학영 사무총장, 실상사 주지 도법 스님 등이 뜻을 내고 앞장서서 '지리산을 사랑하는 열린 연대'가 창립되었다. 경남 산청의 덕천서원, 남원과 진주의 YMCA와 각 지역의 교회, 화엄사, 쌍계사, 실상사 등 사찰들이 한목소리로 '민족의 영산, 지리산을 살리자'며 마음을 모았다.

지리산에서 시민사회와 종교계가 벽을 허물고 지리산이라는 이름 아래 하나가 되는 순간이었다. 한국 사회의 시민운동, 환경운동, 종교운동의 독특함도 그렇게 태어나게 되었다.

한편, 김지하 시인, 이병철 전 귀농운동본부장, 박재일 한살림 명예회장, 박성준 성공회대 교수 등 지리산에서 우리 민족정신을 찾으려 했던 사람들은 '지리산공부모임'을 꾸리고 있었다. 이 지리산공부모임에는 전국의 예술인, 학자, 종교인 등이 함께하고 있었다.

지리산에 댐을 만들려는 움직임이 생기자 '지리산을 사랑하는 열린 연대'와 '지리산공부모임'을 포함한 많은 단체들이 지리산댐 백지화운동을 함께하게 되었다. 이런 것을 시절 인연이라고 하는가. 사람들은 이때 '지리산 어머니가 우리를 불렀다'고 말한다.

지리산댐 백지화와 지리산 살리기를 위한 범불교토론회

2000년이 시작되면서 불교계가 움직이기 시작했다. 실상사 수몰 위험이라는 문제도 있었지만, 무엇보다 지리산에 있는 사찰들의 수행환경에 댐이 미치는 영향이 크기 때문이었다. 대한불교조계종 총무원 사회부는 지리산댐 건설과 사찰환경 피해를 조사했고, 그 결과로 정부의 각 관계부처에 지리산댐 백지화, 수자원공사의 환경부 이관 요구, 모든 댐 건설계획의 환경적 접근 등을 담은 조계종의 입장을 정부 각 부처에 전달했다.

지역에서는 실상사를 중심으로 지리산유역의 불교계가 움직이기 시작했고, 서울에서는 인드라망생명공동체, 경제정의실천불교연합, 한국불교환경교육원 등 30여 개 불교계 단체들이 이 문제를 공론화하자고 뜻을 모았다. 두 달여의 준비 기간을 통해 2000년 5월 30일 '지리산댐 백지화와 지리산 살리기를 위한 범불교토론회'를 열었다. 김석봉(진주환경운동연합 사무국장)의 '지리산댐 진행경과와 문제점', 해강 스님(지리산살리기 실상사 대책위 집행위원장)의 '지리산댐에 대한 범불교계의 입장'이라는 발제에 이어 영담 스님(불교신문사 사장), 최연(대한불교조계종 중앙신도회 사무총장), 이창구(함양댐 대책위 집행위원장), 임삼진(녹색연합 사무처장)이 토론에 함께했다. 수경 스님은 "환경운동은 생명구원사상을 기반으로 한 최대불사"라고 역설했고, 조계종 총무원에서도 "종단 차원에

2000년 5월 30일 조계사 문화교육관에서 열린 '지리산댐 백지화와 지리산 살리기'를 위한 범불교토론회.

서 적극적으로 지원하겠다"라고 의지를 밝혔다. 이 범불교토론회를 통해 지리산댐 백지화 촉구의 목소리는 비로소 불교계의 문제로 채택되었고, 나아가 지역을 넘어서는 계기가 되었다.

지리산살리기·댐백지화 추진 범불교연대 창립

범불교토론회에서의 결의는 범불교연대 구성으로 이어졌다. 2000년 6월 29일 조계사 대웅전 앞에서 2천여 명의 스님과 신자들이 참석한 가운데 '지리산살리기·댐백지화 추진 범불교연대'가 창립되었다. 범불교연대 상임대표는 수경 스님이 맡았다. 평생을 선방에서 선수행에 전념해온 수경 스님이 환경운동의 일선에 서게 된 것이다.

범불교연대의 활동을 통해 불교계는 '지리산댐'이라는 화두로 술렁거렸다. 불교인들은 '지리산댐 건설계획' 백지화가 '지리산도 살리고 낙동강도 살려' 장기적으로 낙동강 하류인 부산과 동부경남권의 주민들에게도 커다란 이익이 된다는 호소에 머리를 끄덕여주었다.

범불교연대는 '무엇이 진실인가?'를 제기했다. 과연 '낙동강 하류 지역에 깨끗한 물을 공급하기 위한 지리산댐 건설계획이 불가피하다는 건설교통부와 수자원공사의 입장이 진실을 담고 있는가?' 아니면 '낙동강 하류 지역의 깨끗한 물을 위해서는 힘겹지만 낙동강 본류의 오염원을 줄여 낙동강을 살려내기 위해 노력하고, 나아가 공급 위주의 수자원정책을 바꾸어내는 것이 필요하다는 주장에 진실이 담겨 있는가'였다.

범불교연대의 활동은 크게 두 가지 흐름으로 진행되었다. 첫째는 '지리산과 낙동강을 살리기' 위한 범국민행동을 조직하는 것, 둘째는 잘못된 수자원정책을 고수하고 있는 중앙과 지방 정부들의 '수자원정책 변화촉구' 운동이었다. 더하여 불교계 내부적으로는 교구본사 직영사찰 등 80여 개 사찰과 신행·사회단체 및 전 국민을 대상으로 100만 인 서명운동을 추진함으로써 지리산댐 건설계획의 허구성을 알리는 동시에

2000년 6월 29일
지리산살리기·댐
백지화 추진 범불
교연대 창립식이
조계사 마당에서
2,000여 명의 스
님과 신자들이 동
참한 가운데 열렸
다.

'생명살림운동이야말로 불자들이 해야 할 불사'라고 간곡히 호소했다.

2000년 8월 11일 함양 상림공원에서 열린 지리산문화제도 적극 지원하였다. 지리산문화제는 함양댐 백지화 대책위, 산청덕천강댐 백지화 대책위, 함양산청남원불교연대, 진주환경연합이 주최했는데, 방송인 김병조 씨가 사회를 보고, 시인 김지하, 국악인 조상현, 가수 현철, 국악인 김영동, 김성녀, 방송인 전유성, 가수 코요테, 국악동요노래패 예쁜 아이들, 부다팝 가수 도리도리, 남원농악단, 함양한들굿패 등 당시 내로라하는 출연진이 함께했다. 상림공원을 가득 메운 1만여 명에 가까운 지역 주민들은 "지리산을 그대로 두어라!"라고 목소리를 모았다.

당시 '지리산댐 백지화'라는 말을 단체명에 넣을까 말까를 둘러싸고 논쟁이 벌어지기도 했다. 그간의 관행에 비추어보자면 단체 이름에 '지리산댐 백지화'를 넣는 것은 당연했다. 투쟁의 목표가 분명해야 하기 때문이다. 단체 이름에 '지리산살리기'를 넣자는 측은 이 문제를 단순히 댐 문제로 보지 말자는 입장이었다. 댐을 반대하는 사람들만이 아니라 지리산에 애정을 가진 사람이라면 누구나 참여할 수 있는 운동, 지리산 댐이 백지화된 이후에도 이어질 수 있는 운동을 만들어보자는 것이었다. 환경운동은 대안운동의 성격을 함께 갖추어야 비로소 성공하는 운동이 될 수 있다고도 했다.

그러나 처음에는 이견이 좁혀지지 않아서 불교계 연대단체를 꾸릴 때엔 '지리산살리기·댐백지화 추진 범불교연대'라는 이름이었다가, 범국민 연대기구를 만들 때 비로소 '지리산살리기 국민행동'이란 이름으로 창립하게 되었다.

지리산살리기 국민행동 창립

환경운동연합, 녹색연합, 풀꽃세상을 위한 모임, 기독교환경운동연대 등 10여 개 시민환경단체는 지리산댐 건설에 공동 대응하기로 결의하고 '지리산댐 백지화 국민행동'(가칭)을 만들기로 합의했고, 남원 실상사에서 '국민행동 준비위원회'를 발족했다.

8월 30일 한국일보 대강당에서 '지리산살리기 국민행동'이 공식 발족되었다. 중앙의 시민환경운동 단체뿐만 아니라 가톨릭농민회 기독교윤리실천운동, 연세대 총학생회, 한국여성단체연합 등 종교를 초월한 각종 NGO와 정치 사회 문화 다방면에 걸쳐 총 189개 단체가 뭉쳤다. 도법 스님과 김장하 이사장(남성문화재단)이 영호남 지역대표를 맡았고, 수경 스님, 정중규 신부 등 종교계와 김지하 시인, 이세중 변호사, 이병철 대표(녹색연합) 등 문화·예술·환경·여성계 등에서 열네 명의 공동대표도 추대했다. 한국불교환경교육원 등 30여 환경단체를 주축으로 집행위원회를 구성했는데, 2백여 명이 참석한 가운데 열린 창립총회에서 공동집행위원장에 환경운동연합 최열 사무총장을 비롯한 다섯 명을, 상임집행위원장에 유재현 세민재단 이사장을, 사무처장에 환경운동연합의 양장일을 임명했다.

지리산살리기국민행동 창립대회
일시: 2000년 8월 30일 오후 2시　장소: 한국일보사 강당　주최: 지리산살리기국민행동 준비위원회

살리기 국민행동

2000년 8월 30일
한국일보 강당에
서 열린 지리산살
리기 국민행동 창
립대회.

　　창립 당시 국민행동이 천명한 활동방향은 첫째, 지리산댐 백지화, 둘째, 지리산살리기, 셋째, 범낙동강 수계댐 백지화운동, 넷째, 공급 위주 수자원정책의 변화촉구 등이다. 지리산댐 백지화운동이 마침내 낙동강 살리기 운동과 정부의 수자원정책 변화 운동으로 방향이 잡힌 것이다.

　　나아가 국민행동의 활동은 사회적 성찰 운동이기도 했다. 지리산과 낙동강을 살리기 위해서는 지리산과 낙동강 유역에서 살고 있는 사람들의 각고의 노력이 필요함을 역설했다. 이를 위해 자신의 생활 속에서 혹여 지리산과 낙동강의 건강성을 해칠 일은 없는지 뒤돌아보아야 할 것이며, 지리산과 낙동강이 우리에게 가르쳐주는 생명의 질서를 온전히 생활 속에 정착시키기 위한 생활 운동을 펼쳐나가야 한다고 호소했다. 또한 정부 당국자들은 더 이상 일방적이고 권위주의적인 밀실 행정으로는 한 치도 앞으로 나갈 수 없음을 명백히 깨달아야 할 것이며, 새로운 시대에 맞는 새로운 정책 방향과 방법론을 세우기 위한 각고의 노력을 기울여야 한다고 촉구했다.

지리산살리기 국민행동 — 낙동강 1,300리 도보순례

지리산살리기 국민행동은 창립 이후 첫 사업으로 낙동강 1,300리 도보순례를 진행했다. 지리산댐 건설계획은 애초에 낙동강 하류 지역민들의 식수난을 명분으로 중앙정부에서 추진된 사업이다. 따라서 식수난을 초래한 원인에 대한 진단은 올바른 것인지 낙동강 현장을 걸으며 알아보자는 것이 국민행동의 첫 번째 사업으로 채택된 것이었다. 이 도보순례는 '화합과 생명살림의 대장정'이라는 부제에서 보여주듯, 그동안 낙동강 문제를 통한 지역 간 갈등의 역사와 인간이 저질러온 자연파괴의 역사를 극복하자는 대의 아래 진행되었다.

부산·경남 시민들의 식수난의 원인은 낙동강의 물 부족에서 기인한 것이 아니라 낙동강의 오염에서 비롯된 것이었다. 따라서 그 해결책 역시 당연히 낙동강의 수질 개선과 낙동강 살리기에 있었다.

총 1,300리에 달하는 태백 황지에서 부산 을숙도까지의 대장정을 통해 도보순례단은 총 10개 지역에서 주민들과 간담회 및 결의대회를 진행했으며, 40여 개 지역단체가 동참하여 3,500여 명의 주민들과 함께 대장정을 끝마쳤다.

낙동강 도보순례는 지리산살리기 국민행동의 활동방향에 많은 시사점을 보여주었다. 하나는 10여 년 동안 낙동강 상부, 중부, 하부의 유역민들 역시 크고 작은 문제로 '낙동강살리기'의 대원칙에 동의하고 있다는 점이었다. 그러면서도 낙동강을 살리기 위한 구체적인 방법론에 대해서는 지역이 처한 사정에 따라 약간씩 다른 견해를 형성하고 있었다. 이를 해결하려면 진정으로 낙동강 전체를 보려는 노력과 더불어 인간의 눈이 아닌 살아 있는 낙동강의 건강성을 회복하는 관점에서 낙동강 살리기를 위한 구체적인 작업이 서둘러 진행되어야 했다.

둘째는 안타깝게도 중앙정부와 지역정부, 그리고 많은 정치가들이 낙동강 유역민들의 구체적 고통을 외면한 채, 제2의 성장신화, 즉 또 한 번의 지역개발이라는 명분으로 각종 개발정책(예를 들어 상부는 위락단지

2000년 10월 23일 낙동강 도보순례 출정식. 출발에 앞서 순례단원들과 지리산살리기 국민행동 대표단이 결의를 다지고 있다.

및 댐건설, 중부와 하부는 공간개발 등)을 남발하고 있었다는 점이다. 더욱 큰 문제는 이러한 제2의 성장신화에 대한 정치가들의 선동이 낙동강 유역의 경제난과 지난 10여 년 동안의 상대적 박탈감에 의거해 설득력을 가질 가능성이 매우 크다는 것이었다.

셋째는 이러한 어려운 상황 속에서도 낙동강 유역의 뜻있는 시민사회단체들 사이에서 낙동강을 살리기 위한 움직임이 일어나고 있었다는 점이다. 사실 1990년대 이후 10여 년 동안 낙동강 상부권의 오래된 낙후성과 중부권의 경제난, 그리고 하부권의 수돗물 오염파동을 통해 갈라진 지역민심 속에서 진실의 목소리를 내는 것은 지역단체로서 매우 힘든 선택이다. 그럼에도 불구하고 오랫동안 지역주민들과 함께하고 있는 몇몇 지역단체는 지방자치체의 무분별한 성장연합이나 정치가들의 얄팍한 정치적 판단을 넘어서는 내용의 목소리를 형성해가고 있었다.

도보순례는 인간의 욕망으로 빚어낸 21세기 생명위기에 대해 더욱 깊이 성찰하고, 참회와 반성, 그리고 새로운 모색이 필요함을 확실하게 되새길 기회가 되었다. 이러한 성찰과 참회는 이후 '청정국토기원 범종교계 백일기도', 백두대간 도보순례, 지리산 도보순례로 이어지고, '생명평화 민족화해 지리산위령제'로 모아지게 된다.

지리산살리기운동을 통해 우리는 지리산이 지닌 생태적 가치, 종교적 가치, 역사적 가치, 민족사적 가치를 더 깊게 깨닫게 되었다. 지리산은 지리산의 눈으로 세상을 바라볼 것을 가르쳤다. 세상의 고통에 대해 침묵하지 말 것을, 그 모든 문제가 어느 하나 나와 연관되지 않은 것이 없고, 내가 원인이 아닌 것이 없음을. 지리산살리기운동은 생명평화의

낙동강살리기 안동토론회.

도보순례단 부산시민 환영대회.(부산역 광장)

패러다임으로 자연과 인간, 사람과 사람, 지역과 지역의 문제를 바라볼 수 있게 해주었다.

한편, 국민행동은 도보순례를 마치고 11~12월에는 '반갑다, 반달곰아! 고맙다, 지리산아!'라는 주제로, 지리산 반달곰 보호를 위한 캠페인도 펼쳐나갔다. 지리산에서 야생 반달가슴곰이 발견되고, 지리산 생태에 대한 국민들의 관심도 커질 때였다. 지리산의 생태적 가치를 훼손하는 지리산댐 건설계획은 즉각 철회되어야 한다는 주장도 힘을 얻어갔다. 지리산댐 백지화와 지리산 살리기를 위해 전국을 뜨겁게 달구었던 한 해가 그렇게 깊어갔다.

청정국토기원 범종교계 100일 기도, 백두대간 종주, 지리산 도보순례

2001년이 되자 지리산살리기 국민행동은 "2001년을 민족의 영산 지리산 살리기의 원년으로 선포"했다. 연초에 '지리산 살리기와 낙동강 수질 개선을 위한 범국민 토론회'를 열어 지리산댐 건설계획이야말로 낙동강을 포기하는 정책이며, 지금 당장 필요한 것은 낙동강 수질 개선임을 명확히 했다.

그리고, 2월 16일부터 5월 26일까지 100일 동안 전국의 교회, 성당, 교당, 사찰 등에서 '청정국토 기원 범종교계 100일 기도'를 진행하고, 이 기간 동안 백두대간 종주, 지리산 850리 도보순례를 하고, 100일 기도를 마치는 5월 26일 지리산위령제를 계획했다.

2월 16일 범종교계 100일 기도를 시작하고, 2월 17일~4월 30일까지 70일 동안 연관 스님(실상사 화엄학림 학장), 전문산악인 박기성, 백두대간연합회 이광익 회장이 함께하는 '지리산의 생명살림을 염원하는 백두대간 종주'를 지리산에서 시작하여 진부령에서 완성했다. 5월 2일~18일까지의 '지리산 850리 도보순례'에는 백두대간에 함께했던 순례단원들외에 수경 스님을 비롯한 종교인들, 백두대간종주단, 박남준 시인, 이원규 시인, 장영철 화백 등 문화예술인이 순례단으로 결합했다. 지리산 도보순례 기간 동안 지리산 산골영화제, 좌우대립희생자 위령제, 지리산댐 백지화 활동을 하고, 운봉골프장 건설계획 저지, 하동 핵폐기물 처리장 설치 반대운동 등도 함께하면서 주민들과 지리산 살리기의 뜻을 모아갔다.

생명평화 민족화해 지리산위령제와 천일기도

'청정국토 기원 범종교계 100일 기도'의 100일째인 5월 26일 유교, 천도교, 민족종교, 원불교, 천주교, 개신교, 불교 등 7개 종단과 200여 시민사회단체, 여성계, 노동계, 문화예술계 등 5,000여 명이 참석한 가운데 '생명평화 민족화해 지리산위령제'가 지리산 달궁계곡에서 열렸다.

'생명평화 민족화해 지리산위령제'가 전국민적인 호응 속에서 막을 내렸지만, 지리산에서 올리는 생명평화 민족화해를 위한 기도는 끝나지 않았다. 아니 끝낼 수가 없었다. 지리산살리기운동을 통해 우리 사회에 막 '생명평화'라는 성성한 화두가 주어졌고, 이것은 정말 소중한 자산이다. 그러나 특별한 환기가 없다면, '생명평화'에 대한 관심과 분위기도 점차 가라앉을 수밖에 없을 터였다. 이 화두를 어떻게 하면 넓고 깊게 확장해갈 수 있을까.

도법 스님은 100일 기도를 계속해서 천일기도로 이어가자고 제안했다. 각자 현장에서 기도를 하고, 도법 스님 본인도 3년은 지리산권을 벗어나지 않고 실상사에서 기도를 올리겠다고 했다. 그리고 100일에 한 번씩 실상사에서 만나 함께 공부하고 기도하는 모임을 하면 어떻겠는가 하는 제안이었다. 그렇게 해서 뜻이 모아졌고, 지리산 어머니의 가르침인 '생명평화'는 '생명평화 민족화해 지리산 천일기도'를 통해 이어졌다. 그리고 천일기도를 하는 동안, 100일마다 모여 생명평화운동의 의미 있는 그물코를 꿰어냈다.

생명평화 민족화
해 지리산위령제.

판화가 이철수의
〈지리산위령제〉.

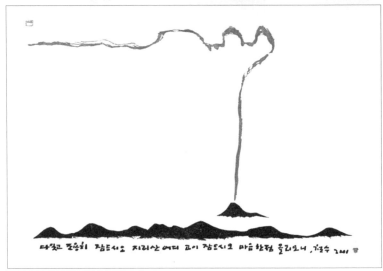

다았고 조용히 잠드시오 지리산 어디 고이 잠드시오 마음 한점 올리오니. 이철수 2001

지리산댐, 마침내 댐 후보지에서 제외되다

2001년 중반에는 '범영남권 낙동강유역 댐반대 투쟁위원회'가 활발
하게 활동하였고, 10월 29일에는 생명의 근원인 강과 물을 살리기 위
한 '댐반대 국민행동'이 창립되었다.

2001년 12월 정부는 댐건설장기계획(2001~2011)을 발표하였다. 물

부족을 해소한다는 명분으로 전국 12개 신규 댐 건설계획을 확정하였는데, 이 12개 후보지에서 지리산댐(문정댐)은 제외되었다.

지리산의 삶터를 지키고자 했던 지역주민들, '민족의 영산 지리산을 그대로 두어라'라고 열성적으로 응원을 보내주신 국민들, 지리산 살리기를 위한 국민행동에 앞장서준 불교계, 전국의 시민환경사회단체들의 눈물겨운 노력이 성과를 거둔 것이었다. (대신 안의댐이 추가되었는데 이후 2003년 7월, 예비타당성조사 결과 "안의댐, 경제적 타당성 없음"이라는 결론이 났다. 그러자 함양군은 다시 대안이라며 지리산댐(문정댐) 조사 필요성을 들고나왔다.)

지리산운동의 다른 이름, 생명평화운동

지리산살리기운동 및 지리산댐 백지화운동 과정에서 많은 사람들에게 지리산 어머니의 마음으로 표현된 지리산운동의 정신은 '지리산생명평화사상'이란 이름을 갖게 되었다. 지리산운동은 일찍부터 댐반대운동에 머무르지 않고 대안운동, 문명전환운동으로 확장되었다. 어떤 계기가 있었던 것일까. 많은 이들이 지리산공부모임에서 그 연원을 찾는다.

지리산공부모임은 '생명평화 민족화해 지리산 천도재' 입재식과 '생명평화 민족화해 범종교계 100일 기도' 입재 전야인 2001년 2월 15일 실상사에서 각계 인사 40여 명이 첫 모임을 갖고 공부모임을 합의한 데서 시작되었다. 한국 현대사의 질곡을 넘어서는 이론과 실천을 모색하는 일, 현대문명의 병폐를 보다 근원적으로 치유하고 대안문명, 생명평화의 문명을 가꾸어내는 일을 지리산에서 해보자고 뜻을 모은 것이다. 그리고 그것을 지리산운동이라고 이름했다.

지리산공부모임에는 역사학자, 정치학자, 생태론자, 문화예술인, 종교인들이 모였다. 김지하 시인, 김용태 민예총 부이사장, 임진택 민족극회장, 채희완 교수, 강대인 대화문화네트워크원장, 박재일 한살림 회장, 이병철 귀농운동본부장, 문규현 신부, 수경 스님, 도법 스님, 양재성 목사 등 각계각층의 150여 명이 이름을 올렸다.

이어 4월 5일 두 번째 모임을 위해 다시 실상사에 모여 여수지역사회
연구소 이영일 소장의 발제로 지리산의 역사에 대해 공부하고, 김지하
시인의 발제로 지리산공부모임의 방향과 내용에 대해 토론하였다.

지리산공부모임은 사상과 실천이 분리되지 않은 공부, 현장에서 사
상을 실현하는 길을 지향했다. 이후 지리산과 생명사상, 한국전쟁 전후
에 대한 역사인식 등에 대해 네 차례의 공부모임을 진행했다. 지리산
천일기도와 맞물려 100일마다 초청강연으로 모임을 끌어가기도 했다.
2002년에는 천일기도 500일에 백기완 선생 초청강좌 '역사적 삶, 종교
적 삶'을, 600일에는 김성동 선생 초청강좌 '지리산 이야기', 700일에는
장회익 교수 초청강좌 '지리산과 온생명', 800일째인 2003년 4월 5일
에는 생명평화의 등 점등식을 했다.

이로써 지리산의 생태적 가치, 역사적 가치, 종교적 가치 등이 환히
드러났다. 지리산으로 상징되는 현대사의 아픔을 아우르고, 새로운 세
상을 위한 기원을 담아 21세기 희망찬 미래를 열어갈 생명평화운동의
전망을 모색하며 하나둘 뜻을 보태고 다듬어 지리산 어머니의 마음, 생
명평화의 마음에 다가갔다.

6월, 지리산에서 평화를 말하다

한편, 2003년 3월 미국이 이라크를 침공했고, 정부는 이라크 파병을
결정했다. '이라크 다음은 한반도'라는 한반도 전쟁위기설로 인해 국민
들의 불안이 증폭되고 있었다. 이러한 시기에 아직도 전쟁의 아픔과 상
처를 안고 있는 지리산, 전쟁의 참상을 누구보다도 잘 알고 있는 사람
들, 한반도의 생명평화와 민족화해를 위해 기도하는 우리는 이 문제에
어떻게 응답해야 할까.

2003년 6월, 실상사에서 '6월, 지리산에서 평화를 말한다'라는 주제

2003년 6월에 열린 좌담회 '6월, 지리산에서 평화를 말한다'. 이 모임에서는 "일상의 삶에서부터 생명평화사상과 실천으로 훈련되는 평화일꾼의 필요성"이 강조되었다.

로 사람들이 머리를 맞댔다. 강대인 대화문화네트워크 원장의 사회로 진행된 이 좌담회에는 김지하, 김영호(경북대 경제학과 교수), 이부영(국회의원), 도법 스님 등이 발제자와 토론자로 나섰다.

북한의 핵무장 시도, 한반도 전쟁위기설로 한반도에 드리워진 어둠의 그림자를 걷어내기 위해 무엇을 어떻게 해야 하는가에 대해 여러 이야기가 오갔다. 결론은 국민 스스로가 평화지킴이가 되어야 한다는 것이었다.

우선 우리 사회가 안고 있는 여러 가지 갈등들, 즉 노사, 보수진보, 지역갈등, 세대갈등, 남녀갈등 등 남남갈등을 정면으로 다루고 풀어야 하는 과제가 있었다. 갈등은 늘 역사의 수레바퀴를 거꾸로 돌리기 때문이다. 그리고 너와 나는 한몸 한생명이라는 인식의 확장이 필요했다. 그것이 어떻게 가능할까.

율곡의 십만양병설을 차용한 10만 평화일꾼 이야기가 나왔다. 유사시에 평화를 위해 호소하고 목숨도 걸 수 있는 평화일꾼, 폭력이나 전쟁의 상황에서 평화를 위해 헌신할 수 있는 평화일꾼을 양성하기 위해서는, 일상의 삶에서부터 생명평화사상과 실천으로 훈련해야만 했다. 결국 생명평화일꾼 학습 모임의 필요성에 대한 이야기로 나아갔고, 그렇게 본격적인 생명평화운동의 막이 오르게 됐다.

지리산운동이 낳은 생명평화의 그물코들

지리산 어머니는 지리산운동의 과정에서 인간의 미혹함과 무지를 깨우쳤으며, 사상과 실천이 통일된 삶이 인간이 가야 할 길임을 성찰하게 했다. 그런 가운데 지리산 어머니의 뜻을 따르는 수많은 자식들이 다음과 같이 생겨났다.

불교환경연대

2001년 9월, '지리산살리기·댐백지화 추진 범불교연대'에 함께했던 여러 불교단체가 준비위원회가 되어 '불교환경연대'를 발족하였다. 이전까지는 수행환경 파괴라는 측면에서 산을 지키는 문제에 집중했다면, 이제는 지리산운동을 통해 자연과 인간, 인간과 인간의 관계를 생태적으로 회복하는 길이야말로 생명살림불사라는 중요한 인식의 전환이 있었다.

지리산생명연대

'지리산살리기 국민행동 집행위원회'는 창립 1주년(2001년 8월 30일)을 즈음하여 8월 20일 평가회를 열어 국민행동의 의의와 성과 그리고 향후전망에 관해 토론했다. 참석자들은 국민행동의 활동으로 지리산의 역사, 문화, 생태적 가치가 국민들에게 부각되었다고 의미를 부여하고 나아가 이 과정에서 애초에 강력한 댐 예정지로 분류되던 소위 지리산댐의 가능성을 크게 낮추었다는 점을 성과로 공유했다. 그러나 향후 전망에 대해서는 다소 이견이 존재했다.

한 의견은, 국민행동이 애초에 지리산댐 반대운동이 활동의 주요한 측면이었기에 지리산댐 건설의 가능성이 적어진 상황에서는 이 성과를 제대로 공식화하고 알려내는 작업이 중요하다고 강조했다. 또 다른 의견은 국민행동의 목표가 지리산댐 백지화를 포함하여 지리산 살리기, 정부 수자원정책의 전환 등 4대 과제를 포함했다는 것을 강조하고 향

지리산생명연대
의 시작을 함께하
셨던 어른들. 사
진 왼쪽부터 이병
채, 한병옥, 김장
하.(위)

지리산 생명평화
의 그물코를 엮어
온 지리산생명연
대 활동가들.(아래)

후에도 활동을 지속해야 한다는 것이었다.

이 두 가지 의견은 각각 설득력이 있으면서도 여건의 어려움을 지녔기에 공동대표 및 여타 참여 단체 간의 폭넓은 의견수렴이 필요했다. 이에 오는 9월 중 기획팀 회의를 열고 향후 진로안을 검토하여, 집행위원회의 토론과 대표단의 의견수렴을 진행해가기로 결의했다.

토론회에서 검토된 세 가지 안은 다음과 같다.

▶1안: 지리산살리기 국민행동을 국토살리기, 혹은 백두대간살리기 등으로 확장한다. ▶2안: 지리산살리기 국민행동을 지역에 기반을 둔 전국연대사업으로 전환한다. ▶3안: 지리산살리기 국민행동을 해산하고 지리산을 사랑하는 열린 연대로 사업을 이관한다.

그리고, 2001년 11월에는 '지리산살리기 국민행동'과 '지리산을 사랑하는 열린 연대'의 통합을 모색하는 토론회를 진행하였다.

이후 겨울과 봄을 지내면서 더 깊은 논의가 이어져, 마침내 2002년 5월 25일 '지리산을 사랑하는 열린 연대'와 '지리산살리기 국민행동'을 통합한 '지리산생명연대'를 창립하였다(상임대표: 도법/공동대표: 김장하·박창균·엄용식·우두성·유재현·이선종·이병채·이병철·이학영·최열/공동운영위원장: 양재성·서주원).

지리산생명연대의 정관에는 지리산댐백지화와 지리산살리기운동에서 발견한 생명평화의 가치를 이어가겠다는 뜻이 담겨 있다. "지리산의 풍요로운 생명들이 서로 의지하고 도우며 아름답게 살아가듯이, 주민들과 함께 더불어 사는 지역공동체를 가꾸고 지리산권의 생태·문화·역사적 가치를 배우고 보전하는 활동을 그 목적으로 한다."(정관 2조)

지리산생명연대는 이후 지리산댐백지화대책위의 실무를 맡았고, 지리산권시민사회단체협의회의 간사단체로서 생명평화의 그물코를 엮어내는 일들을 해왔다.

생명평화결사

2003년 '6월, 지리산에서 평화를 말한다'에서 나온 10만 평화일꾼에 대한 이야기가 무르익어 추진위원회를 발족하기로 했다. 정도상 소설가, 안도현 시인 등이 '지리산평화결사'라는 모임 이름도 지었다.

2003년 8월 3일, 천일기도 900일을 맞이하는 행사로 '어머니품 지리산에서 펼치는 전쟁반대 생명평화의 꿈—지리산 생명평화기원 한마당'이 열렸다. '지리산평화결사 추진위원회'가 발족된 이 행사에서 신학자 현경 교수의 '모성, 지리산, 그리고 평화'라는 주제의 강연이 있었고, 생명평화를 구하는 마음을 담아 노고단에서 올리는 생명평화기도를 함께했다. 이후 추진위원회의 실무는 '지리산생명연대'와 '사단법인 한생명'이 함께 협력했다.

그리고 다시 100일 동안의 기도를 거쳐 11월 12일 생명평화 민족화해 지리산 천일기도를 마친 뒤 주말인 11월 15일 마침내 '지리산생명평화결사'가 창립되었다. 생명평화결사는 생명평화탁발순례를 주요 사업으로 설정하였고, 이듬해인 2004년 3월 1일 지리산 노고단을 출발하여 이후 5년 동안 전국 방방곡곡을 순례하면서 지역주민과 활동가들을 만나 대화하는 가운데 생명평화운동의 대중화, 생활

2003년 11월 생명평화 민족화해 지리산 천일기도 끝에 탄생한 지리산생명평화결사.

화를 위한 물꼬를 열었다. ('지리산생명평화결사'는 특정 지역만의 단체로 오해될 소지가 있다는 이유로 2005년 '생명평화결사'로 이름을 변경하였다.)

지리산종교연대

지리산종교연대는 불교, 기독교, 가톨릭, 원불교 등 4대 종단의 종교 간 대화를 비롯하여 지리산의 정신적 가치, 종교적 가치를 세우는 중심에 서 있다. 2001년 11월 13일 실상사귀농전문학교에서 열린 지리산권 종교환경회의가 그 모태가 되었다. 그 자리에서, 지리산권의 무분별한 개발로 인해 지리산 지역공동체의 붕괴, 지리산 생태계 파괴 등의 문제에 시민환경단체의 대응만으로는 한계가 있으며, 생명을 모토로 삼는 종교가 협력하여 이런 문제들에 효율적으로 대응하자는 결의를 모았고, 이에 따라 2002년 3월 7일 천주교 함양성당에서 창립대회를 가졌다.

지리산생명평화공동체를 노래하는 지리산종교연대 중창단.(위)

2008년 주민들과 함께한 지리산길 개통식.(아래)

현재 종교 간 대화와 친목, 생명평화둘레길을 걸으면서 마을과 마을을 잇는 순례, 지리산생명평화기도회 등 지리산 생명평화공동체를 가꾸어가는 길에 함께하고 있다.

사단법인 숲길

숲길은 지리산 길을 사람과 사람, 마을과 마을을 잇는 길로, 성찰과 소통의 순례길로 운영하고 있다. 지리산 길의 시작 역시 순례길에서 비롯되었다. 지리산댐 1차 백지화 이후, 2004년에 시작된 생명평화탁발순례길에서 순례자들은 사람과 사람이 만나고, 마을과 마을을 이어주는 지리산 순례길이 있으면 좋겠다고 제안했고, 그 제안이 오랜 준비 끝에 구체화된 것이 지리산둘레길이다.

처음에 지리산생명연대의 부설 법인으로 출발한 지리산둘레길 사업은, 2007년 '사단법인 숲길'이 탄생하면서 독립적인 운영체계를 갖게 되었다. 지리산 순례길은 현재 공간적으로만이 아니라 심리적으로도 지리산이 하나의 생명평화공동체라는 연대의식을 갖게 해주는 길이다.

지리산권시민사회단체협의회

경남·전남·전북의 3개 도, 5개 시군에 있는 지리산권 농민·노동·종교·시민·환경 단체들이 2005년 9월 1일 창립한 협의체이다. 2005년 정부의 '지리산권 관광개발 계획'의 수립과정을 지켜보면서 지리산권에서만은 시설 위주의 개발, 주민이 소외된 관광개발을 견제하고, 지역의 농업과 환경, 그리고 마을공동체를 지켜내자는 취지에서 모였다.

지리산권시민사회단체협의회는 지역주민들과 함께하는 '지리산문화제'를 이끌었으며, 지리산 공동체의 가치체계를 담론화시키고 긍정적인 제안들을 논의하여 공동의 실천과제를 도출하기 위해 '지리산(광장)포럼'을 운영하기도 했다.

지리산연찬

지리산연찬의 연원을 거슬러 올라가면 앞서 언급한 지리산공부모임에 가 닿는다. 2004년부터 2008년까지 5년간의 생명평화탁발순례 이후, 2009년 생명평화결

2005년 9월 지리산공동체를 지켜내기 위해 창립한 지리산권시민사회단체협의회.(위)

지리산연찬 참가자들의 결의로 시작한 한반도평화 만들기 은빛순례.(아래)

사에서 지리산공부모임을 다시 열고자 하는 시도가 있었으나 이어지지 못했다. 그 후 2016년 9월 23일, 지리산공부모임의 필요성을 절감한 사람들이 중심이 되어 실상사에서 '지리산연찬'이라는 이름으로 지리산공부모임이 재개되어 현재에 이르고 있다. 지리산연찬은 그동안 지리산에서 실천된 생명평화사상을 바탕으로 공부모임의 방법과 내용을 설정하였다.

지리산연찬이 보통의 토론과 다른 것은 그 '태도'이다. '누가 옳은가?'를 정면에서 마주 보고 따지는 토론이 아니라, '무엇이 이 시점에서 옳은가?'를 같은 방향을 바라보고 탐구하는 것을 연찬의 핵심으로 삼고 있다.

지리산생명평화기도회

예로부터 지리산은 새로운 구상을 하는 기도터였고, 힘든 일이 있을 때는 품어주는 어머니와 같았다. 왕건도 이성계도 새로운 나라를 구상할 때 지리산을 찾아 기도하였고, 많은 사람들이 지리산에서 새로운 세상을 여는 기도를 했다. 가야의 왕, 동학의 후예들, 여순항쟁으로 쫓

해마다 6월이면 평화를 말하고 평화를 모색하고 평화를 위해 기도한다.

겨온 이들을 품에 안아준 것도 지리산이었다. 그러한 지리산의 마음을 길이길이 이어가는 데 기도만 한 것이 또 있을까. 생명평화·민족화해라는 기원을 품은 범종교계 백일기도, 지리산위령제, 지리산 천일기도 등은 지리산이 생명평화를 배태하고 품고 탄생시키는 과정이었다.

지리산은 아픔을 안아주는 산이면서 희망의 산답게 해마다 6월이면 평화를 말하는 공간이 된다. 2010년 한국전쟁 60주년을 맞아 구례평화공원에서 처음 열린 생명평화기도회는 매년 지리산권 5개 시군을 순회하며 이어지고 있다. 6월 25일을 전후로, 전쟁으로 죽어간 영령들을 위로하고, 한반도의 평화와 지구촌의 안녕을 기원한다. 역사를 기억하면서도 과거에 묶이지 않는 큰마음으로 평화를 생각하고, 평화를 말하고, 평화를 모색하고, 평화를 위해 기도한다.

지리산의 선물

—시와 생명평화의 길

이원규
시인, 당시 지리산살리기 국민행동 사무처장

노숙자 아니고선 함부로
저 풀꽃을 넘볼 수 없으리

바람 불면
투명한 바람의 이불을 덮고
꽃이 피면 파르르
꽃잎 위에 무정처의 숙박계를 쓰는

세상도처의 저 꽃들은
슬픈 나의 여인숙

걸어서
만 리 길을 가본 자만이
겨우 알 수 있으리
발바닥이 곧 날개이자

한 자루 필생의 붓이었다는 것을

─「족필足筆」 전문

어느새 지리산 입산 24년 차가 되었다. 그러니까 24년째 여전히 입산 중인 내가, 지금도 날마다 되새기는 문장은 이렇다. '우리가 오기 전에도 지리산은 있어왔고, 우리가 떠난 뒤에도 섬진강은 유장하게 흐를 것이다─.'

지리산과 섬진강이 언제나 암수한몸이었듯이 나 또한 지리산 마고할미의 품에 안기거나 섬진강변에 깃들여 잘 놀고, 잘 먹고, 잘 울고, 잘 잤다. 때로는 외롭고 서럽고 아프고 슬프고 날마다 가난했지만, 이 또한 오래된 친구처럼 받아들였다. 그동안 지리산의 빈집을 떠돌며 여덟 번이나 이사했다. 지리산 골짜기나 산비탈에 살다가 지겨우면 강변마을에서 살았다.

그동안 문학적 결실은 미미했으나 그나마 예까지 오는 길은 나름대로 진흙탕과 가시밭길이었다. 참매를 키우던 어린 시절의 고향, 가출과 절과 대학과 광산, 그 어느 곳에서도 채 3년을 넘기지 못했다. 서울살이 또한 노동해방문학과 민족문학작가회의와 언론사 등 현장을 전전하며 간신히 10년을 견뎠으나 그마저 지리산행의 전주곡에 불과했다. 세상의 부름에 어깨를 걸고 장구를 치고 춤을 추며 돌을 던지느라 10년을 보내고, 그사이 죽거나 떠나간 이들을 생각하며 목을 꺾고 무릎을 꺾고 자책의 묵념을 하느라 10년을 보냈다. 말하자면 부조리한 세상에 맞선 투쟁의 상상력과 절망의 상상력에 초점을 맞춰 온몸의 더듬이를 곤두세우던 시절이었다.

그러한 답답한 시절들과의 단절이 바로 지리산행이었다. 30대 중반의 아직 팔팔한 나이에 입산이라니! 당시의 혈기가 아찔하기도 하지만 그야말로 거침이 없는 무애의 날들이었다. 욕을 먹고 돌을 맞더라도 문득 모든 것을 내려놓고 '정신이 쏠리는 대로' 살아보고자 했으니, 일단 내 생애 단 한 번의 원은 이룬 셈이다.

그리하여 결행한 세상과의 단절 혹은 무책임은 뒷골이 서늘한 해방감이었다. 그러나 해방은 해방이되 참회의 내용과 형식마저 외면하고 그저 산짐승처럼 살고픈 생존본능의 오감과 더불어 그동안 거세되었던 육감을 되살려보려는 '지리산 고아'로서의 처절한 해방감이었다. 내리 3년 폐가를 전전하며 상처 입은 산짐승처럼 스스로 치유하며 살다 보니 어느새 업보인 '제1의 화살'은 등에 박힌 채로 서서히 삭아 그대로 한몸이 되었다.

그러나 문득 고개를 들어 휘휘 둘러보니 피할 수 없는 '제2의 화살'이 날아오는데 이를 또 어찌할 것인가. 지리산에서 생의 한 철 잘 놀았으니 그 빚을 조금이라도 갚는 심정으로 벌떡 일어나 걸을 수밖에 없었다.

그리하여 다시 환경운동을 하는 지리산 지킴이를 자처하고, 토벌대

와 빨치산 형제를 둔 어머니의 심정으로 정화수를 올리듯 '지리산위령
제'를 지내기도 했다. 수경 스님, 도법 스님과의 인연으로 지리산과 낙동
강 도보순례와 새만금 삼보일배, 생명평화탁발순례와 대운하반대 4대
강 3,000리 도보순례, 지리산에서 임진각까지의 오체투지 등 세상의
크고 작은 일들을 함께했다.

지리산에 와서 뭔가 한 게 있다면 그것은 단지 많이 걷고 많이 달리
는 것이었다. 한반도 남쪽 곳곳을 줄잡아 3만 리 길을 걸으며 세상사
안부를 묻고, 또한 모터사이클을 타고 110만 킬로미터 이상을 달리며
세상사 두두물물에게 눈인사라도 했으니 거리상으로 지구 25바퀴 이
상을 돌아본 셈이다. 마침내 국도와 지방도 어디든 안 가본 곳이 없는
'인간 내비게이션' 수준이 되었다.

다만 가더라도 머리가 먼저 가면 교만이라는 지식의 올가미에 걸리
기 쉽고, 또 가슴이 먼저 가면 격한 싸움 뒤의 우울증에 빠지기 쉽다.
가더라도 먼저 발이 가고 온몸이 가고 머리와 가슴이 뒤따라가야 하는
게 아닌가. 모르긴 해도 아마 행선行禪의 원리 또한 이와 다르지 않을
것이다.

온몸이 한 자루 붓이 되어 지리산에 그 둘레가 850리인 동그라미
하나 그리고, 1년에 단 한 글자밖에 쓰지 못한다 한들 어찌하겠는가. 매
일 가는 길도 이렇게 처음 가는 길이라면 날마다 꽃길이 아니겠는가. 가
다가 돌아보면 어느새 지나온 길이 아득하고, 사람의 걸음걸이가 마치
날아온 것처럼 엄청난 속도의 비보飛步였다는 것을 실감하게 될 것이
니, 탐진치에 걸려 나자빠지지 않는 무애의 길 위에서 돌아보면 발바닥
이 곧 날개요, 한 자루 필생의 붓이었다는 것을 깨닫게 되지 않겠는가.

'전 지구적으로 생각하고 지역적으로 실천하라.' 나는 이 한마디와
'네가 아프니 나도 아프다'는 유마거사의 말을 경전으로 삼아 환경운동
을 넘어 생태주의로, 그리고 마침내 생명평화운동으로의 전환을 시도
했다. 물론 문학적 위치 기반 또한 지리산으로 고정해놓고, 지리산의 푸
른 눈으로 세상을 들여다보며 시를 쓰고 야생화와 별 사진을 찍어왔다.

실상사, 그리고 낙동강 1,300리 도보순례

21세기가 막 들어설 무렵이었다. 지리산에 들어와 3년 동안 마치 거짓말처럼 아무 일도 하지 않았다. 게다가 일용할 양식 걱정을 하지 않고도 섬진강과 피아골, 화개동천을 오가며 용케 굶어 죽지 않고 산짐승처럼 잘 살았다. 이 세상에서 완벽하게 잊힌 내 삶의 전성기였다.

난데없이, 지리산 실상사의 도법 스님과 함양의 양재성 목사님이 자꾸 안부를 물어왔다. 도법 스님의 명성이야 익히 잘 알고 있었고, '지리산을 사랑하는 열린 연대' 식구들도 모두 알 만한 분들이었다. 하지만 무언가 불길(?)했다. 한번 잘못 걸려들면 서울에서처럼 또 민주화운동 등 조직의 일을 하게 될 것이니, 일생 최고의 자유와 해방감이 와르르 무너질 것만 같았다. 그리하여 실상사를 피해 다니고, 전화기를 꺼버리기도 했다.

그런 와중에 지리산댐 계획이 현실화하면서 지리산댐 반대운동이 지역과 종교의 벽을 넘어 전국적인 조직으로 거듭나고 '지리산살리기 국민행동'이 창립되었다. 그 무렵에 실상사의 수경 스님에게서 꼭 만나자는 전갈이 왔다. 처음에는 수경이라는 법명 때문에 비구니스님인 줄 알았다. 어차피 실상사와의 인연이니 차일피일 슬슬 피하기만 했다. 그러다가 모처럼 서울의 출판사에 일을 보러 갔다가 조계사 앞 어느 찻집에서 수경 스님을 처음 만났다. "지금 지리산에 없습니다, 서울입니다."라고 실상사 실무자에게 핑계를 대다가 "그럼, 서울에서 만납시다."라는 전갈을 받고는 더 이상 피할 수가 없었다. 두꺼운 돋보기의 안경알 속에서 부리부리한 눈을 빛내며 "당신이 이원규 시인이요?" 하고 묻는 수경 스님의 다부진 체격에 깜짝 놀랐다.

스님이 곧바로 회색 바랑 속에서 한지로 만든 봉지를 꺼냈다. 찻집 주인에게 큰 사발 두 개에 물을 담아달라고 부탁하더니, 봉지 안에서 갈색 가루를 물사발에 쏟아붓고는 손가락으로 휘휘 저었다. "얘기는 나중에 하고, 일단 이 차 한잔 드시오." 하면서 스님이 먼저 꿀꺽꿀꺽 마셨다. 나도 엉겹결에 차를 들이마시는데 입안이 텁텁하고 무언가 모래

같은 것이 막 씹히는 것이었다. 도저히 다 마실 수가 없어 찻잔을 내려놓으며 "스님, 이게 무슨 차입니까?" 하고 물었다. "어이구, 이 양반 아직 멀었구먼. 지리산에 3년이나 살았다면서 지리산 흙 맛도 몰러! 당신 주려고 내가 지리산 깊은 곳에서 기운 좋은 흙을 퍼왔지. 지리산이 죽어가는데, 나하고 일 좀 같이합시다." 하며 스님이 허허 웃었다. 나는 흙물을 입속에 반쯤 문 채 얼떨결에 "예" 하고 대답했다. 아차, 싶었지만 이미 선승의 한 방을 제대로 먹은 뒤였다. 수경 스님은 곧바로 실상사 종무실로 전화를 걸어 "거, 내일부터 이원규 시인 들어갈 터이니 방 한 칸 비워놓으시오!"라고 단단히 못을 박았다. 그야말로 순식간의 일이었다. 서로 군말이 필요 없었다. 그리하여 나는 지리산에 내려오자마자 그다음 날 곧바로 실상사 지혜방으로 이사를 했다.

사실 당시 마음 한구석에는 지리산에 빚만 지는 것 같은 느낌을 지울 수 없었다. 수경 스님의 흙물 한잔이 그 빚을 조금이라도 갚게 되는 마중물이 된 것이다. 실상사에 들어가자마자 지리산살리기운동의 하나인 지리산댐 백지화 투쟁에 참여하였다. 막상 관심을 갖고 보니 민족의 젖줄인 낙동강이 페놀 등 온갖 오염원으로 썩어가고 있었고, '물의 무덤'인 댐마저 민족의 영산 지리산을 넘보고 있었다. 지리산살리기운동이 낙동강살리기로 이어진 것은 지극히 자연스러운 귀결이었다.

그리하여 우리 모두가 선택한 것은 '불의 투쟁'이 아니라 먼저 '물의 순례자'가 되는 것이었다. 그것도 지리산의 맑은 물이 아니라 먼저 낙동강의 썩은 물이 되어 1,300리를 흘러보는 것이었다. 그것이 바로 강원도 태백의 황지못에서 부산 을숙도까지 걷고 걷는 낙동강 1,300리 도보순례였다.

정부가 지리산과 낙동강 지역의 댐을 만들겠다는 낙동강수계 물관리 종합대책을 발표하자 2000년 8월 지리산 지역을 중심으로 전국 189개 시민·환경·종교 단체가 모여 지리산살리기 국민행동을 결성했다. 댐반대사업의 첫 번째로 낙동강 도보순례를 결행한 것이다. 정부가 지리산에 댐을 만들어 부산시민들에게 식수를 제공하겠다는 것은 결과적으로 낙동강을 포기하겠다는 선언과 크게 다르지 않았다. 위천 공단을 세워 대구시민들의 환심을 사는 반면 낙동강을 죽이고, 낙동강을 죽이는 대신 지리산에 댐을 세워 부산시민들의 식수를 해결하겠다는 정치적 고려 자체가 한심스러울 뿐이었다. 낙동강 포기는 곧바로 지리산에 대한 위협인 동시에 낙동강 유역 주민들에 대한 위협이었던 것이다.

종교인·시인·화가·산악인·환경운동가 등으로 구성된 '화합과 생명 살림의 대장정 낙동강 1,300리 도보 순례단' 15명은 '낙동강은 맑게, 지리산은 푸르게!'라는 깃발을 치켜들고 29일 동안 고행의 길, 수행의 길을 걸었다. 낙동강의 썩은 물이 되어 흐르고 또 흐르며 10여 개 지역에서 42개 단체와 함께 주민 간담회와 댐반대 결의대회를 가졌으며, 낙동강변에 사는 주민 3,500여 명을 만나 그들의 얘기를 경청했다.

낙동강 도보순례는 댐반대뿐만 아니라 '오래된 미래'인 생명공동체를 되찾고, 20세기 내내 지속된 자연과 인간의 대립과 갈등을 풀어 생명 대화합의 길을 모색하려는 것이었다. 또한 지리산과 낙동강을 둘러싼 대구·경북권과 부산·경남권 주민 간 갈등을 풀고 동서와 좌우, 그리고 생명 사랑을 통한 종교 간 대화합까지 꿈꾸는 것이었다.

순례자는 2000년 10월 23일 서울 종묘공원에서 출정식을 마치고, 낙동강 발원지인 황지못에서 기원제를 지낸 뒤 10월 24일부터 '화합과 생명살림의 대장정'을 시작했다. 그러나 출발부터 분노를 억누를 수 없었다. 해발 650미터의 황지못에서 솟아오르는 하루 5천 톤의 맑은 물이 곧바로 죽어가는 것을 보았던 것이다. 폐광에서 쏟아져 나오는 물이 문제였다. '석탄산업 합리화 정책'으로 폐쇄된 탄광에서 정화장치 없이 그대로 흘러나온 물이 적화현상과 백화현상을 일으키고 있었다.

백화현상은 갱출수에 알루미늄 성분이 강바닥을 하얗게 코팅하는 것이고, 적화현상은 철분이 강바닥을 붉게 코팅하는 것이다. 바로 이 코팅이 문제였다. 자연 복원력을 현저히 약화시키는 바람에 물고기가 살 수 없을 뿐만 아니라 이끼나 물풀도 자라지 못하는 것이다. 물고기 한 마리 살지 못하는 태백에 카지노가 들어서고, 태백산 천제단에서 제사

를 지낼 때 한쪽에서는 실전을 방불케 하는 미국 공군기의 폭격 연습

안개 자욱한 강변
을 걷는 순례단.
댐 주변의 안개는
일조량 부족의 원
인이 되어 농작물
에 막대한 영향을
준다.

이 이어지고, 석포리의 아연공장이나 폐기물 처리장이 폐광의 빈자리
를 차지하는 모습이 바로 낙동강 발원지의 현주소였다.

곳곳에 괴물처럼 멈춰 서 있는 녹슨 타워 크레인은 그 누구의 생명
줄도 당겨주지 않았다. 우리가 내딛는 첫발이 이토록 무거웠으니, 태백
산에서부터 따라오던 초승달이나 하루 20킬로미터씩 남하하는 단풍이
역설적으로 더욱 아름답게 다가왔는지도 모른다. 단풍의 남하 속도, 꽃
들의 북상 속도 그리고 흐르는 물의 속도로 걷고 또 걸으며, 자연의 속
도를 추월한 산업화의 결과는 결국 죽음뿐이라는 것을 절감했다.

매일 저녁 강변 천막 속에서 평가회의를 열며 먼저 자기성찰의 기회
를 가졌다. 어떤 이는 담배를 끊고, 어떤 이는 물을 아끼는 마음으로 손
발도 씻지 않았다. 순례단 모두 자기 밥그릇을 닦을 때 화장지 한 장이
면 충분했다. 발바닥에 물집이 잡히고, 발목이 붓거나 무릎관절에 이상
이 생겨 병원으로 후송되는 이도 있었지만, 경북 봉화의 절경과 되살아
나는 강물을 보며 몸의 고통은 발자국처럼 뒤로 남기며 한 발 한 발 힘

강변의 모래 위를 걷는 것은 힘들지만, 그래도 아스팔트를 걷는 것보다 훨씬 좋다.

차게 걸어갔다. 강변의 벼랑길 타는 것이 위험하고 힘들어도 길이 험하다고 탓하지 않았다. 인간의 길이 나 있지 않은 곳에서 만난 수달의 발자국이나 수많은 야생동물 발자국을 보면서 다시금 '지독한 인간, 전지구적인 죄인인 인간'에 대해 생각했다.

사람의 길이 없었기에 강변에 수달이 살고, 온갖 야생동물과 식물들이 살아 있었다. 순례단이 어렵게 지나간 길일수록 낙동강은 잘 살아 있었다. 인간의 손길과 발길이 머물지 않은 곳은 모두가 그대로였다. 우리가 꿈꾸는 낙원이자 '오래된 미래' 그 자체였다. 아직도 이런 곳이 있었다니 얼마나 다행인가!

그러나 안동댐을 만나면서 그 꿈은 산산조각이 나고 말았다. 댐은 '물의 무덤'이자 '20세기의 마지막 유물'이라는 사실을 절감했다. 댐 위의 물과 댐 아래의 물은 전혀 다른 얼굴이었다. 자정능력을 발휘하며 흐르던 물이 절망의 댐에 막혀 썩어가고 있었다. 썩는 것은 물만이 아니었다. 댐 주변 전체가 죽어가고 있었다. 지독한 안개는 오전 11시가 되도록 걷히지 않았고, 댐 주변의 사람들은 호흡기 질환에 시달렸다.

농작물은 일조량 부족으로 소출이 줄어들고, 고향을 댐 속에 묻은 이주민들은 일종의 정신 공황상태에 빠져 있었다.

걸어서
황지연에서 을숙도까지
천삼백 리 낙동강
젖줄을 따라가다 보았다

시커먼 폐수의
사내들이 지나가고
얼굴 뭉개진 그림자 지나간 자리마다
우는 돌이 있고
우는 여자가 있고
우는 아이가 있다는 것을

홀로 걷고 또 걷다가
내 그림자에게 길을 물으니

새는 날며
저의 보드라운 깃털로
공중의 길을 지우고
물고기는 저의 지느러미로
물속의 길을 지우고 있었다

―「그림자에게 길을 묻다」 전문

안동에서 토론을 열고 영주에서 송리원댐 반대결의대회를, 그리고 문경·구미·대구·창녕·부산에서 순례단 환영대회와 간담회를 열어도 마음은 언제나 어두웠다. 낙동강 공동체라는 말이 공염불이 되지 않기를 얼마나 간절히 원했던가. 그러나 강의 상류-중류-하류 주민의 미묘한 입장 차이가 순례단을 슬프게 했고, 무조건 베풀고만 있는 낙동강을 살리기는커녕 결국 허물어야 할 임시 미봉의 댐을 짓거나 제대로 가동되지도 않을 공단을 조성하겠다며 유역민들을 이간질하는 정부의 처사는 분명 전형적인 '20세기형 파괴주의자'의 모습이었다.

낙동강은 마침내 반성과 회복의 시대가 와야 함을 온몸으로 보여주고 있었다. 순례단 모두는 처참한 낙동강을 따라 걸으면서 인간이 저지른 잘못을 참회했다. 가축의 축산폐수와 비료·농약이 뒤섞인 농업폐수, 구미·대구·부산 지역의 공단에서 쏟아져 나오는 온갖 공업 폐수와 무분별한 골재 채취, 그리고 생활폐수로 죽어가는 낙동강을 보면서 지금까지 낙동강이 우리에게 베풀어준 은혜에 보답할 것을 다짐했다. 그리고 이러한 결의를 했다.

"지리산과 낙동강이 만나면서 동시에 자연과 인간, 인간과 인간이 서로 손을 맞잡아야 한다. 단절과 막힘의 역사가 끝나고 소통과 순환의 역사가 여기서부터 시작되어야 한다. 지리산은 푸르고 낙동강은 맑아야 한다!"

부산에서 지리산 실상사로 차를 타고 이동해 함양과 산청에서 대대적인 환영행사를 가졌다. 지리산댐 백지화에 대한 기대를 품고 댐 계획지인 용유담의 아름다운 모습을 보자 울컥 치밀어 오르는 것은 분노가 아니라 나 자신과 세상에 대한 연민이었다. 새로운 댐을 건설하기보다는 오래된 댐을 해체하여 자연 그대로 물이 흐르도록 하는 여러 선진국들이 부럽기만 했다. 미국이나 유럽 등에서는 댐을 짓는 것보다 강을 살림으로써 얻는 것이 훨씬 많다는 것을 이미 깨닫고 실천하고 있다. 지리산살리기 국민행동이 정부의 물관리정책의 근본적인 전환을 요구하는 중요한 이유도 바로 이 때문이었다.

인간 중심의 세계에서 생명 중심의 세계로 나아가는 길은 멀어 보이지만 이미 우리의 몸과 마음에 내재해 있었다. 이제 그것을 알아차리는 것만이 남았다. 실은 낙동강도 살아 있고, 지리산도 살아 있었다. 제아무리 병이 들었어도 살아 있다는 사실 그 자체가 바로 우리들의 대안이자 오늘이고 내일인 것이다. 댐으로 임시 미봉하겠다는 발상 자체를 거둬들이고 정부와 국민이 함께 머리를 맞대고 참회의 심정으로 대안을 찾아야 할 때가 온 것이다.

낙동강 도보순례단은 29일간의 대장정을 마치며 낙동강도 지리산도 살릴 수 있다는 확신을 얻었다. '20세기 마지막 유물' 혹은 '물의 무덤'일 뿐인 댐을 만들기 이전에 그 막대한 비용으로 낙동강을 되살리는 것이 급선무이자 정도라는 데 의심의 여지가 없었다.

한 편의 시

날궂이

21세기 첫 가을 오후, 부슬부슬 비는 내리고 강원도 황지연못에서 출발한 낙동강 도보순례단이 경남 창녕군을 지날 때였다 젖은 깃발을 들고 강변 외딴집을 지나는데, 마흔 초반의 여인이 우산도 없이 뛰어나왔다 창백했지만 콧날 오똑하니 눈썹이 짙은 계란형 미인이었다 홍보물을 주며 반갑습니다, 민족의 젖줄 낙동강을 살립시다 말을 걸어도 묵묵부답, 건장한 어깨에 김이 모락모락 나는 순례자 23명을 따라왔다 허리춤까지 찰랑이는 검은 생머리가 을숙도까지 가 닿을 듯했다

날은 저무는데 가을비에 젖은 눈썹, 나를 보는 듯 강 건너 먼 산을 바라보았다 아주머니, 저희는 아직 한 시간 더 걸어야 천막을 칩니다 이제 그만 돌아가시지, 하는데 갑자기 두 눈에 쌍심지를 켜면서 뭐라꼬예? 저, 젖줄을 살리자꼬! 멀쩡한 낙동강 말고 내부터 쫌 살려주이소! 물새처럼 온몸 푸르르 떨며 우비 소맷자락을 잡는 것이었다 엉거주춤

꼬리를 빼자 그렁그렁 분노의 눈빛으로 노려보다 휙 돌아서서 뛰어가는데, 흙탕길 젖은 발목이 너무나 가늘었다

　밤새 천막 빗소리가 아랫배를 흥건하게 적셨다 뒤척이던 순례단 막내가 누구라도 한번 가봐야지, 이게 뭐냐고 중얼거렸지만 아주 잠깐 오줌을 누러 가도 서로 의심의 눈초리를 거두지 않았으니, 노총각도 시인도 스님도 끝내 잠들지 못했다 내부터 쫌 살려주이소! 이명처럼 부산 을숙도까지 따라오고 지리산까지 따라온 그 살 떨리던 목소리, 그 애틋한 날궂이가 8년 만에 끝이 났다 간신히 한반도 대운하 공사를 막았지만 곧바로 4대강 사업이 시작되자 행방이 묘연한 그 여인의 강변 외딴집도 철거되고 말았다

지리산 850리 도보순례와 지리산위령제

　예나 지금이나 지리산은 그 누구도 외면하지 않고 배척하지도 않는 넉넉한 품 그 자체다. 너와 나, 영남과 호남, 세대와 세대, 계층과 계층, 우익과 좌익, 종교와 종교, 인간과 자연이 지리산을 매개로 하나의 그물을 이루어왔다. 지리산은 그냥 존재하는 것만으로도 우리에게 총체적 관계를 떠나 살아갈 수 없다는 큰 가르침을 주고 있는 것이다.

　바로 이러한 지리산에, 서울로 무게중심을 옮겨갔던 '지리산살리기 국민행동'을 되가져온 것도 '전 지구적으로 생각하고 지역적으로 실천하자'는 발상의 전환 때문이었다. 지리산살리기 국민행동의 지리산 사무처를 정부 계획상의 수몰 지구인 칠선계곡 입구에 마련하고, 나를 포함한 실무진을 보강한 것도 지리산댐 계획에 대한 명확한 반대 표시로서 '만의 하나라도 댐이 들어선다면 함께 수장되겠다'는 결의를 다진 것이다.

　낙동강 도보순례 이후 시작된 '국토 청정기원 100일 대장정'은 이를 더욱 분명하게 보여준다. 2001년 2월 16일부터 5월 26일까지의 이 사

업은 먼저 백두대간 종주를 통해 동쪽으로는 낙동강을 살리고, 서쪽으로는 새만금 갯벌을 살리자는 결의를 담고 있다. 그리고 '백두대간 종주'에 이어 '지리산 850리 도보순례'를 통해 지리산살리기운동에 불길을 지피고, 지리산 달궁에서의 한국전쟁 당시 좌우익 희생자를 위한 해원상생 천도재인 '지리산위령제'까지 이어졌다. 이는 환경운동의 차원을 넘어선 생명운동의 새로운 기원으로서, 국토청정 운동을 벌여나감은 물론 동서 간 갈등과 종교 간 갈등을 상생의 차원으로 승화하고 통일운동으로까지 발전시키고자 하는 것이다. 이는 지리산 실상사와 인드라망생명공동체가 벌이고 있는 귀농, 생활협동조합, 대안교육, 환경연대, 지역공동체 형성 운동 등과 그 맥을 같이하였다.

　낙동강 1,300리 도보순례에 이은 지리산 850리 도보순례 또한 큰 의미가 있었다. 낙동강 도보순례도 그랬지만, 지리산 둘레를 한 바퀴 걸어보는 것은 사상 최초의 일이었다. 그 옛날부터 마을과 마을, 절과 절 등을 걸어 다녔겠지만, 소금장수도 지리산 높은 고갯길을 넘어 질러갔을 것이니 지리산을 빙빙 다 돌아볼 일은 없었을 것이다. 지리산 종주

를 하거나 골짜기와 능선 등 부분 산행은 많이 했겠지만 신라의 화랑도나 약초꾼, 빨치산이나 토벌대, 그 누구도 지리산 한 바퀴를 다 걸을 이유는 없었던 것이다. 그리하여 최초의 지리산 도보순례는 답사부터 만만치 않았다.

지리산 850리 도보순례를 기획하고 최초의 사전답사를 하면서, 함께 걷고픈 시인이 두 명 있었다. 전주 모악산에 사는 박남준 시인과 서울에서 『산책』이라는 시집을 낸 이문재 시인이었다. 곧바로 "제대로 지리산을 함께 걸어보자"며 연통을 넣었다. 그랬더니 두 시인 모두 흔쾌히 수락했다. 순례 직전에 박남준 시인은 사정상 동참하지 못했지만, 이문재 시인은 아예 사진기자를 대동하고 순례 일정에 빠짐없이 참가하면서 연재기사까지 쓰겠다고 했다. 당시 《시사저널》 취재부장이기도 했던 시인 이문재가 쓴 기사 중 하나인 「지리산 도보순례: 제6신」(《시사저널》 2001. 5. 17.)을 아래에 옮긴다. 지금도 생생한 기사의 제목은 "'토벌 루트' 따라 빗점골에 오르다"였다.

5월 13일, 일요일. 11일째다. 새벽부터 부산했다. 지리산에서 가장 깊은 오지의 하나로 알려진 빗점골까지 올라야 한다. 원래는 오전에 11킬로미터만 걷고 오후에는 지역 주민과 대화를 나누기로 했는데, 일정을 바꾸었다. 남부군 사령관 이현상이 사살된 곳으로 알려진 빗점골에서 한국전쟁 당시 지리산에서 희생된 넋들을 달래기로 했다. 도보순례는 지리산위령제의 일환인 것이다.

오전 7시 30분, 쌍계사 앞 주차장을 출발한다. 30여 분을 걸었을까. 계곡 양 켠 가파른 경사면 곳곳이 차밭이다. 이른 시간인데, 벌써부터 차 따는 사람들이 보인다(매암 차문화 박물관에서 찻잎을 따보았으므로 자신 있게 하는 말인데, 찻값은 비싸지 않다).

최치원이 속세에서 더러워진 귀를 닦고 산속으로 들어갔다는 세이암에서 단천골로 오르는 계곡은 깊고 또 길다. 길고 깊은 계곡이 능선을 힘차게 밀어 올린다. 하늘을 보려면 고개를 바짝 젖혀야 한다.

산악의 근육은 팽팽하게 부풀어 올라 있고, 그 근육들이 뿜어내는 신록은 눈부시다. 모두 이 봄에 새로 태어난 잎사귀들. 길섶에 나와 있던 다람쥐 한 마리가 다시 숲속으로 뛰어 들어간다. 크고 높은 것에서 작고 낮은 것까지, 오래된 것에서 막 태어난 것까지, 살아 있는 모든 것을 아우르고 있는 산. 지리산은 토산土山이다. 바위가 많은 악산嶽山에 견주어, 전체적으로 식생이 매우 풍부하다. 골짜기는 물론이고, 사방으로 뻗어 내려간 능선과 우뚝우뚝 솟아 있는 정상까지 생명이 빼곡하다. 지리산 속으로 파고들수록 도보순례단의 행진은 한없이 작아져 있다.

마을 입구에 돌로 '의신동천'이라고 새겨넣은 의신에서부터 등산로는 '빨치산 토벌 루트'로 변해 있다. 하동군에서 세워놓은 빨치산 토벌 안내판과 이정표를 자주 마주친다. 도보 순례 첫날, 함양 마천 지역에서도 이 같은 표지판을 본 적이 있다.

의신에서 한 시간가량 걸어 올라가야 하는 빗점골은 명선봉(1,586m), 형제봉(1,442m), 덕평봉(1,510m)을 모자처럼 쓰고 있다. 오른쪽 너머로는 세석 평전. 지리산에서 가장 깊은 곳 가운데 하나다. 이 골짜기에서 남부군의 '전설적 지도자' 이현상이 사살되었다. 하지만 아직도 그가 죽던 순간은 명쾌하지 않다. 당시 군경 자료와 남부군 출신들의 증언이 서로 어긋난다.

시린 물이 흐르는 계곡 바로 옆, 이현상이 사살되었다는, 한 평 반 정도 크기의 바위 위에 제단을 차렸다. 제단 바로 앞 바위에 위패를 모셨다. 위패에는 '고 한국전쟁시 지리산 희생자 존영'이라고 쓰여 있다. 수경 스님은 위령제 직전에, 묵념과 입정의 차이에 관해 설명했다. 입정은 '여러 생각들을 지우고 오직 한 생각을 모아 평정에 이르는' 마음 다스리기의 하나. 입정해 한 생각으로 관觀할 때 비로소 지혜가 생긴다.

스님은 "이현상이나 군경 토벌대의 죽음이라고 생각하지 마라. 그 죽음을 나의 죽음으로 받아들여야 한다. 평소 우리는 어떻게 살고 어떻게 죽을 것인지 파악하지 않고 산다. 마음속에 일어나는 모든 생각을 끊고 지리산에서 희생된 죽음과 나 자신을 일치시켜라."라고 했다. 향불을 하나씩 들고 입정한다. 계곡물 소리, 바람 소리, 산새 소리가 끼어든다. 마음을 한군데로 모으기란 쉽지 않다. 이어, 조별로 추도사가 낭독됐다.

순례단이 조별로 추도사를 낭독하고 난 뒤, 이원규 대장이 문규현 신부의 추도사를 대독했다. 지난 2월 16일, 지리산위령제가 시작될 때 문 신부가 보내온 것이었는데, 빗점골에서 이원규 대장의 목소리로 듣는 문 신부의 '기도'는 남달랐다. 그것은 한 편의 시 낭송이었다. 그 일부를 여기에 옮긴다.

지리산 한바퀴 850리를 걷고 또 걷습니다.
함양군, 산청군, 하동군, 구례군, 남원시,
그리고 천왕봉에서 노고단까지
반야봉에서 빗점골, 피아골까지
저 계곡들 구석구석을 맴도는 바람은 그저 바람이 아니요,
그 바람이 내는 소리도 하릴없는 바람의 소리가 아닙니다.
그것은 활활 타오르는 단풍과도 같은 선지피로
온 산을 적셨던 억울한 원혼들이 구천을 떠도는 것이요,
그들의 피맺힌 울부짖음의 소리입니다.

한국전쟁시 좌와 우의 이데올로기 대립 속에서,
분단과 통일의 갈림길에서,
형은 토벌대로 아우는 빨치산으로 총구를 맞서게 했습니다.
자연도 인간에게 아름다움으로 다가서기 힘들었고,
인간은 자연 속에 젖어들 수 없는 분열과 파괴로 내몰았습니다.

저 좌우 대립과 긴 시간 속에
무수한 사람들이 핏빛 꽃잎으로 졌습니다.
작은 돌무덤들로 쌓이고 흙이 되었습니다.
눈물이 비가 되고 혼은 바람이 되었습니다.

사람은 자연과 함께 죽어 자연으로 돌아갔으되,
자연은 여전히 그 억울한 혼들을 품었습니다.
불의한 인간 세상이 그들을 외면했을 때,
여기 지리산의 모든 뭇 생명들이 그 외로운 혼들 곁에 남아,
그들을 위로했습니다.

그러나 인간은 저 역사 속의 억울한 죽음 앞에
용서를 청하지도 못하면서,
동시에 그들의 유일한 벗이 되어온 지리산의 생명들을
또한 파괴해왔습니다.
그래서, 짓밟히고 죽은 것이 사람인가 하면 자연이고
자연인가 하면 사람입니다.
바람 소린가 하면, 죽어간 영혼들의 울부짖음이고
누군가 울부짖는가 하면, 바람이 우는 소립니다.

이제 우리는 지리산의 모든 영혼들을 위로하며,
그 영혼들과 함께 죽어간 꽃들과 나무들과 짐승들에게
용서를 청합니다.
끊임없는 인간의 무지와 탐욕으로 여전히 파괴당하고 있는
이 지리산의 고통을 끝내기 위해 우리 자신을 바칩니다.
그 원혼들이 위로받고, 자연에 대한 파괴가 멈춰질 때 그때서야,
우리는 진정으로 모든 생명들의 조화와 평화가
어우러지는 사회를 성취했다고 말할 수 있을 것입니다.
오늘도 우리는 용서를 구하며 걷고 또 걷습니다.

한국전쟁시 희생된 지리산의 모든 영가들이시여,
이제는 편히 잠드소서.

위령제가 끝나고, 대원들은 저마다 조그만 돌을 하나씩 주워왔다. 위령제를 지낸 자리 바로 왼쪽 바위 위에 돌탑을 쌓아 올렸다. 하동군은 이현상이 사살된 바위 한쪽에, 당시 상황을 설명하는 그림과 글이 새겨진 대형 안내판 세 개를 병풍처럼 세워놓았다. 그 병풍 맞은편에 도보순례자들이 세운 세상에서 가장 작은 '위령탑'이 솟아올랐다.

빗점골에서 걸어 내려오며, 지리산 희생자들의 죽음과 나 자신의 죽음(혹은 삶)을 일치시키라는 수경 스님의 말씀을 떠올렸다. 그것은 도보순례단 대원들 각자가 앞으로 오래 들고 다녀야 할, 버거운 화두였다. 문제는 언제나 몸과 마음, 생각과 행동의 일치다. 일치!

그리고 이문재 시인의 기사 「지리산위령제, 환경·시민 운동과 만나는 종교의 새 역할 제시」(《시사저널》 2001. 6. 7.)도 소개한다. 지리산위령제가 감동적이었던 그 이유가 엿보인다.

그가 가장 먼저 자리를 잡은 참가자였다. 신문 기사를 보고 찾아왔다는 경두석 씨(충북 청주시·72)는 제단에서 보기에 왼쪽 끝줄 한가운데에 앉아 있었다. 등산복 차림에 깡마른 체구. 앞니가 부실했다. 분단 이후 처음으로, 개신교·천주교·유교·원불교·불교 등 7개 종교단체가 함께 마련한 제단을 바라보며 그는 입을 열었다.

지난 5월 26일 오전 9시, 그의 입이 열린 것도 위령제와 마찬가지로 '분단 이후 처음'이었다. 두 달 전 세상을 떠난 아내에게도, 마흔이 넘은 큰아들에게도 말하지 않았던 50년 만의 고백이었다. 고향인 충북 괴산에서 전쟁을 만난 그는 인민군에 동조했다가 인민군이 철수하는 과정에서 '낙오'하고 말았다. 1951년 5월, 그는 속리산에서 남하하는 이현상 부대와 합류해 그해 7월 지리산에 들어갔다.

1951년 12월, 그는 악양 전투에서 오른쪽 팔뚝 관통상을 입고 퇴각해 지리산 빗점골 근처에 있는 환자 아지트에서 치료를 받던 도중 체포되었다. 이후 광주 제2 포로수용소에서 2년 수감되었다가, 군사재판을 받고 3년 동안 옥살이를 했다. 그리고 1980년대 후반, 보호관찰 대상에서 풀려날 때까지 그는 '햇빛'을 볼 수 없었다. "내 인생은 한마디로 무無였다"라던 그는 "좌·우익을 망라한 위령제가 열리게 되니 정말 반갑고, 고맙다"라고 말했다.

빨치산 경두석 씨가 그해 여름, 덜 익은 감을 따먹던 바로 그곳, 지리산 달궁에서 열린 위령제는 이날 오후 1시부터 거행되었다. 종교계 지도자를 비롯해 4천여 명이 운집한 가운데 위령제는 길놀이, 씻김굿에 이어 추도사, 각 종교 별 위령 의례, 진혼무, 유족 분향·헌주 순으로 이어졌다. 위령제는 군·경, 인민군, 빨치산, 민간인 등 6개의 위패를 태우는 의식(소전)에서 절정을 이루었다. 분단 이후 처음으로 한자리에 모인 위패는 뒤주 위에 놓인 쌀 위에서 함께 불타올랐다. 뒤주와 쌀은 '굶주렸던 지리산 넋'들에 대한 산 자들의 뒤늦은 참회와 반성을 은유한 것이었다.

불교계를 제외하면 참여도가 낮았다는 비판이 없지 않지만, 지리산위령제는 종교와 종교 사이를 가로막았던 벽을 허무는 동시에, 종교가 시민·환경 운동과 결합하는 새로운 모델을 제시했다는 데 큰 의미가 있다. 모든 생명은 하나라는 생태적 세계관이 서로 다른 종교로 하여금 손을 맞잡게 하고, 인간과 역사, 인간과 사회의 화해는 물론, 인간과 자연의 미래에까지 '개입'하게끔 한 것이다.

그러니, 지리산위령제는 끝난 것이 아니다. '달궁'을 기점으로 이제 막 시작하고 있는 것이다.

지리산생명연대와 생명평화결사
그리고 새만금 삼보일배, 생명평화탁발순례

낙동강-지리산 도보순례와 지리산위령제 등 한국 사회에 큰 화두를 던진 '지리산살리기 국민행동'은 '지리산을 사랑하는 열린 연대'와의 통합으로 '지리산생명연대'라는 새 이름을 얻었다. 그리고 '지리산공부모

임'과 실상사의 도법 스님을 중심으로 한 '생명평화 민족화해 지리산 천
일기도' 등을 통해 환경운동을 넘어 생명과 평화를 지향하는 '지리산생
명평화결사'가 창립되었다.

한편, 지리산의 생명평화운동은 2003년의 새만금 삼보일배, 2004년
부터 시작된 생명평화탁발순례, 2008년 한반도대운하반대 4대강 도보
순례인 '생명의 강을 모시는 사람들', 2008~2009년 지리산 노고단-임
진각 오체투지 등으로 이어졌다. 이 도저한 순례의 길 위에서 졸시 몇
편이 따라왔다.

새만금 삼보일배 관련 시

자벌레의 길

해창 갯벌의
갯지렁이 한 마리
아스팔트 먼 길을 나서시었다
변산반도에서 광화문까지
오체투지의 문규현 신부님이다

지리산의
자벌레 한 마리
삼보일배의 온몸으로 가신다
날마다 삼천배
백척간두 진일보의 수경 스님이다

무릎관절에 물이 차는데
대체 얼마를 더 가야

새만금 갯벌은
그대로 갯벌의 이름이며
살아 그대로
생명평화의 교과서이겠느냐

우리는 더 이상 문상객이 아니다
우리는 더 이상 참전용사가 아니다

갯지렁이의 먼 길
줄지어 눈 깊은 이들이 따르고
지리산 자벌레의 꿈이
참회의 죽비를 내려친다

자벌레의 길
갯지렁이의 길이 아니라면
이 세상의 모든 길은
더 이상 길이 아니다

생명평화탁발순례 관련 시

길이 길을 막다

먼 길을 걸어보면 알리라
길이 오히려 길을 막고 있다는 것을
오래 걸어본 자는 알게 되리라
고속질주의 차도에 사람의 길이 막히고
사람의 길에 야생동물의 길이 막히고 있다는 것을

그대의 마을까지
걷고 걸어서 가려면 위험천만
먼저 목숨부터 내놓아야 하나니
그대 또한 내게로 오는 길이
그러하고 그러하리라는 것을

허공의 새들에게도 길이 있고
물속의 고기들에게도 길이 있듯이
무심한 바람에게도 길이 있어
아무 절에나 들어가 아무 풍경을 울리지 않고
지상의 수많은 별들이 떠올라도
아무 십자가 위로 떠오르는 게 아니라는 것을

달마다 천 리 길
해마다 만 리 길을 걸어보면 알리라
길이 없는 곳에 길이 있고
종교가 없는 곳에 종교가 있고
농민과 아이들이 없는 곳에 농촌이 있고
정치인이 없는 곳에 국회가 있고
대통령이 없는 곳에 청와대가 있다는 것을

고속도로에 당산나무가 쓰러지고
골프장 그린 홀 속에 조상들의 무덤이 있고
대형 댐의 깊은 물속에 살구꽃 지는 고향이 있나니

길이 길을 막아
그 길 위에서 목놓아 우는 이들이
어찌 생명평화의 탁발순례단뿐이랴

밥을 주면 밥을 먹고

돌을 던지면 돌을 맞는 순례단이

지치고 아플 때마다

손짓하는 여인이 있었으니

밤마다 머리맡에 다가앉아 우는 여인이 있었으니

노고단의 마고선녀신가

백록담의 설문대 할망이신가

여전히 맨발의 어머님이신가

마침내 걷고 걸어서

일체원융의 동그라미를 그렸나니

지리산에 그 둘레가 1천5백 리인

100일 종교인 생
명평화순례단 '생
명의 강을 모시는
사람들'. ⓒ이필완
(당당뉴스)

거대한 동그라미 하나 그리고
다시 한라산에 1천 리 동그라미를 그렸나니

무시無始의 먼 길을 걸어보면 알리라
길이 길을 막는 게 아니라
길이 길을 부르고 있었다는 것을
무종無終의 오랜 길을 걸어보면 알게 되리라
한 걸음 또 한 걸음
이보다 더 빠른 길은 이승에 없나니
발바닥이 곧 날개였다는 것을

대운하반대 4대강 도보순례 관련 시

강변 천막의 발꼬랑내 부처님

서울에서 부산 을숙도까지
생명의 강을 모시며 봄 마중 나선 순례자들
영하 15도의 북풍한설쯤이야
차라리 살가운 회초리였다
강변 천막 속의 서릿발 경전이었다
한강 남한강 문경새재 낙동강
50일간 1,500리 길을 걸어
시꺼먼 폐수의 지친 몸으로
마침내 춘래불사춘의 봄을 맞이했으니
영산강 새만금 금강을 지나 다시
남한강 한강 봄의 아픈 어깨춤으로 북상하는
풍찬노숙 참회 기도의 머나먼 길

강변 칼바람 속에 천막을 치고
침낭 속 애벌레의 잠을 자다 보면
어디선가 무척 낯이 익은 얼굴
늦은 밤 슬그머니 천막 속에 들어와
옆자리 곤한 잠을 자고 있다
너무 오래 병든 강물을 바라보다
쿨럭쿨럭 뒤척이는 박남준 시인 옆에
어느새 아우 형님 사이가 된
스님 목사 신부 교무 바로 그 옆에
천막이 찢어질 듯 코를 고는 예수님
꼬랑내 발꼬랑내 맨발의 부처님
새벽 안개 속으로 사라지고

누대에 걸쳐 흐를 죽음의 장례행렬
한반도 대운구大運柩
그 재앙의 길을 미리 지우고 또 지우며
허위허위 걷다가 돌아보면
밀짚모자를 눌러쓴 소태산 종사님
강변 갈대밭에 쪼그려 앉아 훌쩍훌쩍
가녀린 어깨 들썩이는 성모마리아님
먼 길 떠나던 겨울 철새들도
다시 오체투지의 자세로 내려앉고 있다

순례자의 양말
—일생 단 한 편의 시 7

강물 따라 삼천리 길 걸을 때

묵언 직전에 수경 스님이 말했다

이왕지사 물 살리자고 나선 길
세수 빨래도 하지 말자
대운하반대니 운동이니 다 내려놓고
강물처럼 흐르면서 온몸 더러워지자

땀에 젖은 양말 햇볕에 말리며
한 열흘 정도 신었더니
던지면 장화처럼 벌떡 일어섰다
코골이 발꼬랑내 강변 천막의 밤

양말들이 아장아장 걸어 다녔다

지리산–임진각 오체투지 출정시

역주행 한반도여 대체 어디로 가는가

먼 길을 가다가 길을 물었을 뿐인데
느닷없이 뺨을 때렸다
지금 여기는 어디, 대체 어디로 가시는지요?
사람이 사람에게 길을 물었을 뿐인데
다짜고짜 주먹을 날리고 발길질을 했다

사람이 사람다운 사람의 길을 묻고
생명의 길, 평화의 길을 묻고 또 물을 뿐인데
촛불을 든 어린 소녀들에게

유모차를 모는 아직 젊은 어머니들에게
마구 물대포를 쏘고
마녀사냥 하듯이 주홍글씨를 새겼다
먼 나라 어제의 일이 아닌
2008년 바로 지금 여기 오늘의 일
아무래도 이건 아니라며 절대 아니라며
다시 길을 묻는 이 땅의 지고지순한 백성들 앞에
또 하나의 38선, 소통불능의 '명박산성'을 쌓았다

그리하여 역주행의 한반도는
대륙이 아니라 반도가 아니라
갈가리 찢겨진 섬이 되었다
이미 38선으로 몸통이 잘린 남쪽의 섬, 북쪽의 섬,
청와대의 섬, 국회의 섬, 강부자 고소영의 섬,
미군부대의 섬, 자본의 섬, 영남의 섬, 호남의 섬,
정규직의 섬, 비정규직의 섬, 실업자의 섬, 농민의 섬,
도처에 38선이 들어선 국적 불명 고립의 섬,
저마다 하나씩의 불안한 독도가 되어 떠돌고 있다
채 6개월도 지나지 않아
조각조각 퍼즐 맞추기도 어려운,
공중분해 혹은 침몰 직전의 섬들이 되고 말았다

역주행의 한반도여 어디로 가는가
정치의 이름으로 민주주의를 망치고
경제의 이름으로 민생을 파탄시키고
예수의 이름으로 예수님을 모욕하고
국민의 이름으로 국민을 능멸하는 역주행의 운전자들에게
단도직입적으로 묻지 않을 수 없다

국회 안에 정치와 정치인이 있느냐?
청와대 안에 정녕 대통령이 있느냐?
도대체 누구의 정치인이며
누구에 의한, 누구를 위한 대통령이냐?
건국 60년, 잃어버린 10년이라며
세 치 혓바닥으로 자충수를 두지 마라
우리는 지금 한반도의 운명에 대해 묻고 있다
우리는 지금 조국과 모국어의 안부를 묻고 있다
따지고 보면 지고지순한 백성들에겐
광복이 되자마자 암흑의 분단 반세기,
그 모두가 잃어버린 60년과 빼앗긴 오늘이 있을 뿐

그리하여
목숨을 걸고 다시 길을 묻는 이들이 있으니
대체 이를 어찌하랴
지리산 하악단에서 계룡산 중악단을 바라보며
마고할미에게 한반도의 운명을 물어보고
다시 묘향산 상악단을 향하여
좌심방 우심실 뜨거운 심장의 안부를 물으며
역주행의 불도저 앞에 온몸을 던져
마침내 브레이크를 거는 이들이 있으니
대체 이를 어찌하랴, 어찌 만류할 수 있으랴
이미 공동묘지가 된 새만금
해창 갯벌의 한 마리 갯지렁이의 낮은 자세로
지리산 자벌레의 처절한 참회의 자세로
사람의 길을 묻고 또 물으며
생명의 길, 평화의 길을 열고 또 열으며
마침내 오체투지의 머나먼 길을 나서고 있으니

2008년 9월 4일 지리산 노고단에서 '사람의 길, 생명의 길, 평화의 길'을 찾아나서는 오체투지 순례 출발행사. 문규현 신부와 수경 스님이 오체투지로 절을 하며 손을 맞잡고 있다. ©권우성 (오마이뉴스)

마고할미시여, 마고할미시여!
어찌 이 광풍의 땅에 눈물이 없다 하랴
어찌 이 오욕의 땅에 의로운 사람이 없다 하랴

그러나 오늘도 역주행하는 한반도여
단지 길을 물었을 뿐인데
느닷없이 뺨을 때리는 시절이 왔다
대체 어디로 가는 거예요 물을 뿐인데
다짜고짜 곤봉으로 뒤통수를 후려치고 물대포를 쏘는
아주 오래된 과거가 돌아왔다

눈물의 값은 외상이 없다 피의 값은 외상이 없다

지리산둘레길

5월의 푸른 눈빛으로 그대에게 갑니다
함부로 가면 오히려 병이 더 깊어질 것만 같아
생의 마지막 사랑마저 자꾸 더 얕아질 것만 같아
빠르고 높고 넓고 편한 길을 버리고
일부러 숲길 고갯길 강길 들길 옛길을 에둘러
아주 천천히 걷고 또 걸어서 그대에게 갑니다

잠시라도 산정의 바벨탑 같은 욕망을 내려놓고
백두대간 종주니 지리산 종주의 헉헉
앞사람 발뒤꿈치만 보이는 길 잠시 버리고
어머니 시집 올 때 울며 넘던 시오리 고갯길
장보러 간 아버지 술에 휘청거리던 숲길
애빨치 여빨치 찔레꽃 피는 돌무덤을 지나
밤이면 마실 처녀총각들 물레방앗간 드나들고
당산 팽나무 달 그늘에 목을 맨 사촌 누이가
하루 종일 먼 산을 바라보던 옛길
그 잊혀진 길들을 걷고 걸어 그대에게 갑니다

찔레순 꺾어 먹으며 층층나무 환한 용서의 꽃길
내내 몸을 숨긴 채 따라오던 검은등뻐꾸기가
홀딱벗-고, 홀딱벗-고! 욕망을 비웃는 반성의 숲길
3도 5군 12면 100여 개 마을을 지나는
성찰과 상생의 지리산둘레길
어머니의 ○, 용서의 ○, 사랑의 ○, 오옴의 ○

비로소 발자국으로 850리 거대한 동그라미 하나 그리며
날마다 보랏빛 붓꽃으로 신록의 편지를 쓰는
5월의 푸른 눈빛으로 그대에게 갑니다

그리하여 돌아올 때는 그대와 더불어
섬진강변을 걸어 이팝나무 꽃그늘 속으로 왔으면 좋겠습니다
검은등뻐꾸기가 어허허-허 어허허-허! 놀리는 소리에
괜스레 얼굴 붉히며 슬쩍 손이라도 잡으며
상사폭포 수락폭포를 지나 그렇게 돌아왔으면 좋겠습니다

촌두부

한 십 년 내리 걸었더니
무릎 연골에서 맷돌 가는 소리가 났다

가는 곳마다 콩 타작을 하는지
강원도 황지연못에서 낙동강 을숙도
강화도 애기봉전망대에서 부산 금정산
너무 오래 집을 비웠다가
녹슨 가마솥 뚜껑을 열어보니
순두부처럼 물렁물렁한 몸

삼베옷 갈아입고 아랫배 묵직하게
묵언의 맷돌부터 꾹 눌러야겠다
좀 더 단단하고 구수해질 때까지

길잡이

강 따라 산 따라 길 따라
모든 순례는 사전답사로 시작된다

밥을 주면 밥을 먹고
돌을 던지면 그 돌을 맞을지 피할지
잠자리 뒷간을 미리 살펴야 한다
도보순례 삼보일배 오체투지
밀짚모자 순례자는 마냥 따라가면 되지만
길잡이의 10년 비밀지도는
늘 이전이 아니라 이후가 걱정

점심이 아니라 저녁밥을
밥이 아니라 잠자리 천막을
잠이 아니라 발바닥 물집과 무릎연골을
출정식이 아니라 마무리 회향식을

한때 내 직업은 순례단 총괄팀장이었지만
인생길에는 사전답사가 없다
나보다 한발 앞서간 길동무들
저승답사팀은 아직 돌아오지 않았다.

지리산 첫 마음[*]

양재성

당시 함양제일교회 목사, 지리산을 사랑하는 열린 연대 운영위원장

[*] 2014년 12월 4일 실상사에서 열린
'지리산댐백지화 및 지리산살리기운동 돌아보기 간담회' 녹취문.

저는 매일 아침 시를 한 편 찾아 제 단상을 적고 나누는데, 오늘은 박노해 시인의 「첫 마음」으로 제 생각을 정리해봤습니다.

한 번은 다 바치고 다시
겨울나무로 서 있는 벗들에게

저마다 지닌
상처 깊은 곳에

맑은 빛이 숨어 있다.
첫 마음을 잃지 말자.
그리고 성공하자
참혹하게 아름다운 우리

첫 마음이라고 했다. 하늘이 주시는 마음으로 목회를 나가기로 결심하고 서둘러 혼인한 후 첫 번째 부르는 곳으로 첫 마음을 정했다.

지리산이 있는 함양에서 불렀다. 그냥 무조건 내려왔다. 지리산과 그렇게 인연이 되었다. 그리고 15년간 지리산에 기대어 살았다.

지리산 하나면 충분했다. 아직도 그 깊고 넓은 마음을, 지리산의 우정을 잊을 수가 없다. 지리산의 마음, 지리산의 정신, 지리산의 생명, 지리산의 이상, 큰 배움과 좋은 인연들. 우리는 너 나 할 것 없이 지리산에서 희망을 만났다.

첫 마음으로 지리산운동을 하신 분들이 오늘 실상사에 모인다.

이른 아침 버스에 몸을 싣는다. 마음이 설렌다. 지리산은 누군가에겐 피난처요, 누군가에겐 이상이요, 누군가에겐 아픔이요, 누군가에겐 사랑이요, 누군가에겐 희망이요, 누군가에겐 혁명이요, 누군가에게는 신앙이다.

나는 오늘도 지리산을 걷는다.

그러면 어느 순간 지리산이 내려와 나를 걷고 있다. 첫 마음이다.

지리산에서 제가 처음 만난 시가 김지하 시인의 「지리산」이었습니다. 마지막 연이 이렇습니다.

눈 쌓인 산을 보면 피가 끓는다
푸른 저 대숲을 보면 노여움이 불붙는다
아아 지금도 살아서 내 가슴에 굽이친다
지리산이여
지리산이여

지리산은 영산 또는 어머니산이라고 이야기들을 합니다. 맞는 것 같습니다. 지리산은 그냥 보통 산이 아니라 모든 산의 정신과 얼을 가진 산, 그래서 영험한 산입니다. 노고할매의 설화도 그것을 반증하고 있습니다.

지리산이라는 이름은 '지이산地異山'에서 왔다고 하죠. 지리산의 품에 안기는 사람들은 다 지혜로운 사람이 된다는 뜻이라고 합니다. 지리산의 마음을 갖고 사는 사람들은 다 지혜로운 사람이 되는 것 같습니다.

저는 지리산이 좋아서 이제껏 한 130번 올랐고, 지리산을 별명으로 쓰기도 합니다. 그만큼 지리산의 정신과 가르침, 그리고 그 마음이 저한테는 큰 삶의 배움이었고, 지금까지도 큰 기준이 되고 있습니다.

가야국과 마한의 마지막 왕들이 지리산으로 피난 와서 최후를 맞았고, 또 쫓김을 당하는 분들도 지리산의 품에 드셨습니다. 지리산 천왕봉 바로 밑에는 천왕사라는 절이 있었는데 민중들이 자신만의 희망과 열망을 품고 올라가는 곳이기도 했습니다. 1970년~80년대에는 학생운동이나 노동운동 하는 이들이 자주 지리산에 와서 새로운 꿈과 용기를 얻고 가기도 했습니다. 빨치산들이 해방투쟁을 하기도 했고, 좌우 갈등과 아픔이 상존해 있는 곳이기도 하지요. 도인들이 찾는 곳이기도 하고, 정말 많은 사람들이 희망을 찾아 지리산에 들어왔습니다. 청학동, 삼신봉과 같은 봉우리들이 그 희망의 이름이기도 합니다.

생태계의 다양성 측면에서도 가장 큰 군집을 이루는 것이 지리산입니다. 그래서 지리산은 그냥 하나의 산이 아니라 한반도 남한 전체의 영성과 정신과 생명 가치, 앞으로 우리가 걸어가야 할 세계관까지도 제시해주는 산이라고 생각합니다.

1990년대 중반 연세대학교 이신행 교수님이 지리산에서 풀뿌리 시민운동을 하고 싶다는 뜻을 갖고 찾아오셨습니다. 저희 집에서 하룻밤 주무시면서 풀뿌리 시민운동에 대해 깊은 이야기를 나누었습니다. 그리고 두 해가 지나서 다시 오셨고 본격적으로 풀뿌리 시민운동을 하고 싶다 하시면서 지리산 지역의 종교계를 연결해주기를 희망하셨습니다.

그때 화엄사, 쌍계사, 대원사, 천은사 등 웬만한 절은 다 찾아갔습니다. 각 사찰에서 많은 공감은 해주셨지만, 당시만 해도 낯선 제안이었

1988년부터 지리산권 종교계 및 시민사회단체 협의체를 만들기 위해 수차례의 순회간담회를 가졌다. 그 결과로 1999년 8월 '지리산을 사랑하는 열린 연대'가 만들어졌다. 사진 가운데 창문 아래 볼펜을 든 사람이 양재성 목사.

는지 적극적으로 손을 잡아준 사람은 없었습니다. 그런데 그때 실상사로 오시게 된 도법 스님이 처음에는 아무것도 모른다며 사양하시더니, 나중에는 "양 목사님이 시키는 대로 할 것"이라면서 수락하셨지요. 그렇게 해서 만들어진 것이 '지리산을 사랑하는 열린 연대'였습니다. 화엄사에서 열린 연대 창립대회를 하고, 지리산 전체 권역의 운동이 시작되었습니다. 그 뒤로 이원규 시인, 박남준 시인, 박두규 시인도 있고, 당시 순천YMCA 이학영 총장님도 시인이었기 때문에 '시인학교'를 서너 차례 2박 3일씩 열었습니다.

특히 왕시루봉에서 했던 시인학교가 참 좋았습니다. 그곳에 풀장이 두 군데 있는데 모두 물을 한가득 채워놨지요. 사흘 내내 그 높은 곳 풀장에 들어가서 수영을 했고, 원추리꽃비빔밥도 정말 맛있게 먹었습니다. 칠선계곡에도 텐트를 치고 시인학교를 열었지요. 몹시 그리운 시절입니다.

그러다가 댐 문제가 불거져 나왔습니다. 지리산권에 대책기구가 만들어졌고, 나중에는 전국적으로 지리산살리기 국민행동을 만들어 대응했습니다. 결국 지리산댐이 댐 계획에서 철회되었습니다.

이후 지리산운동을 어떻게 할 것인가 논의되었고, 지리산살리기 국민행동과 지리산을 사랑하는 열린 연대가 통합하여 지리산생명연대를 만들고, 지리산의 가르침을 새기고 활동하는 전국단체로 지리산생명평화결사가 창립되었습니다.

저는 당시 지리산생명연대의 초대 상임대표를 맡았고, 생명평화결사에서는 종교위원장을 맡아 일했습니다. 생명평화 세계관으로 어떻게 활동해갈 것인가를 많이 모색했던 시기였습니다.

2003년경 제일 먼저 이학영 선생님이 전국 YMCA 사무총장을 맡아 서울로 가서 YMCA 생명평화시대를 시작했고, 저는 2005년 1월에 서울로 갔습니다. 그때부터 기독교 진영도 생명평화운동이 시작됩니다. 2010년에는 기독교인들의 2010생명평화선언이 나오게 되죠.

기독교에 중요한 선언들이 있는데, 1973년 반독재민주화선언, 1988년

통일선언, 그리고 세 번째로 2010년 생명평화선언이 있습니다. 생명평화선언의 정신으로 기독교 내부에서 운동의 전환을 위한 노력이 전개된 것입니다.

오늘 이 자리에서, 지리산운동을 처음 시작했던 분들과 지금까지 운동을 계속 이어온 분들이 함께 모이니 감회가 남다릅니다. 이 운동이 지난하게 흘러가긴 했지만 꾸준히 지속되고 있어서 다행스럽습니다. 앞으로 향후 한반도의 100년의 문을 지리산에서 열었으면 좋겠다고 생각합니다.

지리산은 푸르게 낙동강은 맑게

허욱

당시 녹색연합 간사, 낙동강 1,300리 도보순례 총괄진행

2000년 9월 초순쯤이었을까 수경 스님에게서 만나자는 연락이 왔다. 조계사 근처 찻집에서 스님을 만났다. 첫 만남에 의례적인 인사를 나눈 뒤 스님은 대뜸 낙동강 순례 이야기를 꺼냈다. 지리산살리기 국민행동에서 낙동강 순례를 계획하고 있는데, 순례를 바라지할 사람이 필요하다는 것이었다.

당시 나는 녹색연합에서 국립공원을 담당하고 있었고 1998년부터 3년간 이어진 녹색순례를 진행한 바 있었다. 잠시 주저하는 모습을 보이는 내게 스님은 "자네는 앞으로 무얼 할 건가?"라고 물었고, 나는 "귀농을 생각하고 있습니다"라고 답했다.

"그렇다면 잘되었네. 귀농하기 전에 낙동강과 지리산을 순례하는 일을 도와주면 좋겠네."

수경 스님의 속살을 보는 듯한 제안에 달리 피해 갈 방법을 찾을 수 없었다. 걸어야만 길이 열리듯 가야 할 길이라 느꼈다.

지리산댐 건설계획이 발표되면서 종교계와 시민사회단체는 물론 산악단체에 이르기까지 광범위한 반대운동이 일었다. 국립공원 1호로 지정되기도 했던 지리산은 민족의 영산으로서 많은 이의 가슴에 살아 있는 산이기 때문이다. 지리산댐 백지화운동 초기 녹색연합은 조계종 총무원과 공동으로 지리산댐 계획예정지 조사작업에 나섰다. 그리고 지리산살리기·댐백지화 연대회의에는 사무처 차원에서 참여하였다.

나 또한 국립공원 담당 간사로서 지리산살리기·댐백지화 범불교연대에서 주최하는 모임에 함께하였기에 지리산살리기 국민행동의 창립에 이르는 과정을 지켜볼 수 있었다. 장기간 자리를 비우는 순례이다 보니 쉽지 않은 결정이었지만 녹색연합에서는 일단 파견형식으로 낙동강 도보순례에 참여하는 것으로 논의되었다. 마음이 정해지자 일은 바빠졌다.

순례 출발일은 10월 23일인데, 수경 스님과 만난 것이 도보순례를 떠나기 한 달 전쯤이었으니, 시간이 별로 없었다. 순례단을 모집하고 필요한 장비를 수급하려 동대문 장비점을 들락거렸다. 그 과정에서 전문 산악인인 박기성 씨도 순례단에 합류하였다.

빠르게 사전답사도 진행하였다. 일일 구간과 숙박지를 정하고, 지역에서 함께할 단체를 섭외하고 주요 도시에서 진행할 토론회를 계획하였다. 그리고 몇몇 기점에서 수질검사를 하기로 하였다. 그나마 신속한 진행이 가능했던 것은 천막을 갖고 다니기로 해 매일 숙소를 구하는 수고를 덜 수 있었기 때문이다.

생명의 길을 걷다

낙동강 발원지는 통상 태백의 황지못을 기점으로 한다. 『동국여지승람』, 『대동지지』 등 옛 문헌에 근거한 것이다. 함백산 천의봉 자락의 너덜샘이나 태백산 장군봉 자락의 용정 등이 더 긴 시작점이지만 이는 인정하지 않는다.

낙동강이 1,300리를 흘러 부산 을숙도 바다에 다다르는 여정을 따라가는 일은 가슴 벅차게 아름답고 먹먹한 슬픔이 함께하는 길이었다. 사람의 길이 강의 길을 따라간다지만 태백산, 통고산 등 첩산 계곡을 흐를 때는 접근이 쉽지 않은 곳이 많았다. 양원역 즈음에서는 부득이 철길 터널을 통과하기도 했다. 안동댐이나 하굿둑처럼 흐름을 가로막는 장벽이 생기고 곳곳에서 골재 채취를 하는 등 인간의 착취가 계속되고 있지만, 굽이굽이 흐름을 잃지 않는 강의 생명력은 눈물겹도록 눈부신 것이었다. 무엇보다도 지리산에 전해진 아픔의 근원을 헤아리는 길이자 무지한 인간의 탐욕을 목도하는 길이기에 생채기를 끌어안고 가슴을 다독이며 걷는 길이었다.

10월 23일 탑골공원에서 출발행사를 하고, 태백 황지못으로 가서 기원제를 드리고 낙동강 순례를 시작했다. 녹색순례 때부터 순례의 첫 번

낙동강 수질개선!
지리산댐 백지화!
낙동강 1,300리
도보순례단.

째 기조는 생명의 길 걷기였다. 아스팔트 길은 속도에 길들여지고 죽음에 익숙해지는 길이기에 가급적 아스팔트 길과 차도를 배제하고, 짐승이나 사람들이 걷던 길, 흙을 밟고 갈 수 있는 길을 걷고자 했다. 하지만 아스팔트나 시멘트 길은 혈관처럼 구석구석까지 다다라 있어 마냥 피할 수 있는 길은 아니었다. 낙동강 상류 양원리, 분천리 등에서 보았던 눈부신 모래톱과 부서지는 여울목, 남지 개비리길에서 보았던 작고 따사로운 마삭줄 넝쿨이 이어진 강변 오솔길은 아직도 눈에 선하다.

낙동강 유역 주민들의 분위기는 지역에 따라 달랐다. 안동, 구미, 대구 등 모두 입장 차이가 있었다. 그리고 지역마다 다른 사안들이 있어 반목하는 경우도 있었다. 따라서 지역에서의 대화와 토론은 우리 이야기를 하기보다는 그분들의 이해와 요구가 무엇인가를 경청하면서 해당 지역의 사안을 다루는 것으로 가닥이 잡혔다.

부산역 광장에서 열린 순례단 환영대회는 규모가 정말 컸다. 부산시민들이 부산역 광장을 가득 메우고 있어 순례단도 크게 놀랐다. 지리

아름다운 강변길
을 걷는 순례.(위)

지역 활동가들과
함께 낙동강 수질
조사도 했다. 사진
은 물막이댐 위에
서의 채취 및 수질
검사.(아래)

산댐 백지화는 조계종 총무원에서 결의한 사안이기도 했지만, 그와 별
도로 수경 스님과 함현 스님이 휴식시간만 되면 전화기를 붙들고 이곳
저곳 연통을 넣느라 분주했던 모습이 기억난다.

낙동강 1,300리 도보순례는 10월 23일부터 11월 20일까지 한 달
남짓 걸어 마칠 수 있었다. 11월 28일 보고대회를 끝으로 그 대장정을
갈무리하였다.

지리산 도보순례와 귀농에 이르는 길

낙동강 도보순례를 마치고 지리산살리기 국민행동 사무실을, 댐이 들어설 경우 수몰되는 지역인 함양군 마천면 금계부락으로 옮겼다. 이미 만들어져 있던 지리산을 사랑하는 열린 연대와 지리산살리기 국민행동이 사무실을 함께 썼다. 이원규 시인이 사무처장, 나는 사무국장의 직함을 갖게 되었다.

곧이어 '지리산 850리 도보순례'를 기획하고 진행하였다. 산굽이마다 마을이 들어서고 서로의 마음을 이어주는 길이 열렸을 것이다. 숨어 있는 그 길은 물길을 닮고 산길을 닮아서 살뜰한 마음을 전하는 길이었을 것이다. 그 길을 되찾고 그 숨결을 들여다보고 싶었다.

낙동강의 오염이 욕망과 탐욕의 결과이듯 지리산에 댐을 짓는 것은 그것의 질주일 뿐이므로 지리산의 염원을 모아 저지시켜야 하는 일이었다. 5월 2일부터 5월 18일까지 진행된 지리산 도보순례는 낙동강 순례만큼이나 순탄치 않은 길이었지만 더 많은 사람들이 뜻을 모

'지리산을 사랑하는 열린 연대'와 '지리산살리기 국민행동'이 있던 마천사무실 앞에서.

아 참여했으며 분위기도 훈훈하였다. 지리산 곳곳에서 양민학살의 흔적들을 찾아볼 수 있었다. 특히, 산청 시천면의 학살터는 수많은 사람들의 희생이 있었으나 잘 알려지지 않았다는 점에서 더 가슴이 아팠다. 우리 손으로 위령제를 지낼 때는 지리산의 아픔이 공명하는 것 같았다.

지리산 도보순례를 마치고 지리산위령제까지 숨 가쁜 시간이 지나고, 어느 날 지리산댐이 백지화되었다는 소식이 들려왔다. 그동안의 수고가 헛되지 않은 것 같아 뿌듯했지만 이내 고민이 찾아들었다. 역시나 길에 대한 것이었다. 이번에는 내 삶의 길의 기로였다.

본래 녹색연합 활동을 몇 년 더 하고서 귀농할 생각이었다. 내가 가야 할 삶의 길을 고민할 때 첫 번째로 떠오르는 것이 농부의 삶이었다. 계절의 변화에 기꺼이 순응하며 주어진 대로 가꾸며 살아가는 일이 가장 마뜩하다는 생각을 줄곧 해오던 터였다.

나는 일찍이 고등학교 시절부터 지리산에 대한 꿈을 꾸었고 지리산을 수없이 올랐다. 대학에 가자마자 지리산에 푹 빠져 살았다. 갑갑하다 싶은 날에는 어김없이 지리산을 그리며 기차를 탔다. 그 인연이었을까. 지리산을 살리기 위한 운동에 함께하는 기회가 주어진 것 말이다.

댐백지화 소식이 들려오고 좀 한가한 시간이 찾아왔다. 지리산에서, 지역에서, 소수의 실무자가 해야 할 일이 잘 그려지지 않았다. 전국 200여 개 단체의 연합인 지리산살리기 국민행동이 내게는 버겁다는 생각이 들었다. 내가 한때 농담처럼 하던 말이 있었다. "나는 달의 궁전(달궁)과 가을의 성(추성)을 오가며 살아요." 그처럼 한가한 시간과 소소한 일거리들이 그리웠다. 농부와 활동가를 병행할 수 있는 길을 찾으려 했으나 여의치 않았다.

사실 지리산댐을 막아내야 하는 전위요, 전국조직으로서 간판을 지닌 단체의 실무자에게 그러한 시간은 허락되지 않았다. 선택은 나의 몫이었다. 결국 지리산살리기 국민행동을 그만두고 실상사귀농학교에 들어갔고, 수료한 후 바로 귀농을 선택했다.

삶터를 정하는 일에도 지리산은 영향을 미쳤다. 지리산에 대한 미련이 커서 지리산 주변 7개 시군을 돌면서 한 시간 이내에 접근 가능한 곳을 알아보았다. 막상 가보면 좋기는 한데, 인연이 닿지는 않았다. 그러다가 오가며 무심히 지나쳤으나 '참 따뜻한 곳이네'라는 생각이 든 곳을 찾았다. 지금 살고 있는 산서다. 호남금남정맥의 큰 산인 팔공산에서 둘러보면 너른 들이 펼쳐진 곳이 바로 산서다. 금강과 섬진강을 품고 있는 산이 팔공산이니 물이야 말해 무엇하겠는가. 농부의 삶에는 최적이라는 느낌이 들었다. 사실은 쓸데없는 의미 부여다. 농부가 되겠다는 마음을 먹은 자에게 다다른 인연일 뿐이다.

나는 지리산에서 반야봉을 좋아했다. 주 능선길에서 비켜나 있으나 지리산에서 가장 큰 품을 보여주는 봉우리가 반야다. 그 품에 들면 편안함을 느끼고 깃든 것에 위안이 되는 산봉우리다. 계곡은 단연 칠선이다. 수업을 빼고 3~4일 칠선계곡에만 머물던 대학 시절, 나는 변명의 말을 찾았다. 왜 지리산에 드냐고 하면 심심한 자유가 있어서라고.

그러나 지금은 농부로 사는 것에서 그 심심한 자유를 느낀다. 이 또한 지리산이 내게 준 선물이다.

나와 지리산, 지리산운동

이병철
당시 지리산공부모임 운영, 생명평화결사 운영위원장

지리산의 역사를 잘 모른다. 언제 저 산이 생겼는지, 그 품에 언제부터 인간이 깃들여 살았는지, 거기서 언제부터 '운동'이라고 할 수 있는 움직임들이 시작되었는지 알지 못한다.

여기에 쓰는 지리산운동에 대한 이야기는 나의 이야기, 나의 회고일 수밖에 없다. 그것도 나의 경험, 갈수록 희미해가는 나의 기억일 뿐이다.

지리산과의 첫 만남

내가 지리산을 처음 만났던 것은 1969년 10월의 마지막 날이었다. 당시 박정희 정권의 집권 연장을 위한 3선 개헌 통과 등으로 인해 학내의 분위기는 뒤숭숭했다. 그냥 보고만 있을 수는 없었지만 이에 반대하는 투쟁은 큰 반향을 일으키지 못했다.

이런 상황을 도저히 견딜 수 없어 그런 마음을 달래고자 무작정 지리산을 향했다. 그날 해거름에 지리산에 들어 법계사(당시에는 절이 아니라 부처님을 모신 거실 한 칸에 작은 부엌이 딸린 움막 같았다)에서 밤을 새우고 11월 초하루 아침에 하얗게 빛나는 천왕봉에 올랐다. 그 전날 밤, 지리산에 그 가을의 첫눈이 내렸다.

하산 길을 잘못 들어 온종일 헤매다가 내려오니 추성리였다. 아직 등산로가 정비되지 않았던 칠선계곡을 마냥 헤맸던 것이다. 그렇게 내려와 마지막 버스를 간신히 타고 마천을 거쳐 실상사 곁을 지났다. 그게 지리산과 실상사와의 첫 인연이었다.

그 뒤로 자주 지리산을 찾았고 한때는 지리산 곁에 머물러 지내면서 '지리산통문'이라는 소식지를 만들기도 하고 '지리산방장'으로 불리기도 했다.

지리산운동의 시작

1996년, '생태가치와 자립하는 삶'을 기치로 생태귀농운동을 위한 전국귀농운동본부를 만들고 그 이듬해인 1997년, 선우도량 가을 결사에 강사로 초대되어 실상사에 와 생태귀농운동의 필요성과 이를 위한 장기귀농학교를 제안했다. 그때 깨달음과 사회적 실천을 동시에 추구하는 수행자들의 결사체인 선우도량을 이끌던 도법 스님이 그 자리에서 내 제안에 흔쾌히 동의했다. 그렇게 지리산과 실상사와 도법 스님과 함께하는 지리산운동이 시작되었다. 우리가 함께 뜻을 모아 처음 시작한 것이 '실상사 장기귀농학교'였다. 그 이후로 지금까지 도법 스님과 함께한 모든 일, 또는 그 운동에 지리산이란 이름도 언제나 함께했다.

이렇게 시작된 지리산운동에서, 부족한 내 생각이나 제안에 대해 도법 스님은 여태까지 한 번도 그 결정을 미루거나 반대한 적이 없었다. 언제나 즉답이었다. '좋다면 합시다.'가 스님의 한결같은 답변이었다. 나에게 민족의 영산인 어머니 지리산과 그 품속의 천년 도량 실상사와 지리산의 품을 가진 벗, 도법 스님이 따로 떼어놓을 수 없이 하나인 것은 이 때문이다.

2001년 지리산공부모임을 시작했다. 새천년이 되었지만, 이대로는 길이 아니었다. 우리는 길을 잃었다. 새길 찾기였다. 한살림선언(1989) 이후 근본적이면서 동시에 보다 구체적이고 실천적인 공부가 필요했다.

수천만 년을 이어오면서 사람과 뭇 생명을 품어온 이 땅의 어머니산, 지리산을 배우고 그렇게 사는 것이 다시 근본으로 돌아가 바르게 사는 것이라 믿었다. 이 공부모임에서 내 역할은 함께할 사람들, 도반들을 모으는 것이었다. 지리산 인근에 사는 이들은 도법 스님이, 지리산 바깥의 사람들은 거의 대부분 내가 모셨다. 가농운동, 한살림, 무위당 사람들이 그 주축이었다.

지리산댐 반대를 뛰어넘는 지리산살리기운동이 지난 2000년의 지리산 권역을 중심으로 한 전국의 시민사회단체 연대로 시작되었고, 그 운동의 연장선상에서 '지리산생명연대'가 결성되었다. 당시 녹색연합 공동 대표였던 나도 이 운동의 공동대표의 한 사람으로 참가했다. 지리산생 명연대는 여태까지의 댐 반대 투쟁에서 지리산과 뭇 생명을 함께 살리 는 운동으로 나아갔다. 그것이 모든 생명을 가림 없이 품어 안는 어머 니 지리산의 마음일 터였다. 그래서 '민족의 영산 지리산도 살리고 생명 의 젖줄 낙동강도 살리자'라는 기치를 들고 지리산살리기 국민행동의 낙동강 1,300리 도보순례가 진행되었다.

2001년 도법 스님이 주축이 되어 이끈 지리산 좌우합동위령제가 스 님의 천일기도와 함께 시작되었다. 그것이 생명평화 민족화해 지리산위 령제였다. 지리산의 품과 그 자락에서 눈먼 이념 대립으로 죽어간 수많 은 원혼에 대한 해원상생의 대동굿이었다. 그 억울하고 원통한 죽음들 이 50여 년 만에 비로소 눈을 감게 되었으리라.

2003년 11월 지리산생명평화결사의 출범

이라크전쟁을 시발로 다시 한반도의 전쟁위기가 고조되었다. 이 땅 에 전쟁이 다시 일어난다면 그것은 모든 것이 끝나는 것이었다. 어떻게 하든 전쟁만은 막아내야 했다. 전쟁을 막아내기 위해 우리가 할 수 있 는 게 무엇일까. 10만 명이 흰옷을 입고 DMZ 군사분계선에서 인간사 슬을 지어 그 첫 포탄을 우리 몸으로 막아내자고 도법 스님과 이야기 나누었다. 돌아오는 길에 함께 갔던 아내가 울었다.

다행히 전쟁위기는 모면했지만 새로운 운동이 필요했다. 기존의 운동 방식은 한계를 드러냈고 실패했다. 세상의 변혁과 자신의 깨어남이 함 께하는 것이어야 했다. 나와 세상이 따로 분리되어 있는 게 아니라 세 상은 나의 반영이기 때문이다. 그래서 '세상의 평화를 원한다면 내가 먼저 평화가 되자'라는 표어를 내걸고 지리산 정신인 화해상생의 길을 걷는, 그렇게 사는 운동이 시작되었다.

생명평화결사는 기존의 운동과는 그 목표와 내용과 방식이 달라야 했다. 생명과 평화는 서로 나누어진 개념이 아니었다. 생명이 모든 가치의 근본이고 중심이어야 했다. 생명 없이는 아무것도 없는 것이기 때문이었다. 그 생명이 갈수록 불안하고 위태롭게 되었다. 생명의 상품화, 죽임으로 치닫고 있는 문명 속에서 가장 우선되는 가치는 생명일 수밖에 없는 것이었다. 한살림선언에서도 이미 천명한 '죽임에서 살림으로'가 더욱 절실했다. 그리고 그 길은 평화였다. 평화 없이는 생명의 충실한 실현이란 불가능했다. 생명과 평화는 분리될 수 없는 것이었다. 생명과 평화가 아니라 '생명평화'여야 했다. 생명평화가 지리산운동의 핵심 키워드인 것은 이런 까닭이다. 이것은 이 나라 생명운동, 평화운동에서 새로운 차원의 도약이라고 나는 여긴다.

내가 생명평화를 위한 세상의 등불이 되기 위해선 내 안의 빛, 그 불길을 먼저 밝혀야 했다. 이를 위한 고백과 서약이 '생명평화 7대 서약'이었다. 모두가 등불이 되겠다는 서약과 이를 위한 수행(생명평화학교)과

2012년 6월 16일 생명평화결사 '한반도 생명평화공동체를 염원하는 백년순례단'이 지리산 노고단에서 고천제를 모신 후 명상을 하고 있다.

삶터를 생명평화의 마을로 만들기가 그 목표이고 목적이며 실천과제였다. 그래서 생명평화결사는 대표를 따로 두지 않고, 생명평화를 서약한 모든 등불이 이 운동을 대표했다.

이 운동을 위해, '세상의 평화를 원한다면 내가 먼저 평화가 되자'는 메시지를 세상에 전하고 함께하는 도반들을 찾고자 도법 스님이 스스로 순례단장이 되어 길 위에 나서 5년여를 탁발하며 걸었고 나는 그 기간 운영위원장을 맡아 함께했다. 지리산운동이 순례운동과 함께 본격적으로 시작된 것이었다.

나는 순례단장 도법 스님을 길 위로 배웅하며 한 편의 시를 전했다.

오랜 길 떠나는 벗에게

길은 오래고
늘 새롭다
이것이 있어 저것이 있는
다르마의 길 위에서

옛길을 걸어
새길에 이른다

걸어온 아득한 길 이어
걸어갈 아련한 길

오랜 길 나서는 벗이여
길은 언제나 걷는 자에 의해 이어져 있다

그대는 다만 걷는 자
언제 꽃이 필까 근심하지 마라

걷는 발자국 따라 씨앗 돋아난다면
봄길 따라 꽃 피지 않는 마을 있겠느냐

꽃그늘 아래 생명평화의 등불 밝히고
신명의 잔치 여는 건 머문 사람들의 몫

바람결에 옛 벗들의 안부 물으며
다만 천지간에 충만한 봄소식을 전하라

세상의 길 가운데 이어져 있지 않은 길 없으니
그대 발걸음 서둘지만 않는다면

순례의 길 이어 그대 돌아오는 날
향기로운 차 한 잔을 준비하리라.

이런 운동을 계기로 실상사와 불교계를 중심으로 지리산운동을 잇는 한생명운동과 인드라망운동이 탄생했고 거기에도 나 역시 함께 이름을 걸고 마음을 모았다.

2016년, 지리산연찬을 시작했다

다시 지리산을 배워야 했다. 초발심이 필요했다. 지리산연찬은 2001년 지리산공부모임을 잇는다는 마음으로 시작하면서, 그 새로운 공부방식으로 연찬을 바탕에 두었다. 누가 옳은가가 아니라 무엇이 사실인가를 탐구하는 이 방식을 통해 기존의 생각과 판단들을 내려놓고 함께 공감하고 동의할 수 있는 길을 찾아가는 공부법이었다. 연찬과 인문학을 결합하여 새로운 길을 찾아오던 연찬문화연구소의 남곡 선생이 합류하여 그 틀과 내용을 함께 채워갔다. 이렇게 지리산 연찬식운동이 지리산 운동의 한 형태로 새롭게 시작되었다.

2018년, 북미 갈등의 심화로 한반도에 전쟁위기가 다시 고조되자 지리산연찬에서는 한반도의 전쟁을 막아내고 생명평화를 실현하기 위해 60대 이상을 주축으로 하는 '한반도 생명평화를 위한 은빛순례단'을 구성하여 1년 동안 전국을 순례하며 한반도 생명평화 실현을 위해 노력했다.

2021년, 지리산정치학교를 시작하다

지리산정치학교는 문명전환을 위한 것이다. 지구온난화 등 기후위기와 코로나 대역병의 창궐로 지구에서 인류의 생존 자체가 절박한 위기 상황으로 내몰렸다. 멸절문명, 자기살해적 문명으로 인한 자업자득의 결과였다. 근본적인 대전환이 절실한 상황이었다. 이대로는 살길이 없기 때문이었다.

모두 함께 바뀌어야 하는데, 긴박한 상황에선 정치적 해법이 우선되었다. 밑에서부터 근본적으로 바꾸어가기엔 허용된 시간이 부족하고, 비상한 상황에선 비상한 행동이 필요하기 때문이다. 그러나 기존의 정치로서는 불가능한 일이었다. 새로운 정치, 전환문명을 위한 전환정치가 필요했다. 기후위기와 생태계 위기, 온 지구 생명의 위기를 극복하기 위한 지구 차원의 생명의 정치, 살림의 정치가 절실했다. 이를 위해서는 전환정치, 생명정치를 담당해갈 젊은 정치인들을 길러내는 게 시급했다. 정치는 사람이 하는 것이고 그 사람이 누구냐, 어떤 사람이냐에 따라 정치행위와 내용이 사실상 결정되기 때문이다. 새로운 정치를 위해선 새로운 정치인들이 먼저 준비되어야 하는 것이다. 이것이 현실정치, 제도정치와 담을 쌓고 삶의 실천적 대안을 추구해온 지리산운동이 뜬금없이 정치학교를 시작할 수밖에 없는 이유이다.

그래서 지리산정치학교는 지리산을 교장으로 모시고 배우며 그 마음과 정신을 닮아가는 것이 첫 번째 목표이고 그 과제이다.

다시 지리산을 배우고 다시 지리산운동을 시작해야 한다

언제나 처음이고 첫걸음이다. 이제 지리산운동의 목표는 문명의 대전환과 생명평화, 그 호혜상생의 길 찾기이다. 이 길은 우리가 지리산의 이름으로 지금까지 걸어왔던 길과 다른 길은 아니지만, 그 길에서 한 차원 새롭게 도약해야 하는 길이라 할 수 있다. 우리 자신이 전환적 삶을 사는 것, 지리산을 생명평화의 삶터로 가꾸기, 여기에서부터 생명 둥지 틀기가 그것이라 여긴다.

지리산운동이 내게 남은 마지막 과제이고 마지막 걸음이지 싶다. 여태까지 이 길을 함께 걸어왔던 도반들, 특히 실상사와 도법 스님, 그리고 이 운동의 어려운 살림을 맡아 수고해온, 지리산운동의 산증인이신 수지행 님께도 감사드린다.

모두 고맙다. 남은 길, 남은 걸음 또한 저 어머니 지리산을 가슴에 품고 밝고 건강하게, 감사와 기쁨으로 걸어갈 수 있기를 다시 마음 모은다.

출가행자의
방황하는 몸짓과 지리산운동

도법
당시 실상사 주지, 생명평화탁발순례단장

내가 절에 들어온 지 2년 반쯤 되는 1968년 여름 어느 날이었다. 나른하기 그지없는 오후 2시쯤 어머님이 위독하다는 소식이 날아왔다.

순간 그 정체를 알 수 없는 죽음의 천 길 나락으로 떨어지고 있는 자신을 보았다. 실로 충격이었다. 인생 허무의 심연은 참으로 깊었다. 아득했다. 무서웠다. 무엇을 어찌해야 할지 까마득했다. 텅 빈 가슴속에 싸늘한 허무의 바람이 휩쓸고 다녔다. 생살이 갈기갈기 찢기는 것처럼 참으로 쓰리고 쓰렸다.

가만히 있을 수가 없었다. 무작정 정처 없이 어디론가 떠나고 싶었다. 도대체 인생이란 무엇인가. 왜 이토록 허무한가. 칠팔십 년이면 끝내 끝나고 마는 허무하기만 한 인생을 아등바등 살아야 할 이유가 무엇인가. 밑도 끝도 없는 물음을 붙잡고 끙끙거리며 밤을 지새웠다. 죽음이라는 천 길 허무의 나락으로 떨어져갈 뿐 그 무엇도 붙잡을 수 없었다. 비명을 지르는 것 말고는 아무것도 어찌할 수 없었다.

'인생이란 무엇인가?'

'나는 누구인가?'

'왜 살아야 하는가?'

'무엇을 어떻게 해야 하는가?'

묻고 찾는 것 말고는 그 무엇도 어찌할 수 없었다.

그야말로 미치고 환장할 노릇이었다.

해인사 강원에 들어갔다. 만나는 이 사람 저 사람에게 물었다. 이 책 저 책 손에 잡히는 대로 펼쳐보았다. 답은 간명했다.

'참선해서 깨달음을 이루어야만 해결된다. 천하의 그 어떤 길도 길이 되지 않는다. 오직 이 길만이 유일한 최고의 길이고 정답의 정도이다.'

결론은 단순하고 명백했다.

부푼 꿈을 안고 선원으로 갔다. 조실스님으로부터 화두를 받았다.

"어떤 것이 참되게 알아야 할 진리입니까(如何是佛法的的大義)?"

"저 뜰 앞의 잣나무이니라(庭前栢樹子)."

그때부터 선방에 들어가 벽을 바라보고 앉았다.

'참된 진리를 물었는데 왜 뜰 앞의 잣나무라고 했을까. 왜 뜰 앞의 잣나무라고 했을까……. 왜 뜰 앞의 잣나무라고 했을까…….'

의심을 일으키고 또 일으키고 또 일으키고…… 그렇게 십수 년을 몸부림쳤다. 망상은 끝없이 날뛰었다. 끝내 깨달음은 이루어지지 않았다. 절망했다. 나만 그런가 하고 주변을 돌아보았다. 선배, 동료, 후배 대부분 비슷했다. 한숨이 터져 나왔다. 실망이었다.

이 궁리 저 궁리 끝에 화두는 화두대로, 허무의 문제는 허무의 문제대로 품고 선원 밖으로 나왔다. 인생의 답을 찾기 위한 최고의 길이라고 하는 화두를 붙잡은 채 여기 기웃, 저기 기웃했다. 그 과정에서 내가 속한 문중과 본사, 그리고 조계종단이 모순과 혼란과 혼탁의 짙은 안개에 덮여 있음을 보았다.

막막하고 답답한 가슴을 쓸어내리며 친구들을 만났다. 저 짙은 안개를 놔둔 채로는 희망이 없다. 문중, 본사, 종단이 환하게 드러나도록 저 혼탁한 안개를 걷어내기 위해 무엇인가를 해보자는 데 의기투합했다.

그렇게 하여 현대적인 결사운동단체인 '선우도량'이 만들어졌고 마침내 실상사에 자리를 잡았다. 누군가가 책임지고 주지 역할을 해야 하는데 너도나도 발을 뺄 뿐, 나서는 사람이 없었다. 돌고 돌아 결국 주지 자리가 나에게 떨어졌다. 여전히 방황하는 몸짓으로 허무병을 치유할 '뜰 앞의 잣나무'라는 화두를 짊어진 채 실상사 주지살이를 시작했다. 그때가 1995년 무렵이었다.

1998년 어느 날 전국귀농운동본부 본부장인 이병철 선생의 꼬임에 넘어가 실상사귀농학교를 열었다. 바로 뒤를 이어 이경재 선생의 제안을 받아 실상사작은학교를 만들었다. 어느 날 보니 내 뜻과는 관계없이 귀농운동과 대안교육운동 한복판에 들어와 있었다. 어디로 가고 있는지도 잘 모르는 채 우왕좌왕하며 불교계의 대안운동단체인 인드라망 생명공동체를 출범시켰다.

그 무렵 양재성 목사의 요청에 의해 지리산운동의 깃발을 들고 한복판으로 들어서게 되었다. 그리고 오늘에 이르렀다.

돌아보면 지금까지도 여전히 길 찾는 몸짓으로 이 자리에 서 있다. 군이 말하자면, 좀 더 인간다운 길을 가고자 하는 소박한 마음으로 멈춤 없이 최선을 다해 보고 배우며 여기까지 온 셈이다.

기왕이면 창과 방패의 싸움방식이 아니라 백지장을 맞드는 방식, 경쟁과 승부의 길이 아니라 협력과 상생의 길을, 그리하여 우리 모두가 인간적으로 좀 더 나은 길, 좋은 길, 바람직한 길을 갔으면 하는 마음이었다. 뭘 잘 알고 뭘 잘해서가 아니었다. 엉겁결에 나도 모르는 사이에 좋은 인연, 좋은 분들을 따라오다 보니 뭔가 제법 괜찮은 삶의 모습으로 나타나게 되었다.

내용을 들여다보면 좀 우습게 되었다. 어찌하다 보니 내가 마치 지리산운동의 중심처럼 되어 있는데, 사실은 그렇지가 않다. 그야말로 주어진 인연대로 '친구 따라 강남 가듯'이 살아오는 과정에서 그렇게 되었을 뿐이다. 결정적으로는 초기에 중요한 역할을 했던 분들이 모두 떠나고 나 혼자 지금까지 남아 있어 그렇게 되지 않았나 싶다. 아무튼 거듭거

실상사 마당 한가운데 설치된 생명평화 국민동참기도단. 2002년 미군장갑차에 압사당한 효순이·미선이의 영정사진이 놓여 있다.

듭 고맙고 감사하다. 오늘 다시 지리산운동에 대한 뜻들이 꿈틀거리는 모습을 보니 참으로 반갑고 고맙다. 경험적으로 볼 때 지리산운동의 또 다른 이름이 생명평화운동인데, 이 운동이 계속 깊어지고 지속되려면 그 중심에 진리의 담론, 생명평화의 담론을 생산하는 광장이 있어야 한다고 본다.

특히 '진리가 너희를 자유롭게 한다'라는 성서의 말씀, '진리가 있으면 말이 밭에서 거름 나르는 삶을 살게 되고, 진리가 없으면 말이 전쟁터에서 새끼를 낳는 삶을 살게 된다'는 주역의 말씀, '문수여, 진리는 항상 그러하나니 진리의 임금에겐 오직 그 한 법뿐이네. 진리에 따라 결점이 없는 그 사람은 그 길에서 생사로부터 자유롭네.'라는 『화엄경』 말씀이 일상의 삶이 되는 담론을 제시해야 한다. 그렇게 할 때 비로소 지리산운동이 미래를 밝히는 희망의 등불로 반짝반짝 빛나게 될 것이다.

오늘의 만남, 백서를 출간하는 지금이 그 출발을 다짐하는 자리였으면 하는 마음 간절하다.

2003년 8월 3일 실상사에서 지리산평화결사 추진위원회 발족식을 마치고.
사진 왼쪽부터 박노정 시인, 도법 스님, 수경 스님, 김장하 선생.

2부

삶터의 주인, 일어서다

ⓒ사진 강병규

또 하나의 역사가 된
제2차 지리산댐 백지화운동

이환문
당시 지리산댐백지화대책위 집행위원장

되살아난 '지리산댐 건설계획의 망령'

전국적인 댐반대운동으로 2001년 말 백지화되었던 지리산댐 건설계획. 하지만 그 망령이 되살아나는 데는 채 1년이 걸리지 않았다. 2002년 8월 말, 태풍 루사가 한반도를 강타했다. 영동지방을 중심으로 전국에 걸쳐 246명의 인명 피해와 5조 원이 넘는 재산 피해가 났다. 지리산댐 논란이 일었던 함양군에도 많은 피해가 생겼다. 대부분 지리산댐 계획과 직접적인 관련이 없는 피해였지만 함양군 전체에 9명의 인명 피해와 1,600억 원의 재산 피해가 났다.

정부 당국이 대책 마련에 나섰다. 그해 9월, 건교부는 태풍피해대책의 하나로 함양 안의 경북 군위, 김천, 영주, 상주 등 5개 지역에 다목적댐 건설을 검토하겠다고 국회에 보고했다. 지리산댐 건설 예정지였던 함양 마천~휴천면의 엄천강(임천강) 일원에도 적잖은 피해가 났지만 어찌 된 일인지 건교부는 지리산댐 건설 문제를 언급하지는 않았다.

중앙정부는 조용한데 팔 걷고 나선 지방정부

이상한 일이었다. 그해 치러진 지방선거에서 당선된 천사령 함양군수(무소속)가 느닷없이 '지리산댐(문정댐) 건설'을 요구하고 나섰다. 건교부에서 재해대책으로 제시했던 '함양 안의댐'보다 더 필요하다는 이유를 내세웠다. 같은 해 11월 '제2차 함양군 장기종합계획 수립을 위한 군민공청회'에서는 지리산댐 건설계획(함양 마천댐 계획)까지 발표했다. 정부의 지리산댐 건설계획과 같은 내용이었다. 외부자본 유치, 관광지 개발 등을 통한 함양군 발전을 위한 것이라고 강조했다. 이후 함양군은 기회 있을 때마다 지리산댐 건설을 정부에 건의했다(2003년 7월, 2004년 9월 등).

댐 건설은 국가 차원의 중장기 하천 관련 정책과 계획, 해당 하천의 수리·수문과 주변 환경 등 여러 정책요소와 상황을 종합적으로 고려한 가운데 관련 법률에 따라 중앙정부에서 한국수자원공사를 통해 추진하는 국가사업이다. 특정 지방자치단체가 나서 댐 건설을 추진하는 것은 당시엔 꽤나 낯선 풍경이었다. 더구나 천사령 군수 취임 이전에는 지리산댐 건설을 반대하는 것이 함양군의 공식 입장이었다. 뭔가 정치적 의도가 있어 보였다.

둘로 갈라진 민심

　지역주민들 사이에서도 묘한 상황이 연출됐다. 댐 예정지인 함양군 마천면의 일부 주민들이 댐 건설 찬성단체인 '마천면발전협의회(당초 '문정댐추진위원회'에서 개칭)'를 만들었다. 그리고 이 단체는 임대한 관광버스에 주민들을 태우고 댐 견학을 떠났다(2002. 12. 23. 용담댐 견학). 가는 길에 대전에 있는 한국수자원공사를 들러 '마천댐 설명회'도 가졌다. 급기야 이 단체는, 이듬해 마천면민을 대상으로 '지리산댐 건설 찬반 주민투표(2003. 5. 31.)'를 추진하고, 투표 결과 '면민 72%가 찬성했다'면서 댐 건설을 공개적으로 요구하기 시작했다.

　하지만 마천면발전협의회에서 추진한 용담댐 견학행사는 그 취지나 세부 일정을 잘 모른 채 따라나섰던 주민들이 꽤 많았고, 행사 자체가 한국수자원공사에서 제공된 비용으로 진행됐던 것이 나중에 드러나 행사 후 지역에서 큰 논란이 됐다. 댐 건설 찬반을 묻는 주민투표도 실제 댐 수몰 예정지 주민, 그리고 댐 반대 면민은 애초에 배제된 상태에서 진행됐다는 지적이 일면서 공정성, 실효성 논란에 휩싸였다. 무엇보

마천면 주민들이 용담댐 견학을 위해 전세버스에 오르고 있다. ⓒ오마이뉴스(왼쪽)

댐 반대 주민들이 우체국 앞에서 현수막을 펼치고 댐 반대 활동을 펼치고 있다. ⓒ오마이뉴스(오른쪽)

다 이 모든 사태의 배후에 한국수자원공사가 있다는 의혹이 주민들 사이에서 점점 커졌다.

댐 건설 찬반양론이 격화되기 시작했다. 전에 없던 갈등과 대립이 생겨났고, 날이 갈수록 상황은 점점 나빠졌다. 조상 대대로 동고동락해온 이웃과 친지들이 만나기만 하면 싸우고 으르렁댔다. 얼마 전까지만 해도 이곳 마천에서 상상도 할 수 없던, 참담하고 서글픈 모습이 점점 일상이 되어가고 있었다. 댐 반대 활동에 적극적인 주민들에겐 다양한 경로와 방법으로 압력이 가해졌다. 적잖은 주민들이 이를 견디다 못해 마음을 바꿔 먹거나 조용히 뒤로 물러났다. 무섭고 아픈 시간이 속절없이 흐르고 난 뒤, 적어도 함양지역에서 얼굴 내밀고 댐 반대 의견을 적극 내세울 수 있는 주민은 댐백지화마천면대책위 위원장을 맡고 있던 '칠선산장' 주인 선시영 이장 등 그야말로 손가락에 꼽을 정도가 되었다. 그들의 얼굴엔 북풍한설 같던 세월의 무게를 이기지 못한 주름과 흰머리만 야속하게 하나둘 늘고 있었다.

일군의 댐 찬성 인사들이 활개 치고 다니기 시작하자 조용히 숨죽이고 있던 정부 당국이 움직이기 시작했다. '댐건설장기계획(변경안)'을 수립하기 위한 건교부의 용역조사사업이 착수됐다(2004. 6.). 한국수자원공사에서는 기존 댐들의 안전성과 홍수방어능력을 향상시킨다며 '댐의 수문학적 안정성 검토 및 치수능력증대 기본계획'을 수립했다(2004. 9.). 여기서 한국수자원공사는 지리산댐(상류댐) 건설 방안을 대책의 하나로 제시했다. 기후변화 등으로 진주 남강댐이 큰 홍수 때 방어력이 떨어지고 불안전하다는 이유에서였다. 또, '지리산댐(문정댐) 예비조사'를 실시한 후(2004. 9.) 여기서도 지리산댐(문정댐) 건설 방안을 제시했다. 임천강 유역 홍수방어와 진주 남강권의 안정적 용수공급을 위한 것이라는 꼬리표를 달았다.

정부 당국의 관련 활동은 해를 넘겨서도 계속됐다. 건교부와 한국수자원공사는 '댐 건설 후보지 현지조사'를 벌인 뒤(2005. 5.), 급기야 2006년 7월 태풍 에위니아가 한반도를 내습하자 이를 빌미로 '지리산댐(문정댐) 추진'을 공식화했다.

그 이듬해에는 '댐건설장기계획(변경초안, 2006. 12.)'을 작성하고, 참여정부 임기 말이자 제17대 대통령선거가 치러진 2007년 4월엔 관련 설명회를 진행한 후, 마침내 건교부 산하 '중앙하천심의위원회'를 통해 '댐건설장기계획(변경안, 2007. 6. 4.)'을 최종 확정했다.

댐건설장기계획은 지난 2001년 말 지리산댐 건설계획을 신규 댐 후보지에서 제외함으로써 당초 지리산 댐 계획을 사실상 백지화했던 국가법정계획이다. 수자원을 종합적·체계적으로 개발하기 위해 10년마다 본 계획을 수립하고, 그 중간인 5년 단위로 보완하여 변경안을 마련한다. 당시 이 계획에 지리산댐이 다시 포함되는지가 지역주민들에겐 초미의 관심사였다. 우려했던 일은 현실이 되었다. 지리산댐 계획이 다시 신규 댐 3개 후보지 가운데 하나로 확정됐다.

댐 계획은 이전과 조금 달라져 있었다. 2001년 지리산댐 계획보다 규모가 줄었다. 무엇보다 댐 높이가 103미터로, 기존의 107미터보다 4미터 낮아졌다. 댐의 폭도 414미터에서 400미터로 줄고, 총저수량 역시 기존 1억 2,000만 톤에서 9,700만 톤으로 줄어들었다.

댐 높이가 낮아지면 댐 건설에 따른 수몰지역이 행정구역상 경남지역으로 한정된다. 반면, 가까운 거리에 있지만 행정구역이 다른 전북 남원의 천년고찰 실상사는 수몰 위험성이 그만큼 줄어든다. 이는 제1차 지리산댐 건설 논란 당시 수몰지역에 포함돼 댐백지화운동에서 중추적 역할을 담당했던 실상사와 종교계, 남원지역 주민들이 댐반대운동에 적극 나설 근거와 명분을 일정 부분 약화시키는 결과를 초래했다. 정부 당국이 의도한 바였다.

다시 시작된 기나긴 투쟁

태풍 루사 피해대책인 신규 댐 건설 소식을 먼저 전해 들은 진주환경운동연합이 성명을 발표하고(2002. 9. 9.) 신규 댐 건설계획을 규탄했다. 함양군이 마천댐 건설계획을 발표하자 이번에는 함양시민연대, 지리산생명연대 등 지역 시민단체와 주민들, '2002 전국환경활동가 워크샵' 참가자들이 지리산댐 반대 결의문을 발표하고(2002. 11. 15.) 정부의 댐 계획 철회를 촉구했다. 이어 지역 내에서 댐 반대 주민설명회, 서명운동 등 후속 활동을 전개했다.

이듬해인 2003년 1월, 지리산댐 예정지 상류인 전북 남원시 산내면 주민들이 '지리산댐(마천댐) 건설추진계획 백지화대책위'를 결성했다. 대정부 규탄성명을 발표하고 정부와 함양군의 지리산댐 재추진 움직임을 초기에 저지하기 위해 총력을 기울였다. 그리고 지리산댐 건설 논란은 수면 아래로 잠시 가라앉는 듯했다. 정부 당국의 표면적인 움직임이 눈에 띄게 줄어들었다. 적잖은 시간이 흘러갔다. 그렇게 모든 것이 마무리되는 듯 보였다.

하지만 정부는 물밑에서 조용히, 그리고 부지런히 움직이고 있었다. 각종 조사와 용역 등을 진행하며 해야 할 일들을 하나하나 처리해가고 있었다. 그리고 마침내 2006년 7월이 되자 지리산댐 건설계획을 공식화하고 '댐건설장기계획(변경안)' 수립 절차에 돌입했다. 이에 대책위를 중심으로 한 지역주민들은 대전에 있는 한국수자원공사 본사를 항의 방문하는 등 다시 댐백지화 활동을 적극 펼쳐나가기 시작했다.

2007년 6월, 지리산댐 계획이 포함된 '댐건설장기계획(변경안)'이 최종 확정되자 지리산생명연대, 함양시민연대, 함양기독교환경운동연대, 지리산권시민사회단체협의회, 함양민중연대, 지리산댐반대산청군대책위, 산청군농민회, 진주환경운동연합 등은 '지리산댐백지화대책위원회'를 새롭게 결성하고, 사업백지화를 요구하는 기자회견(2007. 7. 31.)을 시작으로 본격적인 댐반대운동에 돌입했다.

한편, 댐건설장기계획이 확정된 2007년은 제17대 대통령선거를 치르는 해여서 다소 어수선한 정국이 이어졌다. 특히 유력 대선주자인 한나라당 이명박 후보의 '한반도대운하건설 공약'이 사회적으로 큰 논란이 되면서 매우 혼란스러운 세밑 풍경이 연출되었다. 지리산댐 건설 문제는 그것에 가려져 해를 넘기며 다음 정부의 과제로 넘어갔다.

MB 정부의 등장과 생명·문명의 위기

광우병사태와 대운하 논란

한나라당 이명박 후보가 대선에서 승리하고 MB 정부가 공식 출범했다(2008. 2. 25.). 이명박 대통령의 핵심 대선공약이었던 '한반도대운하건설' 문제는 새해 들어 큰 논란이 되었다. 여기에 더해 새로운 이슈가 더해지면서 우리 사회는 한층 더 격한 혼돈상태로 빠져들었다.

2008년 4월 18일 MB 정부는 광우병 위험 부위의 수입을 허용하는 내용이 포함된 이른바 '한미 쇠고기협상 결과'를 발표했다. 이 협상은 미국에서 광우병이 발생해도 수입을 중단할 수 없는 등 우리나라에 매우 불리한 내용들로 채워져 있다는 지적이 일었다. 국민들은 수입쇠고기로 인한 광우병에 공포를 느끼며 크게 반발하기 시작했다.

촛불집회가 전국 곳곳에서 수개월 이어졌다. MB 정부는 정권 초기임에도 지지율이 10%대로 곤두박질쳤다. 급기야 촛불집회에서 '정권퇴진' 구호가 터져 나오면서 정권의 안위를 걱정해야 하는 상황으로 치달았다. 6월 촛불집회에서는 MB 정부의 핵심국정과제인 한반도대운하건설계획을 반대하는 국민들의 목소리가 더 크게 울려 퍼지기 시작하였다.

궁지에 몰린 MB 정부는 결국 '국민들이 반대하면 대운하도 추진하지 않겠다'고 선언했다(2008. 6. 19.). 한반도대운하정책을 포기함으로써 이반된 민심을 되돌려보겠다는 심산이었다.

그러나 곧 다른 이야기가 나왔다. 2008년 12월, 정부는 예산 22조 원을 들여 한강, 낙동강, 금강, 영산강 등 우리나라 4개 주요 국가하천을 상대로 대대적인 정비사업을 추진하겠다고 선언했다(4대강살리기사업). 수질 개선과 용수확보, 근원적인 홍수 예방과 생태계 복원 등을 위한 것이라고 강조했다.

강 살리기 한다면서 식수원 이전

MB 정부 출범 1년이 채 안 된 가운데 4대강사업 논란이 한창이던 2009년 1월, 서부경남에 황당한 소식이 들려왔다. 남강댐 물을 부산에 공급하기 위한 사업이 추진된다는 소식이었다. 진주에 있는 남강댐에 물을 더 채워서 매일 107만 톤을 추가 확보한 다음, 부산에 100만 톤, 양산에 5만 톤을 공급하겠다는 것이었다(남강댐 재개발 및 부산·경남광역상수도사업).

어처구니없는 일이었다. 무엇보다 MB 정부는 4대강사업의 일환으로 약 10조 원을 들여 영남의 식수원인 낙동강을 대상으로 대대적인 하천정비사업을 펼칠 예정이었다. 한쪽에서는 대규모 하천정비사업을 통해 수질을 근원적으로 개선하겠다면서 정작 그곳 상수원은 다른 곳으로 옮기겠다니, 도무지 앞뒤가 안 맞는 일이었다.

남강댐에 물을 더 채우겠다는 것도 문제였다. 진주 남강댐은 깊은 산골짜기가 아니라 평지에 지어진 다목적댐이다. 34만 인구의 진주 도심 바로 위에 위치한다는 특수성이 있다. 때문에 큰 홍수나 시설문제 등이 생기면 대재앙이 초래될 수 있는 위험성을 안고 있다. 이런 댐을 대상으로 당초 설계를 벗어나 물을 더 채우겠다는 것은 진주시민 머리 위에 '물 폭탄'을 올려놓는 것과 같았다. 또, 댐 상류지역인 산청, 하동지역의 수몰면적이 기존보다 훨씬 늘어나는 등 서부경남지역에 엄청난 피해를 초래할 가능성이 높았다.

서부경남이 발칵 뒤집혔다. 경남도의회가 '남강댐사업 반대 결의안'을 채택했다(2008. 12. 23.). 진주환경운동연합이 진주시청 브리핑룸에서 기자회견을 갖고, '사업 중단'을 촉구했다. 이어 진주, 사천 등 남강댐을 둘러싼 서부경남 5개 시·군 시민사회단체를 중심으로 '낙동강상수원 남강이전계획 저지 서부경남행동연대'를 결성하는 한편(2008. 2. 20.), 서부경남 5개 시·군 주민들이 모두 참여하는 '남강댐 수위상승사업 결사반대 서부경남공동대책위'를 출범시켜(2008. 3. 9.) 본격적인 남강댐 사업 반대운동에 돌입했다.

'남강댐 수위상승 결사반대 서부경남공동대책위(이하 남강댐서부경남대책위)'는 당시 4대강사업 저지와 낙동강 살리기 활동에 매진하고 있던 마산과 창원 등 동부경남 시민사회와 연대하여 '남강댐사업 및 낙동강 살리기 경남대책위'를 결성한 뒤(2009. 4. 7.), 경남 차원의 공동대응에 나섰다.

경남도민들의 반발이 날로 거세지자 김태호 당시 경남지사와 홍준표 한나라당 대표 등 보수정치권 인사들이 기회 있을 때마다 '남강댐사업 대신 지리산댐 건설을 통한 부산 물공급'을 그 대안으로 제시하며 궁지에 몰린 정부에 돌파구를 열어주려 했다. 4대강사업으로 촉발된 낙동강 하류지역 식수원 이전 문제가 진주 남강을 거쳐 지리산으로 확산되는 순간이었다.

낙동강의 물 문제가 지리산으로 옮겨 붙을 조짐을 보이기 시작하자 지리산권 주민들 사이에서 지리산댐 재추진에 대한 우려가 커지기 시작했다. 주민들이 움직였다. 2010년 2월 1일, 남원 산내에 사는 이정훈

2010년 1월 19일 경남문화 예술회관 앞 남강둔치에서 열린 '남강댐 서부경남대책위'의 서부경남도민 총궐기대회. 도민 3,000여 명이 참여한 이날 행사를 계기로 '남강댐 수위상승계획'이 백지화되고 남강물 부산공급계획은 사실상 지리산댐 건설을 핵심으로 하는 방향으로 전면 수정됐다.

학생(당시 14세)과 '실상사 작은학교' 김태준 교사 등 마을주민들이 '지리산댐 반대 탄원서'를 들고 눈보라와 칼바람을 맞으며 남원 실상사에서 서울 청와대까지 열하루 동안 '도보순례 상경투쟁'을 전개하는 등 지리산댐 반대 투쟁이 가속화됐다.

4대강사업으로 되살아난 지리산댐 건설계획

하지만 지역민심이 예전 같지는 않았다. MB 정부에서 추진하고 있는 4대강사업 여파가 컸다. 온 나라가 반대하는 4대강사업도 막무가내로 밀어붙이는 상황이었으니 그럴 만도 했다. 여기저기서 지리산댐 백지화운동에 대한 비관적인 말들이 쏟아지고 있었다.

함양군과 일부 유력 정치인들이 댐 건설을 적극 찬성하며 지역여론을 부추기고 있는 것도 큰 문제였다. 특히 함양군은 자체 조사한 지리산댐 관련 설문조사를 근거로 '함양군민 80% 이상이 댐 건설에 적극 찬성하고 있다'면서 군민들을 수년간 호도해왔다. 정부와 한국수자원

지리산댐 반대 청원 지리산~청와대 400km 도보순례에 나선 이정훈 군(14세) 등 남원 산내 주민들이 2010년 2월 11일 마포대교에서 댐 백지화를 기원하고 있다.

공사도 관련 계획을 수립할 때마다 '함양군민의 적극적인 댐 건설 요구'를 중요한 근거의 하나로 제시했다.

사태반전을 위한 카드가 필요했다. 함양군이 주장해온 '함양군 내 지리산댐 찬성 여론'에 대해 진실을 확인해보기로 했다. 이는 댐 건설 반대 진영 내부의 자신감과 결의를 높이기 위해서도 필요한 일이었다.

2010년 3월, 대책위는 함양군민을 대상으로 한 지리산댐 찬반 여론조사를 《경남도민일보》에 의뢰했다. 지리산종교연대가 이 조사에 공동으로 참여했다. 조사결과는 예상대로였다. 모두 767명의 함양군민이 설문에 응했다. 그 가운데 46.7%(358명)이 댐 건설을 반대했다. 댐 찬성은 그보다 적은 39.5%(303명)에 그쳤다. 특히 20~50대에서는 댐 건설을 반대하는 응답자가 압도적으로 많았다. 함양군이 그동안 주장해온 댐 여론은 허구였음이 확인됐다. 대책위는 기자회견을 통해 여론조사 결과를 발표하고, 댐 건설 중단을 강력히 촉구해나갔다.

용유담 명승 지정 예고… 댐백지화운동의 새로운 전기

2011년 12월 8일, 언론보도를 통해 뜻밖의 소식이 날아들었다. 문화재청이 지리산댐 예정지에 있는 '용유담龍游潭'을 국가지정문화재인 '명승'으로 지정하겠다고 예고한 것이었다. 엄천강 수몰 예정 구간 거의 중간 지점에 위치하는 용유담이 국가명승으로 지정되면 그것을 보존해야 하기에 댐 건설은 사실상 불가능했다. 지난했던 댐백지화운동의 새로운 전기가 마련될 수 있는 계기였다. 마침 MB 정부의 임기도 막바지를 향해 달리고 있었다.

2012년에 들어서서 대책위와 주민들은 댐 건설 반대와 더불어 지리산 용유담의 국가명승지정운동에 집중하는 방식으로 댐백지화운동을 벌여나갔다. 대책위 차원의 용유담 현장조사를 벌이는 한편, 용유담 명승지정을 반대하고 있던 한국수자원공사와 함양군을 규탄하는 기자회견과 성명 발표, 함양군 항의방문과 군수 면담, 문화재청 문화재위원회의 용유담 현장조사 활동 대응, 문화재청 항의방문과 문화재청 홈페이지 명승지정 촉구 글 올리기, 덕수궁 대한문 앞 용유담 명승지정 염원 릴레이 일천배 기도 등 다양한 활동들을 적극적으로 펼쳤다.

이 시기 '지리산댐백지화휴천면대책위'(위원장 강학기)에서는 용유담에서의 '1인 시위', 댐 건설 예정지인 휴천면 문정리 송문교에서의 '촛불

2012년 4월 17일 함양군민들이 경남도청 항의방문 뒤 '용유담 명승지정' 촉구 기자회견을 갖고 있다.

문화제'를 매일같이 개최했다. 남원 산내면 주민들도 '지리산댐 반대 및 용유담 명승지정 촉구 촛불문화제'를 연일 개최하며 지역여론을 환기시키고 정부 당국을 압박해나갔다.

그해 3월 28일부터는 지리산댐 반대 및 문화재청 '용유담 명승지정 재심의' 현장 대응활동의 일환으로 지리산생명연대 김휘근 생태팀장 등 대책위 활동가들이 서울로 올라가 반달가슴곰 탈을 쓰고 광화문 등지에서 1인 시위를 펼쳤다. 같은 해 5월 30일부터는 함양 휴천면 운서마을 손영일 이장과 주민들이 대전 문화재청 청사 앞에서 지리산댐 반대 및 용유담 명승지정을 요구하며 1인 시위를 전개했다.

지리산댐 반대와 용유담 명승지정을 위한 대책위 및 주민 활동은 6월 25일 대전 한국수자원공사와 문화재청 앞에서 열린 '지리산댐 반대 및 용유담 명승지정 염원 총궐기대회'에서 최고조에 이르렀다. 문화재청의 용유담 명승지정 최종심의가 개최되기 이틀 전이었다. 함양과 남원에서 올라온 지역주민 700여 명이 참여한 가운데 열린 이날 총궐기대회는 앞서 두 지역 주민대책위가 '남원·함양 지리산댐백지화 공동대책위'를 출범시킨 후(2012. 6. 5.) 함께 추진한 첫 번째 집중공동사업이었다. 그

함양 휴천면 운서마을 손영일 이장이 2012년 6월 18일부터 대전 문화재청 앞에서 용유담의 명승지정을 촉구하는 1인 시위에 돌입했다. ⓒ전북중앙신문(왼쪽)

2012년 6월 25일 남원·함양 지역 주민 700여 명이 대전 한국수자원공사와 문화재청을 항의방문하고 용유담 명승지정과 지리산댐 건설 백지화를 촉구하며 궐기대회를 가졌다.

만큼, 지리산댐 건설 반대와 용유담 명승지정을 바라는 지리산권 주민들의 염원이 얼마나 간절한지를 잘 보여주는 행사였다.

하지만 용유담 명승지정은 대책위와 지역주민들의 바람대로 흘러가지 않았다. 명승지정 여부가 번번이 '심의보류' 됐다. 급기야 6월 27일 문화재위원회 최종심의에서 다시 6개월, 심의가 보류되는 결과가 초래됐다. '용유담이 댐 건설 예정지에 있기에 명승에서 제외시켜야 한다'는 한국수자원공사와 함양군, 그리고 국토부의 일방적 요구를 문화재청이 수용한 탓이었다.

국토부는 2012년 12월 또다시 '댐건설장기계획(2012~2021)'을 수립, 총저수량 1억 7,000만 톤 규모의 지리산댐(임천수계댐) 등 전국 6개 신규 댐을 포함한 14개의 댐 건설을 순차적으로 건설하는 방안을 제시했다. 이듬해 2013년 1월에는 기존 댐 예정지에 '규모를 축소한 홍수조절 전용댐'을 설치하는 방안 등 용유담 보존을 위한 4가지 대안을 담은 '용유담 보존 대안용역 중간성과'를 문화재청에 제출했다(2013. 1. 23.). 이어 총저수량 6,700만 톤, 댐 높이 107미터, 댐 길이 735미터의, 이른바 '개방형 홍수조절용 댐 건설 방안'이 담긴 '남강유역 신규 수자원시설 대안조사(문정홍수조절댐)'를 완료한 뒤 같은 해 문화재청에 그 결과를 보고했다(2013. 5. 5.).

문화재청은 국토부의 용역조사 결과를 보고받고서도 용유담의 명승지정을 위한 관련 후속조치를 적극적으로 취하지 않았다. 그 결과 명승지정 문제는 하염없이 표류했다.

한편, 지리산댐 건설계획은 끈질긴 댐백지화운동의 영향으로 지난 20여 년 세월 동안 끊임없이 변경됐다. 특히, 남강댐 담수량 증대를 통한 남강물 부산공급계획의 대안으로 제시된 지난 2010년의 용수확보용 지리산댐 건설계획(42만 톤/일 확보)은 이듬해 진행된 타당성조사에서 '경제성 없는 사업'으로 결론 나 '홍수조절 전용댐'으로 용도 변경됐다.

이 계획 또한 문화재청의 용유담 명승지정 문제로 그 규모가 줄고, 운용 방식 또한 홍수기를 제외한 상시 개방형으로 대폭 변경됐다. 이렇듯 지리산댐 건설계획은 도무지 국가정책이라고 보기 어려울 정도로 그때그때의 상황에 따라 규모, 용도, 심지어 위치까지 달라지는, 신뢰도 바닥의 엉터리 댐건설계획으로 전락해갔다.

지리산댐 건설계획의 주요 시기별 변경 현황

구분	1999	2007	2011	2013
용도	부산 식수댐	다목적댐	홍수조절댐(실제 다목적댐)	개방형 홍수조절댐
계획명		댐건설장기계획	「남강유역 수자원개발조사」	「남강유역 신규 수자원시설 대안조사 (문정홍수조절댐)」
장소		용유담	문정마을 앞	문정마을 앞
사업비		약 5,000억 원	9,897억 원	6,768억 원
댐 높이	107m	103m	141m(E.L. 301m)	107m
댐 길이	417m	400m	896m	735m
총저수량	1억 2,140만 톤	9,740만 톤	1억 7,000만 톤 (계획 홍수위 E.L. 288m)	6,700만 톤
용수공급		6,720만 톤/년	**9,500만 톤 상시 담수** (상시만수위 E.L. 268m)	
홍수조절		5,290만 톤/년	1억 2,100만 톤/년 (E.L. 268~288m(△20m))	
수몰면적		3.4km^2	4.6km^2	2.3km^2
수몰가구		300세대	289세대	

남강댐사업에 따른 지리산댐 건설계획의 변경 현황

경과	시기	내용 (용수확보 방안)	비고
1차	2008. 12. ~ 2010. 1.	남강댐 수위상승 (107만 톤/일 확보) →부산(100만 톤/일), 양산(5만 톤/일) 공급	•'남강댐재개발 예비조사' •'남강댐 재개발' 및 '부산경남권 광역상수도 사업 예비타당성조사' → '경제성 없음' 결론
2차	2010. 1. ~ 2011. 6.	•남강댐 여유수량 확보 (65만 톤/일) •강변여과수 개발 (26만 톤/일) •지리산댐 건설 (42만 톤/일 확보) →부산(65만 톤), 동부경남(42만 톤) 공급	•'남강댐 수위상승계획' 포기 •대안으로 '단계별 부산 물공급 방안' 추진 •지리산댐은 '용수확보용'으로 추진

경과	시기	내 용 (용수확보 방안)	비고
3차	2011. 6. ~ 2014. 6.	●남강댐 여유수량 (65만 톤 확보) ●강변여과수 개발 (68만 톤 확보) ●지리산댐 건설 (홍수조절용) 　→부산(65만 톤), 동부경남 (42만 톤) 공급	●'경남부산권 광역상수도사업 타당성조사' 　2011.6. KDI ●'용수확보용 지리산댐'은 '타당성 없음' 결론 ●'홍수조절용 지리산댐'으로 용도 변경 ●지리산댐 '용수확보 계획' 　→ 낙동강 강변여과수 개발계획에 포함 　→ 강변여과수 수량 급증 (26만 톤→68만 톤/일)
4차	2013. 7. ~ 현재	●남강댐 여유수량 (65만 톤 확보) ●강변여과수 개발 (68만 톤 확보) ●지리산댐 규모 축소 (홍수조절용)	[지리산댐] - 총 저수량: 6,700만 톤 - 댐 높이/길이: 107m/735m - 사업비: 6,768억 원

댐 이어 케이블카까지… 위기의 지리산

MB 정부 당시 지리산권 사회에서는 지리산댐 건설 문제만큼이나 중요한 또 하나의 커다란 사회적 이슈가 '지리산국립공원 케이블카설치 사업'이었다. 산청과 구례 등 지리산권 지자체 4곳이 요구하고, 환경부가 이에 호응해 초래된 사태였다. 댐 건설 논란에 이어 케이블카사업까지 추진되자 지리산사회 안팎에서 최대의 위기감이 조성되며 공동대응의 필요성이 커져갔다.

이에 따라 '국립공원을 지키는 시민의 모임' 등이 중심이 된 '지리산케이블카백지화공동행동'과 진주환경운동연합, 지리산생명연대, 댐반대주민대책위 등으로 구성된 '지리산댐대책위'가 하나 되어 '위기의 지리산 지리산권 대책위'를 결성하고(2012. 4.) 지리산 보전을 위한 공동대응활동에 돌입했다.

이후 대책위는 전국의 환경단체, 조계종 등 여러 종교단체, 문화예술단체, 시민사회단체, 여성단체 등이 참여하는 '위기의 지리산 범국민대책위(준)'를 결성하고, 댐과 케이블카 문제를 전국에 알리기 위한 '환경기자클럽 초청행사'(2012. 5. 22.~23.), '생명평화결사 백년순례단 지리산 도보순례'(2012. 6. 16.~9월), '지리산생명평화 1천인 선언'(2012. 9. 15.)

등의 활동을 추진했다.

특히 2012년 5월 진행된 환경기자클럽 초청행사는 경향 각지 수많은 환경담당 기자들이 참여한 가운데 지리산댐 계획으로 수몰 위기에 처한 용유담과 지리산댐 건설 문제를 공동 취재하고 보도할 수 있도록 했다. 이를 통해 지리산댐 관련 국민여론을 환기시키고 댐 건설을 일방적으로 추진하던 정부 당국에 큰 경종을 울렸다.

국회를 대상으로 한 활동도 활발하게 진행됐다. 특히 전북 남원·순창을 지역구로 둔 통합진보당 강동원 의원으로 하여금 '지리산 용유담 국가명승 지정과 지리산댐(문정홍수조절댐) 건설계획 철회 촉구 결의안'을 발의할 수 있도록 적극 지원했다. 동시에 지리산댐 타당성조사비 등 댐 관련 예산안 편성 및 국회 심의를 저지하기 위한 대국회 활동을 적극 펼쳐나갔다. 그 결과 2012년 국토부에서 올라온 '지리산댐 타당성조사비'가 국회 심의를 통해 전액 삭감되게 하는 성과를 만들었다.

'위기의 지리산이 대한민국에게 묻는다.' 토건주의에서 생명가치로 대전환을 촉구하는 '지리산생명평화 선언 발표 기자회견'이 2012년 9월 12일 환경재단 레이첼카슨홀에서 열렸다.

갈등과 분열을 넘어

이명박 대통령 임기 5년은 갈등과 분열로 점철된 시간들이었다. 한반도대운하 논란에 이어 광우병사태, 4대강사업, 국립공원케이블카설치 등 정부 정책을 둘러싸고 온갖 사회적 갈등과 혼란이 조성됐다.

박근혜 정부가 출범하자 MB 정부의 과오를 반면교사 삼아 국민통합을 이뤄야 한다는 국민적 바람과 기대가 그 어느 때보다 높았다. 이 같은 사회적 요구에 따라 박근혜 정부는 정권 출범과 동시에 대통령 직속의 '국민대통합위원회'를 구성하고, 우리 사회 각 분야에서 갈등과 분열이 첨예화된 현안들을 발굴해 이를 줄여나가려는 움직임을 보였다.

정부 부처는 각 분야의 대표적 사회갈등 사례를 취합해 대책을 수립해나갔다. 국토해양부에서도 MB 정부 시절의 '댐 건설 문제'를 대표적 갈등사례로 선정하고, 관련 대책들을 만들어갔다. 이어 국토부는 2013년 6월 11일 댐 갈등 현안과 관련해 최대 당사자인 '댐백지화전국연대'와 간담회를 갖고 논의를 진행했다. 지리산댐대책위를 비롯한 전국의 댐 반대단체와 주민 대표, 박창재 댐백지화전국연대 사무처장 등이 함께한 이날 간담회에서 국토부는 '더 이상 밀어붙이기식 댐사업 추진을 중단하고, 소통강화 등 댐사업 추진절차를 개선해나가기 위해 노력할 것'임을 밝히고, 대책위의 협조 및 지속적인 협의를 요청했다.

이에 댐백지화전국연대는 정부의 댐정책에 대한 국민신뢰를 회복하기 위한 최소한의 사전 조치로서 '기존 댐 계획의 전면 백지화'가 선행되어야 추후 지속적인 협의에 협조적으로 응할 수 있음을 밝히고 국토부의 긍정적 답변을 기대했다.

하지만 국토부는 이후 댐백지화전국연대와 아무런 후속 협의도 없는 상태에서 자체 수립한 '댐사업 절차 개선방안'을 일방 선언하고(2013. 6. 13.) 추진해가기 시작했다. 국토부의 개선안은 △댐사전검토협의회 신설 △댐계획 구상단계에서 다각적 갈등 발생 가능성 및 해소방안 분석

△지역의견 수렴절차 의무화 및 사업타당성조사 이전 주민설명회 실시 등의 내용을 골자로 하는 것이었다. 이전의 댐사업 방식에 비춰 한층 개선된 내용의 댐사업 절차와 방식이었다. 그러나 결국 기존 댐 계획을 조금 순화된 방법으로 추진하겠다는 꼼수로밖에 보이지 않았다. 댐백지화전국연대와 지리산권 주민들은 정부의 그 같은 제도개선안을 액면 그대로 수용하기 어려웠다.

'생명의 강을 위한 댐반대 국민행동'이 2014년 11월 16일, 지리산 용유담에서 "지리산 댐은 죽음이다"라는 대형펼침막을 내거는 퍼포먼스를 벌였다.

그러자 국토부는 6개월 뒤 문화재청 천연기념물분과장 등 중앙위원 18명으로 구성된 '댐사전검토협의회'까지 공식 발족하고(2013. 12. 16.) 지리산댐, 영양댐, 달산댐 등 MB 정부 시절 댐건설장기계획에 포함돼 논란을 빚었던 댐 계획들을 검토해나갔다.

이러한 사태변화 속에서 대책위와 지역주민들은 국토부의 댐사업절차 개선방안의 한계와 문제점을 지적하며, 기존 댐사업에 대한 깊이 있는 성찰과 반성, '댐건설장기계획' 14개 댐 계획 백지화 등을 정부에 촉구하는 활동들을 지속적으로 펼쳐나갔다.

그러던 중 대한불교조계종에서 지리산댐 문제를 사회적 대화를 통해 풀어나갈 것을 제안하고 나섰다. 이에 대책위와 주민들은 여러 차례 숙의 과정을 거쳐 국토부의 댐사업 절차 개선방안 등 변화된 상황들을 고려하여 좀 더 유연한 댐백지화운동이 필요하다는 데 공감하고, 조계종의 사회적 대화 제안을 수용하기에 이른다.

이를 계기로 대책위와 주민들은 사회적 논의를 통한 평화로운 댐 문제 해결 모색과 동시에 '지리산댐 백지화 용유담 퍼포먼스 행사' 등 현장 활동을 중심으로 한 기존의 댐백지화운동을 전개하는 두 가지 전략을 구사하며 박근혜 정부의 하천 및 댐 정책에 대응해나갔다.

그러던 중 2016년 9월에 드러난 최순실 등에 의한 국정농단사태로 인해 박근혜 대통령이 탄핵되는 일대 사건이 발생했다. 그리고 이듬해인 2017년 5월 제19대 대통령선거를 통해 새로이 문재인 정부가 출범했다. 새 정부는 이전 정부와 다르게 '물관리일원화' 등 그동안 시민사회에서 지속적으로 요구해온 하천 및 댐 관련 정책에서의 일대 혁신을 추진해나갔다. 그리고 2018년 9월 18일, 마침내 문재인 정부는 '지속가능한 물관리를 위한 로드맵'을 제시하며 지리산댐 등 '대형댐 건설계획의 전면 중단'을 공식 선언했다. 이로써 20년 가까이 대책위를 중심으로 함양과 남원 지역주민들이 피눈물 흘리며 청춘을 다 바쳐 지난하게 펼쳐왔던 제2차 지리산댐 백지화운동도 그 역사적 소명을 다하고 마무리되었다.

내 마음속 시와 같은 풍경

선시영
당시 지리산댐백지화마천면대책위 위원장

지리산댐 반대운동 이야기는 다른 분들이 많이 하실 것 같다. 그러니 여기서는 이곳에 살고 있는 우리 주민들과 내가 지리산을, 가깝게는 우리 고향을 어떻게 생각하고 있었는지 정서적인 관점으로 얘기해보고 싶다.

먼저 용유담에 얽힌 추억이다. 그때 용유담은 정말 아름다웠다. 저절로 시가 머릿속에 맴도는 그런 경치였다. 초등학교에 입학해서 졸업할 때까지 일 년에 한 번은 꼭 용유담으로 소풍을 갔다. 1학년을 앞세우고 6학년은 맨 뒤에 서서 "하나, 둘, 셋, 넷!" 외치면서 걸었다. 그렇게 걷다 보면 어느새 용유담 들머리에 들어서게 된다. 용유담에 가려면 꼭 지나야 하는 멋진 바위가 하나 있었다. 지금은 '나귀바위'로 부르는 바로 '피바위'가 그것이다. 나귀가 건너뛰다가 다쳐서 피를 흘리고 죽었다는 전설 속 바위다. 그 바위를 지나면 용유담에 다다르게 된다.

용유담에는 맨 먼저 눈에 들어오는 다리가 하나 있었다. 무지개다리라고도 하고, 구름다리라고도 하며, 출렁다리라고도 불렀다. 마을주민들이 장 보러 다닐 때나 아이들이 심부름 다닐 때면 늘 그 다리를 건너 다녔다. 아주 멋지게 놓여 있었다. 그 구름다리 바로 밑에는 나룻배도 하나 있었다. 밧줄을 이용해 움직이는 나룻배였다. 정말 운치가 있는 나룻배였다. 무거운 짐이 있을 때는 출렁다리로 건너기 힘들어서 그 나룻배를 대신 이용했던 것이다.

다리 아래에는 마천 방향으로 쌓인 백사장이 조금 있었다. 비 올 때나 장마가 들 때면 새들이 모여 있는 것이 장관이었다. 종종 그 백사장에서 놀곤 했는데, 그때마다 나룻배를 한번 타보겠다고 줄을 서서 기다리는 일이 많았다. 기다리다가 고개를 돌리면 저쪽 건너편에서 수달 두세 마리가 물 밖으로 머리를 쓱 내밀었다 들어가는 모습이 눈에 띄기도 했다. 그때는 그 숫자도 더 많았던 것 같다.

아름다운 다리와 나룻배, 그리고 그것을 품고 있는 용유담의 풍경. 지금 생각해보면 그 모든 것들이 다 소중하게 지켜야 할 것들이었다. 지금의 용유담도 충분히 아름답지만, 그때 운치 있는 용유담의 모습들이 그대로 다 남아 있었더라면 지금보다도 훨씬 더 소중한 유산으로 느껴졌을 것이다.

힘든 나를 품어준 고향, 그리고 댐 논란

나는 지리산 마천면 추성골에서 태어났다. 어릴 때부터 그림 그리기를 좋아했고 상도 많이 받았다. 당시 담임선생님께서는 가정방문 때 부모님께 내가 그림을 그렸으면 좋겠다고 말씀하시곤 했다. 나 또한 밀레와 같은 화가가 되고 싶다는 꿈을 꾸었다.

하지만 집안 형편이 여의치 않았던 나는 바로 상급학교 진학이 어려웠다. 초등학교를 마치자마자 대구로 가서 일찌감치 직장생활을 해야 했다. 마침 대구에는 사업가로 자수성가한 동네 형 한 분이 살고 있었다. 나는 거기서 일하면서 야학도 다니고, 미술학원에서 그림도 배웠다. 그러다가 우연한 기회에 나전칠기 기술을 배우게 되었다. 처음엔 나전칠기에 관심이 있었다기보다 그걸 배우면 그림을 그릴 수 있다는 말에 혹했던 것이었다. 가내수공업 하는 곳에 들어가 기술을 배우며 일하다가 나중에 본격적으로 내 사업체를 차려서 운영했다.

그러다가 1997년 11월 IMF사태가 발생하면서 사업상 여러 가지 힘든 일들이 생겼다. 운영하던 사업을 정리하고 고향으로 돌아올 수밖에

마을 어르신들의 함양군청 앞 시위. 그분들의 소망은 정말 단순소박했다. 고향땅에 살다가 고향땅에 묻히는 것.

없었다. 고향에 돌아와 보니 '애향회'가 만들어져 있었다. 나도 고향을 위해 무엇인가 하고 싶었다. 그래서 바로 모임에 들었다.

그런데 얼마 안 돼 마을사람들이 술렁거렸다. 지리산에 댐이 들어선 다는 것이었다. 그래서 댐 건설을 반대하는 마천면 주민대책위가 꾸려 졌다. 동네 선배로 당시 함양군의원인 문호성 씨가 대책위원장을 맡아 동분서주했다. 주민들은 도암댐, 용담댐 등 다른 지역의 댐 견학까지 다 니며 댐반대활동을 적극 펼쳤다. 이 과정에서 댐을 개발하려다가 지역 이 어떻게 파괴되고, 주민들의 삶이 분열과 갈등으로 얼마나 피폐해졌 는지 똑똑히 볼 수 있었다.

댐이 들어서면 보상금이나 챙겨보자고 꿍꿍이를 벌이는 사람도 간혹 있었지만, 다행히도 우리 마을 어르신들은 '내 눈에 흙이 들어가는 한 이 있어도 고향을 절대 댐으로 수몰되게 할 수 없다'며 댐 건설을 극구 반대했다.

지역의 이런 움직임과 함께 '지리산살리기 국민행동' 창립 등 전국적 으로도 지리산댐 반대 여론이 압도적으로 높아지자 2001년 말 정부는 지리산댐을 댐 후보지에서 슬그머니 뺐다. 댐 계획이 사실상 백지화된 것이었다.

댐 건설 막았더니 용유담 파헤쳐 다리 건설

그리고 한두 해가 흘러갔다. 2003년 태풍 매미로 인해 용유담의 출 렁다리가 유실되는 일이 벌어졌다. 그 뒤 어느 날 우연히 용유담에 갔 는데 상상하지도 못한 일이 벌어지고 있었다. 출렁다리는 온데간데없 고, 포클레인이 계곡 이곳저곳을 마구 파헤치고 있었다.

너무 놀라 그곳 인부들에게 무슨 일이냐고 물었더니 황당한 답변이 돌아왔다. 함양군수가 특별사업으로 주민을 위한 다리를 놓는다는 것 이었다. 다른 곳도 아니고 이 아름다운 풍경의 용유담 바로 한가운데를 가로지르는 콘크리트 다리를 놓겠다니, 정말 기가 막힐 일이었다.

그길로 바로 함양군청에 전화를 걸어 다리 놓는 일을 멈춰달라고 호소도 하고 항의도 했다. 하지만 그게 무슨 힘이 있었겠는가. 누구 하나 도와줄 사람도 없었다. 사람들에게 물어보면 다들 문제 있다고 여기면서도 앞에 나서기는 꺼렸다. 당시 농촌마을에는 관의 힘이 지금보다도 훨씬 더 막강했기 때문이다.

나는 마음이 너무 아파 군청으로 달려갔다.

"다리를 놓더라도 이 용유담의 자연경관을 망가뜨리지 말고 위치를 옮길 수 없겠습니까?"

통사정도 하고 화도 내보았다. 벽에 대고 소리치기였다. 이미 설계가 끝나고 예산안도 통과되어 집행 중이기에 되돌릴 수 없다고 했다. 아픈 마음을 끌어안고 집으로 돌아왔다. 눈물밖에 안 났다.

어린 시절 소중한 추억이 깃들어 있는 곳이고, 타향살이하다가 고향으로 돌아와서는 행복했던 그 시절 기억으로 이 풍경들을 보며 살았던 터다. 그런데 그것들이 다 망가지게 된 것이다. 용유담엔 그들의 계획대로 다리가 놓였다.

용유담 명승지정 돼야 댐백지화 완성

다시 1년쯤 지나 애향회 회장을 맡고 있을 때였다. 함양군에서 휴대전화 메시지가 왔다. 용유담 국가명승 지정에 대한 것이었다. 서부경남 열 군데 중 용유담이 가장 유력하니 주민들도 적극 협조해달라는 내용이었다. 처음 함양군에서는 관내 문화유산을 국가명승으로 지정하는데 적극적이었다. 용유담도 마찬가지였다.

이후 문화재청은 경상대 경남문화연구원을 통해서 2006년 4월~2007년 2월까지 '전통명승 동천구곡 학술조사'를 실시했다. 그리고 용유담을 우수자원으로 선정했다. 이어 2011년 12월, 마침내 문화재청은 용유담을 국가명승으로 지정 예고했다. 그런데 함양군의 입장이 180도 바뀌어 있었다. 용유담을 명승으로 지정하면 댐 개발에 장애요소가 될 뿐이라고 판단한 것이었다. 한국수자원공사와 함양군수는 그 뒤 용유담을 명승지정 예고지에서 제외해달라고 문화재청에 지속적으로 건의했다.

그러자 지리산댐 반대 및 용유담 명승지정을 바라는 시민사회단체들과 주민들의 열기가 뜨거워지고 활동도 본격화됐다. 2012년 6월에는 함양과 남원의 주민 700여 명이 전세버스를 타고 대전을 방문, 한국수자원공사와 문화재청 앞에서 지리산댐 반대 및 용유담 명승지정을 촉구하는 대규모 궐기대회를 가졌다. 당시 '지리산댐 백지화', '용유담 명승지정' 등 선전 팻말을 들고 열심히 손을 치켜올리던 지역 어르신들의 주름진 얼굴이 지금도 눈앞에 선연하다.

"조상 대대로 살아오던 곳인데, 댐이 생겨서 고향도 잃고 묘소도 못

객지에서 살다가 돌아온 고향 추성골은 곧 댐건설계획으로 몸살을 앓게 되었다. 사진 오른쪽에서 세 번째, 발언하고 있는 이가 선시영 이장.

지키면 무슨 면목으로 조상님들을 뵙겠어?" 하시던 어르신들, "여기저기 돌아다니면서 애쓰는데 요기라도 하라"며 꼬깃꼬깃 접어둔 종이돈을 쥐여주시던 권씨 노인 등등. 돌이켜보면 이들 어르신 마음 덕분에 흔들림 없이 대책위 활동을 해나갈 수 있었다. 지금도 그분들을 생각하면 가슴이 절로 뭉클해진다.

'고향땅에 살다가 고향땅에 묻히게 해달라'던 어르신들의 바람, '어릴 적 추억이 담긴 아름다운 고향을 지키고 싶다'는 나의 바람은 같은 이야기이고, 그저 소박한 바람일 뿐이다. 수십억 수십조를 쏟아부어 행복해지겠다는 바람이 아니라 정말 소박한 바람, 이 소박한 바람을 지리산이 듣고 하늘이 듣고 국민들이 들어주신 것이다.

그럼에도 이 소박한 바람은 아직 완성되지 않았다. 용유담 명승지정이 아직 이루어지지 않았기 때문이다. 문화재청과 수자원공사 앞에서 우리 어르신들이 소리 높여 외쳤던 소원도 '지리산댐 백지화', '용유담 명승지정'이 아니었던가. 지리산댐 건설계획이 없었다면 용유담 명승지정은 당연한 것이었다. '용유담 명승지정'을 이루어내는 것은 '지리산댐 백지화' 뒤에 와야 할 진정한 마침표일 것이다.

지리산 품고 눈보라 헤치며
걸었던 천 리 길 여정

이정훈
당시 실상사작은학교 학생

지리산을 알고 있는 사람들은 이런저런 저마다의 추억과 의미를 부여하며 지리산을 떠올립니다. 또, 수많은 생명과 신비한 날씨가 펼쳐지는 아름다운 산맥, 다양한 문화가 살아 있고 아픈 역사가 새겨져 있는 어머니의 산을 떠올릴 것입니다.

지리산은 제게 무심히 고개를 돌리면 펼쳐지는 아름다운 풍경, 건강 챙길 겸 올라가야지 생각하는 앞산, 일상처럼 너무나 익숙하고 편하여 기대어 사는 줄도 가끔 잊게 되는 삶의 터전입니다. 바로 그곳이 제가 이야기하고 싶은 지리산입니다.

우리나라 자연보호 정책의 1호로서 가장 먼저 국립공원으로 지정된 지리산은 사람들이 의미를 부여하기 전부터 존재해왔고, 그 존재 자체만으로도 생명을 품어 많은 것들을 자연답게 나누어주었습니다.

하지만 그 고마움을 잊은 몇몇이 사람들에게 유용할 수 있다는 명분으로 지리산에 사는 생명을 무시하는 행위를 함부로 입에 담고, 계획하고, 집행해서 감히 지리산을 파괴하려 했습니다. 그들은 지리산을 돈, 그 이하로 바라보는 사람들이었습니다. 발전이라는 말을 앞세워 논지를 흐리면서 자신들이 가진 권력과 힘들을 동원하여, 사람이 사람으로서 생각할 수 있는 행위를 무지라고 말하는 이들이었습니다. 그들의 목소리는 컸고 지리산은 사람의 말을 할 수 없었습니다.

대신 지리산이 품어준 뜻있는 사람들이 조금씩 입을 모아 점점 크게, 사람들이 들을 수 있게 외치고 움직이며 말했습니다. '지리산이 지리산답게 있을 수 있도록. 더 많은 것을 바라지 않고 그저 지금처럼 생명이, 사람이 어울려 있을 수 있도록'. 지리산 자락의 목소리에 힘을 실으려고 하는 많은 움직임에 저도 작은 힘을 보탤 수 있었습니다.

2011년 겨울 당시 저는 10대 청소년이었습니다. 어른들의 세계에서 지리산댐을 두고 돈과 권력을 이용하여 벌이는 이권 다툼 속에서 저는 지리산을 지키는 방법에 대해 알지 못했습니다. 그저 '실상사작은학교' 교사였던 김태준 선생님과 여러 주민이 함께하는 모임에 참여하던 중 태준 선생님의 제안으로 서울 청와대까지 걸어가 지리산댐 백지화 탄원서를 제출하는 여정에 참여할 수 있었습니다. 남원 실상사에서 시작하여 11일간의 도보행진으로 채워진 이 여정은 저의 작은 발걸음에 함께해주신 분들의 의지가 더해져 더욱 울림 있는 목소리가 되고, 좀 더 영향력 있는 생명의 메시지가 되었습니다.

벌써 10년 가까운 세월이 흘러서인지 많은 것들이 가물가물합니다. 그때 얼마나 추웠는지, 다리는 또 얼마나 아팠는지, 배고팠는지 하는 것들은 흐릿하기만 합니다. 그저 지리산을 지켜야 한다는 순수한 마음

여의도 국회의사당 앞에서의 1인 시위. 이정훈, 김태준, 이현담, 권시은.(위)

당시 실상사작은학교 학생이었던 이정훈.(아래)

하나로 태준 선생님과 함께 서울로 향했던 것, 그리고 지리산의 목소리를 널리 알리고자 했던 많은 사람들의 열정적인 움직임과 간절함만이 생생히 기억될 뿐입니다. 지리산NO댐 주민대책위, 노래와 오카리나 연주로 격려해주신 한치영 선생님과 태주 형, 때때로 비상식량을 지원해주었던 선진 누나, 믿고 지지해준 가족 등 모두가 함께해서 가능했던 여정이었습니다.

20대 청년이 된 지금, 김태준 선생님께서 얼마나 결단력 있고 용기 있게 일을 계획했는지 알게 되었습니다. 또 생명을 품어준 지리산에 대한 감사함을 이야기하는 행동이 그 운동에 참여한 많은 분들의 도움으로 어떻게 실천으로 이어졌는지 배우게 되었음을 깨닫습니다.

댐에 이어 케이블카, 산악열차 등 환경을 어지럽히는 행위에 끝없이 자본을 더해 발전이라고 말하는 사람들이 아직도 있습니다. 산과 강을 부수고, 생명의 터전을 빼앗고, 자연을 생명에게서 강탈하려는 시도가 계속되고 있습니다. 부서진 자연은, 지키지 못한 자연은 우리가 생각하는 것보다 훨씬 심각하게 뼈에 사무친다는 것을 죽은 강이, 불타 없어진 숲이, 무너지는 산이 우리에게 알려주고 있습니다.

사람들은 많은 생명과 사람을 품어 삶의 터전이 되어준 지리산을 어버이의 품과 같은 포근한 산이라고 합니다. 그 포근함을 항상 기억하면서 어버이께서 건강하시고 안녕하시길 바라는 마음과 관심으로 지리산을, 자연을 바라보며 지금 할 수 있는 작은 것 하나라도 실천하는 것이 지리산의 은혜에 보답하는 삶이 아닐까 생각합니다.

엄천강 하나 보고 귀농했는데

유진국

함양군 휴천면 운서마을 주민

20년 전 수원에서 지리산 함양 휴천면 엄천골로 귀농했습니다. 이웃들이 보기에는 동화책 서점을 하던 사람이 연고도 없는 오지마을에서 동화처럼 한번 살아보려는 것처럼 보였을 것입니다. 면사무소 직원들조차 "건강이 안 좋아서 내려왔느냐?", "도시에서 사업하다 망해서 내려왔느냐?"고 물었습니다.

나는 여행 중 엄천강의 아름다움에 반해 농부가 되었고 지금은 곶감이 주업입니다. 강을 따라 드라이브하다 잠시 쉬려고 차를 세우고 강으로 내려갔더니 세상에, 눈앞에 펼쳐진 풍경이란……. 엄천강은 도시인들이 알고 있는 그런 강이 아니었습니다. 수천 년 물과 바람이 강의 바위들을 어쩌면 그렇게도 다양하게 조각해놓았는지 깜짝 놀랄 정도로 멋졌습니다.

엄천강에 다녀온 뒤, 그 풍경이 뇌리에서 떠나지 않았습니다. 가슴이 환하게 열리면서 온몸이 떨려오던 느낌도 생생했습니다. 엄천강은 참을 수 없는 그리움이었습니다. 결국 수원을 떠나 엄천골로 귀농했습니다.

여행 중 엄천강의 아름다움에 반했다. 도시로 돌아가서도 계속 눈에 밟혀 결국 지리산으로 왔다.

그런데! 이 엄천강 하나 보고 도시 생활을 청산하고 내려왔는데, 이 아름다운 강에 50층 높이의 시멘트 댐이 들어선다고 하니, 정말 충격

이 컸습니다. 엄천강 상류 용유담은 '한국내셔널트러스트'에서 꼭 보존해야 할 명승으로 선정하여 바야흐로 국가명승지로 거듭날 찰나였습니다. 그런데 유감스럽게도 수자원공사에서 지리산 댐 수몰 예정지라는 이유로 명승지정을 반대하여 명승지정이 보류되었고, 함양군에서도 지역에 큰돈이 풀리는 댐공사를 유치하기 위해 적극 나섰습니다.

"나라에서 하는 일은 아무도 못 막아."

"결국에는 댐을 짓게 될 거야."

엄천강 주변 마을 사람들은 대다수가 댐에 대해 반기는 것은 아니었지만, '나라에서 하는 일이니 따라갈 수밖에 없다'고 체념하는 분위기였습니다. 농촌마을이 얼마나 오랫동안 관 주도 정책에 익숙해져 있는지 실감되었습니다. 게다가 수몰 예정지 마을 사람들은 댐을 찬성하는 분위기였습니다. 수몰이 되면 보상금을 받고 이주하겠다는 것이었습니다. 심지어 댐이 성사되기를 바라며 백일기도하는 사람도 있었습니다. 우리라도 이 잘못된 댐이 들어서지 못하게 막아야겠다는 생각에 댐을 반대하는 마을주민들이 뜻을 모았습니다.

2012년 문화재청이 용유담을 국가명승으로 지정 예고하자, 함양군과 수자원공사가 지리산댐 계획을 이유로 명승지정을 반대하고 나섰습니다. 지리산권 주민들, 특히 함양과 남원 대책위에서 대거 대전 수자원공사와 문화재청을 항의방문하였습니다. 그리고 명승심의가 있기 전에는 문화재청 앞에서 '용유담 명승지정 촉구 릴레이 1인 시위'를 했는데, 운서마을 손영일 이장이 사흘 동안 1인 시위에 참여하기도 했습니다.

그러나 문화재청의 용유담 명승지정은 심의보류 되었고, 국토교통부는 2012년 말 전국 14곳에 댐을 짓겠다는 계획을 발표하였습니다. 이것이 바로 대한민국 토건세력의 위력인가 싶어 절망스럽기까지 했습니다.

그래도 계속되는 환경단체와 해당지역 주민들의 저항에 부딪힌 국토교통부는 2013년 댐사업절차를 개선하겠다며 그 조치로 민관이 함께하는 댐사전검토협의회라는 것을 만들었습니다.

부끄러움을 무릅쓰고 피켓을 들다

2014년 초봄 운서마을 사람들이 중심이 되고 이웃 마을 뜻있는 사람들이 참여하여 한남교에서 촛불집회를 시작으로 엄천강을 지키자는 사람들의 뜻을 공개적으로 표현하고, 한 걸음 더 나아가 수몰 예정지의 명승인 용유담에서는 운서주민 다섯 명이 돌아가며 1인 피켓 시위를 그해 여름까지 하였습니다. 지나가는 사람도 봐주는 사람도 별로 없었지만 호미질하던 농투성이들이 돌아가며 길 위에 서서 오직 지리산 엄천강을 지키기 위해 1인 시위를 하였습니다.

사실 나는 남 앞에 나서지 못하는 성격입니다. 그래서 내 차례가 되어 목에 피켓을 걸고 용유담에서 지나가는 사람과 차량을 마주하는 것이 엄청난 부담이었습니다. 하지만 이렇게라도 해서 댐을 막아보겠다며 용기를 내었습니다. 다행히도 어떤 사람은 도보 여행 중에 피켓 시위를 하는 나를 보고 자기가 출판할 책에 싣겠다며 사진을 찍어가기도 했고, 또 어떤 스님은 도보순례 중이었는데 시위 끝나는 시간까지 계속 옆에 서서 말동무가 되어주었습니다.

이후에도 운서마을 주민들은 크고 작은 집회를 함께하며 지리산을 지키기 위해 힘을 보탰습니다. 댐사전검토협의회가 생기고, 지리산댐과 관련해 도법 스님이 위원장으로 있던 조계종 화쟁위원회가 정부와 주민들 사이에서 사회적 대화를 이어갔습니다. 그리고 마침내 2018년 촛불로 만들어진 정부의 '국가 주도 대규모 댐 건설 중단'이 선언되었습니다.

지리산댐 건설계획이 발표되고, 거의 20년 가까운 긴 시간이 그렇게 한 매듭을 지었습니다. 우리의 시위나 활동이 지리산댐 백지화에 얼마만큼 도움이 되었을지는 알 수 없습니다만, 지리산과 지역의 역사문화를 지키고자 한 마음들이 모이고 모여서 도도한 강물을 이루었으니, 우리 마음도 거기에 한 물결로 넘실거렸겠지요.

이제는 용유담 명승지정을!

그 뒤로 5년이 지났습니다. 유감스럽게도 아직 엄천강의 비경 용유담이 명승으로 지정된다는 소식은 없습니다. 수자원공사는 용유담 명승지정에 반대 의견을 철회하겠다는 공문을 환경부에 보내야 하고, 환경부에서는 용유담을 명승으로 재지정해야 할 것입니다. 수자원공사와 환경부가 마땅히 할 일을 하지 않을 수 없게 만들어야 합니다.

엄천강은 상류 용유담에서 하류 화계리까지 화산 12곡으로 불리는 비경으로 이어집니다. 화산 제1곡 용유담, 제2곡 수잠탄, 제3곡 병담, 제4곡 와룡대, 제5곡 양화대…… 제12곡 함허대까지 굽이굽이 비경입니다.

이제 우리가 할 일은 용유담이 국가명승으로 지정되도록 만들고, 엄천강 비경 화산 12곡을 잘 보존하여 후손들에게 물려주는 것입니다.

'아니오'라고 말해야 했다!

임병택

함양시민연대 상임대표

새로운 밀레니엄의 시작이 얼마 남지 않은 어느 날이었다.

함양제일교회 양재성 목사님께서 함양성당에 찾아오셨다. 그리고 "지리산이 위험하다"는 말씀을 꺼내셨다. 지리산에 댐을 만들려는 계획이 구체적으로 진행되고 있다는 것이었다. 목사님은 "이러한 때야말로 생명에 대한 사랑으로 종교가 앞장서야 하지 않겠는가. 개신교, 불교, 원불교, 천주교가 다 함께 힘 모아 민족의 영산인 지리산을 지키자."라고 제안했다.

나는 17세에 가톨릭노동청년회에 들어가면서 가톨릭 신자로서의 삶을 살았다. 당시 환경운동에 대해 잘 몰랐지만, 오염된 낙동강 살리기에 힘쓰지 않고 지리산에 댐을 만들겠다는 발상은 하느님의 창조질서를 파괴하는 짓이라고 생각했다. 누군가는 나서야 될 일이었다. 가톨릭 신자로서 '예!'라고 해야 할 때 '예!'라고 말하고, '아니오!'라고 해야 할 때 당당하게 '아니오!'라고 할 수 있어야 한다고 생각했다.

마침 내가 다니던 함양성당의 신부님이 당시 부임 초기여서 성당 안팎의 상황을 파악하고 있는 중이었다. 신부님은 성당 사목회 총무를 맡고 있는 내게 댐 관련 종교인들 모임에 대신 참석해달라고 당부했다. 그렇게 해서 종교인들의 모임에 처음 참석했고, 그렇게 시작된 활동이 어느덧 20년이 넘었다.

첫 모임이 생각난다. 개신교 양재성 목사님, 불교 도법 스님, 원불교 송원요 교무님 등이 종교계 대표로 참석했다. 지리산 댐과 관련해 문제의식을 갖고 있던 지역인사들도 그 자리에 함께했다. 대책위가 꾸려졌고, 함양군의회 이창구 전 의장이 초대 '지리산댐함양대책위원회' 위원장을 맡았다. 나는 대책위 재정을 맡았다.

종교인들이 앞장섰다. 전국 시민환경단체를 비롯해 많은 사람들이 지리산댐의 부당성을 이야기하며 '민족의 영산, 지리산을 지키자!', '지리산을 그대로 두어라!'라고 지리산댐 반대 투쟁에 지지를 보내왔다. 종교인들이 앞장서니 기운이 백배가 된 것 같았다. 서로 벽이 높은 줄만 알았던 각계 종교인들이 창조질서 또는 생명질서를 회복해야 한다면서

함양군청 앞에서
릴레이 1인 시위.

손잡고 함께하는 모습에서 배우는 바가 컸다. 사랑과 자비의 마음에는
벽이 없었다.

2000년 8월 함양 상림공원에서 열린 지리산댐 관련 '지리산문화제'
에는 1만 명 가까운 사람들이 모였다. 함양에 살면서 그만큼 많은 사람
들이 모인 행사는 처음 보았다.

개인적으로 가장 인상 깊었던 행사는 노고단에서 올린 '생명평화기도'
였다. 2001년 말 지리산댐이 댐 후보지에서 제외되었는데, 이것이 1차
댐백지화였다. 지리산을, 지리산의 생태계와 역사적 가치를 지켜냈다는
기쁨과 함께 지리산댐 반대 투쟁 또는 지리산살리기운동을 통해 알게
된 생명평화의 가르침으로 세상을 바라보고, 세상을 살아가자는 결의
도 많이 높아져 있었다.

이라크전쟁이 일어나고 한반도에도 전쟁의 먹구름이 짙게 드리울 때
전쟁과 폭력의 아픔을 누구보다 잘 알고 있는 지리산 사람들이 앞장서
서 평화를 호소해야 한다는 뜻에서 여러 가지 행사들이 준비되었다.

노고단에서 생명평화기도도 예정되어 있었는데, 나는 성삼재에서 행사가 있는 줄 알고 평상시에 신던 구두를 신고 갔다. 나중에야 아차 싶었지만 어떻게 하겠는가. 달밤에 구둣발로 노고단을 올라갔다. 어두운 밤길이었지만 각계각층의 남녀노소가 함께했다. 하늘에 생명평화기도를 올리고, 한솥밥 식구행사, 그리고 각계지도자들에게 보내는 지리산권 주민들의 편지가 낭독되었다.

한편, 2001년 말 지리산댐 건설계획이 백지화되었고(1차), 2002년 11월 '함양시민연대'가 창립했다. 양재성 목사, 엄용식 목사, 월공 스님을 중심으로 한 함양지역 종교인들과 전교조, 공무원노조, 의료보험노조, 농협노조, 농민회 등 많은 단체와 뜻있는 사람들이 모였다. 지리산댐 건설계획을 백지화시키고 지리산을 지켜낸 기운이 함양시민연대를 만들어내는 밑바탕이 되었던 것이다.

함양시민연대는 지역에서 '다문화가정 한글 가르치기' 활동을 하였고, 한국화이바건설반대운동, 다곡리조트 주암골프장과 서상대남골프

2003년 8월 노고단에서 열린 노고단생명평화기도회.

장 대책위 주민들과 골프장건설반대운동도 함께했다. 핵발전소반대운동이나 탈핵순례 등 다른 지역에서 함양지역에 연대를 호소할 경우에도 함양시민연대를 통하였다.《지리산투데이》라는 지역신문도 발행했는데, 지역언론의 중요성을 뼈저리게 깨달았음에도 불구하고 재정난으로 인해 몇 회 발행하고 폐간하게 된 것이 못내 아쉽다.

그러던 중 당시 함양시민연대의 운영위원장인 하종기 선생이 세상을 떠나셨다. 내가 선생의 뒤를 이어 운영위원장을 맡았는데, 지리산댐을 추진하겠다는 함양군의 발걸음이 빨라지고 있을 즈음이었다.

2001년 말, 정부의 댐 건설계획 후보지에서 빠지고 지리산댐 건설계획이 사실상 백지화됐지만, 그것이 완전한 백지화는 아니었던 것이다. 함양군은 2002년 태풍 루사를 계기로 다시 댐의 필요성을 슬슬 내놓기 시작했고, 수자원공사를 업고 계속 작업을 펼쳐오고 있었다. 천사령 군수는 지리산에 댐을 만들어서 그 물을 팔아 함양을 잘살게 하겠다고 선언했다. 그리고 공무원들과 이장들까지 동원하여 함양군의 여론을 지리산댐 찬성으로 몰아가고자 여러 가지 술수를 부리고 있었다.

2009년 봄이 되자 함양댐 건설추진위원회가 발족되었고, 곧이어 함

사진 왼쪽에서 세 번째가 함양시민연대 임병택 대표.

양군 문정댐 추진위원회 이름으로 댐 추진에 찬성하는 함양군민 서명운동을 펼치는 등 아예 속내를 드러내놓고 댐 건설을 추진하고 있었다. 댐 이야기가 나오던 처음부터 댐 예정지 주민들 중심으로 구성돼 있던 마천면대책위만이 외롭게 싸움을 계속하고 있었다.

이 무렵 함양 읍내를 비롯해 군 차원에서 유일하게 반대 목소리를 높인 것은 함양시민연대뿐이었다. 함양시민연대를 중심으로 지역의 뜻 있는 분들 사이에서 지리산댐대책위에 대한 이야기들이 오갔다. 그 결과 2009년 11월 마침내 '지리산댐백지화 함양대책위원회'가 정식 출범했다. 대책위 위원장에는 함양군농민회 전성기 회장이 추대됐다. 전성기 위원장은 함양시민연대 운영위원이기도 했다.

이때부터 전성기 위원장과 함께 군청 항의방문이며, 기자회견이며, 집회며 전국 방방곡곡을 돌아다녔다. 그리고 오랜 시간이 지난 2018년 마침내 지리산댐 건설계획은 전면 백지화가 되었다.

돌아보면 20세기 말 지리산댐 건설계획 발표 이후 전면 백지화가 되기까지 근 20년 동안 정말 많은 일이 있었고, 참 가슴 뻐근하게 바쁘게 돌아다닌 것 같다. 그런데 다시 가만 보면 내가 한 일은 잘 따라다닌 것밖에 없는 것 같다. 정말 품 하나 보탠다는 생각으로 열심히 함께 다닌 것, 그게 내가 한 일의 전부다.

'민족의 영산 지리산을 그대로 두라'며 응원을 보내주신 국민들, 불철주야 연구하며 뛰어다닌 활동가들의 노력과 헌신에 미약한 힘이나마 보탤 수 있었던 것이 참으로 영광이었다.

흘러라, 생명·평화의 강

전성기
당시 지리산댐백지화함양대책위 위원장

지리산댐 백지화 활동과 관련해서 뭔가를 이야기하라면 오도재에서 올려다보던 별들이 함께 생각난다. 마천에 있는 선시영 이장 댁에서 회의하느라 오도재를 넘어 다녔던 그 무수한 밤들. 별을 보면서 골짜기마다 깃들여 사는 수많은 민초들, 생명들의 꿈을 생각하곤 했다.

지리산댐 백지화가 이루어진 지도 4년이 넘었다. 그간 힘겨운 싸움의 모든 역경을 이겨내고 이뤄낸 값진 결과다. 'SBS 물 환경대상'을 받고, 값진 역사적 내용을 기록으로 남겼다. 후대에도 지리산의 생태환경에 대한 중요한 교훈들과, 함께한 동지들의 피와 땀이 헛되지 않음을, 지리산 엄천을 흐르는 강처럼 영원히 간직되길 빌며, 백서 발간에 즈음하여 대책위원장으로서 몇 자 적어본다.

지리산댐 계획이 발표되고 봇물 터지듯 종교계, 민관이 일치된 거센 저항이 일기 시작한 것이 제1기였다면, 나는 제3기 대책위원장으로서 10여 년을 백지화운동에 투신했다.

전 국민의 격려와 응원 속에 2001년 지리산댐은 댐 후보지에서 제외되었지만, 2002년 지방선거에서 천사령 군수가 당선되면서 함양의 분위기가 바뀌었다. 천사령 군수는 개발론자로, 개발을 통해 함양군민들이 잘살게 해주겠다고 큰소리치는 사람이었다. 2002년 태풍 루사, 2003년 태풍 매미가 발생하고 난 후, 함양지방 정치권력은 때를 만난 듯 난개발사업에 매진했다. 특히 홍준표 씨가 도지사가 되고 댐 건설을 강력하게 밀어붙이자 지리산댐에 대한 의견도 다시 고개를 내밀었다.

이런 분위기 속에서 1999년에 만들어졌던 '지리산 함양댐 백지화대책위원회'도 약화되어갔다. 처음에는 함양군의 도의원이며 군의원, 번영회장, 노인회장, 문화원장, 체육회장, 자연보호협의회장, 문인협회장 등 거의 모든 기관단체장들이 참가하면서 범군민 반대운동으로 진행되었으나 그중 많은 사람들이 나중에는 찬성으로 돌아섰다. 정치적 이해관계도 있겠지만, 댐반대운동에 동참하는 사람에게 제재나 불이익을 주었기 때문에 앞에 나서기를 꺼리는 것도 있었다.

천사령 씨가 군수가 된 후, 지역현안으로 서상상남골프장, 서상대남

골프장, 지곡다곡리조트 등의 개발도 큰 문제가 되었다. 주민들의 의사와 상관없이 밀실에서 수립된 사업들이어서 지역은 온통 갈등의 용광로가 되었다. 결국 천사령 군수를 주민소환하자는 여론이 커졌고, 2007년 '천사령 군수 주민소환 대책위원회'가 꾸려졌다. 함양군 농민회장이었던 내가 대책위원장을 맡게 되었다.

한편, 지리산댐 계획에 대한 대응과 관련하여 대외적인 부분은 지리산생명연대나 진주환경운동연합이 담당하여, 선시영 마천면대책위원회 위원장을 중심으로 마을주민들이 변함없이 대응하고 있었지만, 함양군 전체로 보면 동력이 많이 약화되어 있었다. 함양군 차원의 대책위를 꾸리고 힘을 모을 필요가 있다는 이야기가 오갔고, 드디어 2008년 함양 성당에서 마천면, 유림면, 휴천면, 함양읍 주민대책위가 함께 모여 '함양군지리산댐백지화대책위원회'를 발족하게 되었다.

지리산포럼에서 발언하고 있는 전성기 위원장.

나는 당시 함양군농민회장, 천사령 군수 주민소환 대책위원회장도 맡고 있었는데, 사람들이 "이런저런 지역문제들을 하나로 모아서 탄력

있게 풀어보자."고 권유하는 바람에 댐 대책위의 위원장까지 맡게 되었다. 이후 전북 남원시에서도 대책위가 발족하여 공동으로 대응해가면서 큰 힘이 되었다. 윤지홍, 김종관 위원장님의 노고에 감사드린다.

이후 수많은 회의를 위해 오도재를 10여 년을 넘나들고, 기자회견을 위해 경남 도청 프레스센터, 세종시 환경부 청사 앞, 문화재청 등을 오갔던 발자국은 기나긴 여정이었다. 처음에는 반대운동에 조금이라도 영향력 있는 사람이, 정치적 변화에 헌신짝처럼 뜻을 버리고 찬성에 줄서는 모습을 보며 말할 수 없는 참담함을 느꼈다. 그러나 몇 안 되는 동지들과 근근이 버티면서도 우리가 옳다는 것을 믿고 옳은 것을 해내겠다는 신념이 있었기에 주저앉을 수 없었다. 그 시간들에 박힌 사연들이 바로 어제 일 같으면서도 한편으로는 아득하게 느껴지기도 한다.

문재인 정부의 탄생이 댐정책의 전환점이 되면서 지리산댐 백지화 투쟁이 마무리되었다. 하지만 댐정책의 전환은 정부의 선심이 아니라 20여 년간 거세게 투쟁해온 종교계, 지역주민, 환경운동가, 농민단체들이 백지화에 쏟은 헌신의 결과였음을 믿어 의심치 않는다. "고향땅에서 이대로 살다 묻히고 싶다"는 주민들, "지리산을 그대로 두라"며 응원해주신 국민들의 간절한 바람이 이뤄낸 결과이다. 특히, 함께해왔던 지리산생명연대와 진주환경운동연합 활동가들, 마천면대책위의 선시영 위원장과 허상욱 총무님, 함양시민연대 임병택 위원장과 노재화 목사님 등 많은 활동가들의 노력과 열정으로 빚어낸 값진 결과물이다.

조계종 화쟁위원회의 노고에도 감사드린다. 화쟁위원들은 주민대책위와 정부 사이에서 불신의 벽을 허물고 함께하도록 크게 애써주었다. 주민대책위가 정부와 대화를 거부할 때도 끝까지 대화에 대한 믿음을 거두지 않고 조정자로 나서주었다. 3년간의 길고 긴 사회적 대화를 이어가면서 의구심과 회의가 들기도 했고, 초조감에 지치기도 했다. 지금 생각해보면 그 긴 시간은 댐 건설정책을 밀어붙이기에 급급했던 정부가 다시 그 정책을 거두어들이는 시간이기도 했던 것 같다.

어떻든 지리산댐 백지화운동은 정부의 댐정책, 수자원정책까지 바꿔

내기에 이르렀다. 많은 사람들이 정부나 지자체의 잘못된 결정에 지역 주민들이 공동대응하여 성취해낸 몇 안 되는 성공사례 중 하나라고 말한다.

그럼에도 불구하고, 여전히 토목사업이 돈이 된다는 맹목적 믿음과 근대적 사고를 벗어나지 못한 위정자들과 토목건설업자들이 많다. 언제 어디에서 제2의 지리산댐과 같은 일이 고개를 내밀지 모른다. 늘 삶의 현장을 살피고 돌아보는 일을 게을리하지 말아야 할 것이다.

우리는 지리산댐만이 아니라 지역의 많은 난개발사업에 대응하면서 지역에 생명의 안전과 평화를 위해 헌신하는 단체가 있다는 것이 얼마나 소중한 자산인지 절실히 깨달았다. 어떻게 보면 지리산생명연대나 진주환경운동연합과 같은 단체들이 하는 일은 지역의 토호나 권력에 기대어 살아가는 사람들과 맞서는 일이다. 정말 힘든 고난의 길일 수밖에 없다.

2021년에 '지리산권 남강수계네트워크'가 만들어졌다. 남강수계를 이루는 지리산권 북부하천 유역의 남원, 함양, 산청, 진주 등 4개 시군의 지역민들이 자발적으로 연대해서 만든 단체이다. 지리산댐을 백지화하는 데서 그치지 않고 생명과 평화의 강줄기가 더 이상 훼손되거나 오염되지 않도록 하자는 것이니 지리산댐백지화대책위의 정신과 활동이 잘 연결되기를 간절히 고대한다.

후손에게 물려줘야 할 자연유산

김종관
당시 남원시의원, 지리산댐백지화남원대책위 공동위원장

내가 사는 곳 인월은 남원-함양 간 국도와 88고속도로로 연결되는 도로가 교차하고 전북-경남 간 교통의 요지다. 나는 항상 고향 인월에서 지리산을 보면서 살아왔다. "이곳은 선택받은 사람들만이 살 수 있다."고 친구들에게 항상 이야기할 만큼 고향에 대한 자부심이 크다.

내가 지리산댐 반대운동을 처음 시작했던 때는 정부에서 거창-마천 간 지방도 60호선과 국지도 37호선 4차선 확장을 계획하고 설계를 시작했을 즈음이다. 이것이 나는 곧 지리산댐의 전초전이라는 생각을 했다. 지리산댐 사업에 필요한 각종 물자조달을 위해 이 도로를 확장하는 것이라는 이야기가 지배적이었다. 함양에 댐이 건설되면 댐이 건설되는 지역뿐만 아니라 그 상류 주민들의 삶에 미치는 영향이 크리라는 것이 불 보듯 확실한 상황이었다.

처음 지리산댐 설계 당시 높이는 141미터로, '평화의 댐' 다음으로 최고 높은 댐이 우리가 살고 있는 인근지역 유림면과 마천면 일대에 건설될 예정이었다. 이 댐이 건설되면 지리산에 위치한 명승지 용유담이 수몰되고, 천년고찰 실상사에 변화된 기후로 인해 보전 관련 문제가 발생해 이전해야 하는 상황이 예상되었다.

또한, 조상 대대로 지리산과 함께 하나의 생활터전을 이루며 살아온 수몰지역 주민들은 또 다른 삶의 터전을 찾아 떠나야 했다. 그 외 지역주민들도 댐 건설로 발생되는 기후변화와 잦은 안개 속에서 농산물이 제대로 재배

남원대책위 위원들. 왼쪽부터 김종관 시의원, 이상현 도의원, 윤지홍 시의원.

되지 않아 어려운 현실을 맞이하게 될 것이었다. 결국 댐 주변의 비옥한 토지는 농사를 지을 수 없는 잡초밭으로 변할 것이며, 모두 생계를 위해 하나둘씩 지역을 떠나게 될 것이었다. 아울러 지리산 관광지를 배경으로 생계를 유지하는 소상공인들에게도 똑같은 현상이 일어날 것으로 생각되었다. 특히, 지리산둘레길 3코스~5코스 구간에는 기후변화로 자연이 파괴되는 안타까운 일이 발생할 것으로 짐작되었다.

도법 스님과 함께 산내면을 중심으로 인월, 아영 등 동부권 지역주민들과 공감대를 형성하고 지리산댐 반대운동에 동참하는 분위기를 만들고 싶어 인월에서 산내 실상사까지 도보행진을 하기도 했다.

지리산댐 건설로 인해 주민들이 입는 피해가 막대함이 명약관화함에도 불구하고 남원시가 정부 부처에서 추진하는 지리산댐 건설정책을 반대하고 나서기 어려운 면도 있었다. 특히나 어떤 지방자치단체에서 주민합의로 추진한다고 말하는 사업에 대해 다른 지방자치단체가 나서서 반대하기는 매우 어려운 일이었다.

그런데 마천면 주민들이 적극적으로 반대하고, 함양댐 대책위에서도 적극적으로 나서니, 우리도 반대운동에 나설 수 있는 명분을 더 갖게 되었다. 우리 남원시의원들이 주민들과 함께 집회나 시위 등 반대운동에 나서는 것뿐 아니라 남원시의회 차원에서 지리산댐 반대운동을 위한 3천만 원 예산을 의결했고, 남원시에도 적극적으로 협력요청을 할 수 있었다. 특히 확보한 예산으로 우리 역사문화유산인 지리산을 보존해야 할 명분, 지리산의 가치, 지리산댐이 주민들의 삶과 지역 미래에 미칠 해악 등 지리산댐의 부당함은 물론 지리산둘레길을 소개하는 홍보물과 홍보영상을 제작 지원할 수 있었다.

지리산댐 반대운동의 지나온 시간들을 되돌아보면서 늘 함께했던 고마운 분들이 생각난다. 지역주민들이 정말 애쓰셨다. 2012년 6월 25일 바쁜 농사철임에도 불구하고 남원 동부권 주민들이 모든 일손을 놓고 수자원공사와 문화재청을 찾아가 주민궐기대회를 가졌던 것이 기억에 남는다. 무더운 날씨임에도 불구하고 모두 하나 되어 지리산댐 백지화,

용유담 명승지정을 목놓아 외치며 질서 있게 행사를 치렀던 그날은 지금도 잊을 수가 없다.

진주환경운동연합, 지리산생명연대 등 단체 활동가들에게도 이 기회를 빌려 감사의 인사를 드린다. 함양이나 남원의 주민대책위를 중심으로 주민들이 정말 애쓰셨지만, 지리산댐 백지화는 훨씬 더 많은 협력과 연대를 이루어낸 성과였다. 특히 지역단체들이 있었기에 남원과 함양의 주민과 단체들이 함께할 수 있었고, 대외적으로도 국회·학계·외부단체·언론 등에서 참으로 많은 활동이 이루어졌다. 특히 지리산생명연대 사무처 활동가들의 노고에 감사드린다. 도법 스님께도 특별히 감사 인사를 드리고 싶다.

지리산댐 백지화가 이루어지기까지 20여 년의 긴 시간이 흘렀다. 처음에 실상사대책위에서 시작하여 범불교연대, 국민행동에 이르기까지 도법 스님, 수경 스님의 역할이 정말 컸다. 처음 지리산댐 백지화운동을 했던 많은 분들이 다른 곳으로 활동 터전을 옮겼다. 그러나 도법 스님은 생명평화탁발순례도 하시고 조계종 화쟁위원회 위원장을 하면서도 늘 지리산을 중심으로 삼고 움직이신 것 같다.

2014년께 댐사전검토협의회가 만들어졌을 때 조계종 화쟁위원회가 많은 역할을 해주셨다. 주민들이 정부를 신뢰할 수 없어 댐사전검토협의회와의 대화를 거부할 때, 서로의 의견을 들어보자면서 한번 시작하면 대여섯 시간씩 흘러가는 간담회임에도 화쟁의 입장에서 감정적이 아니라 이성적으로 접근하도록 중재자가 되어주셨던 화쟁위원들에게 정말 감사하다. 목소리를 높이는 게 능사가 아니라 차근차근 따져서 서로 마음 터놓고 대화해가다 보면 올바른 길이 드러난다는 것을 배웠다. 진리를 구하는 구도자의 마음이었기에 그 긴 시간을 묵묵히 함께할 수 있었을 것이다.

이후 지리산댐은 백지화되었고, 정부의 일방적인 정책으로 일이 추진되지 않도록 댐사전검토협의회 등 여러 제도적 장치들이 마련되었다. 이렇게 된 데는 지리산댐 백지화운동의 역할이 컸다고 생각된다.

댐백지화가 된 지금 이 순간에도 마음을 놓으면 안 될 것이다. 예전에도 홍수조절용 댐으로 둔갑시켜서 어떻게든 댐을 만들려 했던 것처럼 개발이익에 눈먼 사람들이 또 언제 어디에서 어떤 명분으로 치고 나올지 모른다. 그런 의미에서 앞으로도 '지리산댐백지화대책위'가 어떤 형태로든 계속 이어져 준비태세를 갖추고 있어야 한다고 생각한다.

얼마 전 김민석 국회의원실에서 주최한 '지리산공동체토론회'에 다녀왔다. 지방소멸을 막기 위한 지리산 특별지방자치단체 설치 추진과 관련한 토론회였다. 부산·울산·경남은 부울경메가시티추진위를 2022년 4월에 출범시켰다. 또 지리산댐 문제가 나오지 않을까 우려되기도 한다. 2048년이면 남원시를 제외한 4개 지방자치단체가 소멸될 것이라는 통계가 있다. 이런 상황에서 지리산을 어떻게 잘 지켜나갈 것인가.

지리산도 지리산둘레길을 중심으로 특별자치단체를 추진해야 한다고 생각한다. 지리산권을 특별자치단체로 운영하고, 지리산둘레길 순환버스를 만들어서 인근 지역주민들이 서로 교감도 하고 외부 방문객은 지리산둘레길 어느 구간을 걷더라도 어려움이 없게 하는 것이다. 지리산권 5개 지자체와 주민들이 머리를 맞대면 지혜로운 의견들이 많이 모아질 것이다. 지혜로운 사람들이 많이 살아서 지리산이지 않은가.

어머니의 품인 지리산은 선조로부터 물려받은 더없이 훌륭한 유산이다. 우리가 잘 지켜서 후손들에게 고이 물려주어야 한다!

3부

생명평화의 강,
산과 바다, 세상을 잇다

© 사진 강병규

20년 만에 찍은 마침표

김휘근
당시 지리산생명연대 팀장

사회적 대화, 의심과 불신을 내려놓기까지

2013년 봄이었을 것이다. 당시 국토부는 댐건설장기계획으로 설정된 14개 댐 건설 추진을 위해, 이른바 '댐사전검토위원회(이하 사검위)'라는 조직을 별도로 구성하였다. 댐과 관련한 각 분야 전문가들을 중앙검토 위원으로 위촉하여, 각각의 댐 건설계획에 대한 필요성 여부를 판단하게 한다는 것이 사검위 설치의 취지였다.

그러나 초기 사검위는 댐백지화를 추진하는 시민사회 구성원들에게 여러모로 신뢰받기 어려운 구조를 갖추고 있었다. 댐 건설을 실현해야 할 목표로 설정한 주체의 의지로 조직된 위원회가 그 목표를 거스를 수 있을 것인지, 십수 명의 중앙위원중 시민사회를 대표하는 위원이 불과 두세 명에 불과한 상황에서 과연 객관적이고 중립적인 논의가 가능할 것인지, 여러 사회적 논란이 큰 정책들을 구색 맞추기에 불과한 여론 수렴 과정만 거친 후 밀어붙여온 당시 정권의 행태가 이 위원회에 대해서만 예외일 수 있을지, 수많은 합리적 의심이 사검위를 향하고 있었다. 그 의심들이 모여, 결국 2014년 여름에 지리산댐과 영양댐 백지화 주민 대책위는 환경운동연합, 지리산생명연대 등의 시민단체들과 함께 사검위의 회의장 앞을 점거하기에 이르렀다. 그만큼, 그 시기 사검위에 대한 댐 건설 반대 측의 시선은 불신으로 가득했다.

반대 측의 불신은 어찌 보면 당연했다. 국토부는 당시까지 단 한 번도 댐건설장기계획에 오른 댐 건설을 포기한 적이 없었다. 수자원공사는 사실상 댐 건설을 통해 성장해왔고 유지되고 있는 조직이었다. 이 두 조직이 댐 건설을 추진하기 위해 댐 건설 예정지에서 저질러왔던 과거의 행적들은 유명하다면 유명했다. 소리 없이 지역에서 목소리 큰 유지들을 만나 청사진을 제시하고, 지역에서 먹고사는 주민들의 절실한 목소리를 무시하는 이이제이 책략은 그들이 목표를 달성하는 가장 기본적인 전략이었다. 그렇게 바로 어제까지만 해도 이웃이며 형제였던 사람과의 끝도 없는 싸움 끝에 지쳐버린 사람들을 상대로, 그들은 손쉽게 그들의 의지를 관철시켜왔던 것이다.

이렇게 비인간적인 간계를 동원하여 댐 건설이라는 목적을 달성하는 데에 여념이 없던 조직이, 어느 날 갑자기 개과천선하여 상식적이고 객관적이며 중립적인 조직을 덜컥 만들어낼 리가 없지 않은가. 따라서 반대 측에서는 사검위가 그저 조금 공식화된 이간계, 혹은 형식적인 절차에 불과하다고 보는 시각이 팽배했다. 그런 시선과는 별개로 국토부가 새롭게 정립시킨 신규 댐 건설 절차에서 사검위는 매우 중요했기에, 이토록 믿을 수 없으며 중요도는 높은 조직은 반대 측의 주요 타깃이 될 수밖에 없었다. 한동안은 사검위가 모였다 하면 반대 측이 기자회견 등의 대응 행동을 펼칠 정도로 촉각이 곤두서 있었다.

당시 댐 건설 추진 절차는 대략 이러했다. 댐건설장기계획을 통해 댐 건설계획이 수립되면, 사검위에서 논의를 거치게 된다. 이 논의에서 중앙위원들과 해당 댐 건설 예정지의 주민 대표들로 구성된 지역위원들이 댐과 관련된 여러 쟁점에 대해 협의를 거치게 되는데, 최종적으로

"사전검토 없이 추진되는 댐사전 검토위원회 해체하라." 신규댐 건설계획이 있는 지역에서 온 활동가들의 댐사검위 해체 촉구 활동. 사진 오른쪽 마이크를 든 이가 김휘근 팀장이다.

지역위원들의 의견들을 참고하여 중앙위원들이 댐 건설에 대한 사검위 소견을 종합, 최종 의견을 국토부 장관에게 제시하게 된다. 바로 이 의견을 받아 국토부 장관이 댐 건설 추진 여부를 결정하는 것이 댐 추진 절차였기 때문에, 사검위는 실로 댐 건설에 있어 중요한 열쇠를 쥐고 있었다.

지리산댐백지화대책위는 사검위의 정당성 및 법적 효력 자체를 문제 삼는 방식으로 대응했다. 사검위가 제시하는 권고안이 강제력을 가질 수 없다는 점, 사검위라는 조직이 국토부나 수자원공사의 영향력으로부터 온전히 독립적이지 않다는 점, 그리고 사검위 중앙위원들의 편향된 구성 및 성향 등을 지적하며, 사검위에 의해 댐이 논의되는 것 자체가 요식행위임을 역설한 것이다. 이에 대해 사검위는 내부 위원 구성을 변경하고 내규를 일부 수정하는 등 반대 측의 강력한 반응을 신경 쓰는 행보를 보이긴 했으나, 그간 뿌리 깊게 쌓여온 불신을 해소하기에는 턱없이 부족했다.

그렇게 대치상황이 계속되던 2015년 봄, 지리산댐백지화함양대책위 위원장이었던 선시영 님의 식당 '칠선산장'에서, 당시 조계종 화쟁위원장이었던 도법 스님과 주민대책위원들의 만남이 있었다. 도법 스님의 첫 번째 제안은, '사검위의 중립성을 믿고 그들 안에서 지리산댐 백지화를 관철시키는 것이 어떻겠느냐.'는 것이었다. 이 제안은 받아들여지지 않았다. 사검위의 중립성을 의심할 만한 역사적 사실들과 정황들을 도법 스님 한 사람의 보증만으로 무시할 수 없었던 것이다. 이에, 뒤이어 제시된 화쟁위의 제안은 조금 고민의 여지가 있는 것이었다. 그것은 바로, '화쟁위가 중재자가 되어 사검위와 댐백지화대책위의 사회적 대화를 추진하겠다.'라는 것이었다.

당시 지리산댐백지화대책위나 연대하고 있는 시민사회단체—지리산생명연대, 환경운동연합 등—로서는 화쟁위에 대한 의심 또한 없는 것은 아니었으나, 적어도 화쟁위가 사검위와 동급의 불신 요소를 지닌 것은 아니었으므로, 무조건 거절할 만한 명분도 없었다. 따라서 대책위는 대화에 필요한 몇 가지 조건을 설정하는 것을 전제로 사회적 대화에 참여하기로 하였다. 그 조건이란 대표적으로, 대화 내용 비공개 원칙, 대화 내용을 근거 삼아 일체의 실무도 추진하지 않을 것 등이었다.

이렇게 어렵게 시작된 사회적 대화는, 불과 2회 만에 중단되고 말았다. 대책위의 입장에서는 대화 내용이 국토부에 의해 댐 추진을 위한 실무의 일부로서 활용되고 있다고 의심할 수밖에 없는 몇 가지 일들이 일어났던 것이다. 이에 대책위는 화쟁위를 통해 사검위 측에 사회적 대화를 무기한 중단하겠다는 입장을 전달하였고, 실제로 반년가량 사회적 대화는 중단되었다. 하지만 화쟁위는 여전히 사회적 대화를 추진하는 것이 양측에 더 큰 이익이 될 것이라는 입장을 갖고 있었고, 꾸준히 대책위와 사검위 측을 오가며 대화 재개를 이끌어내려 하였다.

우여곡절 끝에 다시 성사된 사회적 대화는, 대책위와 사검위가 아닌 대책위와 사검위, 그리고 국토부의 참여를 전제로 재개되었다. 바로 이 시기부터 사회적 대화의 분위기는 조금씩 달라지기 시작했다. 건물 안의 사무실과 건물 밖의 확성기 이외의 방식으로 만난 적이 없었던 양측이, 중재자의 등장으로 인해 동등한 한 공간에서 대화하기 시작했던 것이 변화의 가장 큰 요인이 되었다. 중재자는 양측으로부터 절대적인 신뢰를 얻고 있지 않았지만, 그저 대화를 위해 노력할 뿐이었으며, 어쩌면 그것이 중재자로서의 충분하고도 유일한 자격 요건이었다.

대화는 이따금 어긋나고 끝끝내 맞닿지는 않았으나 분명히 순조롭게 진행되고 있었다. 사회를 구성하는 모든 영역에서의 대화란 이렇듯 '완전한 합의'를 이끌어내지 못하지만, 적어도 '이해와 양보'가 동반된다면 충분히 의미 있는 변화를 양측 모두에게 가져오게 된다는 사실을 이 무렵부터 어렴풋이 알게 된 것 같다. 국토부는 더 이상 주민대책위를 '덮어놓고 근거도 없는 의심만 늘어놓는 반대론자들'로 보지 않게 되었고, 대책위는 국토부 관계자를 '적어도 과거로부터 벗어나려는 의지는 있는 행정가들'로 볼 수 있게 되었다. 이것은 이전까지의 역사와 사회적 대화 초기에 양측이 보여준 행동들에 비추어보면 가히 엄청난 변화라

할 수 있는 것이었다.

충분한 시간만 주어진다면 양측이 공히 납득할 만한 결론을 가장 이상적인 방식으로 이끌어낼 수도 있을 것만 같았다. 10여 년의 대화 끝에 합의에 이르렀다는, 사회적 갈등 해결의 모범적 사례로 꼽히는 어떤 나라에서의 경우처럼, 지리산댐도 그렇게 합리적인 결론으로서 백지화의 길을 걸을 수 있다는 희망이 보이기 시작했다. 실무자로서도, 한때는 그저 골치만 아팠고, 시간 끌기의 수단으로서나 활용할 카드로 보였던 사회적 대화에 가장 많은 정신과 시간을 할애할 만큼 큰 기대를 걸고 있었다.

하지만, 이렇게 꾸준히 이어진 사회적 대화의 장과는 아주 먼 거리에서, 사회적 대화의 의의를 흔드는 사건이 벌어지고 있었다. 마치 지구 근처의 어느 우주에 갑자기 나타난 블랙홀처럼, 그 사건은 모든 이슈들을 빨아들이고 있었고, 결국 대한민국의 권력 주체가 옮겨 가는 결과로 이어졌던 것이었다. 그리고 그 결과가 가진 파생력으로서, 지리산댐의 운명은 완전히 다른 국면으로 전개되었다.

돌아보면 참 후련하면서도 안타까웠던 듯하다. 그 오랜 반목과 의심, 불신이 조금씩 스러져가는 과정을 지켜보면서 '중재'와 '합의', '사회적 대화' 같은 낱말들의 존재 의의에 대해 다시 깨달을 수 있었다. 말 한마디 섞어선 안 될 것처럼 여기던 상대가, 사실은 수천 마디 말을 주고받지 않으면 어느 한쪽도 한 발자국도 앞으로 나아갈 수 없는 상대였음을, 사회적 대화를 통해 알게 되었다. 어쩌면 그동안의 시민운동이 가지고 있었던 한계, 확장성에 대한 고민들을 해결하기 위해서는 절대악을 상정하지 않는 것에서부터 출발해야 하는 것은 아닐까 생각하게 되었다. 그렇게 '절대악은 없다'는 전제로 이후 활동을 해나가면서, 더 많은 고민과 더 깊은 생각으로 머리 아팠지만 그만큼 자유로웠다. 바로 그 점이, 후련했다.

그러므로, 안타까웠다. 좀 더 오래, 가능하다면 마지막 결과까지 이런 대화를 통해 얻어낼 수 있었더라면 어땠을까. 여전히 마음속에 있는 상대에 대한 의심은 결과에 대한 확신을 흐리게 만들지만, 대화할 기회만 충분했다면 반드시 우리가 원하는 결과에 가장 가까운 성과를 얻어낼 수 있지 않았을까. 우리가 가진 지리산댐에 대한 의견과 근거들은 충분히 합리적이었으며, 상대에 대한 불신보다 이러한 우리 자신에 대한 믿음이 훨씬 컸으니까 말이다.

어쨌거나, 사회적 대화는 박근혜 대통령의 탄핵과 정권교체를 계기로, 어느날 갑자기 허무하게 막을 내리고 말았다.

지리산댐 백지화운동, 20년 만에 찍은 마침표

뜨거웠던 2016년 겨울 이후, 대한민국 국민이 선택한 새 권력은 다행히도 물관리정책에 대해 다른 방식으로 접근하기 시작했다. 수자원의 양적 확보를 위한 댐 건설보다는 질적 관리를 지향하면서, 당시까지 사회적 대화의 상대역이었던 국토부에서도 이전까지와는 다른 움직임을 보이기 시작했다. 그 급격한 변화의 물결 속에서, 지리산댐 백지화운동 역시 이전과 다른 국면을 맞이했다.

댐백지화를 원하는 시민사회의 목소리를 대변했던 학계와 시민단체의 대표자들이 속속 정책 수립의 주요 인사로 참여하면서, 주민대책위와 시민단체들은 그들을 통해 댐 건설에 대한 입장과 의견을 전달하기 시작했다. 또한, 새 물관리정책의 방향성과 그것을 실현하기 위한 실무적 논의 과정 등 필요한 정보들이 손쉽게 대책위 측에게 전달되었다. 실로 지리산댐의 불가역적인 백지화를 이뤄내기에 더없이 좋은 기회였던 것이다.

이런 상황 속에서 주민대책위와 시민단체는 빠르고 확실한 방법으로 운동을 전개해나갔다. 20년 남짓 언더독으로서 보낸 세월이 무색할 정도로, 적극적인 참여와 요구를 하기 시작한 것이다. 장외투쟁이 아닌 직접 교섭을 수차례 진행하면서, 국토부 장·차관에게 직접 지리산댐 백지화에 대한 열망을 전달하고, 확답을 기다렸다.

　그저 열망만 전달한 것이 아니라, 확실한 대안을 갖추고 그 대안을 정책으로 제안하였다. 그 결과 남강유역 물관리정책은 남강댐의 홍수 조절 역량을 극대화하고, 낙동강에 이르는 본류의 유량 제어를 위한 여러 실현가능한 대책들을 실천하는 것으로 대체되었다. 부산, 동부경남의 식수 공급은 남강 본류 주변의 취수구역 확대와 취수원 다변화로 상류댐 추가 건설을 대신할 수 있게 되었다. 결국, 주민대책위와 시민단체가 오랜 시간 주장해왔던 내용들은 속속 새로운 정책으로 자리 잡았고, 지리산댐 건설계획의 명분은 사라져갔다.

　이런 최후의 노력들은, 2018년 9월 18일 환경부의 '국가 주도 대규모 댐 건설 중단' 결정이라는 실로 역사적으로 뜻깊은 결실을 맞이했다. '댐건설장기계획'의 주체가 환경부로 이전되면서, 물관리정책은 양적 관리에서 질적 관리로 전환되었고, '국가 주도 대규모 댐 건설 중단'으로 더 이상 무의미한 대형 댐 건설은 추진되지 않게 되었다. 이런 엄청난 변화의 순간을 더욱 확실하게 실감할 수 있었던 것은, 그해 발표된 '물 환경대상'의 전체 대상으로서 '지리산댐백지화함양대책위원회'가 선정된 순간이었다.

　20여 년의 세월이었다. 그동안 많은 사람들이 지리산댐이라는 이름 아래 반목하고 부딪치며 비 오는 날 계곡물처럼 무섭게 으르렁거리기도 했다. 그러나 모든 강물이 바다에 다다르듯, 이 댐을 기억하는 모든 이들이 지리산댐 백지화라는 결론을 마주하게 된 것이다. 이제 비로소 그 길고 굴곡진 세월 속에서 입은 상처도, 아픔도 모두 역사 속으로 사라지게 되었다.

　다만 한 가지 아쉬운 점은, 우리가 그토록 바랐던 바다에 도착한 방식이다. 19년 동안의 싸움을 보다 값지고 가치 있게 마무리하는 길이 하나 더 있었다. 지리산댐과는 너무도 멀찍이 떨어진 곳에서 일어난 '정권교체'가 아닌, 보다 더디고 멀지만 그만큼 합리적이고 이성적이었던 길이 있었다.

사회적 대화가 보여준 성과는 상당했으며, 실제로 사회적 대화를 통해 반대 측 시민사회도 크게 역량을 발전시킬 수 있었다. 사회적 대화에서의 논의 과정에서 등장한 여러 대안들은 국토부 측과의 의견 교환을 통해 더욱 정교해질 수 있었다. 서로 입장을 고수하며 맞상대하는 것에서 함께 머리를 맞대는 형태로, 언젠가는 변화할 수도 있지 않았을까. 그 시간이 얼마나 걸리든, 오랜 시간을 투자할 수만 있다면 언젠가는 가장 진보적인 방식으로 모두가 꿈꾸는 바다에 도착할 수도 있었을 것이다.

하지만 세상은 좁고 시간은 상대적이지 않았으므로, 모든 상황이 지리산댐을 지켜보는 이들만 특별히 기다려줄 수 없었다. 이렇게 정권교체라는 일종의 '변수'로 인해 급물살을 탄 지리산댐 백지화운동은, 한편으로는 마치 남강댐에서 급하게 사천만으로 방류하는 물처럼 얼떨결에 바다로 도달한 듯한 일면도 가지고 있다. 좋은 결과이지만, 아주 약간은 아쉬운 결과이기도 한 까닭이다.

어쨌거나, 이제는 더 이상 지리산댐 건설이라는 망령에 시달리지 않게 되었다. 20년 만에 찍은 마침표다. 앞으로는 이 소중한 마침표가, 또 다른 어떤 변수에도 지워지지 않게 하는 것이 이후에 남은 사람들의 가장 큰 숙제가 될 것이다. 지리산댐 백지화운동이 국가적 물관리정책의 변화를 가져왔듯, 지리산에서의 고민과 행동은 온 나라 사람들의 세계관으로 전달될 수 있다.

이제, 다시 지리산을 바라볼 시간이다.

용유담아! 친구하자!

정상은
산내면 주민, 당시 자연놀이터 그래 대표

지리산댐 건설계획은 2001년 백지화된 후 1년도 안 된 2002년 망령처럼 다시 등장하였습니다. 함양군은 태풍 루사를 계기로 2002년부터 해마다 건설교통부와 수자원공사에 지리산댐(문정댐) 건설을 건의했고, 건설교통부는 2006년 태풍 피해를 이유로 지리산댐 건설을 추진하겠다고 발표합니다. 그 후 홍수조절, 용수공급을 이유로 규모를 변경하고 예비타당성조사를 거쳐 2011년에는 문정홍수조절댐으로 다시 제시해 가면서도 끊임없이 댐 건설이 준비되는 상황이었습니다.

한편 정부에서는 '댐사전검토협의회'를 국토교통부 산하에 신설하였고, 2014년 9월에는 '지리산댐 갈등 해결을 위한 사회적 대화'를 시작하였습니다.

문화재청에서는 지리산 용유담이 지닌 뛰어난 자연경관과 역사문화 및 학술적 가치를 인정하고 2011년 12월 용유담 등 네 곳을 '국가명승'으로 지정하는 것을 예고하고 의견수렴을 하기로 하였습니다. 그러나 문화재청은 2012년 2월 용추폭포 등 세 곳만 명승지정을 하고 용유담은 수자원공사와 함양군이 명승지정을 반대한다는 이유로 아무런 언급도 없이 보류한 상황이었습니다.

정부 차원에서 진행되는 계획과 사안들은 일반인들이 알기에 절차도 복잡했지만, 정부가 바뀔 때마다 수시로 내용이 변경되다 보니 댐의 직접적인 영향권에 있는 마천이나 산내지역 주민들조차 제대로 알기 어려웠습니다. 댐을 짓겠다는 예정지는 진짜 어디인지, 누가 찬성하는지, 주민이 반대하면 진행되지 않는 것인지, 어느 정도 진척되었는지, 지금 상황은 어떠한지 등등 궁금한 것이 많았고, 무엇을 어떻게 해야 할지도 답답한 상황이었습니다.

우리가 무엇을 해야 좋을까? 지역의 자연생태, 역사, 문화, 공동체의 가치를 가꾸고 지켜나가기 위해 활동하는 단체들이 모여 머리를 맞댔습니다. 지리산댐백지화대책위의 간사단체인 지리산생명연대, 실상사공동체의 지역활동기반인 (사)한생명, 지리산 생태를 연구하고 보전을 위해 활동하는 자연놀이터 그래, 마을의 역사와 문화를 조사하고 연구하던 마을연구회 살자, 지리산권 5개 시군의 활동을 모으고자 하는 지리산이음 그리고 산내농민회 등이 적극적으로 마음을 냈습니다. 모임의 이름은 '용유담아 친구하자'로 정하고서 용유담의 자연, 생태, 역사, 문화적 가치에 대해 우리들이 먼저 공부하고 알아가는 시간을 갖기로 했습니다. 이와 더불어 지리산댐 계획의 문제점에 대해서도 더 관심을 갖고 알아보기로 했습니다.

'용유담아, 친구하자'는 2014년부터 4년에 걸쳐 4월부터 11월까지 매달 활동하였습니다. 2018년에는 생명연대 중심으로 활동하였고 정부에서 2018년 3월 '물관리일원화법'이 통과되고 9월 환경부가 '지속가능한 물관리를 위한 로드맵과 함께 국가 주도의 대규모 댐건설을 중단한다'는 발표로 지리산댐 건설계획이 백지화되며 마무리되었습니다.

용유담 주변걷기와 더불어 정말 많은 프로그램들을 함께했습니다. 아이들, 청소년들, 어른들이 함께 지리산에 흠뻑 젖어 보낸 그 시간들은, 지금 돌아보면 지리산의 품에서 모두가 하나였던 소풍이고 축제였습니다. 고맙고 그리운 마음으로 '용유담아, 친구하자'의 가슴 충만했던 활동을 다시 돌아봅니다.

2016년 칠암자길 걷기. 그리고 참가자들이 늘 가방에 붙이고 다닌 몸자보.

용유담 경관.

두 발과 두 눈으로 직접 확인하였습니다

용유담아 친구하자는 현장을 직접 걷는 것을 기본으로 하였습니다. 용유담을 중심으로 의중마을에서 용유담까지, 용유담에서 송대마을, 문정마을까지 엄천강을 따라 걷는 것은 물론이고, 법화산을 거쳐 견불동으로, 선녀굴과 노장대, 벽송사와 칠암자길 등 주변의 들과 산을 걸으며 발로 새기고 눈으로 확인하였습니다. 어른들뿐 아니라 어린이도 참가하며 서로서로 이끌고 밀어주면서 지리산과 용유담의 아름다움을 느낀 시간들이었습니다.

지리산을 누비던 사람들의 온기를 느껴보았습니다

용유담에 서린 전설 이야기도 들어보고 지리산에 깃들여 살고 지리산을 찾았던 사람들의 상황을 생각해보는 시간도 가졌습니다. 옛날에는 기우제도 지낼 만큼 신비스러운 기운이 있는 용유담에서 바위에 새겨진 각자들을 보며 옛사람들의 생각과 바람을 찾아보기도 하고, 유학자 김종직의 유람 발자취를 찾으며 그 시대 지리산의 의미를 느껴보기도 하였습니다. 특히 마을과 산속 곳곳에 어려 있는 빨치산들의 흔적과 이야기는 멀지 않은 과거의 아픈 상처를 돌아보게 하였습니다.

지리산에서 사는 다양한 생명들을 만났습니다

지리산이 품고 있는 생명들은 만나는 것은 어디서나 감동입니다. 특히 용유담 주변에 많이 사는 수달은 천연기념물로 지정될 만큼 귀한 데다, 그 귀여운 모습과 활동적인 모습은 직접 목격하지 못해도 배설물과 놀다 간 흔적을 발견하는 것만으로도 생생하게 그려졌습니다. 엄천강에 사는 물고기와 곤충들을 찾아보고 관찰하는 것도 새로운 놀라움이었습니다.

엄천강 주변에는 다양한 풀과 나무가 계절의 변화에 맞추어 살아갑니다. 자세히 들여다보고 그들의 생태를 관찰하면서 아름다운 색과 향기에 취하는 것은 항상 즐거움이었습니다.

용유담 바위에 새겨진 각자刻字.(위 왼쪽)

용유담 주변의 생태 관찰.

재미있고 다양한 활동을 하며 댐반대와 명승지정의 의미를 새겼습니다

어린이와 어른, 가족이 함께하였습니다. 보물찾기, 꽃전 만들어 먹기, 용유담과 주변을 담은 아름다운 사진콘테스트, 다양한 관찰과 탐사를 진행하였고, 걷기 힘든 여름철에는 시원한 래프팅도 하였습니다. 용유담에서 시작하여 한남마을까지 엄천강을 따라 모험하는 래프팅은 산골에서 경험해보기 힘든 신나고 매력적인 활동이었습니다.

댐반대와 명승지정 기원을 담은 퍼포먼스도 해보고, 공동현수막도 만들어보고, 고로쇠축제나 단풍제에서 홍보부스를 지어 많은 사람에게 알리기 위한 활동도 하였습니다. 뱀사골에서, 가내소폭포에서, 세석평전에서 지리산과 용유담의 아름다움이 잘 지켜져야 함을 선전하기도 하였습니다. 댐반대 표어짓기에 당선된 글은 마을에 현수막으로 걸기도 하였습니다.

댐반대 표어짓기
당선작 현수막.(위
왼쪽)

꽃전 만들기.(아래
왼쪽)

마을 축제로 만들어봅니다

　좀 더 많은 사람들이 이 문제를 공유하기 위해 해마다 문화제를 하였습니다. 2014년에는 문정마을에서 가을문화제, 2015~2017년에는 산내에서 모깃불문화제, 2018년에는 금계마을에서 지리산포럼과 문화공연과 장터, 토요걷기를 진행하였습니다.

　모깃불문화제는 여름밤 모임에 필수적인 모기향을 생각하며 '모기향문화제'를 구상했다가 좀 더 정겨운 이름으로 바꾼 것입니다. 삼화리 냇가와 토비스야영장 등 야외에서 조명을 밝히고 노래공연과 노래경연, 풍등날리기, 영상상영, 영화상영 등 다양한 프로그램을 진행하였습니다. 특히 컵을 가져오면 생맥주 무한리필을 제공하며 마을 사람들이 여름밤을 즐기며 편하게 참여할 수 있는 계기를 마련하였습니다.

'용유담아, 친구하자'고 모여, 사람과 사람이 친구가 되고, 마을과 마을이 더 가까운 이웃이 되었다. 한여름밤의 모깃불문화제.

진행 일지

2014년

- 4월 11일(토) 마적도사와 마고할매 이야기: 벽송사~송대마을~용유담 걷기
- 5월 9일(토) 빨치산 흔적 짚어보기: 송대마을~선녀굴, 노장대, 안락문~송대마을
- 6월 14일(토) 의중마을~용유담(수달 이야기)~문정마을(댐 예정지)
- 7월 12일(토) 함양산청추모공원~상사폭포~쌍재~고동재
- 8월 23일(토) 김종직 유람길과 빨치산 흔적을 찾아서
- 9월 14일(토) 엄천강을 바라보며 걷는 법화산
- 10월 18일(토) 용유담으로 가을소풍, 댐반대 퍼포먼스, 엄천강 따라 걷기(용유담~송문교~문정마을), 작은문화제(OX퀴즈, 보물찾기, 노래가사 바꾸어 부르기, 표어짓기, 작은노래공연)

2015년

- 4월 25일(토) 의중마을~용유교 걷기, 나만의 버튼 만들기, 용유담 이야기, 사진콘테스트(어른 23명, 아이 12명, 총 35명 참가)
- 5월 23일(토) 용유교~와룡대 걷기, 모둠별 식물 관찰과 종류 기록하기, 모래놀이, 돌탑 쌓기, 공동 현수막 그리기(어른 13명, 아이 8명, 총 21명 참가)
- 6월 27일(토) 엄천강 래프팅, 어류 및 수서곤충 관찰(어른 20명, 아이 10명, 총 30명 참가)
- 7월 25일(토) 용유담을 생각하는 모기향문화제(삼화리 냇가, 150명 이상 참가): 공연(조성하, 손기문&손주아, 요술당나귀), 퀴즈, 지리산댐반대활동 영상 감상, 풍등 날리기, 한여름밤 영화감상, 무한리필맥주
- 8월 29일(토) 빨치산 흔적을 찾아서(총 21명 참가): 선녀굴~신열암~의론대 걷기
- 10월 3일(토) 가을소풍: 의중마을~용유교 걷기(우리 나무 이야기, 어른 22명, 아이 20명, 총 42명 참가), 작은문화제(OX퀴즈, 보물찾기, 노래공연, 상품권 추첨)
- 용유담 주변 생태자료집 발간

2016년

- 3월 5일(토) 뱀사골 고로쇠축제 참가(홍보부스 운영)
- 4월 30일(토) 금계~벽송사~모전마을 걷기(어른 19명, 어린이 12명, 총 31명 참가)
- 5월 28일(토) 용유담 명승지정 캠페인 세석평전(어른 7명 참가), 가내소(어른 4명, 어린이 1명 참가)

- 6월 25일(토) 용유담아 래프팅하자(어른 15명, 어린이·청소년 17명, 총 32명 참가)
- 7월 30일(토) 제2회 모기향문화제(삼화리 냇가, 250명 이상 참가 추정): 공연(산내기타동아리 산토끼, 산내판소리동아리 소리향, 중황마을 전은희, 대구 백지숙과최경민, 산청 공민성, 구례 수수, 창녕 우창수)
- 8월 27일(토) 뱀사골~와운마을 천년송(어른 19명 참가)
- 9월 24일(토) 칠암자길 걷기(어른 15명, 어린이 7명, 총 22명 참가)
- 10월 22일(토) 뱀사골 단풍제 부스 운영 및 캠페인(어른 5명, 어린이 1명, 총 6명 참가)
- 11월 26일(토) 남강댐 답사(어른 18명, 어린이·청소년 14명, 총 32명 참가): 창녕함안보, 우포늪, 진주남강댐

2017년
- 4월 15일(토) 금계~용유담 걷기, 봄꽃전 만들어 먹기(한생명 주관, 어른 16명, 어린이 11명, 총 27명 참가)
- 5월 20일(토) 용유담~송문교 용유담 걷기(자연놀이터 그래 주관, 어른 18명, 어린이 8명, 총 26명 참가): 주변 생태 이야기, 바위 각자 이야기, 숲퀴즈
- 6월 17일(토) 오도재~법화산~문정마을: 지질공원으로서의 용유담(산내농민회 주관, 어른 14명 참가)
- 7월 15일(토) 지리산래프팅1차: NO댐 선상퍼포먼스
- 7월 28일(금) 지리산래프팅2차(생명연대 주관, 어른 11명, 어린이 7명, 총 18명 참가)
- 8월 19일(토) 제3회 용유담을 생각하는 모깃불문화제(생명연대 주관, 토비스 야영장, 약 200명 참가): 노래공연(이한철)과 노래경연대회
- 9월 16일(토) 금계~벽송사 걷기: 용유담 명승지 지정 퍼포먼스(이음 주관, 어른 16명, 어린이 4명, 총 20명 참가)
- 10월 21일(토) 금계~용유담 가을소풍(생명연대 주관, 어른 9명, 어린이 1명, 총 10명 참가): 각자 이야기, 보물찾기, 퀴즈대회, 공연

2018년
- 5월 29일(화) 사천만 답사: 사천만 일대 순회 및 갯벌 생태 체험
- 8월 25일(토) 제4회 용유담을 생각하는 모깃불문화제(300여 명 참가), 지리산포럼(봄을 그리는 사람들), 용유담을 생각하는 토요걷기, 문화공연과 장터(함양 금뮤지션과 금계마을할머니의 모내기노래 공연)

갈등조정가가 바라본
'지리산댐 사회적 대화'의 의미

조형일

당시 조계종 화쟁위원, 한국갈등조정연구소 대표

대화를 수용한 용기 있는 사람들

대화란 서로 마주하여 이야기를 주고받는 것이라 했다. 댐 건설에 대해 각기 다른 이해와 주장을 가진 이들이 마주 앉아 서로의 생각을 피력하고 차이를 좁혀나가는 것은 너무나 당연함에도 불구하고, 상대방에 대한 불신이 가득 차서 마주 앉는 것조차 기피하고 공격만 하는 경우를 종종 보게 된다. 지리산댐을 둘러싸고 국토교통부와 지리산댐백지화대책위원회 역시 제대로 된 대화 한 번 없이 상대방에 대한 극한 불신과 대립만 있었다.

평소에 '흥정은 붙이고 싸움은 말려야 한다'라고 말씀하신 실상사 도법 스님이 양 당사자들에게 조계종 화쟁위원회가 대화 진행을 맡고 당사자들이 참여하는 대화판을 제안하셨다. 그러자 댐백지화대책위원회도 그리고 국토교통부도 기꺼이 대화를 수용하게 되면서 지리산댐 건설을 둘러싼 갈등이 대화의 장으로 옮겨오게 되었다.

조정가로서 그동안의 경험으로서 볼 때 대부분의 갈등은 대화판 자체가 성사되지 않아서 실패하지, 당사자가 대화에만 응하게 된다면 시간이 얼마나 소요되냐가 문제일 뿐 거의 해결된다고 믿는다. 그런 면에서 도법 스님을 믿고 과거의 관행을 뛰어넘어 사회적 대화에 기꺼이 응해준 국토교통부와 댐백지화대책위원회의 용기가 평화로운 문제해결을 가능케 한 시작이었다고 본다.

사회적 대화 시작부터 혼란.

2013년 6월 정부는, 댐 건설과 관련하여 이해당사자 간의 갈등을 해소하고, 댐 건설의 객관성을 갖기 위한 방안으로 '댐사업절차 개선방안'을 내놓았다. 그 가운데 '댐사전검토협의회'는 이해관계 당사자들의 의견을 듣고 갈등 발생 가능성을 해소하기 위한 절차로 개선방안의 핵심이라고 할 수 있었다. 그러나 평행선을 달리던 이해관계 당사자들이 한 테이블에 앉기까지는 또 꽤 긴 시간이 흘렀다.

2015년 6월 지리산댐(문정댐)을 둘러싼 갈등을 사회적 대화로 해결해 보라는 제안을 받고 간단한 자료 조사를 한 후 들었던 걱정은 갈등의 이슈가 이중적이라는 점이었다. 요구된 이슈는 '댐백지화대책위원회가 정부의 대화기구(댐사전검토협의회)에 참여할 것인가 말 것인가'였지만, 그 이면에서는 지리산댐 건설의 찬반 논의가 핵심 내용이었기 때문이다.

'댐백지화'를 주장하는 사람들은 '댐사업절차 개선방안'이든 '댐사전 검토협의회'든 '댐 계획을 내려놓을 수도 있다'는 게 본질이 아니라, 단지 '갈등과 잡음 없이 댐사업을 해보자는 것 아니냐'는 불신이 있었다. 그러니 '정부의 기만적인 제스처에 놀아날 일 없다'는 입장이었다. 이런 불신은 그동안 누적된 대립과 갈등의 경험에서 나온 것이었고, 당연한 것이기도 했다.

이슈의 이러한 이중성은 대화 구성원으로 누가 참여할 것인가부터

갈등조정위원들이 제일 먼저 맞닥뜨린 것은 댐백지화대책위 주민들의 댐 건설 반대시위였다.

혼란을 가져왔다. 처음에는 대화 구성원으로 댐백지화대책위원회와 댐사전검토협의회 위원이 이해당사자로 참여하기로 하고, 국토교통부는 댐사전검토협의회의 일부 구성원으로 참여하기로 했다. 하지만 댐 건설과 관련된 직접 당사자는 국토교통부이고 댐사전검토협의회는 형식적 논의 절차기구이기에 댐 건설 여부를 논의할 수 있는 주체가 될 수 없다면서 백지화대책위원회에서는 실질적 주체인 국토교통부가 전면에 대화 주체로 나설 것을 요구하였다. 결국 어렵게 시작한 사회적 대화는 국회 제출 보도자료가 논란이 되면서 장시간 중단되고, 다시 재개된 사회적 대화에서는 댐사전검토협의회는 참관하고 국토교통부가 대화 전면에 나서는 것으로 변경되면서 본격적인 사회적 대화가 진행될 수 있었다.

팽팽한 신경전을 긍정적 대안 모색으로 분위기 전환

댐 건설 찬성 측과 반대 측이 대화의 자리에 앉기는 했지만 시작부터 팽팽한 신경전이 전개되었다. 첫 번째 신경전은 명칭부터 시작되었다. 댐 명칭을 문정댐 갈등으로 할 것인가, 지리산댐 갈등으로 할 것인가. 물론 문정댐을 주장한 쪽은 국토교통부였고 지리산댐을 주장한 쪽은 그 반대 측이었다. 반대 측에게는 민족 명산인 지리산이 개발되고 훼손된다는 사실을 널리 알리기 위해 지리산댐이라는 명칭 사용이 매우 중요했을 것이다. 그리고 이를 잘 아는 국토교통부는 문정리에 설치하기로 예정되는 댐이니 문정댐 사용을 주장하는 것이고. 결국 양측 주장을 모두 수용하여 '지리산(문정)댐', '문정(지리산)댐' 모두를 병기하는 것으로 일단락되었다.

두 번째 신경전은 회의 주기에 대한 것이었다. 사회적 대화가 진행되는 중에는 댐 건설을 시작하지 않기로 한 사전 약속이 있었기에 댐반대 측은 회의를 가급적 길게 끌고 가고자 했고, 국토교통부에서는 신속한 결정이 필요했기에 자주 회의를 하자고 했다. 댐반대 측의 주장은 회의 구성원 중 농사짓는 분들도 계시니 농번기에는 회의가 어렵다는 것이었다. 그러자 국토교통부 측은 반대하기보다 사정을 인정하는 가운데 대안을 제시하였다. 농번기에는 분기별로 회의하고, 농한기에는 시간 여유가 있으니 매월 혹은 매주 회의를 하자는 것이었다. 그리고 농사짓는 분들을 배려하여 회의하러 지리산 실상사로 기꺼이 가겠다고 제안하였다. 그러자 댐반대 측이 격월로 실상사에서 회의하는 것을 수용하면서 의견이 모아지게 되었다.

서로 다른 주장이지만 대립과 충돌이 아닌 이해와 대안을 모색하는 대화를 통해 의견이 좁혀지는 경험을 하면서 진지한 사회적 대화의 자리가 마련되는 듯했다.

성공적인 대화가 가능했던 몇 가지 에피소드들

생일잔치 이벤트로 분위기 전환하기

갈등 당사자들과 대화를 진행할 때 가장 어려운 장애물은 불신의 감정이다. 초기에는 대화라기보다는 '말 전쟁'에 가깝다. 한 마디 한 마디에 공격적 내용과 감정이 잔뜩 담긴 표현을 한다. 그래서 사회적 대화를 시작할 때 이런 감정을 해소하는 것이 매우 중요하다.

지리산댐에 대한 사회적 대화에서도 마찬가지였다. 구성원들 간에 역할 분담을 한 건지 잘 모르겠지만 반대 측 위원 중에서 유독 공격적인 한 분이 있었다. 찬성 측이 발언하면 말을 끊고 욱하는 표현을 하기 일쑤였다. 그럴 때마다 대화 분위기가 써늘해져 더 이상의 논의가 이어지기 어려웠다.

한번은 이런 분위기를 반전시킨 이벤트가 있었다. 3차 회의를 앞두고 구성원들의 다음 회의 참여 현황을 체크하던 중 반대 측 강경 발언을 하던 그분의 참여가 불투명하다고 했다. 회의 당일 그분이 생신을 맞는

다면서. 즉시 '찬스'라는 생각이 들었다. 그래서 그분을 꼭 참석하게 해달라고 부탁드리고, 국토교통부 참여자에게 연락해 구성원 중 한 분이 회의 날 생일을 맞게 되었으니 생일 케이크를 가져와달라고 부탁하였다.

회의 당일 대화를 시작하기 전에 생일을 축하하면서 한마디씩 덕담을 하였다. 그리고 3차 회의는 감정 대립 없이 원만하게 진행되었다. 회의를 마치고도 분위기를 이어가 찬반 양측 모두 참여하는 저녁식사와 반주 자리를 마련했다. 회의 때보다 식사 자리에서 더 많은 이야기를 나누면서 상대방에 대한 나쁜 감정이 조금은 풀어지는 계기가 되었다.

그다음 회의부터는 심한 감정 충돌 없이 진지한 대화를 할 수 있게 되었는데 아마도 생일이벤트가 서로에 대한 불신을 걷어내는 작은 계기가 되었으리라.

상대에게 무기를 제공하라는 겁니까?

사회적 대화가 원만히 진행되기 위해선 소위 '무조건' 반대하기보다, 왜 반대하는가, 문제의 대안은 무엇인가를 찾아가는 것이 매우 중요하다. 지리산댐 건설을 둘러싼 사회적 대화를 진행하면서 핵심 이슈는 산이 크고 깊은 지리산의 경우 집중 호우시 하류의 물범람을 막을 방법이 댐 이외에 다른 대안이 있냐는 것이었다.

물론 국토교통부는 댐이 유일한 방책이라고 주장하였고, 댐백지화대책위원회에서는 특별한 대안을 제시하지 못하면서 논의가 공전되었다. 논의 활성화를 위해서 댐백지화대책위원회가 댐 건설에 대한 연구와 대안을 제시하는 것이 무엇보다 필요하다고 판단하였다. 하지만 민간 임의단체인 댐백지화대책위원회는 그런 연구결과를 갖고 있지 않았고 그런 연구를 할 수 있는 시간과 비용도 없었다.

그래서 조정가 입장에서 공정하고 대안적인 회의를 위해 댐백지화대책위원회가 댐 건설에 대한 대안을 제시할 수 있도록 연구비를 지원하고 시간을 주자고 국토교통부에 제안하였다. 처음 반응은 '소위 싸우는 상대에게 무기를 제공하라는 거냐?'는 반문이었다. 조정가의 답은 '그렇다였다. 국토교통부는 국민 세금으로 많은 연구를 진행하였고 관련된 근거를 갖고 있지만, 상대측은 그렇지 못하기에 공정하지 않다고 보았기 때문이다. 더군다나 자율적 합의를 이끌어내기 위해선 무조건 맞서기보다 대안을 갖고 좁혀가는 것이 필요하다고 설득하였다.

마침내 국토교통부 측에서 연구비와 연구 기간의 필요성에 동의해주었다. 사회적 대화를 통해 문제를 해결하겠다는 진정성 있는 결정이었다. 그리하여 수자원공사에서 연구 공모를 하고 댐백지화대책위원회에서 추천하는 학자들이 참여하는 연구가 진행되어, 3개월 동안 회의를 휴회하게 되었다.

섞어찌개식 토론하기

드디어 긴 시간의 휴회를 거쳐 연구발표를 하는 본회의를 진행하게 되었다. 물론 연구결과에는 댐백지화대책위원회의 의견이 반영되었으리라. 아마 연구 내용에 대해 찬성 측은 문제점을, 반대 측은 정당성을 보려고 할 것이었다. 문제 인식을 공감하고 대안을 구체화하려는 사회적 대화에서는 걸맞지 않은 접근이다.

그래서 조정가는 당일 검은 바둑돌, 흰 바둑돌을 준비해서 찬성 측 구성원들에게 흰 돌과 검은 돌을 반반씩 선택하도록 했다. 반대 측 구성원들도 흰 돌과 검은 돌을 반반씩 선택하였다. 그러고서 흰 돌 측은 연구결과의 긍정적인 면을 찾도록 하였다. 검은 돌 측은 아쉬운 점(문제점)을 찾도록 하였다. 즉 댐 찬반 구성원 중 절반은 자신의 본래 입장을 벗어나 다른 시각에서 연구결과를 이해하도록 하였다.

물론 기존의 시각이 워낙 굳어져 있기에 쉽지 않았지만 그래도 반대 측에서 연구결과의 긍정적인 면을 이야기하고 찬성 측에서 연구결과의 아쉬운 점을 발표하는 자리가 되었다. 편향 시각에서 벗어나 상대의 주장을 이해하고 통합적 시각을 갖도록 하는 데 역할을 하였다고 본다.

찬반측 사이를 보이지 않게 이어준 개별회의

지리산댐 갈등을 둘러싼 사회적 대화는 2년여 동안 전체회의 10회로 진행되었다. 이는 두 달에 한 번꼴의 회의를 진행한 것으로 마치 지리한 만남처럼 보이지만 실제로는 전체회의 사이사이에 이해당사자 측과 조정가들이 쉼 없이 진행한 개별회의가 있었다. 전체회의는 대략 격월로 진행하였으니, 이 개별회의까지 치자면 실제로 매달 회의를 한 것이다.

보통 갈등조정을 할 때 전체회의에서 대립과 충돌이 반복되거나 대안 모색이 잘 이루어지지 않을 경우 전체회의를 계속하는 대신, 당사자들의 동의하에 균등한 조건으로 조정가가 어느 한쪽과만 대화하는 개별회의를 진행한다. 개별회의는 조정가와 당사자들이 만나서 지난 전체회의를 정리하고 상대측에 실질적으로 원하는 바를 밝히고, 그리고 차기 전체회의에서 추진하고자 하는 사항들을 허심하게 듣는 자리다. 물론 한쪽 당사자와 조정가 간에 진행된 개별회의 내용은 절대 비밀이며

2017년 3월 지리산댐백지화대책위원회와 댐사전검토협의회위원들이 이해당사자로 참여하여 대화를 나누었다. (가운데서) 조정가로서 진행하고 있는 이가 조형일 화쟁위원.

상대방에게 전달하지 않는다.

이런 개별회의는 놀라운 효과를 갖는다. 첫째, 균형적 시각을 갖게 도와준다. 보통 회의 때는 대립하는 상대방이 눈앞에 있기에 감정적 발언을 하게 되고 자신들의 주장을 강력하게 전달하려다 보니 합리적이라기보다 약간은 억측이 담긴 이야기를 하는 경우가 많다. 그런 이야기를 듣는 상대방은 감정을 상하거나 상대방이 합리적이지 못하다고 단정하게 된다. 개별회의에서는 바로 지난 회의를 간단하게 리뷰하면서 서로 오간 이야기에 대한 나쁜 감정적 표현을 해소시켜주고, 핵심의 내용을 정리하면서 상대방의 이야기를 객관화시키는 작업을 하기에 자신과 상대방 모두 주관과 감정에서 벗어나 객관화된 시각을 갖게 한다. 상대방에게 불신이 큰 상태에서 개별회의를 진행한 뒤 상대방을 이해하게 되었다는 표현을 종종 듣는다.

둘째, 이해당사자의 진짜 속마음을 파악할 수 있게 된다. 사회적 대화는 상대방과 나의 속마음을 허심하게 표현하여 속마음이 반영된 대안을 찾아가는 것이다. 하지만 대부분의 경우 자신의 속마음과 다른 날카로운 주장을 쏟아내기 일쑤이다. 속마음은 두려움이나 근심, 걱정으로 가득하더라도 상대방에게 나의 두려움을 드러내면 허약하게 보이거나 약점이 될 수 있다고 생각하기 때문이다. 그리고 속마음에는 두려움 이외에 자신이 진짜 원하는 것도 있기 마련인데, 그것을 직접 이야기하면 상대방에게 나의 전략을 다 드러내 결국 손해를 볼 수 있다고 오해하기도 한다.

따라서 속마음은 전체회의보다는 개별회의에서 조정가에게 털어놓는 경우가 많다. 비밀이 보장되고 조정가가 자신의 이야기를 지지해주길 기대하기 때문이다. 개별회의에서 당사자의 속마음을 파악한 조정가는 전체회의에서 상대방이 스스로 속마음을 드러낼 수 있도록 도와주고, 원하는 속마음이 충족되도록 유도할 수 있기에 당사자 모두 만족하는 합의를 이끌어내기가 수월해진다.

지리산댐에 대한 사회적 대화에서도 초기에 댐백지화대책위원회는 용유담을 문화재로 지정하지 않은 정부를 공격하며 재논의를 요구하고 국토교통부에서는 댐 건설 지연 작전이라고 반발하여 전체회의 진행이 어려웠다. 그리하여 개별회의를 진행해보니, 댐반대 측이 용유담 문화재 지정 건을 제기한 것은 국토교통부가 과연 대화에 임하는 열린 마음과 진정성이 있는지를 파악하기 위한 것, 즉 간을 보기 위한 사전 탐색인 것으로 파악되었다. 이에 전체회의에서 그 문제 제기가 국토교통부의 진정성을 확인하기 위한 주제임을 공유하고, 용유담을 보호하고 문화재 지정 재논의에 국토교통부가 협조하겠다는 뜻을 표함으로써 사전 탐색전은 일단락되고 본격적인 댐 건설에 대해 논의할 수 있게 되었다.

매 회의 결과 서명을 통해 성과 있는 회의 진행이 가능하였다

사회적 대화를 진행할 때 또 다른 어려운 점은 당사자들이 했던 얘기를 반복하는 것이다. 심지어 지난 회의 때 좋은 분위기에서 공감대가 형성된 내용이 차기 회의에 들어가면 원점으로 돌아가 다시 문제로 제기되기도 한다. 그러면 상대방은 지난 회의 때 나온 얘기를 왜 또 반복하냐고 공격하고, 다른 편은 발언하는데 왜 말을 끊냐면서 화를 내기 일쑤이다.

지리산댐 사회적 대화에서는 매 회의마다 회의 결과를 조정가가 요약 정리하고 회의 당사자들이 서명 날인하기로 하였다. 그러자 놀라운 변화가 생겼다. 회의 결과가 명료해지고 진전된 모습을 볼 수 있게 되었다. 그리고 차기 회의에서 유사한 문제가 다시 제기되면 지난 회의록을 확인함으로써 중언 반복이 없어지게 되었다.

그뿐만 아니라 회의 뒤에 자기한테 유리한 부분만 제대로 이해하는 경향이 많은데 회의록 정리 서명을 통해 전반적인 객관화와 정확한 이해가 가능해졌다. 즉 회의 내용에 대한 다툼이 해소되니 원만한 회의 진행이 가능하였다.

사회적 대화의 의미

2015년 7월에 시작하여 2017년 8월 29일에 종료된 지리산댐 건설을 둘러싼 사회적 대화는 최종적으로 문재인 정부가 들어서면서 댐 건설 자체를 하지 않는 정책이 결정되었다. 그에 따라 갈등이 저절로 종식되어 명문화된 합의서는 만들지 못한 채 종료되었다는 점이 약간의 아쉬움으로 남지만, 2년여의 대화 과정이 있었기에 대립과 충돌도 표면화되지 않았고 댐 건설 진행과 중단 등의 시행착오나 환경 훼손 그리고 예산 낭비를 하지 않을 수 있었다고 본다.

최근에도 중앙정부와 지자체에서 많은 공공프로젝트가 준비되고 시행되고 있다. 그리고 이에 반대하는 이해당사자들의 저항도 이어지고 있다. 지리산댐과 유사한 성격을 띠고 있는 지리산산악열차 프로젝트도 그중 하나일 것이며 향후 남원시와 지리산산악열차 반대대책위원회와의 갈등과 대립도 수면 위로 떠오를 것이다.

사회적 대화 과정은 사실 매우 힘들지만 일단 용기를 갖고 대화 자리에 앉는 것이 무엇보다 중요하다. 갈등 초기에 양측이 시간을 내어 대화를 시작하는 것, 그것이 갈등 해소의 지름길이다. 첫 단추를 잘 끼우는 것이 중요하다. 이것이 지리산댐 사회적 대화가 우리 사회에 던지는 가르침일 것이다.

문정댐 관련 사회적 대화에서
화쟁위원회의 역할[*]

홍준형

당시 서울대 행정대학원 교수, 댐사전검토협의회 위원장

[*] 조계종 화쟁위원회 간행 「지리산[문정]댐 관련 사회적 대화 결과보고서」에 수록된 글.

배경

'댐사전검토협의회(이하 협의회)'는 댐 건설 최초 사업계획 단계부터 환경·경제·사회·갈등 등 여러 측면을 종합적으로 고려하여 사업추진 여부를 검토하여 댐사업을 둘러싼 사회적 갈등을 예방하고 해소하기 위하여 설치되었다. 이에 따라 신규 댐사업은 반드시 협의회의 검토와 지역의견 수렴 절차를 거쳐야 추진할 수 있게 되었다.

이것은 공공갈등의 해법으로 독일 등 유럽 여러 나라들에서 시행되고 있는 '조기공공참여(frühe Öffentlichkeitsbeteiligung)' 절차와 궤를 함께하는 전향적 제도혁신의 결과였다.

협의회는 정부가 2013년 6월에 발표한 '댐사업절차 개선방안'에 따라 신설된 국토부 산하 민·관 협의기구로서, 최초 댐 구상단계부터 사회적 수용가능성을 검토·분석해 해당 사업의 추진 여부에 관한 권고안을 만들어 국토부 장관에게 제출하는 임무를 수행하였다. 협의회는 창설(2013) 이래 대덕댐, 봉화댐, 원주천댐 관련 사전검토협의를 진행하여 2015년 7월부터 10월까지 권고안을 제시하였고, 2016년 10월에는 영양댐과 관련하여 댐 건설을 하지 않고 그 대안으로 유관지자체 간 용수재배분하는 방안을 권고한 바 있다. 협의회는 무분별한 댐 건설을 방지하고 그 과정에서 지방자치단체, 수자원, 경제, 환경 분야 전문가들과 지역주민, 시민사회단체, 환경단체 등과 협의를 통해 소통하고 갈등을 예방하려는 목적을 가지고 활동하였다.

2015년 '문정홍수조절댐(이하 문정댐)'에 대한 사전검토협의를 추진하는 과정에서 댐 건설을 반대하는 지역주민과 시민사회단체에게 댐사전검토협의회의 참여를 제안했으나, 반대 측은 협의회의 공정성과 운영의 합리성 등 문제를 제기하며 거부하였고, 이에 협의회에서 화쟁위원회(도법 스님)에 사회적 대화 자리를 통해 합리적 문제해결을 요청하고, 반대대책위원회와 문정댐 문제해결을 위한 사회적 대화 자리를 마련하기에 이르렀다.

성과와 전망

초기의 불신과 오해 등 난관을 거치면서도 2년 이상 사회적 대화를 지속함으로써 당사자 간 신뢰의 토대를 구축할 수 있었다는 것이 가장 큰 수확이자 성과였다. 첫째, 이해당사자의 신뢰 회복, 둘째, 지리산 홍수피해 대책, 셋째, 협의회 참여조건과 대안이라는 의제에 합의하여 논의하였고, 협의회와의 양해하에 공정한 운영 방안과 이를 구체화하기 위한 규칙 마련 등을 검토하기에 이르는 등 지리산생명연대를 주축으로 한 댐백지위와 국토부 사이에 상호 신뢰를 쌓을 수 있는 계기가 마련되었다고 평가된다.

특히 협의회와 국토부, 수자원공사, 반대대책위원회 사이에 사회적 대화가 지속될 수 있었던 것은 당사자들이 인내심을 가지고 대화를 통한 문제해결 의지를 견지했고, 객관적 사실 규명과 공통된 의견 형성의 가능성을 적극적으로 모색했기 때문이라고 판단된다. 그 점에서 화쟁위원회의 역할을 높이 평가할 수 있다. 무엇보다 당사자들 간의 허심탄회한 대화의 자리를 마련하여 불신과 오해의 현실을 솔직히 인식하고 소통과 합의 형성의 가능성을 진지하게 모색할 수 있도록 한 것은 다른 어느 중재자나 조정 기제들에게도 기대하기 어려운 주목할 만한 성과였다.

논의 과정에서 국토부와 수자원공사에 비해 구체적인 대안이나 전문 기술적 자료 등 정보비대칭 면에서 취약성을 지닌 반대대책위원회의 전문성 보완을 위해 반대대책위원회의 전문가 연구과제 진행이 가능하도록 주선한 점도 화쟁위원회의 합리적인 역할로 평가된다.

다만, 문재인 정부에 들어 물관리정책을 국토부에서 환경부로 이관하는 정부조직법 개정이 단행됨에 따라 문정댐 관련 이슈가 새로운 국면으로 바뀌게 되어 구체적인 최종 합의를 앞두고 사회적 대화가 중단된 것은 아쉬운 점이었다. 또한 대화 진행 과정에서 정부 측 대화 참여자가 인사이동 등으로 교체되면서 대화의 일관성을 기하는 데 어려움이 있었다는 것도 아쉬운 점이었다.

그 밖에도 화쟁위가 본연의 역할을 수행하는 데 필요한 자원과 공공의 지원, 지지 등이 충분히 마련되어 있었는지, 화쟁위의 활동에 대한 접근성을 어떻게 제도화할 것인지 등은 향후 화쟁위의 역할 확대를 위한 방안과 함께 고민해야 할 과제라고 생각된다.

4부

지리산운동 돌아보기
─지리산, 생명평화, 공동체

어떤 이들이 20년 동안 힘을 모아, 지리산댐 백지화를 이루어냈을까요?*

―각계각층 연대로 문정을 지키다!

서울시NPO지원센터

* 2018년 SBS 물 환경대상 수상 이후 서울시NPO지원센터 홈페이지에 게재된 글.

지리산댐 백지화운동의 시작

지리산댐, 잠들어 있던 지리산 사람들을 깨우다

1991년, 경남 산청에 당시 국내 최대 규모의 양수발전소 건립 계획이 발표되었다. 경남 산청군 시천면 내대리, 거림계곡의 턱밑까지 물이 차오르는 실로 무자비한 계획이었다. 국립공원 제1호, 지리산국립공원에 대한 도전과도 같았던 이 댐은 결국 지어지고야 말았다. 곱고 아름다웠던 '고운동'은 수몰되어 사라졌고, 그저 소박했던 마을 이름 '예치'는 새로 생긴 우회도로의 터널 이름으로 남았다.

물론, 저항하는 사람들이 없었던 것은 아니었다. 지역주민들 중 몇몇은 현수막을 걸고 머리띠를 묶었다. 인근 환경단체 활동가들도 이슈를 만들기 위해 열심히 뛰었다. 하지만 그런 와중에도 마을 한편에서는 보상금을 타내기 위한 유실수들이 항복을 의미하는 백기처럼 빼곡히 심겼다. 당시는 아직, 국가적 이익이 소수의 권익을 쉽게 억누를 수 있었다.

'산청'이라는 명칭은 지리산 속에 위치한 이 댐의 무게감을 상당히 희석시켰다. 댐으로 만드는 전기는 친환경 에너지라는 인식도 널리 퍼져 있었다. 무엇보다, 흐르는 강물을 막는 일이 이토록 파멸적인 결과를 가져온다는 사실은 당시 국민들에게 심각하게 와닿지 않았다. 그런 여러 가지 이유로, '산청양수발전소'는 불과 3년 만에 착공할 수 있었다.

그 산청양수발전소가 거의 완공될 무렵인 1998년, 정부는 이른바 '문정댐' 건설계획을 발표하였다. 경남 함양군 휴천면 문정리, 지리산 북부하천 엄천강을 최대 높이 141미터, 길이 896미터의 초대형 댐으로 막겠다는 야심찬 계획이었다. 지리산 칠선계곡, 백무동계곡 초입을 호수로 만들어버리는 무지막지한 발상이었다.

그런데, 이번에는 뭔가 달랐다. 이 어딘지도 알기 힘든 '문정'이라는 곳으로, 사람들이 몰려들기 시작했다. 거기 사는 사람들의 '소수의견'에 점점 더 많은 사람들이 목소리를 더했다. 세상의 시선이 이곳으로 향하자, 늘 주눅 들어 지내던 주민들도 당당히 일어서기에 이르렀다. 산청양수발전소보다도 훨씬 알기 힘든 이름을 가진 이 댐. 바로 지난 2018년 9월 18일, 20년 만에 백지화가 결정된 이 댐을 주민들은 '지리산댐'이라고 불렀다.

지리산댐 백지화운동의 성과

지리산댐이 깨운 사람들

지역공동체

댐 건설 예정지인 문정마을 일대는 사실 뼈아픈 한국 현대사의 현장이기도 하다. 거창, 함양, 산청에서 일어났던 학살의 기억은 아직도 지역주민들에게 뿌리 깊게 남아 있다. 머리맡에서 그 기억을 전해 들으며 자란 사람들에게, 국가란 두려움의 대상이었다. 젊은 시절 먹고살기 고달파 잠시 고향을 떠났으나, 얼마 못 가 다시 고향으로 돌아온 지 2년 만에 댐 건설 소식을 접하고, 백지화운동에 앞장섰던 선시영 지리산댐 백지화함양대책위원장은 이런 경험담을 전한다.

"내가 처음 집회에 나가서 마이크를 들고, 그게 또 뉴스에 나오고, 그러고 얼마 지나서였을까. 사람들이 나랑 눈을 안 마주치는 거야. 고향에 돌아와서 그렇게 잘 챙겨주시고 도와주시던 어르신들, 형님들이, 또 친했던 동생들이 우리 집 앞을 지나갈 때면 고개를 푹 숙이고 조용히 지나가는 거라. 처음에는 왜 그러나, 하면서 서운했지. 한마디로 불순분자니까, 친하게 지내다간 자기한테도 불이익이 있을까 싶으니까 날 피했던 건데, 그게 사람을 진짜 미치게 만들더라고. 그래서 그만해야 하나 생각도 참 많이 했어."

이렇듯 주민들에게, 그들의 의견을 내어놓는 것은 두려운 일이었다. 혹시나 그 의견이 '소수'일 경우, 직접 자신에게 돌아올지 모르는 불이익은 선뜻 입을 열기 어렵게 만드는 장애물이었을 뿐 아니라, 지역공동체에서의 삶 자체에 중대한 위협이었기 때문이다. 역시 선시영 위원장의 증언이다.

"한 10년쯤 전인가, 하루는 군에서 사람이 왔어. 내가 장사하는 가게에 예전부터 달려 나와 있던 지붕이 있었는데, 그게 불법건축물이니 뜯으라 하더라고. 처음에는 무슨 일제 점검 같은 게 있나 했는데, 동네에 다른 집들은 아예 가보지도 않고 나한테만 뜯으라는 거야. 나도 막무가내로 버텨서 어찌어찌 넘어갔지만, 지금도 그때 생각하면 섬뜩하고 그래."

이토록 두렵고 위험한 도전이었기에, 어쩌면 당연하게도 지난 20년 동안 많은 사람들이 대책위를 떠났다. 어느 날 갑자기 연락을 끊은 경우도 있었고, 개중에는 심지어 지리산댐 추진위원장이 된 사람도 있었다. 그런 와중에, 겨우 20명 남짓한 이들이 간신히 최근까지 남아 회의를 하고, 활동 계획을 세워온 원동력은 역시, 이들의 의견이 결코 '소수 의견'으로 남을 만한 것이 아님을 알려준 그 사람들이었다.

"낮에 그렇게 고개 푹 숙이고 우리 집 앞을 지나갔던 사람들이, 가끔씩 밤에 몰래 찾아올 때가 있어. '자네가 우리 대신에 참 고생 많이 하는 거, 잘 아네. 우리가 참 미안하네.' 그러면서 봉투를 내미는 거야. 일제시대 독립군도 아닌데, 그냥 우리 동네에 댐 짓지 말라는 건데, 그렇게 숨어서 돕고 그랬어. 그게 그래도 참 힘이 됐지. 혼자가 아니니까."

그렇게 힘을 얻은 주민들은 대책위 활동을 통해 그들의 의견을 더욱 단단하게 만들어갔다. 고향을 잃는다거나, 제대로 된 보상을 받지 못하거나 하는 등의 피해자적 입장의 진술만으로는 댐 건설을 추진하는 상대를 설득할 수 없었다. 지리산댐 건설계획의 허점을 찾아내고, 대안을 제시할 수 있어야 함을 느끼고, 스스로 정보를 찾고 공부를 하기에 이르렀다.

학계

　지리산댐은 최초 1998년에는 용유담을 예정지로 한 다목적댐이었으나, 천년고찰 실상사까지 수몰 범위에 넣는 바람에 불교계를 비롯한 범국민적 반대 여론에 부딪혔다. 그러자 2007년경 식수댐으로 목적을 변경하고, 건설 예정지도 3킬로미터 정도 하류 지역으로 설정하여 재추진하였다. 하지만 환경영향평가 및 타당성조사 결과가 미흡하게 나오면서, 2008년 들어 다시 주춤하였다. 결국 2011년 이후 홍수조절용 댐으로 다시 목적이 변경되기까지, 지역이나 중앙 권력이 교체될 때마다 댐 건설계획이 수면 위로 떠오르곤 했고 그때마다 주민들은 새로운 정부 측 주장을 파훼하기 위해 정보를 얻고 논리를 만들어내야 했다.

　하지만 주민들의 의지와 열의와 달리, 전문성을 확보하는 것은 결코 쉬운 일이 아니었다. 이미 수많은 학자들은 정부에 종속되어 있었고, 소신 있는 의견을 내놓는 사람들은 찾기가 힘들었다. 더군다나 2012년 전후로 4대강사업에 온 국민의 눈이 쏠리는 상황에서, 지리산댐에 꾸준히 시선을 두는 전문가는 정말 드물었다.

　경남과학기술대학교의 박현건 교수와 인제대학교 박재현 교수는 끝까지 지리산댐을 지켜봐준 몇 안 되는 인물이었다. 박현건 교수는 수차례 지리산을 찾아 주민들에게 지리산댐 건설을 둘러싼 갈등 상황과, 실질적인 목적을 분석한 결과를 전달해주었다. 지리산 '홍수조절댐'이 사실상 낙동강을 포기하고 부산 및 동부경남에 물을 공급하기 위함이라는 것이, 박현건 교수의 분석이었다.

　"초기~중기 지리산댐 계획은 직접 부산으로 취수하는 방식을 고려했기 때문에, 타당성조사에서 큰 페널티가 되었습니다. 그러자 이번에는 남강댐을 이용하기로 한 거죠. 명목상 지리산댐이 홍수조절용이라고 하지만, 실제로 지리산댐이 남강댐으로 향하는 유역 면적의 18퍼센트도 감당하지 못합니다. 남강댐의 홍수조절 능력을 키운다고 하면서 다른 한편으로 남강댐 수위를 높게 유지하려 하는 것은, 결국 남강댐에서 식수를 추가로 취수하고, 부족분을 상류 댐에서 흘려보내는 것으로 충당하려는 계획인 거죠."

이런 박현건 교수의 지적은 주민들에게 큰 영감이 되었다. 단순히 홍수 피해라고는 전혀 없는 지역에 왜 홍수조절용 댐을 짓겠다는 것인가를 의심했던 주민들이, 결국 지리산댐은 남강과 낙동강 유역 전체의 문제임을 비로소 인지하게 된 것이다. 남강댐을 둘러싼 진주시와 사천시의 갈등이 지리산댐과도 연결되어 있는 문제라는 것을 알게 된 대책위는 보다 큰 틀에서의 논의와 변화가 필요함을 절감했다.

정부의 4대강사업을 꾸준히 비판하며 여러 불이익을 감수하기도 했던 인제대학교 박재현 교수의 존재는 그런 주민들에게 실로 구세주와 같았다. 박재현 교수는 수자원공사가 지리산댐 건설계획의 근거로 삼았던 여러 데이터를 지속적으로 감시해왔다. 그뿐만 아니라, 남강댐 홍수조절 대책과 부산 및 동부경남지역 취수원 확보를 위한 대안까지 제시하여 변화의 가능성을 구체화시켰다.

"당시 수자원공사는 숫자를 통한 기만을 저질렀다고 볼 수 있습니다. PMP(가능 최대 홍수량)을 산정함에 있어 명확한 기준이 없어요. 사업 목표에 따라 적용하는 PMP 수치가 다른데, 이런 식이면 어떤 사업이든 다 근거가 있는 것처럼 보이게 할 수 있습니다. 남강댐의 경우도 지나치게 PMP, PMF 수치를 높게 잡음으로써 홍수조절 능력 보완 기준을 높인 거죠. 지리산 홍수조절댐 건설이 필요하다는 주장은 여기에서 나오는 겁니다."

박재현 교수의 연구 활동을 통해, 주민들은 비로소 비판을 넘어 '대안'이라고 하는 무기를 얻어낼 수 있었다. 그리고 이 무기는, 대화와 소통을 통해 중대한 변화의 발판을 마련하는 결정적 요소가 되었다. 한국 역사상 최초의 '국가 주도 대규모 댐 건설 중단' 선언은 이렇게 착실하게 준비되고 있었다.

종교계

초기 지리산댐 백지화운동에서 중요한 거점이었던 실상사는, 가히 범국민적인 여론을 형성해냈다. 하지만 이후 계속되는 정부의 지리산댐 건설 의지는 대중의 관심이 힘을 잃어가는 와중에도 꺾이지 않았고, 결국 수몰 예정지에서 실상사가 빠진 이후에 지리산댐에 대한 국민적인 관심은 멀어지게 되었다.

결국 2014년 무렵에 접어들어서는 사실상 주민 대책위와 국토부, 수자원공사 간의 대결로 단순화되었다. 이대로라면 과거 숱하게 그래왔듯 정부가 강력하게 추진하고서 극단적인 충돌을 한두 번 거친 후, 결국 정부 뜻대로 진행되는 수순을 밟을 수 있는 상황이었다. 이미 강정마을 해군기지, 밀양 송전탑 등의 사안에서 반복적으로 지켜봐온 일들이 지리산에서도 벌어질 수 있었던 것이다.

불교계는 이런 사회적 갈등의 사례들을 지켜보며 자신들의 역할을 찾고 있었다. '싸움은 말리고 흥정은 붙인다'라는, '화쟁'을 실천하기 위한 노력을 계속하고 있었고, 그런 '화쟁위원회'의 시선이 지리산을 향한 것은 어쩌면 당연한 수순이었다.

화쟁위원회의 중재로 마련된 '지리산댐 갈등 해결을 위한 사회적 대화'는 2014년부터 2017년까지 여덟 차례 진행되었다. 국토부에서 설치한 댐사전검토협의회와 지리산댐백지화함양대책위의 초기 대화는 그리 우호적이지 않았다. 근 15년간 반목을 쌓아온 정부 측과 주민 대책위가 처음 만난 자리는 실로 냉랭했고, 어색했다. 주민들은 정부 측의 말과 행동 하나하나에 민감하게 반응했고, 정부 측은 주민들의 대표성을 인정하려 하지 않았다. 결국 양측은 불과 두 차례 회의 만에 갈등의 심각성만을 확인하고 대화를 중단하기에 이르렀다. 하지만 화쟁위원회는 포기하지 않고 끈질기게 양쪽을 이어 붙이려 노력했다. 대화 상대를 보다 직접적으로, 국토부 및 수자원공사와 주민 대책위로 설정하여 신뢰를 회복하기 위한 여러 조건들을 양측이 준수할 수 있도록 중재했다. 지리산댐에 대한 의견은 여전히 극명하게 달랐지만, 양측의 입장을 이해하게 됨으로써 보다 설득력 있는 이야기들이 오갈 수 있었다.

바로 이 자리에서, 주민들이 준비하고 있었던 무기가 빛을 발했다. 주민들의 의지와 열정에 소신 있는 전문가의 지식이 더해져 비로소 정부 측과 대책위가 대등한 대화를 진행할 수 있게 된 것이다. 그리고 바로 이때 형성된 양측의 공감대가 결국, 현재의 결과로 이어지게 되었다.

시민사회

1999년경, 지리산댐 백지화를 위해 첫발을 내디딘 것은 시민사회단체들이었다. '진주환경운동연합'은 댐 건설 예정지 주민들을 만나고 댐 건설에 반대하는 목소리들을 수집했다. '지리산살리기 국민행동'은 그렇게 모인 주민들의 목소리를 지리산 밖으로 꾸준히 전달했다. 지리산에 사는 사람들이 모여 지리산의 가치에 대해 공부해온 사람들의 모임 '지리산을 사랑하는 열린 연대'는 활동가들의 활동에 물심양면 힘을 보탰다.

지리산댐 건설계획이 일시 중단되었던 2002년, '지리산살리기 국민행동'과 '지리산을 사랑하는 열린 연대'의 결합으로, '지리산생명연대'가 탄생하였다. 지리산생명연대는 지리산에서 발견한 생명평화의 가치를 전 국민과 나누겠다는 정신으로 현재까지 활동을 이어오고 있다. 지리산댐 백지화 주민 대책위의 실무 담당자로서, 또 지리산권의 다양한 시민사회단체들의 동반자로서 오랜 시간 함께해왔다.

지난 15년여 동안, 지리산의 시민사회단체들은 지리산댐 백지화운동을 함께하며 많은 연대의 결과물을 만들어내었다. 지리산생명연대를 중심으로 지리산권 각지의 시민사회단체들이 결합한 '지리산권시민사회단체협의회'는 '지리산문화제'를 개최하며 지리산댐을 비롯한 각종 지리산권 현안을 대중에게 알리는 활동을 전개했고, 지리산생명연대의 부설 법인으로서 출발한 지리산둘레길 사업은 '사단법인 숲길'을 탄생시켰다.

초기 지리산댐 백지화운동의 중심지였던 실상사 인근 지역은 주민들의 활발한 커뮤니티 활동을 바탕으로 현재 전국적으로도 알려진 귀농/

귀촌의 성지로 남게 되었다. 지리산댐으로 인해 사라지거나 파괴될 위기에 처했던 지역이, 아이러니하게도 각종 대안적인 삶을 모색하는 장으로서 떠오르게 된 것이다. 지리산댐 백지화운동에서 출발한 시민사회의 노력이 스며들어, 지리산의 지역사회를 보다 건강하게 만드는 씨앗이 되었다고도 할 수 있을 것이다.

지리산댐 백지화운동의 현황과 과제

지리산댐 백지화를 넘어, 국가 물관리정책을 바꾸다

지리산댐 건설계획은 2018년 9월 18일, 환경부의 '지속가능한 물관리정책을 위한 로드맵' 발표를 통해, 결국 백지화되었다. 지리산댐뿐만 아니었다. 댐건설장기계획 상의 12개 댐 계획 모두가 사실상 폐기된 것이다. 거기다, 유역 단위 물관리정책 수립, 댐 법 개정 등 지리산댐 백지화운동에서 출발하여 제기된 문제들이 속속 가시적인 변화로 나타나고 있다.

국가를 두려워하던 이들의 소수의견이 있었고, 거기에 힘을 더해준 시민사회가 있었다. 소신을 따르는 학자들과 선의를 실천한 종교인들이 있었다. 거기에 20년의 세월이 더해져, 마침내 소수의견은 그 가치를 인정받게 된 것이다. 이제는 더 이상 소수의견이 아닌, 세상을 바꾼 주체가 되었다.

이 주체들에게 마지막 남은 과제 한 가지는, 다소 역설적이다. 그것은 바로 스스로를 치유하는 일이다. 오랜 세월 국가에 맞서오면서 원하던 변화를 얻어내는 동안, 주민들의 공동체는 분열과 갈등, 배제의 아픔을 겪어야만 했다. 찬성과 반대로 나뉘어서 오랜 유대의 역사가 끊어지는 동안, 국가는 분열을 부추길 뿐 봉합하려는 노력을 하지 않았다.

이제 주민들은 20년 전의 공동체를 다시 회복하기 위한 노력을 다짐한다. 끝으로, 2018년 11월 29일, 제10회 SBS 물 환경대상 시상식에서 대상을 수상한, 지리산댐백지화함양대책위원회의 전성기 위원장의 소망을 전한다.

"지리산댐은 지어졌든 그렇지 않았든, 계획이 수립될 때부터 우리에게 피해를 입혔어. 지리산댐을 찬성했든 그렇지 않았든, 우리 모두는 결국 지리산댐 건설계획의 피해자라는 거지. 이제 지나간 일은 잊고, 피해를 본 사람들끼리 싸우지 말고, 옛날 그때처럼 지낼 수만 있으면 좋겠네."

지리산댐백지화함양대책위원회가 2018년 11월 SBS 물 환경대상에서 대상을 수상했다.

선시영 이장(지리산댐백지화함양대책위원회 공동위원장)이 SBS 물 환경대상 시상식 '에코 프로포즈'에서 지난 20년간의 과정을 설명하고 있다.

한국의 생명평화사상과 지리산운동

조성환

원광대 원불교사상연구원 책임연구원

들어가며

2001년부터 실상사를 중심으로 전개된 '지리산살리기운동'의 바탕에는 '생명평화'라는 철학적 신념이 있었다. 이 새로운 사상 용어가 한국 사회에 처음 등장한 것은 2000년 무렵이다. 2000년 10월 21일에 조계사 앞마당에서 있었던 '새만금농성선포식'에서 최성각 작가가 처음 사용하였다고 한다. 그의 인터뷰에 의하면, 2000년 10월 13일에 김대중 대통령이 '노벨평화상' 수상자로 선정되었다는 소식을 듣고, '이제는 노벨평화가 아니라 생명평화다. 생명평화는 생명의 평화를 뜻한다'라는 생각을 했다고 한다.

그 후 '생명평화'가 널리 알려지기 시작한 것은 2004년에 도법 스님을 중심으로 시작된 '생명평화탁발순례'를 통해서였다. 그리고 5년에 걸친 순례가 끝날 무렵에는 시민사회나 종교단체에서도 거부감 없이 사용하는 사상 용어로 정착되었다. 대표적으로 2010년에는 한국의 개신교인 808명이 동참한 '생명평화선언'을 들 수 있다(정식 명칭은 '생명과 평화를 여는 2010년 한국 그리스도인 선언'이다). 이어서 2011년에는 '생명평화마당'을 결성하여, 한국개신교가 장차 '생명평화신학'을 정립하고 '생명평화교회'로 거듭날 수 있는 길을 모색하였다.

이처럼 '생명평화'라는 말은, 마치 조선후기에 '실심실학實心實學' 사상이 당파를 넘어 공유된 사상이었듯이, 또는 1900년 전후에 '후천개벽' 개념이 한국의 자생종교 진영에서 널리 사용되었듯이, 21세기 한국 사회에서 종교 간의 울타리를 넘어 공유되고 있다. 그뿐만 아니라 '실심실학'이나 '후천개벽'이 그렇듯이, '생명평화' 또한 한국에서 탄생한 신조어라는 점도 주목할 만하다.

그렇다면 '생명평화'라는 신조어는 어떤 사상적 흐름에서 나오게 되었을까? 그리고 그것이 가능하였던 한국 사상의 풍토는 무엇일까? 이 글은 이러한 문제의식에서 출발하였다. 구체적으로는 생명평화사상과 생명평화운동의 역사적 뿌리와 철학적 특징을 추적함으로써, 장차

21세기 한국 철학을 대표하는 '생명평화학'을 정립하는 발판으로 삼고 자 한다.

포함과 접화의 영성

통일신라 말기의 사상가 고운 최치원은 화랑정신의 '풍류도'를 "포함 삼교包含三敎 접화군생接化群生"이라는 명제로 설명하였다. '포함삼교' 는 직역하면 '중국의 유교와 불교 그리고 도교의 삼교를 모두 포함한다' 는 뜻으로, 그 의미는 크게 두 가지로 설명할 수 있다. 하나는 다양한 종교나 철학에 대해 열려 있는 태도이다. 즉 좋은 가르침이면 무엇이든 받아들인다고 하는 개방적 수용의 자세가 '포함'이다. 다른 하나는 종 교 간의 장벽을 뛰어넘는다고 하는 종교다원주의적 태도이다. 즉 풍류 라는 상위개념하에 유교, 불교, 도교라는 상이한 종교들이 공존하고 협 력할 수 있는 가능성을 말해주고 있다. 이 두 가지 태도는 한국 문화를 설명하는 유용한 틀을 제공한다.

먼저 전자는 종래의 요소들을 융합해서 새로운 요소를 만드는 문화 적 패턴을 설명할 수 있다. 가령 실심과 실학의 결합으로서의 실심실학 이나, '다시'라는 한글과 '개벽開闢'이라는 한자의 결합으로서의 '다시 개벽'이 그러한 예이다. '생명평화' 역시 생명과 평화라는 보편적 개념을 융합시켜 '생명들의 평화'라는 신개념을 만들어냈다는 점에서 유사한 사례로 볼 수 있다.

후자는 공통된 이슈에 대한 종교 간의 협력과 연대의 문화이다. 가령 삼일만세운동 때 '독립'이라는 공통의 목표하에 천도교와 개신교가 연 합한 사건이나, 최근에 있었던 6개 종단의 '종교인 기후행동 선언' 등이 대표적인 예이다. '종교인 기후행동 선언'은 2020년 9월 22일에 가톨릭·개신교·불교·원불교·천도교·유교의 6대 종단 대표들이 원불교 소태산 기념관에 모여 선언문을 낭독하고, 정부를 향해 기후위기에 대한 총체적 대응을 위해 범국가기구를 설치할 것을 제안한 것을 말한다. 이처럼 각 종교단체가 '기후위기'라는 지구적 이슈를 중심으로 서로 연대하고 함께 협력하는 사례는 전 세계적으로도 드문 일일 것이다. 지리산살리기운동 에서 범종교가 연합한 것도 이러한 전통의 연장에서 이해할 수 있다.

특히 도법이 지은 『생명평화경』에는 "종교와 종교는 서로 의지하며 산다"라고 하는 독특한 종교관이 피력되고 있어 주목할 만하다. "이웃 종교는 우리 종교의 의지처이고, 우리 종교는 이웃 종교에 의지하여 살 아가는 종교공동체이니라." 마치 아프리카의 우분투ubuntu적 인간관 이 '당신이 있어서 내가 있다'고 했듯이, 종교 또한 '다른 종교가 있어 서 나의 종교도 있다'는 것이다. 그런 의미에서 이와 같은 종교관은 '우 분투적 종교관'이라고 할 수 있다. 우분투적 종교관은 종래의 '회통적 종교관'에서 한 걸음 더 나아간 형태이다. 회통적 종교관은 모든 종교의 진리는 하나로 통한다는 종교관이다. 그런데 생명평화의 종교관은 모든 종교의 진리가 하나(=생명)로 통한다는 데에 머물지 않고, 그것을 실현 시키기 위해서는 다른 종교의 도움을 필요로 한다는 데까지 말하고 있 기 때문이다.

한편 '포함삼교'에 이어서 나오는 '접화군생'은, 직역하면 '뭇 생명들과 접하면서 교화한다'는 뜻으로, 화랑의 순례 문화를 연상시킨다. 화랑은 금강산이나 지리산과 같은 명산대첩을 유람하면서 도덕, 예술, 무예, 영 성 등을 겸비한 리더십을 양성하였다고 전해지고 있다. 특히 '접화接化' 라는 개념에는 사람들과 직접 만나서 소통하면서 사회를 바꾼다는 뉘 앙스가 담겨 있다. 따라서 풍류도의 접화 사상은 달리 말하면 길에서 길을 찾는(求道於道) 사상이라고 할 수 있다. 마치 장자莊子가 "도는 걸 어가면서 완성된다(道行之而成)"라고 했듯이, 길을 걸어가면서 새로운 길을 발견하는 것이다.

2004년부터 시작된 '생명평화탁발순례'는 실로 이러한 전통의 집대 성이자 현대적 부활이라고 해도 과언이 아니다. 거기에는 포함삼교의 사상융합과 종교연대, 그리고 접화군생의 순례 문화와 소통 사상이 녹아 있다. 차이가 있다면 '명산순례'가 아닌 '생명순례'라는 점이다. 그리고 그 생명순례가 마을 단위로 이루어지고 있고, '대화'를 목적으로 하고 있다는 점이다. 그런 점에서 '접화군생'의 본뜻에 한 걸음 더 가까이 다가간 셈이다.

생명과 평화의 사상

'생명평화'가 '모든 생명들의 평화'를 뜻한다면, 그것은 평화라는 가치를 인간뿐만 아니라 인간 이외의 존재, 즉 만물에까지 확장시켰음을 의미한다. 그런 점에서 요즘 식으로 말하면 '포스트휴먼적 평화'라고 할 수 있다. 또는 만물의 생존권을 보장한다는 점에서 '지구민주주의(global democracy)' 개념과 상통한다.

지구민주주의는 1994년에 김대중 당시 아시아태평양이사장이 《포린어페어즈》에 기고한 「문화는 숙명인가?」라는 글에서 주창한 개념으로, 인간 이외의 생존권까지 보장해주는 민주주의를 가리킨다. 지금 식으로 말하면 '생태민주주의' 개념과 유사하다. 흥미로운 것은 김대중이 지구민주주의의 사상적 연원을 서양이 아닌 동양에서 찾고 있다는 점이다. 구체적으로는 유교의 '민심이 천심이다', 불교의 '만물이 부처다', 동학의 '사람이 하늘이다'라는 사상을 들고 있다. 그래서 지구민주주의는 유교민주주의, 불교민주주의, 동학민주주의의 별칭이라고 할 수 있다. 또는 서구적 민주주의에 동양의 애물愛物 사상이 결합된 '동서포함'의 민주주의라고 볼 수 있다.

그런데 한국의 애물사상은 그 기원을 추적해보면 동학 이전에도 발견할 수 있다. 가령 고려 시대의 이규보는 만물을 자기와 동류나 친구로 여기는 여물與物 사상을 말하고 있다. 다리가 부러진 책상을 위해 쓴 「속절족궤명續折足几銘」이 대표적이다. 그 내용은 다음과 같다. "나의 고달픔을 부축해준 자는 너요, 너가 절름발이 된 것을 고쳐준 자는 나다. 같이 병들어 서로 구제하니, 어느 한쪽이 功을 주장할 수 있겠는가?" 이러한 정서는 조선후기에 유씨 부인이 지었다고 하는 「조침문」을 떠올리게 한다. 「조침문」은 부러진 바늘을 위해 쓴 제문으로, 이 또한 바늘을 친구로 여기는 여물與物 사상의 표현이라고 할 수 있다. 지금으로 말하면 반려동물이 아닌 '반려사물'로 대하는 태도이다.

이와 같은 애물 사상을 체계화하고 발전시킨 것이 19세기의 동학이다. 동학사상가 해월 최시형은 "만물이 하늘님을 모시고 있기(萬物莫非侍天主)" 때문에 매사가 하늘이고 만물이 하늘이라는 "사사천事事天 물물천物物天" 사상을 설파하였다. 만물과 만사가 하늘처럼 신성하고 존귀하다면, 그것을 대하는 우리의 행위도 조심스러워질 수밖에 없다. 해월의 "땅도 함부로 밟지 마라"라는 설법은 이러한 맥락에서 이해될 수 있다. 생명평화학적으로 말하면, 만물은 생명을 가지고 있고, 그것들의 평화를 지켜주어야 한다는 말에 다름 아니다.

한편 해월은 만물은 각각 따로 존재하는 것이 아니라 서로 얽혀 있고 의존해 있다고 하는 일종의 생명연기生命緣起 사상도 말하고 있다. 가령 우리가 밥을 먹는 행위는 "하늘이 하늘을 먹는 행위(以天食天)"에 다름 아니고, 그것은 생명 에너지가 한쪽에서 다른 쪽으로 이동하는 기화氣化의 작용이라는 것이다. 달리 말하면 이 세계는 생명을 주고받는 일종의 '생명네트워크'로 연결되어 있다는 것이다. 그런 의미에서 해월이 말하는 '기화'는 화엄적으로 말하면 '생명의 인드라망'의 다른 표현이라고 할 수 있다.

이와 같은 동학의 생명사상을 100여 년 뒤에 부활시킨 것이 한살림이다. 한살림은 장일순, 김지하, 박재일, 최혜성 등이 주축이 되어 1980년대에 원주를 중심으로 전개된 시민운동이다. 구체적으로는 농업을 살리는 농촌운동, 소비자에게 건강한 먹거리를 제공하는 생명운동, 도시와 농촌을 잇는 협동운동의 성격을 띠고 있다. 1989년에 발표한 '한살림선언문'에서는 산업문명을 죽임의 문명으로 규정하고, 살림의 문명으로의 전환을 촉구하는 사상적 지향을 천명하였다. 그런 의미에서 '한살림선언문'은 일종의 '생명선언문'이자 '문명전환선언문'이라고 할 수 있다.

한편 한살림운동의 중심인물이었던 장일순은 생명사상에서 한 걸음 더 나아가서 '평화사상'까지 강조하였다. 그의 평화사상은 '보듬는 혁명론'에 잘 나타나 있다. '보듬는 혁명'이란 설령 자기와 생각을 달리하는 사람일지라도 배척하지 말고 보듬어 안는 것이 진정한 혁명이라는 것이다. 이 평화사상의 바탕에는 생명의 연기緣起 속에서는 나와 남이 근본적으로 다르지 않다는 자타불이自他不二의 존재론이 깔려 있다. 그런 의미에서 장일순은 생명사상을 바탕으로 한 평화사상을 주창하였다고 할 수 있다. 생명평화적으로 말하면, 생명들이 서로 이어져 있다는 진리를 자각함으로써 생명들의 평화를 실현하는 생명평화사상이라고 할 수 있다.

생명평화운동의 탄생

한살림의 생명운동은 이후에 농민운동가 이병철에 의해 지리산살리기운동과 연계된다. 때는 IMF 사태가 터진 1998년 무렵이다. 시인이자 생명운동가인 이병철은 도법과 동갑으로, 두 사람은 비록 종교적 배경은 다르지만 생명사상과 생명운동의 경험을 공유하고 있었다. 이병철은 한살림운동과 가톨릭농민회를 중심으로 생명운동을 전개하였고, 도법은 어린 시절의 체험과 불교 경전의 지혜에서 생명의 진리를 깨쳤다. 특히 『화엄경』에 나타난 생명 사상을 접하고 "생명 질서에 대한 무지가 오늘날 갈등의 근원"이라는 깨달음을 얻었다. 가령 『화엄경』에 나타난 부처님의 법회에서 무수한 보살은 물론이고, 해의 신, 달의 신, 바다의 신 등 우주의 모든 존재가 하나도 빠짐없이 평등한 자격으로 모이는 장면을 보고, 불교의 탈인간중심주의적 세계관에 감명을 받았다. 도법이 『화엄경』에서 발견한 사상은 만물을 인간과 동등한 존재로 대한다는 점에서 김대중이 주창한 '지구민주주의'와 상통한다. 그런 점에서 도법은 『화엄경』에서 '불교민주주의' 사상을 읽어냈다고 할 수 있다.

1998년, 마침내 두 사람은 의기투합하여 실상사에 '불교귀농학교'를 세웠다. 실상사의 드넓은 공간과 이병철의 농민운동 경험이 결합된 합작품이었다. 이후에 지리산을 중심으로 전개되는 생명평화운동은 여기에서 단초가 시작되었다. 그것은 동학의 생명사상과 불교의 생명사상의 만남이었다. 이듬해인 1999년에는 조계사에서 도농공동체운동의 일환인 '인드라망생명공동체' 창립대회가 열렸다. 취지는 실상사를 중심으로 도시와 농촌을 잇는 마을공동체 건설이다. 같은 해에는 기독교인들이 실상사에 찾아와서 '지리산을 사랑하는 열린 연대'가 결성되었다. 그리고 2001년에는 범종교시민사회가 지리산에 모여 좌우익 희생자를 위한 합동 위령제를 지내고, 각 종교계가 백일기도를 올렸다. 또한 이병철의 제안에 의해 '지리산공부모임'이 시작되었다. 이 모임에는 한살림 멤버인 박재일, 김지하를 비롯하여 수경 스님, 문규현 신부(가톨릭), 이선종 교무(원불교), 손혁재(참여연대), 채희완 교수 등 종교계와 학계, 시민단체에서 50여 명이 모였다.

마침내 2003년 11월, 지리산에서 '생명평화결사' 창립식이 열렸다. 이해 3월에 발발한 이라크전쟁으로 인해 고조된 사회적 불안감이 계기가 되었다. '생명평화' 개념은 이병철이 제안하였다. 이병철은 "세상의 평화를 원하면 내가 먼저 평화가 되어야 한다"는 생각에서 '생명평화'라는 말을 제안하였다고 한다. 한살림에서 시작된 생명운동이 지리산에서 평화운동으로 전환되는 순간이다. 그리고 '생명평화서약문'이 발표되었고, 이듬해 3월 1일에 도법은 탁발순례를 떠났다.

지금까지 살펴본 바와 같이 지리산살리기운동은 생명운동, 평화운동, 귀농운동, 종교연합운동과 같은 복합적 성격을 띠고 있다. 거기에는 지리산이라는 공간이 갖는 근대적 상징성과 도법이라는 인물이 주는 종교적 카리스마가 마치 타원의 두 초점처럼 구심점으로 작용하여, 주위의 인물들을 블랙홀처럼 빨아들이고 있다. 그러나 그 구심력에 안주하지 않고 다시 순례를 떠남으로써 새로운 원심력을 확보한다. 아마도 이 두 힘의 균형과 조화가 지리산살리기운동을 지속가능하게 한 원동력이지 않았을까?

한편 지리산살리기운동은 20세기 운동을 집대성하면서 21세기 운동의 방향을 제시하였다. 이 점은 2016년의 촛불혁명에 앞서 2015년에 최초의 평화집회가 열렸고, 그 중심에 도법이 있었다는 사실로부터도 알 수 있다. 그런 점에서 촛불혁명은 생명평화운동과 민주주의의 만남이었다고 해도 과언이 아니다.

흔히 1894년의 동학농민혁명에는 조선의 모든 모순과 미래가 동시에 담겨 있다고 말한다. 그 접점에서 일어난 개벽운동이 동학농민운동이었다는 것이다. 그렇다면 21세기에 시작된 지리산살리기운동은 20세기의 비극과 21세기의 미래가 동시에 담겨 있는 개벽운동이었다고 할 수 있을 것이다. 생명평화운동은 한편으로는 과거를 치유하면서 다른 한편으로는 미래를 내다보고 있기 때문이다.

흥미롭게도 생명평화운동이 시작된 2000년은 서양에서 '인류세(anthropocene)' 개념이 등장한 해이기도 하다. '인류세'란 '인간(anthropo)의 시대(cene)'라는 뜻으로, 인간의 활동이 지구의 환경을 바꾸기 시작한 시기를 말한다. 그 기점은 산업혁명 이후이고, 그것의 여파는 오늘날 우리가 겪고 있는 기후변화이다. 생명평화와 인류세가 한국과 서양에서 동시에 등장했다는 사실은 의미심장하다. 인류세가 새로운 시대를 규정하는 과학적 용어라고 한다면, 생명평화는 그 시대를 살아가는 인간의 태도를 제시한 윤리적 개념이라고 볼 수 있기 때문이다. 그런 점에서 생명평화사상을 하나의 '학'으로, 즉 '생명평화학'으로 정립하는 시도를 해볼 수 있지 않을까?

지리산운동의 역사와 과제

이환문
당시 지리산댐백지화대책위 집행위원장

'지리산댐백지화 및 지리산살리기운동'이 시작된 지 20년이 흘렀다. 강산이 두 번 바뀌었을 긴 세월이다. 그 시절 아이들은 새로운 시대를 예비하는 청년으로 자라났고, 청년들은 우리 사회의 중추로, 장년은 평온한 황혼을 맞이하고 있을 것이다. 이처럼 뜻깊은 시기에 지리산운동의 지나온 역사를 되돌아보고 앞으로의 과제를 찾아보는 것은 나름 의미 있는 일일 것이다.

하지만 관련 전문가가 아닌 이상 그 장구하고 복잡다단했던 지리산운동의 역사를 세세히 살피고 미래를 전망하는 것은 결코 쉬운 일이 아니다. 따라서 지리산운동 역사에 대한 엄밀하고 과학적인 통찰은 후일의 과제가 될 수밖에 없다. 여기서는 지리산운동의 여러 사례 가운데 우리 사회 전반에 커다란 영향을 끼친 두 개의 지리산운동 사례―지리산 국립공원지정운동과 지리산댐 건설계획 백지화운동―를 중심으로 지리산운동의 역사를 개괄하고, 향후 활동 과제를 고민해보고자 한다.

지리산댐 건설 문제를 중심으로 바라본 지리산운동의 시기별 특징

시기		특징	댐 사업추진 배경과 이유	비고
1910~1945	일제	조사	식민지배 및 태평양전쟁 군수기지	
1945~1990		조사추진	전력생산용 수력발전댐 검토	
1991~1997	김영삼		산청양수발전댐 추진(1992) 산청양수발전댐 건설('95. 2.~'01. 11.)	– '01년 준공, 반대운동 실패
		발생기 (계획)	낙동강페놀오염사태('91) 대구 위천국가공단 추진('95) 부산시 대체 상수원개발 추진('96)	제1차 댐백지화운동 – 사업계획 백지화 – 생명평화 지리산운동 점화
1998~2001	김대중	대립기 (추진)	IMF구제금융위기('98) 댐계획 백지화('01. 12.)	– 지리산생명연대 등 창립 – 지리산순례길 조성
2002~2007	노무현	발생기 (계획)	태풍 루사 내습('02) 수해복구 및 지역개발('02) (천사령 함양군수 취임('02))	제2차 댐백지화운동 – 사업계획 백지화 – '하나의 지리산' 운동 점화 (대안의 지리산경제공동체) – 용유담 명승지정
2008~2012	이명박	대립기 (추진)	대운하/4대강사업 추진('07~12) 낙동강상수원 이전 추진('08~12) 세계금융위기('08)	

시기	특징		댐 사업추진 배경과 이유	비 고
2013~2017	박근혜	조정기 (소강)	댐사업절차개선/사전검토협의회('13) 댐 갈등 해결 위한 사회적 대화('14)	
2017~2021	문재인	소멸기	대형댐계획 백지화('18. 9.)	

댐 사태 발생의 근본 원인과 패턴

댐 관련 조직과 제도의 존재 + 댐 이해관계세력의 이해관계 + **적절한 정치/사회/경제적 계기**
(상수)   (변수)

∴ 위 3요소 갖춰지면 댐 건설 논란 재연 가능성 늘 존재

먼저 지리산댐 건설계획 문제를 중심으로 한 지리산운동의 역사를 간략하게 살펴보자.

위의 표에 나타난 바와 같이 우리나라 댐 개발계획은 일제 강점기 때 본격화되었다. 일제는 1911년부터 1945년 해방될 때까지 총 세 차례에 걸쳐 전국의 댐 개발 가능 지역을 조사했다. 이때 조사된 댐 예정지는 우리나라 댐 개발계획의 기초가 됐다. 최근까지 논란이 된 지리산댐 건설계획도 이때 일차 검토되었던 것으로 알려져 있다.

하지만 김해, 양산, 부산 등 전력이나 대규모 수자원을 필요로 하는 대도시, 공단과 멀리 떨어져 있는 지리산은 댐 건설 우선순위에서 밀리고 대동아전쟁 여파 등으로 인해 일제 강점기 사업추진은 이뤄지지 않았다.

해방 후 박정희 군사독재시절에 산업화, 도시화가 본격화되면서 다시 댐 건설이 검토되었다. 그러나 이 또한 당시 부산, 양산, 김해 등 낙동강 하류지역 대도시에서 빈발하는 대규모 홍수 피해를 줄이기 위해 남강 본류를 가로막아 사천만 바다로 물을 빼낼 수 있도록 한 진주 남강댐(유역변경식 홍수조절전용 댐)이 건설되면서 구체화되지 못했다.

지리산에서 댐 건설이 본격화된 것은 1992년 추진된 산청의 양수발전댐이었다. 이를 계기로 지리산에서의 댐반대운동도 본격화되었다. 심야전기 등 원자력발전소의 유휴전력을 저장·관리하기 위한 궁여지책으로 추진된 양수발전댐은 전국 곳곳에서 사회적 논란거리가 됐다. 천

혜의 자연경관을 자랑하는 지리산 백운동계곡을 수몰하여 건설하게 될 산청양수발전댐(상·하부댐)은 그중에서 가장 큰 사회적 논란 대상이었다. 그런 만큼 지역주민과 시민사회의 적극적인 반대운동이 뒤따랐다. 하지만 산청양수발전댐 건설 반대운동은 결과적으로 성공하지 못하고 좌절되는 아픔을 겪어야 했다.

두 번째 댐 건설 반대운동이 일어난 것은 1990년대다. 1991년 낙동강페놀유출사태가 발생한 뒤 낙동강 식수원에 대한 불신이 커지고 있는 가운데 대구에서 위천국가공단까지 추진되자 하류지역 대도시, 특히 부산에서 더 이상 낙동강 물을 먹을 수 없다며 그 대안으로 지리산댐 건설계획을 추진하기 시작했다. 이것이 '제1차 지리산댐 건설계획 백지화운동(1999~2001)'을 촉발시킨 계기가 되었다.

시민사회는 물론 실상사를 중심으로 한 불교계와 여러 종교단체, 전문가, 지역주민이 한데 뭉쳐 범국민적인 운동으로 전개된 제1차 지리산댐백지화운동은 이후 실상사 도법 스님 등이 중심이 된 '지리산생명평화공동체운동'이라는 문명전환운동으로 승화되어 지리산운동의 지평을 한 단계 더 높이는 계기가 되었다.

세 번째 댐 건설 반대운동은 제1차 지리산댐 백지화운동이 마무리된 그 이듬해인 2002년에 시작됐다. 태풍 루사가 한반도를 강타하자 지리산댐 건설 논란이 다시 불붙기 시작했다. 여러 우여곡절을 겪은 뒤 2009년 이명박 정부에서 4대강사업을 추진하며 낙동강상수원 대책으로 지리산댐 건설계획이 구체화되자 운동이 본격화됐다. 이 운동은 박근혜 정부를 거쳐 문재인 정부에 이르러 정부의 댐 건설계획 백지화 선언으로 마무리되었다.

대표 사례로 살펴본 지리산운동의 발전과정

다음은 우리 사회 전반에 커다란 영향을 끼친 두 개의 지리산운동

사례—지리산 국립공원지정운동과 지리산댐 건설계획 백지화운동—
를 중심으로 지리산운동의 발전과정을 살펴보자.

뒤에 나오는 표의 지리산운동 발전과정에 정리된 바와 같이 지리산
운동은 크게 3단계 발전과정을 거치며 진행되고 있는 것으로 이해할
수 있다. 그 가운데 1세대 지리산운동은 1950~60년대에 전남 구례 주
민들이 펼친 지리산 국립공원지정운동 및 그 이후 지속된 자연보호운
동 기간의 지리산운동으로 규정할 수 있다. 그리고 제2세대 지리산운
동은 1990~2020년까지의 지리산댐 건설 반대 및 생명평화공동체운
동으로 정의할 수 있다. 끝으로 제3세대 지리산운동은 전 지구적 위기
와 문명사적 대격변기를 맞고 있는, 지금으로부터 향후 100년의 지리
산운동으로 규정해볼 수 있다.

1세대 지리산운동

1세대 지리산운동은 전남 구례 지리산산악회인 '연하반'이 주도한 지
리산 국립공원지정운동이었다. 당시 구례지역 교사로 재직 중이면서 지
리산에 대한 남다른 애정을 가지고 있던 우종수 선생(1921~2014)이 주
도하여 결성한 이 단체는 일제 강점기에 식민지배 강화와 군수물자 조
달을 위한 산림 남벌 등으로 이미 피폐해진 지리산이 한국전쟁 등을
거치며 더욱 황폐화되자 대대적인 지역주민운동을 일으켜 지리산을 우
리나라 최초의 국립공원으로 지정하여, 잘 보전될 수 있도록 한 운동
이다. 이를 계기로 하여 우리나라는 현재까지 전국 22곳을 국립공원으
로 지정하여 관리하고 있다.

또한 연하반은 지리산 국립공원 지정 이후 지리산을 중심으로 자연
보호활동을 지속적으로 펼쳐나감으로써 우리 사회 저변에 환경보호의
식을 널리 확산하고 관련 활동이 활성화하는 데 크게 이바지했다. 이
운동은 우리나라 자연생태계 보전과 지속가능한 이용을 위한 국가정책
과 제도, 국민의식의 변화와 사회 분위기 조성에 결정적으로 기여한 역
사적 사건이었다.

지리산산악회 연하반의 지리산 국립공원지정운동

일제강점기	**산림자원 약탈 및 동물 멸종(호랑이 등)**
	▪ 1920~30년대 금강산, 지리산, 한라산 국립공원 지정 추진→대동아전쟁 등으로 무산
	해방~한국전쟁 전후 **민생과 전후 복구 위한 남벌 및 산림 훼손 심화**
	▪ 정부, 1959년 국립공원 제도 도입(국립공원법) 추진→무산
1955	**구례 산악회 연하반 창립**
1962	**정부, 산림자원보호 및 경제개발 목적으로 지리산, 한라산 국립공원 지정 검토, 추진**
	▪ 연하반, 지리산 국립공원 지정 위한 구례군민운동, 범국민운동 시작
1963	**정부, 지리산권 개발조사 실시**
1967	**정부, '공원법' 제정 및 대한민국 제1호 지리산 국립공원 지정**
현재	**전국 22개 국립공원 지정, 자연환경보호 관련 정책/제도 변화, 국민 자연보호 의식 확산**

지리산 등산안내도 앞에 선 연하반 회원들.(왼쪽)

길상봉에서 환호하는 연하반 회원들.(오른쪽)

2세대 지리산운동

2세대 지리산운동은 댐 건설 반대운동으로부터 시작되었다. 앞서 설명한 바와 같이 산청양수발전댐 건설 반대운동이 그 시작이었다. 그렇지만 이 운동은 지역주민 및 시민사회의 헌신적인 노력에도 불구하고 전국단위 국가정책사업 대응 경험 부족 등으로 인해 댐 건설을 결국 막지 못하는 아픔을 겪어야 했다.

그럼에도 불구하고 이 운동은 자연환경 파괴 등 국가 주도 대규모 개발사업이 갖는 심각한 폐해를 올바로 자각함과 동시에 그 대응방안으로 다양한 이해관계자들의 긴밀한 협력과 적극적인 공동대응 필요성을 절감하는 계기를 마련해주었다.

이에 따라 진주환경운동연합의 전신인 '진주 남강을 지키는 시민의 모임', '공해추방운동연합', '광주환경운동시민연합', '마산·창원공해추방시민운동협의회' 등 전국 주요 8개 환경단체들이 하나의 조직으로 통합하여 지금의 '전국환경운동연합'을 결성하고(1993. 4.), 우리나라에서는 처음으로 전국 규모의 차원 높은 환경운동을 본격화하는 역사적 계기를 마련해주었다.

2세대 지리산운동의 두 번째 사건은 1990년대 초 낙동강 수질오염에 따른 부산대체 상수원 개발사업으로 추진된 지리산댐 건설계획을 저지하기 위해 벌인 '제1차 지리산댐 건설계획 백지화운동'과 그 연장선상에서 새로운 문명전환운동으로 승화된 '지리산생명평화공동체운동'이다.

'지리산살리기 국민행동' 결성(2000. 8. 31.)으로 시작된 이 시기 지리산운동은 이후 '낙동강 1,300리 도보순례'(2000년, 수경 스님과 이원규 시인 외), '지리산 850리 도보순례'(2001년, 수경 스님과 이원규 시인 외)로 이어졌다.

이어, 분단과 전쟁으로 고통받았던 현대사의 비극을 어루만지고, 지리산을 통해 사람과 사람, 지역과 지역, 세대와 세대, 종교와 종교, 인간과 자연 사이의 단절과 대립을 풀고 하나 되기를 염원하는 '생명평화민족화해 지리산 합동위령제'(2001. 5. 26. 한국 7대 종교단체, 200여 개 시민사회단체 공동), 국토의 근간을 이루는 산줄기를 이해하고 청정국토를 기원하는 70일간의 '백두대간 종주 대장정'(2001. 2. 17. 실상사 연관 스님과 박기성 외) 등으로 전개됐다.

이러한 활동 과정에 운동의 주체들은 댐건설계획 백지화를 통한 지리산 보전 문제를 넘어 급속한 산업화와 경제성장 과정에서 야기된 우리 사회의 문명사적 위기를 해결해나가기 위한 대안 모색에 천착하게 되고, 무위당 장일순으로부터 '생명사상'을 전수받고 내면화하고 있던 '전국귀농운동본부' 이병철 본부장이 새롭게 제시한 '생명평화'의 가치를 바탕으로 '개인의 수행과 세상의 변화를 동시 추구하는 새로운 문명

전환운동'을 적극 펼쳐나갔다.

이후 전국적인 반대운동과 비등한 국민 여론에 따라 2001년 말경 지리산댐 건설계획이 사실상 백지화되고, 이로써 제1차 지리산댐 백지화운동은 그 대단원의 막을 내렸다.

하지만, 도법 스님 등 이 운동 주체들은 '지리산공부모임'을 계속 이어가고, '지리산생명연대'(2002) 등을 조직한 뒤 생명평화공동체운동을 더 적극적으로 펼쳐나갔다. 그러던 2003년 3월, 이라크전쟁 발발로 한반도에 전쟁 공포가 엄습하자 임진왜란 직전 율곡 이이가 주창했던 '십만양병설'에 착안한 '생명평화결사'(2003. 11. 15.)를 결성해 유사시 휴전선에서 '전쟁 방지와 평화 촉구운동'을 펼칠 계획을 세우는 한편, '생명평화'를 화두로 해 "세상의 평화를 원한다면 내가 먼저 평화가 되자!"라는 슬로건을 내걸고 '생명평화탁발순례'(2004. 3. 1. 도법·수경 스님, 이원규·박남준 시인 외)를 결행했다.

이를 통해 일상에 찌든 현대인들이 자신과 주변을 돌아볼 시간과 공간이 필요하다는 깨달음을 얻은 뒤 '걸어서 지리산을 한 바퀴 돌 수 있는 길'을 정부에 제안하고, 이후 여러 우여곡절을 거쳐 지금의 '지리산둘레길'을 탄생시켰다.

또한 이러한 활동 과정에 지리산생명연대의 전신인 '지리산열린연대'(1999. 8.)를 비롯해 '지리산종교연대'(2001. 11.), '지리산생명연대'(2002. 3.), '생명평화결사'(2003. 11.), '지리산권시민사회단체협의회'(2005. 9.), '사단법인 숲길'(2007. 5.) 등 다양한 영역의 시민사회 조직을 만들어냄으로써 '생명평화 가치에 기반한 지리산운동'을 좀 더 넓은 영역에서 사회화해나갈 수 있는 물적 토대를 마련했다.

세 번째 사례는 제2차 지리산댐 백지화운동이다. 이 운동은 2002년 태풍 루사의 한반도 내습을 계기로 지리산댐 건설 논란이 재발하면서 시작되었다. 댐 건설 문제는 이후 지역 내에서 한동안 논란을 겪다가 이명박 정부 들어 4대강사업이 추진되면서 본격화됐다. 제1차 댐백지화운동 당시와 마찬가지로 지리산댐 건설계획은 사실상 한반도대운하

건설계획인 4대강사업으로 인한 낙동강상수원 이전 계획이었다.

제1차 댐백지화운동 시기와 달리 초기에는 부산 등 낙동강 하류지역 대체 상수원으로 진주 남강댐을 재개발하는 문제가 사회적 논란의 중심에 있었다. 하지만 남강댐 주변 서부경남도민이 이를 거세게 반대함으로써 사업추진이 사실상 불가능해지자 그 대안으로 지리산댐 건설계획이 추진됐다.

제2차 댐백지화운동은 사업계획 백지화까지 장장 17년 가까이 지속되었다. 시민단체는 물론 댐 예정지인 함양지역과 상류 남원 산내 지역 주민들이 그 장구한 세월을 댐반대운동에 적극 나서고, 마침내 댐 백지화를 이뤄낼 수 있었던 것은 제1차 댐백지화운동의 역사적 경험과 지혜를 공유하며 지리산 보전을 갈망하는 지역주민들과 활동가들이 여전히 지역사회에 남아 있었던 것이 크게 작용했다.

두 운동의 역사적 의의

'지리산 국립공원지정운동'과 '지리산살리기 및 생명평화공동체운동'은 지리산 자연생태의 위기로부터 지리산을 지키고 잘 가꾸어 후손들에게 물려주려는 대표적인 지리산 보전운동이었다. 또한 지리산에 깃들여 사는 사람들이 자신의 삶터를 스스로 지키기 위해 자각한 내용을 행동으로 옮겨 성과를 남긴 자발적 지역운동, 주민운동, 시민운동이었다.

국립공원지정운동은 자연自然을 대상으로 한 '우리나라 현대 환경운동의 시원'임과 동시에 지리산운동의 정신적, 실천적 토대가 되었다.

애초 댐 건설을 반대하는 저항운동으로 시작된 '지리산살리기 및 생명평화운동'은 운동의 대상을 자연에서 인간사회로까지 확장한 가운데 저항과 반대를 넘어 살아 있는 모든 존재의 살림과 평화로운 공존을 목표로 하는, 혁신적 문명전환운동으로 승화되었다. 또한 '생명평화'라는 새로운 개념의 가치와 정신을 창조하고 사회화함으로써 우리나라 시민사회운동의 정신적, 철학적 토대를 더욱 풍부하고 깊이 있게 하는 데 크게 이바지했다.

구분	시기	내용	사회적 배경	결과	비고
1세대	1955 ~ 1990	**지리산 국립공원지정운동** (자연보호운동)	■ 근대화, 산업화에 따른 산림 남벌 ■ 한국전쟁 및 토벌 등으로 지리산 황폐화	– 지리산 국립공원 지정('69. 12.) – 환경문제 사회화('50~'80) – 환경의식/환경운동 확산	– 구례 주민(연ㅇ – 자연확산
2세대	1991 ~ 2001	**산청양수발전댐 반대운동**	■ 산업화, 도시화에 따른 원자력발전 확대	– 댐 계획 백지화 좌절 – 전국단위 환경운동조직('93. 4.) 및 관련 활동 저변 확대	
		댐백지화운동(I) **생명평화공동체운동**	■ 낙동강 수질 오염 및 부산 대체 상수원 개발 ■ 이라크전쟁 발발 및 남북 긴장 고조	– 댐 사업계획 백지화('01. 12.) – 생명문제/생명평화운동 사회화 – 지리산생명연대 등 창립 – 지리산둘레길 조성	– 시민사회 등 ㅂ – 자연+인간사ㅇ
	2002 ~ 2020	**댐백지화운동(II)**	■ 4대강사업에 따른 부산 대체 상수원 개발	– 댐사업계획 백지화('18. 9.) – '하나의 지리산' 운동 시작 (대안의 지리산경제공동체) – 용유담 국가명승지정운동	
3세대	2020 ~ 2100	**생명평화** **지구공동체운동**	■ 문명전환: 4차 산업혁명→인공지능로봇/메타버스시대 ■ 양극화: 새로운 계급사회 도래 ■ 기후변화: 인류 및 지구 종말 위기 ■ 전쟁위험: 세계화 종식/신냉전 →남북갈등/세계대전(핵전쟁) 위험↑	– 대안의 지리산사회 건설 – 지구공동체 위기 극복 및 생명평화 지구공동체 실현	– 시민사회 등 ㅂ – 자연+인간+天

3세대 지리산운동

제3세대 지리산운동은 아직 도래하지 않은 새세대 지리산운동으로 규정할 수 있다. 이 운동은 지난 활동의 성과를 계승하고 발전시키는 것을 기본방향으로 했으면 좋겠다. 그리고 우리 사회 안에서 지리산사회가 지향해야 할 바람직한 사회적 상을 도출하고 이를 실현해나가는 것을 두 번째 활동 목표와 방향으로 잡았으면 하는 바람이 있다. 세 번째로 우리 사회를 포함한 인류 공동의 과제를 해결하는 데 이바지할 수 있는 활동을 적극 펼치는 것을 목표로 하면 더할 나위 없을 것이다.

성과의 보존과 계승

성과의 보존과 계승에서 첫 번째로 중요한 문제는 운동의 주체역량을 잘 보전하는 것이다. 지리산운동 과정에 만들어진 지리산종교연대, 지리산생명연대, 생명평화결사 등이 대표적이다.

운동의 성과물을 잘 보전하는 일 또한 중요한 활동과제가 아닐 수 없다. 댐 건설로 수몰 위기에 처했던 지리산 용유담이 국가명승으로 지정될 수 있도록 관련 활동을 적극 펼치는 것이 매우 중요한 과제다.

댐백지화 및 지리산생명평화운동의 핵심 성과물인 '지리산둘레길'을 세계적인 순례길로 발전시켜나가는 것도 매우 중요한 과제의 하나다. 특히 한국을 대표하는 국가숲길이자 최초의 장거리도보트레일인 지리산둘레길은 '지속가능한 하나의 지리산사회'를 만들어가는 데 이바지할 수 있는 가장 유력한 물적 토대가 될 것이다.

지리산둘레길은 독특한 역사성(지리산운동과 탁발순례의 성과물)과 정체성(마을과 마을을 잇는 생명평화순례길), 그리고 뛰어난 자연경관(지리산) 등으로 인해 스페인의 산티아고순례길 등 세계적인 순례길에 크게 뒤지지 않을뿐더러 발전 가능성 또한 적지 않은 것으로 평가되고 있다.

지속가능한 지리산사회 만들기

우리 사회 안에서 지리산사회가 지향해야 할 바람직한 사회적 상을 도출하고 이를 실현해나가는 것 또한 매우 중요한 지리산운동의 과제라고 할 수 있다.

그 가운데 하나가 지리산을 우리 사회 안에서 특별하고 소중한 대안의 공간으로 만들어가는 것이다. 개발과 성장 중심의 일반적인 자본주의경제시스템 대신 협동조합 등 사회적 경제가 주류를 이루면서 구성원들의 '행복'이 경제활동의 최우선 고려대상이 되는 '대안의 행복경제사회' 등을 하나의 대안으로 검토해볼 수 있을 것이다.

인류사회 공동의 과제 해결

3세대 지리산운동의 핵심은 점점 현실화되고 있는 전 지구적 위기로부터 인류 공동의 문제를 해결하기 위한 운동을 적극 펼치는 것이라고 확신한다. 자본주의가 고도화되고 경제적으로 일원화(세계화)된 인류사회는 전대미문의 위기를 맞이하고 있는 것이 현실이다.

첫 번째가 기후위기다. 폭우와 폭설, 불볕더위와 가뭄, 끊이지 않는 산불 등의 자연재해 소식이 지구촌 곳곳에서 매일같이 들려오고 있다. 이대로 가면 이번 세기 안에 지구는 생명이 더 이상 살 수 없는 곳으로 변할지도 모른다는, 실로 끔찍한 예측까지 나오고 있는 실정이다.

두 번째 위기 요소는 (핵)전쟁 위기다. 코로나19 등으로 세계적인 경기침체가 가속화하고 있는 가운데 영·미 중심의 세계화가 사실상 종언을 고하고, 세계는 지금 자국 우선주의 경제로 급선회하고 있다. 미국과 중국의 패권경쟁이 더욱 격화되면서 빠르게 신냉전체제로 재편되고 있다. 이러한 변화는 필연적으로 국가 또는 좌우 진영 사이의 정치·외교적 갈등과 긴장을 고조시키고 전쟁 위험성을 증가시킬 수밖에 없다. 한반도 긴장 고조와 전쟁 위험성 증가도 결코 피할 수 없다.

세 번째는 양극화 문제다. 세계적인 경기침체가 가속화되고 있는 가운데 일자리 감소, 비정규직 증대, 플랫폼 경제의 확대, 자본소득 증대 및 근로소득 감소 등으로 인해 사회양극화가 심해지고 있다. 특히 청년과 고령화되고 있는 노인들의 일자리가 많지 않아 이들의 빈곤 문제가 심각한 가운데 새로운 경제계급사회의 도래를 걱정하는 이들이 늘어나고 있다.

네 번째는 4차 산업혁명으로 인한 사회적 대격변에서 비롯되는 위기다. 빅데이터, 인공지능(AI), 사물인터넷(IoT), 로봇, 메타버스 등으로 대표되는 4차 산업혁명은 인류사회를 지금보다 더 풍요롭고 편리하게 만들 것은 분명하다. 하지만 많은 과학기술이 그러하듯 이러한 기술발전이 항상 긍정적인 결과만 만들어내는 것은 결코 아니다. 인공지능, 로봇 등이 인간의 역할을 대신함으로써 인간소외, 일자리 감소, 이로 인한 양극화 심화 등의 문제가 인류사회의 새로운 위기 요소로 등장할 가능성이 높다.

일부 학자들은 생명공학과 인공지능기술이 고도로 발전하면 인간보다 능력이 더 뛰어난 로봇, 사이보그, 심지어 이번 세기 안에 인간이지만 보통의 인간보다 지능, 체력, 수명 등이 훨씬 업그레이드된 초인류까지 등장할 가능성이 있다고 말하고 있다. 그로 인해 쓸모없게 된 평범한 다수의 인간이 새로운 하층계급으로 밀려나 근근이 연명하거나 생존 자체가 어렵게 되는, 그야말로 전대미문의 인간소외 세상이 도래할 수 있다는 우려가 점점 커지고 있다. 결코 먼 미래의 일이 아니다. 일부 전문가들은 빠르면 20~30년 안에 인간보다 능력이 더 뛰어난 인공지능이나 로봇, 사이보그가 나올 것으로 예측하고 있다. 따라서 3세대 지리산운동은 머지않은 미래사회에 대두될 이러한 인류 공동의 과제를 중심으로 활동의 목표와 방향성을 고민해나가는 것이 바람직할 것이다.

앞서 언급한 인류사회의 각종 위기는 하나같이 몇몇 사람, 또는 몇몇 국가가 나서서 결코 해결할 수 없는 전 지구적 문제들이다. 지구상 모든 나라와 인류가 서로 연대하고 협력하여 최선을 다해야 겨우 해결 가능한 문제들이다. 하지만 서로 다른 이해관계 등으로 인해 생각만큼 원활하게 연대와 협력이 이뤄지지 않고 있는 것이 현실이다.

생명평화지리산운동의 철학적 기초는 '세상의 모든 존재는 같은 것이 없다는 사실(다름·차이)을 자각하고, 그것을 서로 인정하고 존중하며 상생·공존하려는 지혜와 마음'에 있다고 할 수 있다. 지리산운동의 생명평화세계관은 상대방이 바르지 못한 마음이나 적대적 의도를 갖지 않는 이상 그 어떤 갈등과 대립 문제도 충분한 시간을 갖고 진실된 노력을 기울이는 경우 능히 해결 가능하고, 서로 연대·협력하여 상생·공존하는 '생명평화'의 길로 나아갈 수 있음을 강조하는 세계관이다.

따라서 3세대 지리산운동이 인류 공동의 과제 해결에 이바지하기 위한 첫 번째 과제는 지리산운동과 생명평화의 정신을 전 세계에 널리 전파하여 세계 각처에서 '생명평화지구공동체운동'이 크게 일어나도록 하거나, 같은 뜻을 지닌 세계 시민사회와 연대하여 기후변화 등 인류 공동의 문제를 적극 해결해나가는 것이다.

지리산 한몸 한생명
통합문화권 연계협력 상생방안[*]

박태갑

선비문화연구원 사무처장

* 2022년 6월 25일 지리산생명평화한마당 녹취문.

이 글은 행정을 했던 사람의 입장에서 쓴 것이지만, 한편으로는 시민운동이나 종교계에서 고민하고 있는 여러 가지 담론들이 실제 행정으로는 어떻게 이어지고, 그것이 또 추동력을 갖기 위해 이런 사업들이 어떻게 추진되면 좋겠구나, 하는 모티브를 얻는 계기가 될 수 있지 않을까 하는 기대를 갖고 쓴 것이다.

그래서 국내 문화관광사업들의 추진 사례 및 시사점, 지리산의 정체성과 문화적 가치, 지리산에 대한 국민들의 인식 등을 알아보고, 어떻게 하면 지리산권이 상생 발전할 수 있는지 함께 고민해보는 계기가 되었으면 좋겠다.

국내외 문화관광사업 추진 사례 및 시사점

독창성 없는 경쟁 사례들

일본 미야기현에는 높이 100미터에 이르는, 엄청나게 큰 대불상이 있다. 1991년 이 대불을 세울 때만 해도 세계 최고라고 자랑했다. 그런데 관광의 가치가 한순간에 사라졌다. 2년 후 이바라키현에서 120미터 높이의 대불이 세워진 것이다. 100미터라는 게 큰 매력이 없으니 사람들이 자주 안 가게 되었다. 미야기현의 대불 효과는 결국 2년밖에 존속하지 못했다. 그리고 주변이 개발되면서 대불은 이제 흉물스러운 존재가 되고 말았다. 유지비용도 만만치 않지만 철거비용도 천문학적이어서 골머리를 앓고 있다고 한다.

2008년에는 미얀마에서 10미터를 더 높인 130미터 대불을 조성했다. 중국 태항산 몽산대불은 해발 1,000미터에 있는데, 상체만 63미터다. 지금도 공사 중인데 몇 미터로 끝날지 알 수 없는 상황이다.

레일바이크는 문경과 정선에서 처음으로 시작됐다. 이것은 폐철로를 문화자원화 하자는 발상에서 시작된 것이다. 이미 있는 자원을 활용한 것으로 좋은 발상이었다. 문제는 이미 그런 자원이 있지도 않은 다른 지역에서 레일바이크가 우후죽순 생겨난 것이다. 여수, 정동진, 가평, 구례, 제주, 진주, 하동, 강천 등 이곳저곳에서 계속 생겨났다. 경관이 좋은 곳은 좋은 곳대로, 경관이 나쁜 곳은 나쁜 곳대로 인위적인 시설물들을 보강해가면서 레일바이크를 만들어내고 있다. 다른 곳과 차별화 경쟁을 계속해나가야 되니 투자는 많이 해야 하는 반면, 관광객은 분산돼 결국에는 이런 것들도 골칫거리가 될 가능성이 높다.

루지도 마찬가지다. 통영의 루지가 굉장히 히트를 쳤다. 그러자 여수, 양산, 용평을 비롯해 전국 곳곳에 루지가 들어서고 있다. 이 역시 관광객 분산효과를 초래할 수밖에 없을 것이다.

케이블카는 어떤가. 케이블카는 처음에는 접근이 어려운 산악지역에 가기 위한 대체 교통수단이었다. 그런데 이제 관광 목적으로 변했다. 우리나라에서 기존 케이블카 중에 수익을 내는 곳은 설악산 대청봉 케이블카였고, 그 외의 케이블카들은 다 경영이 어려웠다. 그런데 통영에 해상케이블카가 생기면서 또 엄청난 히트를 쳤다. 그러자 전국에서 다 따라 하기 시작했다. 여수, 부산, 송도, 목포, 삼척 등 계속 생겨났다. 그런데 통영이 요즘에는 힘들어한다. 바로 사천케이블카 때문이다. 통영에서 가깝고, 통영에서 갖지 못한 것들을 사천에서 보완하면서 케이블카 이용객들이 사천으로 발길을 옮기고 있어서다.

출렁다리를 한번 보자. 인터넷에 출렁다리라고 검색어를 넣어보라. 얼마나 많은 출렁다리가 있는지 한 페이지에 다 못 나타낼 정도다. 출렁다리는 처음 파주 감악산에서 시작했다. 2016년 11월 준공된 감악산 출렁다리는 총연장 150미터다. 그러자 2019년 국내 최장을 표방하면서 예당호에 402미터 길이의 출렁다리가 만들어졌다. 다시 동양 최대라면서 2021년 논산 탑정호에 길이 600미터의 출렁다리가 2021년 완공됐다.

이제 일자형 가지고는 차별화가 안 되니 거창의 우두산 출렁다리는 와이(Y)자형으로 만들어졌다. 그런데 생기자마자 코로나사태를 맞이해 지금은 잠잠하다. 이게 새롭게 몇 년은 히트를 칠 것이다. 특색이 있으니까.

연계협력과 상생으로 성공한 사례들

이제까지 지역의 정체성을 살피지 못한 채 단순 벤치마킹을 통해서 개발했던 여러 사례들을 말씀드렸다. 지금부터는 산과 길이라는 최고의 콘텐츠를 가지고 지역민들이 상생하는 내용들을 살펴보겠다.

먼저 중국의 황산이다. 중국의 황산은 황주라는 곳과 두 시간 거리에 떨어져 있다. 우리는 남원, 산청, 남원, 하동, 구례를 거리상 엄청나게 멀리 떨어졌다고 생각하는 경향이 있다. 그런데 황주~황산은 두 시간 거리인데도 관광객들이 산은 황산으로 찾고, 문화는 황주에 가서 즐긴다. 두 지역이 충분히 연대 가능한 거리에 있다는 것이다.

중국 윈난성 옥룡설산 옆으로 지나치는 차마고도도 좋은 사례다. 차마고도는 다들 아실 것이다. 해발 4,000미터 지대를 5,000킬로미터로 연결한 걷는 길이다. 처음부터 끝까지 주구장창 걸어가는 길이다. 그럼에도 불구하고 문화콘텐츠로 이미 세계에 널리 알려져 있다. 굳이 어떤 인공적인 개발을 가미하지 않더라도 가능한 것이다.

그러면 산만 있냐? 지역주민들이 소득을 얻을 수 있는 뭔가도 있다. 지역민들이 공통적으로 느끼는 것들을 하나의 대형 '극劇'으로 만들어 관광객들에게 공연해 수입을 얻고 있다. 이 극은 유명한 장예모 감독이 연출했다. 출연진들은 500명인데 전부 지역주민들이다. 특별한 배우가 하는 게 아니다. 지역주민들이 이러한 문화산업을 통해서 먹고 산다. 두 지역이 꽤 먼 거리임에도 불구하고 한 뿌리라는 인식을 가지고 서로 연대해서 상생하고 있는 것이다. 큰 무대만 있는 것도 아니다. 작은 무대들도 여럿 있다. 관광객들이 지나치는 곳곳에 지역주민들이 고유의 부족문화를 극으로 만들어 공연하고, 이를 통해 수익을 창출하고 있다.

일본으로 한번 가보자. 도야마현의 '다테야마 구로베 알펜루트'라는 것이 있다. 다테야마 알펜루트는 굉장히 광범위한 권역을 차지하고 있으면서 다양한 이동수단 때문에 유명한 관광지다.

다테야마 구로베 알펜루트
'일본의 지붕'이라고 불리는 일본알프스의 다테야마를 관통하는 다이내믹한 산악관
광루트. 도야마현에서 나가노현까지 표고차 2,400미터를 다양한 교통수단으로 횡
단하는, 길이 약 90킬로미터의 관광루트다. 시시각각 변하는 대자연의 풍경이 큰 감
동을 안겨주는 것으로 유명하다.

철도 타고 가다가 케이블 타고, 고원 버스 탔다가 다시 트롤리버스 타
고, 로프웨이, 케이블카, 트롤리버스, 이런 식으로 산악지역을 횡단하는
데 지리산권의 남원, 하동, 남원, 산청 정도가 아니고 도야마현하고 나
가노현이 서로 협력해서 한다. 어느 쪽으로 올라가든 관계없다. 이리 가
도 내 손님, 저리 가도 내 손님인 것이다. 이렇게 다양한 교통수단들과
경관, 댐과 호수 등 다양한 자원을 가지고 있다. 겨울이면 눈이 와도 치
우지 않는다. 차가 다니는 길만 치워 나머지 주변은 설벽이 형성돼 그
자체가 관광자원이 된다.

이번에는 유럽의 스페인으로 가보자. 산티아고순례길이라고 많이 들
어봐서 다들 아실 것이다. 지금도 세계 30여 개 나라에서 이용객들이
지속적으로 찾고 있는 명품길이다. 명품길이라고 말하면 길이 굉장히
아름답겠거니 하고 생각할 수 있는데 그렇지 않다. 멀긴 또 엄청나게 멀
다. 프랑스 남부에서 피레네산맥을 넘어 스페인까지 연결된다. 800킬로
미터나 되는 길이다. 이런 길이 무엇 때문에 사랑받느냐? 순례길이기 때
문에 그렇다. 의미가 있기 때문에. 이 순례라는 의미를 찾기 위해서 사
람들이 이 800킬로미터의 여정을 가는데 성당, 교회, 그다음에 황량한
들판, 이런 것들이 이어지는 길을 걷는다. 걸으면서 자기 성찰을 하고,
나중에 다 완주한 사람들은 자기 희열을 느낀다. 고행을 통해서도 느끼
는 것이다. 지역 자원을 잘 활용해, 굳이 뭘 보여주지 않아도 여행객들
이 자기 성찰을 통해서 느끼고 가는 길이다.

순례길 외국 사례를 소개했으니 이제 우리나라도 한번 살펴보자. 제
주 올레길이 성공했다. 21코스 422킬로미터 도보여행길이다. 지리산둘
레길이 270여 킬로미터 된다. 정확히는 275킬로미터. 그런데 우리는 지

리산둘레길을 굉장히 길다고 생각한다. 제주올레길은 더 길다. 그런데 길로서 성공하다 보니까 자꾸 다시 길이 생기고 있다. 다시 길이 생긴다는 건 새로운 코스를 개발한다는 얘기다. 처음에 만든 길이 잘 되니까 부속코스를 만드는 거다.

그뿐만 아니다. 국내 성공을 거쳐 일본으로도 수출됐다. '규슈올레길'이 그것이다. 몽골로도 수출됐다. 그래서 '몽골올레'라고 한다. 한국에서 아이디어를 전해준 것이다. 이처럼 산과 길에 대한 관심과 투자가 이제는 행정구역의 경계를 넘어서 외부로 점점 확산되는 추세에 있다. 이건 세계적인 현상이기도 하지만 우리나라도 예외는 아니다. 해파랑길이 770킬로미터이다. 부산 오륙도에서 강원도 고성까지. 해파랑길이 되니까 남파랑길이 생기고, 이렇게 코리아둘레길이 쭉 생겨나고 있다.

해파랑길이 생기기 전에 어떤 현상이 있었을까. 7번 국도가 해안선을 따라가다가 4차선 고속도로가 잠식해버렸다. 때문에 어촌지역에 사는 사람들이 장사가 안 된다. 그나마 해파랑길이 생기고 해파랑길을 걷는 사람들이 다시 어촌 곳곳에 스며들면서 지역경제에 적잖은 도움을 주고 있다.

이처럼 지역문화콘텐츠의 경쟁력은 사실 다른 데 있는 것이 아니다. 가장 지역적인 것이 가장 차별적이고 특별한 것이다. 앞서 말씀드렸듯이 석불, 레일바이크, 루지, 케이블카, 출렁다리, 이런 것들은 지역 역사나 문화, 환경 등의 고민 없이 쉽게 벤치마킹한 것들이었다. 반면 문경, 정선, 이런 데서는 지역 실정을 잘 감안해 시작을 잘했다. 그러나 우후죽순 따라 하는 지자체들 때문에 동반 몰락해가는 상황 속에서 장래가 점점 걱정되는 환경을 맞이하고 있다.

지역의 문화라는 것은 사실 다양한 환경들을 다 살펴서 그중에 가장 독특하고 차별적인 요소를 찾아내는 것이라고 볼 수 있다. 그 차별성이 바로 '정체성'이라고 말할 수 있다. 지금 우리는 지리산을 논하고 있기에 지리산의 정체성을 얘기해볼 필요가 있다. 우리 지리산권 5개 시군의 정체성은 어떤 것일까.

지리산권 5개 시군은 지리산의 생태환경과 역사문화를 공유하고 있다. 그것이 정체성이다. 이것이 바로 최고의 차별성이고 최고의 자산이다. 이런 것은 다른 시군들이 가지고 있지 않기 때문이다. 우리는 행정구역이 그냥 3개 도, 5개 시군, 15개 면으로 분리돼 있을 뿐이지 똑같은 하나의 지리산 역사, 문화, 환경을 공유하고 있지 않은가. 그렇다면 이제는 좀 더 구체적으로 지리산이 가지고 있는 정체성과 가치를 한번 살펴보도록 하자.

지리산의 정체성과 문화적 가치

지리산의 풍경이다. 사진이지만 정말 환상적이다. 여름과 겨울의 풍경도 마찬가지다. 그렇다면 생태적 자원은 어떨까. 지리산은 우리나라 국립공원 제1호다. 그런데 우리가 외지인들에게 지리산을 소개할 때 어렵게 느낄 때가 더러 있다. 지리산이 품고 있는 것들이 워낙 많다 보니 뭘 어떻게 소개해야 외부 사람들이 쉽게 지리산을 이해할 수 있을까, 고민되기 때문이다.

나는 항상 두 가지를 이야기한다. 첫째로 지리산의 규모다. "지리산은 한라산의 세 배야!"라고 외지 사람들에게 소개한다. 지리산의 영역이 한라산의 3배라고 말하면 사람들이 감을 딱 잡아버린다.

또 한 가지는 한반도 산림자원의 약 20퍼센트가 지리산에 다 모여 있다는 것이다. 우리나라에 있는 모든 산을 다 합쳐서 거기에 있는 모든 자원을 더한 후 산 개수로 나누기 딱 하니까 약 20퍼센트, 5분의 1이 지리산에 있다는 것이다. 이러면 끝나는 것이다. 더 무슨 설명이 필요할까. 그게 바로 우리 지리산인 것이다.

문화적 자원은 어떤 것들이 있을까. 성스러운 어머니 산, 그다음에 여러 가지 의미 있는 것들이 많이 존재한다. 다만 나는 이런 문화적 자원을 시대에 맞게 현대적으로 재해석하고 창조적으로 활용하는 방안을 적극 모색해나갔으면 하는 바람이 있다. 지리산 청정골, 로컬푸드의 집

지리산 관광사진
공모전 입상작.
〈천왕봉에서〉(왼
쪽 위), 〈산수유
마을〉(오른쪽 위),
〈자연으로 돌아
간 힐링타임〉(왼쪽
아래), 〈혼자 가도
좋은 지리산〉(오른
쪽 아래)

산지, 그리고 휴가지, 이상향의 땅 등이 미래지향적인 지리산의 정체성
이 되리라고 생각한다.

그다음 주요문화재 자원으로 지리산 관내 여러 사찰을 들 수 있다.
그리고 강조하고 싶은 것 중 하나가 우리 지리산 사람들이 소통하고 삶
의 기반으로 삼았던 '옛길'이다. 각 지역의 제례행사, 성모숭배사상, 그
리고 남원, 하동, 산청의 아리랑 등도 소중한 자원이다. 약초, 산삼 등
지리산의 산물도 지역마다 거의 비슷비슷하다. 그래서 우리 지리산 5개
시군 주민들이 너 나 할 것 없이 골골마다 지리산에 기대어 살아가고

있는 것이다.

한번 깊이 생각해보자. 인문, 역사유산으로서의 의미와 정체성을 가지고 있으면서, 이렇게 역사문화, 자연, 생태, 종교 등 사람의 삶과 밀접하게 연결돼 있는 산이 과연 세계적으로 또 어디에 있을까. 히말라야가 그러한가? 히말라야에 기대어서 사람이 사나. 추워서 못 살고 고지대에서 못 살지 않는가. 또 이렇게 다양한 동식물이 있나. 지리산 같은 산은 없다. 지리산은 역사적 경험과 교훈, 그리고 자연문화유산이 산재하고 여전히 현존하는 곳이다.

그렇다면 우리 국민들은 지리산과 지리산 사람들을 어떻게 바라보고 있는지 살펴보자.

지리산권에 대한 국민인식과 지자체 노력

정부에서 국민관광지 인지도를 조사한 것이 있다. 내가 직접 참여한 것이다. 지난 2015년 이후 한국관광공사에서 대한민국의 100대 관광지 가운데 대표적인 10선을 선정해서 발표한다. 그리고 2018년부터는 문화체육관광부와 한국관광공사에서도 '웰니스Wellness(건강)' 관광 25선을 선정해서 발표한다.

그런데 안타깝게도 지리산은 5개 시군에 수많은 관광자원들이 있음에도 불구하고 이들 조사에 선정되는 경우가 거의 없다. 지리산에 사는 이들은 어디에 살든 자기 지역에 있는 관광자원을 다들 대단한 것으로 생각하며 애착심이 강하다. 하지만 우리 국민들의 눈높이에서 바라보면 '약하다'는 것이다. 왜 그럴까. 이유가 뭘까. 한마디로 우리 국민들은 지리산 5개 시군 각 지역의 개별 관광지가 아니라 '지리산이라는 통합적 브랜드'를 더 선호하더라는 것이다. 그래서 국민관광지 선호도 조사를 해보면 매년 지리산이 빠지지 않고 등장하지만 높은 순위에 들지는 않는 것이다.

국민들은, 사람들은 남원 춘향테마파크나 산청 한방약초테마파크가 아니라 그냥 '지리산'에 가고 싶은 거다. 개별 지역의 관광지에 간다는 생각보다 '지리산'에 간다는 점에 더 큰 관심과 애착을 가지고 지역을 찾는다는 것이다.

그런데 지금 우리 지역, 각 지자체는 어떻게 하고 있나. 대부분 지리산이라고 하는 하나의 통합적 이미지에 주안점을 두고 뭔가 같이해보려는 생각을 잘 안 하고 있는 것이 현실이다. 지리산 통합적 '연계관광'보다 '개별관광'에 더 많은 관심을 가지고 있다.

지리산이 가지고 있는 브랜드가치는 정말 대단하다. 지리산권에서 생산되는 상품들에 대한 인지도 조사결과를 보면 그것이 확연히 드러난다. 각 지역 특산물이 있다. 남원의 목기, 구례의 산수유 등이 대표적이다. 이런 것들은 다른 지역에서 대체할 수 없기 때문에 비교적 인지도가 높다. 그런데 하동 녹차, 산청 곶감, 함양 산삼 등은 보성 녹차, 상주 곶감, 금산 인삼 등과 견줬을 때 비교적 소비자 인지도가 떨어지는 것으로 나타난다. 물론 가격이 낮다는 얘기는 아니다. 그리고 명품인 것도 사실이다. 그래서 같은 상품이면 전국에서 최고가를 받고 있다.

하지만 시장 점유율이 떨어진다. 소비자들은 곶감 하면 상주 곶감부터 떠올린다. 반면 상대적으로 돈 많은 사람이 산청 곶감을 사 먹는다. 이처럼 일부 계층이 산청 곶감을 사 먹는 것과 전체 국민이 인지하는 것이 차이가 있는 것이다.

이런 문제의식에서 '지리산'이라는 대표 브랜드를 좀 키워야겠다는 생각을 하게 된다. 실제 시장에서도 공동브랜드로 했으면 좋겠다는 의견이 굉장히 많더라는 것이다. 그런데도 안타까운 것은 각 지자체가 아무 노력을 안 하고 있다는 것이다. 왜 그럴까? 각 지자체는 자기들 것만 중요하다고 생각하기 때문이다.

그다음으로 살펴볼 것은 '지산지소 판매장'이다. 각 지역 생산물 산지에서 직접 상품을 팔면 그것이 제일 좋은 것은 당연한 이치다. 유통 물류비용이 안 드니까 경제적으로도 이득이다. 그런데 우리 지역의 지산

지소 판매량 실태를 조사해보니 그렇지 않다.

잘 생각해보자. 일례로 남원 광한루는 지리산권을 대표하는 관광지다. 그럼 그곳에 놀러 가는 사람들이 거기서 산청 특산물도 사고, 구례 것도 사고, 하동 것도 살 수 있으면 얼마나 좋겠는가. 서울 사람들이 광한루 놀러 와서 지리산 물건, 특산물을 다 사갈 수 있으면 얼마나 좋겠냐 말이다. 그런데 그런 곳이 없다. 산청 동의보감촌에 가면 산청 것만 있고, 또 다른 지역 관광지에 가면 그곳 생산물만 판다. 적어도 지리산권에 오면 지리산 특산물을 다 살 수 있게 돼야 하는 것이다. 거기에 우리가 신뢰라는 것만 확실히 보장해주면 되는 것이다. 그런데 왜 그동안 우리 지자체들은 복지부동 안목으로 그토록 협소한 시장을 꾸려왔는지 그게 참 안타까울 뿐이다. 시야를 넓혀야 한다. 그래야 효과가 커진다.

관광지 개발 투자를 보자. 지금 지리산권 5개 시군은 개별 관광지에 투자를 많이 하고 있다. 시군마다 연간 약 80억~250억 원을 투자한다. 그래서 각 지자체별로 평균 200억 원 규모로 보면 지리산권 전체는 연간 1천억 원 정도가 투자된다고 볼 수 있다. 전 시군의 관광지 개발 투자만 그렇다. 그리고 주요 관광축제가 있다.

일례로 남원춘향제는 문화축제이고, 나머지는 산업선도형 축제가 많다. 그런데 이들 축제의 물적 기반을 들여다보면 주로 산수유나 야생초, 약초, 산삼 등이다. 결국 지리산 특산품이다. 그래서 축제 성격과 내용이 유사하다. 그런데도 다들 성공했다. 이게 개별적인 경쟁력인지, 아니면 축제 보러 갈 때 지리산도 볼 수 있겠다는 사람들 때문에 발생한 후광 효과인지는 정확히 모르겠지만 아마도 개인적 판단으로는 상당한 후광 효과가 아닐까 싶다. 그래서 한편으로 우리가 과연 이러한 축제들로 세계적인 관광지나 국제행사가 가능한 인프라를 잘 구축해왔는지, 앞으로 구축할 수 있는 것인지, 의문이 생기지 않을 수 없다.

유사, 중복 자원 문제도 살펴볼 필요가 있다. 그런 자원이 굉장히 많다. 자연생태는 지리산권 시골마다 거의 비슷하다. 건축도 그렇고 체험마을, 휴양림 등 다 비슷하다. 남원 무엇에다가 산청을 붙여 넣어도 전혀 이상하지 않을 정도로 그런 것들이 즐비하다.

지리산권관광개발조합 얘기도 좀 해보자. 왜 이것을 만들어 운영해왔을까. 간단하다. 지금까지 얘기했던 것들을 한번 통합해보자 해서 지난 2007년께 만들었다. 그리고 10년이 지나는 사이 총 2,464억 원이 투자됐다. 이 돈은 사실 지리산권 연계협력사업을 위해 중앙부처에서 내려준 돈이다. 그런데 이 사업설계를 할 때 시군 자체에서 1,787억 원을 자체 투자했다. 따라서 실제 투입된 중앙정부의 공동재원은 677억밖에 안 된다. 그런데 677억 원으로 뭘 했느냐? 지리산권 순환관광 개발사업 관점에서 다소 벗어난 점 단위 분산투자를 했다. 당연히 큰 효과가 없었다. 아주 소액으로 주로 투자하다 보니 세월이 지나면 관리비만 더 드는 결과가 초래됐다. 그래서 상생의지 부족으로 인해, 출범 당시 높은 기대에도 불구하고 성과가 미흡했다.

지리산권 한몸 한생명 상생 발전방안

이제 '한생명 발전방안'을 구체적으로 생각해보자. 먼저 우리 인식을 좀 바꿔야 하지 않을까 생각한다. 즉 '지리산은 한몸'이라는 인식을 갖는 것이다.

지리산은 그 자체가 확실한 콘텐츠다. 넓고 높다. 이것 때문에 분산돼 있기는 하지만 사실 인식만 좀 넓히고 나면 별것 아니다. 1,300고지를 13회 이상 오르내리는 세계적인 종주 길이 바로 지리산 종주 길이다. 세계적인 트레킹코스들을 많이들 이야기하지만 이런 길이 없다. 우리가 관심을 안 가질 뿐이다.

더군다나 지리산은 인간의 삶, 다양한 역사문화를 간직한 곳이면서 코스상품 구성, 교통연계가 충분히 가능한 지역이다. 3개 도, 5개 시군의 단절된 행정, 개별적 분산투자, 그것 때문에 가치와 경쟁력이 저하되고 있다. 이것을 상생발전을 위한 협력적 거버넌스로 끌어낼 필요가 있다. 내 것, 내 지역이라는 지역 중심 애정으로만 접근하지 말고, 지리산 사회 전체를 중심으로 사고하고 행동하는 관점이 필요한 것이다. 각종 상품 개발, 판매, 그리고 각종 투자에서.

다음으로, 상생을 위한 새로운 관점이 필요하다. 내가 만들어본 새로운 용어로 설명하고 싶다. 바로 '허브스포크' 개념이다. 각 시군은 자기만 잘 되면 되는 것으로 생각하는데 국민들은 그렇게 생각하지 않는다. 지리산이라는 허브를 키워서 각 지역으로 오게 함으로써 각 시군이 동반성장해야 한다. 그렇게 해서 지역이 활성화되면 다시 시장도 활성화되고 문화공연도 늘어나 지역경제가 공동 발전하는 방향으로 견인될 것이다. 이것이 앞서 말한 허브스포크 전략이다.

지리산권은 지역별로 교통도 다 단절돼 있기에 방문객들이 지리산권 이곳저곳을 다니려면 매우 복잡하고 힘이 든다. 시간도 많이 걸리고, 돈도 많이 든다. 만약 지리산권을 하나의 교통체계로 연결해서 순환관광이 되도록 하면 지리산 관광을 혁신적으로 활성화해나갈 수 있다. 정부에서 실시하는 국민관광지 인지도 조사결과를 봐도 우리 국민들이 이런 것을 간절히 원하고 있다는 것을 확인할 수 있다.

그다음으로 비전을 공유할 필요가 있다. '우리 지리산을 생태탐방과 트레킹의 메카로 육성해보자'고 하는 비전을 지리산사회가 함께 공유해야 한다는 것이다. 큰돈이 드는 것도 아니다.

구체적으로 한몸 한생명 통합문화권으로 가기 위한 4대 중점과제를 제시하고 싶다. 이 4대 중점과제를 실천해서 지리산이 진짜 한몸 한생명으로 재탄생하게 되면 개발 가능한 어젠다가 굉장히 많다. 거기서 살을 조금씩 붙여나가면 된다.

첫째, 새로운 이동수단이 필요하다. 지리산에 오면 너무 불편하다. 지리산을 한 바퀴 순환할 수 있는 순환관광버스가 절실하다. 이걸 도입하려고 지리산권관광개발조합 본부장으로 있을 때 용역을 해봤다. 조사해보니 지리산을 한 바퀴 도는 순환관광버스를 운영하는 데 1년에 약 14억 원을 투입하면 되는 것으로 나타났다. 얼핏 들으면 엄청나게 큰돈으로 생각될 수도 있다. 그러나 중앙정부의 지원을 이끌어내면 140억 원도 결코 불가능하지 않을 것이다. 앞서 언급했듯이 지리산권 관광개발조합이 관광 개발을 위해 지난 10년간 2,400억 원을 썼다.

이 14억 원이라는 것도 시스템 도입 초기에 순환버스 운영수익이 1원도 없다고 했을 때를 가정한 것이다. 운영시간이 지날수록 점차 이용객들이 늘어날 것이고, 그러면 수입도 늘어나 언젠가는 손익분기점을 넘기게 될 것이다. 그때는 행정에서 예산을 지원하지 않아도 된다. 그럼 지역 곳곳에, 능선과 계곡 곳곳에 있는 주민들도 혜택을 함께 볼 수 있다. 개통 10년이 지났지만 여전히 외국 유명 트레킹코스에 비해 안전 및 편의시설이 충분하지 않아 이용 불편이 있는 지리산둘레길도 이렇게 활성화해나갈 수 있다. 이런 것들이 좀 더 제도적으로 뒷받침되면 지리산둘레길 구간 구간에 주민소득으로 연결될 수 있는 사업들을 다양하게 만들어나갈 수 있다.

그다음은 명품 공동마케팅을 시도해볼 필요가 있다. 앞서 각 시군의 개별 브랜드보다 '지리산'이라는 통합브랜드를 국민들이 선호한다고 언급했다. 개별 브랜드를 굳이 포기하지 않더라도 기존 상품에 '지리산둘레보고'라는 지리산권 통합명품브랜드를 하나 더 씌우면 된다. 한 번 더 신뢰를 강화하는 것이다. 그러면 지리산권관광개발조합에서 운영하고 있는 지리산둘레보고 쇼핑몰을 통해 국민들이 지리산권 특산물과 명품을 다 살 수 있다. 개별 시군에서는 매장 유지비용도 5분의 1로 줄일 수 있다. 관리비용도 5분의 1로 준다. 반면 팔 수 있는 상품은 다섯 배로 늘어난다.

우리 국민들, 소비자들은 이처럼 다양한 상품이 많이 구비된 매장을 찾지, 그 반대의 경우는 외면한다. 실제로 어느 지역 특산물 매장에 가보니 지역산물이 많이 나올 계절이 아니라서 상품이 하나도 없었다. 그러면 소비자, 국민들이 어떻게 할까. 당연히 실망해서 다음에는 찾지 않게 된다. 이게 바로 악순환이다.

물건이 다양하고, 계절적 수요에도 민감하게 대응할 수 있어야 한다.

관리비 등 비용적인 측면에서도 경쟁력을 갖춰야 한다. 충분히 가능한데 왜 못할까. 내 것을 고집하기 때문이다. 이런 것들은 개별 시군에서 예산을 늘리지 않고서도 중앙부처 자원을 이끌어내 충분히 실현 가능하다.

일본의 지산지소 판매장 사례를 살펴보자. 일본 지산지소 판매장은 주로 도로 옆에 있다. 우리나라와 같은 고속도로휴게소 개념은 아니다. 이들 판매장에서 가장 강조하는 게 지역특산품 전시장 역할이다. 그리고 관광 및 도로정보를 제공한다. 이런 판매장에 주변 한 시간대 안에 있는 농민들이 생산물들을 가져와 전시, 판매한다. 오늘 잘 팔리면 내일은 매장이 늘어난다. 오늘 적게 팔리면 내일은 매장 규모가 축소된다. 자율적으로 순환되면서 신선한 상품을 공급하니 이런 매장이 매년 늘어나고 있다.

왜 늘어날까. 농민도 좋아하고 소비자도 좋아하니까 그렇다. 지리산권에도 이런 지산지소 매장을 개설하는 방안을 적극 검토해볼 필요가 있다. 또 하나, 문화 협력 통합축제나 박람회를 개최하자는 것이다. 5개 시군에는 고만고만한 축제들이 있고, 다들 성공했다. 하지만 이게 과연 국제적인 인프라가 되느냐, 세계적인 행사가 되느냐고 묻는다면 의문을 가지게 된다. 지리산의 생태나 지리산의 예술이나 지리산의 환경을 가미한 대형 박람회 같은 것보다 경쟁력이 과연 있겠느냐 하는 것이다. 지리산을 제대로 보여주는 축제만큼 좋은 게 있을까.

각 시군이 자기네 축제를 포기하기 힘들 수도 있다. 그렇다면 예를 들어, 남원에서 춘향제를 할 때 나머지 4개 지자체가 함께하고, 구례 산수유축제 때도 기존 행사를 중심으로 하면서 나머지 지자체들이 동참하는 방식으로 할 수 있다. 그러면 개별 지자체들이 자기 지역축제를 포기하지 않으면서도 함께하는 공동축제의 품격을 높이고 볼거리를 다섯 배로 확충하는 효과를 얻을 수 있다. 문화관광 신기술도 굉장히 많다. 이런 것들도 우리가 상생협력의 열린 마음으로 함께 개척해나갈 필요가 있다.

이러한 것들이 잘되면 공동 어젠다를 하나씩 발굴해나가면 된다. 이

공동 어젠다 속에는 최근 지리산권 안팎에서 거론되고 있는 '지리산특별지방자치단체' 추진 문제 등이 포함될 수 있다. 지방소멸이 화두가 된 시대다. 실제 지리산권 지자체들도 소멸 위험지수가 굉장히 높은 것으로 알려져 있다. 지금도 그렇지만 시골 인구가 자꾸 줄고, 공가도 늘어나다 보면 행정비용이 급증해 지자체는 얼마 안 가서 거의 문 닫을 위기에 처할 수도 있다.

따라서 우리가 파이부터 좀 더 키울 필요가 있다. 최근까지 속도 있게 진행되다가 정권과 단체장이 바뀌면서 잠시 주춤거리고 있지만 지금 부산, 울산, 경남이 '부울경메가시티'를 추진하고 있다. 지리산도 이처럼 하나로 가보면 어떨까 생각한다. 이것은 남원, 함양, 구례, 산청, 하동의 예산까지 통합되는 방식이 아니라 각 지자체별 예산은 각자 기존대로 쓰고, 새로운 통합문화권은 정부 공모사업 등을 통해서 별도의 예산을 확보해 운영하는 방식으로 가면 된다. 그렇게 해서 지역주민들의 삶을 향상시키고, 지리산을 한생명 한몸으로 이끌어가는 것이다.

우리의 명품 농축산물, 문화축제, 박람회도 이런 방향으로 가면서 지리산사회 전체를 세계적인 명소로 만들어가는 것이다. 의지만 가지면 충

2022년 6월 25일 실상사. 지리산 생명평화한마당 중 '지리산 사회, 새로운 백년'을 주제로 한 이야기마당.

분히 가능하니 힘껏 한번 만들어가자고 제안하고 싶다. '지리산권 한생명'을 명분으로 정부 예산을 확보할 수 있다면 상생효과를 발휘하면서도 개별 지역은 예산을 아끼고 지역투자를 가속화시킬 전기를 마련할 수 있다. 너무 자기 것만 바라보지 말아야 한다. 지리산을 하나의 사회로 바라보는 통합적 시각과 전략적 접근이 절실히 필요한 시대가 되었다.

주요 연혁

지리산댐 건설계획 및 백지화운동 주요 연혁

1910~1945 일제강점기
1911~1945 일제강점기, 전국 수력(댐) 개발.
- 전반기(1910~1929)에는 유역변경방식으로 중대리中台里 등 3개 발전소 준공. 이후 대규모 수력 개발. 유역변경식(동해)의 한대리漢岱里댐 및 발전소 착공이 최초의 현대식 대규모 수력개발. 한대리漢岱里댐 등 13개 댐을 유역변경식으로 완공. 수력개발은 수풍, 화천, 청평댐의 3개 댐 건설.
- 후반기(1930~1945)에는 본격적인 (수력)댐 건설 시작.
- 총 3차에 걸친 조사를 통해 전국 380여 수력발전댐 후보지 개발(80% 이상이 북한지역).
- 우리나라 댐 건설 예정지 대부분이 이때 조사에 의해 1차 파악되었을 것으로 추정.

1938 　　조선총독부,「공업용수 계획안」제작.

1960년대
1963 　「낙동강수계 종합개발 기본조사보고서」
- 남강상류 종합발전계획으로 **함양 제1, 제2, 안의 제1, 제2 수력지점(수력발전댐)** 조사.

1965. 11.「지이산지역수력지점(함양 제1 및 신안) 계획조사보고서」
- 1965. 5. 25.~11. 22. 건교부 산업기지개발공사 발주, ㈜도화종합설계공사 시행.
- **함양 제1지점(전북과 경남도 경계로부터 200m 상류 전북 남원 산내면 백일리)에 신규 댐 설치해** 물을 취수한 뒤 도수관로를 이용해 10.16km 하류의 함양 휴천면 문정리 문정마을에 설치된 발전소로 흘려 보내 발전하는 수로식 발전계획.
- 경제적타당성(B/C) 1.073. 공사비 535,200,000원(자기자본20%, 차관 80%/464,000달러).

1970년대
1974. 12.「포장수력조사 보고서」
- 석유파동에 따른 안정적 에너지 확보 위해 범정부 차원의 수력발전 개발가능지역 최초 조사.
- 건교부 산업기지개발공사에서 시행.
- 낙동강유역은 '송리원' 등 21개 신규 포장수력댐 조사.
- 남강유역의 경우 기존의 건교부 검토안인 함양 제1, 제2, 안의 제1, 제2, 신안, 덕천강 등 6개소 이외에 이 조사를 통해 신인월댐, 함양댐, (생)비량댐, 덕산댐, 대천댐 등 5개의 신규 수력댐 개발 가능 지점을 확인.

1980년대
1983. 9. 한국산업기지개발공사 지질시험연구소에서 지질조사연구 중 댐건설계획의 진행이 지역사회에 알려짐.
　　　　실상사신도회를 비롯한 불교계와 산내면 주민들, 적극적인 반대운동 펼침.

1984. 봄 애초 예정지보다 7km 하류로 위치 재조정 협의 등.

1984. 12. 지리산댐 실시기본계획(「함양다목적댐 실시기본계획」)

　　　－ 생공용수 공급, 관개개선, 홍수조절 등 수자원종합개발 일환으로 실시.

　　　－ 총 저수용량 1억 1,000만 톤(m^3), 홍수조절용량 470만 톤(m^3).

　　　－ 댐의 주요 기능이 '수력발전'으로 판명.

　　　－ 홍수조절, 용수공급 확대 요구되는 남강유역 상황 감안해 정책 전환.

　　　－ 기존 남강댐 하류에 남강댐 숭상 신설공사.

　　　　(총저수량 1억 3,600만 톤→3억 900만 톤, 99년 준공)

1990년대

1991. 3. 낙동강페놀오염사태 발생.

　　　－ 경북·대구 위천지방공단 추진(경북지역 대체 염색업체공단, 104만 평 규모).

1995. 7. 대구시, 위천국가공단 추진.

　　　－ 자동차 공작기계 컴퓨터 등 생산, 300만 평 규모.

1996. 부산시, 낙동강상수원 이전 위한 대체 상수원 개발 추진.

　　　－ 지리산댐 건설을 통한 대체 상수원 확보 추진.

**　　4.** 건교부, 수자원개발 가능지점 및 광역배분계획 기본조사.

　　　－ 만수천댐, 1984년 함양댐 실시기본설계 때와 규모 동일..

**　　8.** 정부, '경남 서부권에 식수댐 건설계획' 최초 발표.

1997. 9. 10. 신한국당-건교부 당정협의회, '대체 상수원(식수댐) 개발' 결정.

　　　－ 위천국가공단 추진→낙동강 수질개선 불가능 판단→대체 상수원 개발 추진.

　　　－ 함양 문정댐, 산청 천평댐 건설 추진.

　　　－ 98년도 정부예산안에 타당성조사비 50억 원 반영키로 결정.

1999. 2. 6. 낙동강살리기 및 위천공단건설 저지 경남도민 궐기대회.

　　　－ 진주환경운동연합 등 경남시민사회단체 회원 등 300명 참여.

**　　4. 14.** 진주환경련, '지리산식수댐계획 백지화 투쟁본부(식수댐투쟁본부)' 결성.

　　　－ 진주환경운동연합, 함양기독교환경운동연대, 덕천강댐대책위 등 경남시민사회단체, 한나라당 갑/을지구당 등 총 59개 시민사회단체 및 정당 참여.

　　　－ 참가자 단체 제1차 대표자회의 개최.

　　▶**공동대표** 배종혁(창녕환경련 공동의장), 이찬영(대한산악연맹 경남통영 환경보전위원장), 장승환(진주환경련 공동의장), 정현찬(서부경남민주주의민족통일서부경남연합 공동의장), 허기도(덕천강댐백지화주민대책위원장, 산청도의원)

　　▶**집행위원** 경남산악연맹, 기독교윤리실천운동, 농업경영인진주시연합, 덕천강댐백지화주민대책위, 사)진주중앙지하상가번영회, 사)한국상록회진주지회, 사)환경보호국민운동본부, 산청농민회, 삼림보호단삼덕선우회, 서경연합, 오로빌포럼, 자민련진주시갑지구당, 진주YMCA, 진주YWCA, 진주농민회, 진주중앙시장번영회, 창녕환경련, 청년불교단체연합, 한나라당 갑지구당, 한나라당 진주시을지구당, 함양기독교환경운동연대

5. 15.	'식수댐투쟁본부' 발대식 및 시민총궐기대회 개최.
7. 2.	전국환경운동연합, 지리산식수댐 건설계획 관련 입장 발표.
	– 환경련, 진주에서 전국사무국장단회의 개최(최열 사무총장 진주 방문) 후 발표.
8. 8.	MBC 〈시사매거진 2580〉 지리산댐 건설 방영.
8. 12.	'지리산 문정댐 백지화 함양대책위원회' 출범.
8. 23.	'지리산을 사랑하는 열린 연대' 창립총회(70여 명, 화엄사).
8. 31.	지리산식수댐(문정댐) 백지화 촉구 주민 궐기대회(문정초등학교).
	– 함양 휴천면 문정리 문정마을(댐 예정지) 주민 200여 명 참여.
9. 30.	'지리산 함양댐 백지화 대책위원회' 출범(함양 통합대책위).
10. 25.	지리산댐백지화 및 낙동강살리기 경남도민 총궐기대회.
	– 진주 남강둔치, 경남도민 5,000여 명 참여.
10. 25, 27, 29.	낙동강물관리종합대책 관련 경남, 부산, 대구 공청회→무산.
12. 30.	「낙동강수계 물관리종합대책」 정부확정안 발표.
	– 부산·경남지역 수자원개발계획 수립→「문정댐 기본계획」 수립.
	– 문정댐 규모: 높이 107m, 총저수용량 1억 2,140만 톤(㎥), 홍수조절용량 570만 톤 (㎥), '지리산 실상사' 비수몰, 진입교량 '해탈교' 수몰.
	– 하천수량 증대 및 낙동강 수질개선 목표로 「문정댐 기본계획」 수립. 이후 범국민반대운 동으로 사업추진 유보→'낙동강물이용조사단' 구성/조사 추진.

2000

1.	조계종 총무원 사회부, 지리산댐 건설과 사찰환경 피해조사 시작.
1. 27.	조계종 총무원, 지리산댐 건설 관련 사찰환경보존 협조요청 공문 발송.
	– 환경부, 건교부, 한국수자원공사.
2. 19.~20.	총무원 사회부 사찰환경보존위원회, 지리산댐 현장조사 실시.
	– 지리산댐 함양군대책위 관계자 간담회, 댐건설 예정부지 현장조사.
3. 3.	인드라망생명공동체 정기총회, 지리산댐 반대촉구 및 결의문 채택.
4. 6.	지리산댐 건설계획 백지화를 위한 불교계단체 실무자 간담회 개최.
	– 총무원사회부, 경제정의실천불교시민연합, 지리산살리기 실상사대책위(준), 한국대학 생불교연합회, 인드라망생명공동체.
4. 27.	지리산 실상사 '지리산살리기 실상사대책위원회' 발족.
5. 13.	실상사 주변사찰 스님들 간담회 개최(자료집 배포).
5. 24.~26.	범불교 기획단, 녹색연합 공동조사단 파견.
5. 30.	공동조사결과 기자회견 및 범불교 대토론회 개최.
6. 13.	조계종 전국교구본사주지회의 결의문 채택.
6. 29.	'지리산살리기·댐백지화 추진 범불교연대' 창립법회(조계사).
7. 4.	'(가칭)지리산댐 백지화 국민행동' 준비 모임.
	– 진주환경운동연합, 전국환경운동연합, 세민재단, 풀꽃세상을위한모임, 기독교환경운동

연대, 인드라망생명공동체, 지리산살리기지역불교연대, 지리산살리기·댐백지화추진
범불교연대, 월간 '함께사는길', 농심마니.

8. 11.	'지리산문화제' 개최(경남 함양읍 상림공원, 시민 1만여 명 참여).
8. 30.	**'지리산살리기 국민행동' 창립**(한국일보사 강당).
10. 12.	낙동강살리기와 지리산댐백지화를 위한 '지리산살리기토론회' 개최.
10. 23.~11. 18.	**낙동강 1,300리 도보순례**(순례단장 수경 스님).
11. 28.	낙동강 도보순례단 보고대회.

2001

1. 1.	**'민족의 영산 지리산살리기의 원년' 선포.**
1. 17.	'지리산살리기 국민행동' 총회 및 범국민 토론회.
	– 지리산 살리기와 낙동강 수질개선을 위한 토론회.
1. 18.	'낙동강물이용조사단' 정책평가위원회(대구).
1. 19.	'낙동강물이용조사단' 조사결과에 대한 입장발표 및 기자회견.
2. 16.	**청정국토 기원 범종교계 100일 기도.**
2. 17.~4. 30.	**지리산 생명살림 염원 백두대간 종주.**
5. 2.~5. 18.	**지리산 850리 도보순례**(순례단장 연관 스님).
5. 26.	**'생명평화 민족화해 지리산위령제' 개최.**
6. 12.	진주환경련, 건교부 '수자원장기종합계획 공청회(6. 12.)' 거부 입장발표/공개질의.
6. 19.	'범영남권 낙동강유역 댐반대 투쟁위원회' 긴급회의(김천).
6. 26.	'범영남권 낙동강유역 댐반대 투쟁위원회', 수자원장기종합계획 공청회 관련 수공 해체 및 건교부장관 해임 요구 성명발표.
	– 「낙동강수계 물관리종합대책(99. 12.)」 및 '낙동강물이용조사단' 조사결과 부정한 수 자원장기종합계획 수립 규탄.
7. 13.	'범영남권 낙동강유역 댐반대 투쟁위원회' 집행위원회(군위).
7. 26.	진주환경련, 김천 감천댐 반대 주민궐기대회 참가(김천).
8. 20.	'지리산살리기운동의 평가와 국민행동의 미래' 토론회
8. 23.	'(가)댐반대 국민행동' 준비위 회의(서울) 및 한탄강댐 정책토론회(포천).
9. 6.~21.	진주환경련 김석봉 사무국장, '댐반대 1,800km 자전거순례 1인 시위'.
10. 29.	**'댐반대 국민행동' 창립.**
11. 13.	지리산권 종교환경회의 개최(실상사귀농전문학교).
	– 가칭 지리산권종교연대 준비위원회 구성.
12.	**정부 댐건설장기계획(2001~2011) 수립→지리산댐 건설계획 백지화.**
	– 2011년 물부족 해소 위해 전국 12개 신규 댐 건설계획 확정.
	– 지역사회와 불교계의 반대로 12개 댐 후보지에 지리산댐(문정댐) 제외 및 안의댐 포함.
	– 2003년 7월 안의댐은 예비타당성조사 결과 "경제적 타당성 없음" 결론→대안으로 지 리산댐(문정댐) 조사 필요성 제기.

제1차 지리산댐 건설계획 백지화운동 마무리

제2차 지리산댐 건설계획 백지화운동 시작

2002

3. 7.	지리산권종교연대 창립대회(천주교 함양성당).
6. 1.	지리산생명연대 창립.
8. 13.	대구 위천공단반대 집회.
8. 30.~31.	태풍 루사 내습.
9. 6.	건교부, 국회 재해대책특별위에 '안의댐' 등 태풍 루사 피해대책 제출.
	– 안의 외 경북 군위, 김천, 영주, 상주 등 총 5개 지역 다목적댐 필요성 제기.
9. 9.	진주환경련, "신규댐 건설로 수방대책 마련" 주장 건교부 규탄 성명.
9.~10.	함양군, 태풍 루사 계기로 지리산댐 건설 대정부 요구.
	– 안의댐 대신 '문정댐' 조기 추진 건교부에 건의.
11. 2.	함양시민연대 창립.
11. 27.	**함양군, '마천댐건설계획' 발표.**
	– 정부의 문정댐 계획과 내용 동일.
	– 일개 자치단체가 댐 건설계획 발표. 수자원공사가 배후로 지목됨.
12. 23.	**마천면발전협의회 주도로 마천면민 용담댐 견학.**
	– 대전 수공 연수원 방문해 '마천댐 설명회(보상 등)' 후 댐 견학(버스 4대).
	– 당일 행사비 수공에서 제공 사실 사후 확인.
	– '마천면발전협의회'는 당초 '문정댐추진위원회'로 출발.

2003

1. 10.	'산내면 지리산댐(마천댐) 건설추진계획 백지화대책위' 결성 및 성명 발표.
	– '민족영산 지리산을 그대로 놔두라!'
5. 31.	**마천면발전협의회 주도로 마천지역 댐 건설 주민투표.**
	– 투표 결과 댐 건설 찬성 72%. 수몰 예정지 및 반대주민 투표 제외.
7.	**함양군, 건교부와 수공에 지리산댐 조기 건설 건의(제2차).**

2004

6.	건교부, 댐건설장기계획변경(안) 착수.
9.	함양군, 건교부에 지리산댐 건설 건의(제3차).
9.	**수공, 「댐의 수문학적 안정성 검토 및 치수능력증대」 기본계획 수립.**
	– 남강댐 치수능력 증대방안으로 보조여수로 및 상류댐(지리산댐) 건설 방안 제시.
9.	**수공, 문정댐 예비조사.**
	– 임천유역 홍수방어대책 및 남강권 안정적 용수공급 위한 문정댐 제시.

2005

5.	건교부·수공, 댐건설후보지 현지조사.
7. 21.	지리산권시민사회단체 연대기구 구성을 위한 간담회.
	(지리산권 관광개발계획에 대한 공동대응 필요성)
9. 1.	지리산권시민사회단체협의회 창립.

2006

4. 24.	문화재청, 전통명승 동천구곡 학술조사 시작.
	– 2007년 2월 14일까지 '경상대 경남문화연구원(책임연구원 김덕현 교수)' 용역 수행.
7.	건교부, 「수자원장기종합계획(2006~2020)」 수립.
7.	건교부, 태풍 피해 이유로 '지리산댐(문정댐) 추진' 발표.
12.	건교부, 「댐건설장기계획」 변경 추진(변경안 초안 작성).
	– 지리산댐 검토: 총 저수용량 9,700만 톤(m^3), 홍수조절용량 5,200만 톤(m^3).

2007

2. 14.	문화재청, 전통명승 동천구곡 학술조사 완료.
	– 전국 76개소 조사 후 지리산 용유담 포함 42개소 국가명승 추진.
6. 27.	중앙하천심의위원회, 「댐건설장기계획 변경(안)」 확정.
	– 댐 후보지 9개소 명시(기존 6개 포함).
	– 지리산댐(임천수계댐), 신규 후보지 3개소 중 하나로 명시.
	– 지리산댐 검토 근거: 홍수조절, 용수공급, 지자체의 지속적 요구.
	– 댐규모 변경: 높이 107m→103m, 폭 414m→400m, 총저수량 1억 2,000만 톤→9,700만 톤(?), 홍수조절 5,200만 톤/년, 용수공급량 7,000만 톤/년(19만 톤/일평균).
	– 댐 규모 변경해 수몰지역 경남지역으로 한정→실상사 중심 종교계 반발 회피.
7. 31.	'지리산댐계획 백지화 대책위' 결성 및 지리산댐 백지화 요구 회견.
	– 진주시청 브리핑룸, 진주환경련, 지리산생명연대, 함양기독교환경운동연대, 함양시민연대, 산청군농민회, 지리산댐반대산청군대책위(준), 지리산권시민사회단체협의회, 함양민중연대 등 참여.
	– 6월 확정 「댐건설장기계획 변경(안)」 지리산댐 백지화 운동 선포.
	– 함양군, 남원시 지역별 지리산댐 반대 대책위 결성 추진.

2008

8.~10.	**한국수자원공사, 「남강댐재개발사업 예비조사」**
	– 남강댐 용수증대 및 치수증대사업, 부산 물공급방안 검토.
10. 27.	**국토해양부, 부산/경남지역 물문제 해소대책 회의.**
	– 부산, 울산, 양산, 창원, 마산, 진해, 경남 등 수혜지역 자치단체 실무자만 참석.
	– 진주, 사천, 통영 등 7개 시군 지역주민과 지자체 배제. 일방적 사업 결정.
	– 남강댐 저수량 증대 통한 부산 물공급 계획 추진.
	– 경남도, 남강댐사업 대신 함양 홍수예방 등 위해 지리산댐(문정댐) 건설 주장.
11.	**국토부, 「남강댐사업 예비타당성조사」 실시.**
	– KDI 「남강댐 재개발사업 및 부산·경남권 광역상수도사업 예비타당성조사」 실시.
	– 남강댐 수위상승 등 청정수원 확보 방안, 용수공급방안, 사천만비상방수로 신설 검토.
12. 23.	**국토해양부, '부산 식수대책' 청와대 업무보고.**
	– 남강댐 재개발 통한 부산 물공급.
	– 남강댐 수위상승 통한 하루 107만 톤 확보→부산(100만 톤), 양산(5만 톤) 공급.
12. 23.	**경남도의회, 「남강댐 물 부산 공급(남강댐사업) 반대 결의안」 채택.**

2009

3. 10.	**함양댐 건설추진위원회 발족.**
3.~4.	**함양군문정댐추진위원회 댐추진 함양군민 서명운동(80.7%).**
6.	**국토부, "남강댐 물 부산공급, 4대강사업으로 추진".**
	– 정부 구상 공식 확인…8월께 착공 전망.
	– 경남 5개 시·군 우선 공급 부산 후 공급 방침.
4. 7.	**'남강댐 수위상승 반대 및 낙동강살리기 경남대책위' 발족 및 궐기대회(도청).**
4. 9.	**산청 군의원 및 도의원, 함양군의회 방문 문정댐 규모 확대 요구.**
	– 정부 계획의 2배 확대 추진 요구(1억→2억 톤).
4. 20.	**남해군민, 남강댐 수위상승 반대 총궐기대회(남해).**
4. 14.	**경남도의회, '남강댐사업조사 특별위원회' 구성 결의.**
4. 16.	**남강댐서부경남대책위-서부경남 시민사회단체 연석회의.**
4. 20.	**남강댐사업남해대책위, 남강댐수위상승반대 남해군민총궐기대회 개최(남해).**
4. 21.	**경남도, 남강댐사업 T/F 구성.**

4. 28.	국토부, 「4대강 마스터플랜」 청와대 업무보고. 남강댐사업 언급.
	– 남강댐사업 4대강마스터플랜 미포함. '수자원장기계획(변경)'에 포함 가능' 언급 규탄.
5. 21.	「낙동강유역종합치수계획(보완)」 자문회의에서 '지리산댐(임천수계댐)' 검토.
	– 4,700억 원 규모 예산 댐 계획 검토.
6. 1.	경남환경련, '「낙동강유역종합치수계획(보완)」 문제점과 대응방안' 세미나.
7. 6.	4대강사업 및 지리산댐 반대 기자회견 및 퍼포먼스.
	– 남강댐사업 서부경남행동연대 소속 진주시민사회단체 '4대강사업, 남강댐사업, 지리산 댐 중단' 요구 회견 및 논개퍼포먼스(진주성 촉석루 의암바위 일원).
7. 26.	경남도의회, 남강댐사업조사 특위 연장안 부결 및 4대강사업 지지.
7.	중앙하천심의위, 「낙동강유역종합치수계획(보완)」 '임천수계댐' 고시.
	– 남강댐 홍수방류량 저감을 위한 치수대책으로 검토.
	– 남강댐 방류량 저감효과 과대 추정(1,300여 톤/초).
7.	수공, 「남강댐 재개발사업 및 부산경남권 광역상수도사업 예비타당성조사」.
	– 남강댐 홍수조절 및 수문학적 안정성 확보를 위한 보조여수로 설치 계획.
	– 남강댐 방류량 저감효과 과대추정(1,300여 톤/초).
8. 12.	이명박 대통령, 국토부 현안업무보고에서 '부산 물 문제 조속히 해결' 지시.
8. 17.~21.	지리산댐 반대 릴레이 1인 시위 및 수몰 예정지 주민행동.
8. 24.	환경부, 「낙동강 취수체계 조정방안」 발표. 함양, 거창에 지리산댐 용수공급.
	– 환경부, 대구 엑스코 회의실에서 국토해양부, 한국수자원공사, 대구·경북, 경남, 부산, 울산 등 지자체 공무원, 학계, 시민단체 등 110여 명이 참석한 가운데 '낙동강 유역 취수 가능지역 조사사업 공청회' 개최.
	– 남강댐과 강변여과수, 낙동강 취수원 대체 댐 활용방안 등 포함한 조정방안으로, 4대강 정비사업 사전 정지작업.
9. 16.	함양주민들과 남원산내주민들, 지리산댐 반대 걷기대회.
10. 18.	전북도의회 지리산댐 건설 재추진 중단 촉구 결의.
11. 27.	'지리산댐백지화함양대책위' 출범(함양).
	– 대책위 출범식 및 함양읍내 거리 선전전.
12.	국토해양부, 「2025 전구수도정비기본계획」 고시.
	– 경남/부산권 광역상수도사업 포함(제6장 수원의 안정화 구축).
12. 말	국토부, 「경남부산권 광역상수도사업 취·도수시설 타당성조사」 긴급 용역발주.
	– '지리산댐 건설 통한 부산 물공급 방안 검토' 특별과업으로 제시.

2010

1. 13.	국토해양부, 경남도에 '남강댐사업 추진방안 변경' 통지.
	– 남강댐 수위상승 포기. 단계별 부산 물공급 계획 추진.
	– 1단계: 남강댐 여유수량(65만 톤)+강변여과수(26만 톤).
	– 2단계: 지리산댐(상류댐) 건설(42만 톤/일).

1. 19.	남강댐사업 저지 도민총궐기대회(경남문화예술회관).

- 서부경남 생존권 사수 및 남강물 지키기 도민 총궐기대회(3,000여 명 참석).
- 남강물 부산공급계획과 지리산댐 계획 백지화 및 국토부장관 즉각 파면 요구.

3. 28. '지리산 및 낙동강 지키기 도민행동의 날(수륙대제)' 행사(낙동강).

4. 6. '지리산댐 설문조사' 결과 발표 및 댐건설 중단촉구 회견(경남도청).

- 함양군, '군민 80% 이상 댐 건설 찬성', '주민숙원사업'이라며 댐 건설 지속건의하는 상황.
- 3월 23일 지리산종교연대/경남도민일보 주관, 지리산댐 관련 함양군민 1,000여 명 대상으로 ARS전화설문조사 실시.
- 조사결과, 응답자 767명 가운데 46.7%(358명) 함양군민 지리산댐 건설 반대. 특히 20~50대 등 상대적으로 젊은 층 반대여론 압도적. 반면 댐 찬성은 39.5%(303명)이고, 대부분 60~70대 노년층 찬성률 높게 조사(60대 50.5%, 70대 이상 44% 찬성). 함양군의 댐 건설 찬성여론 허구성 입증 및 사업중단 촉구.

5.~6. 6월 2일 전국동시 지방선거 '남강댐사업' 관련 활동 전개.

- 남강댐사업 백지화 및 낙동강 수질개선/상수원 보전 선거공약화 요구.
- 이달곤(한나라당), 김두관(무소속) 모두 '남강댐사업 백지화' 공약 등 다수 단체장 후보 남강댐사업 반대 약속.

6. 2. 전국동시 지방선거, 4대강사업 및 남강댐사업 반대 김두관 지사 당선.

7. 22.~8. 10. 4대강사업 중단 요구 낙동강 함안보 타워크레인 점거 고공농성.

8. 5. 경남도, '낙동강사업특위' 출범. 4대강사업 검증 및 피해조사 시작.

- 강병기 정무부지사 위원장, 도의원, 학계, 시민단체 등 전문가 24명 구성.
- 12월까지 총괄·건설토목·수질환경·경제문화 등 4개 분야 낙동강사업 검토.

8. 16.~9. 2. 4대강/남강댐사업 저지 진주시민대책위 회견 및 릴레이 단식농성.

10. 경남도, '남강유역 현명한 물길 정책 수립' 용역 발주.

- 남강댐 물 부산공급계획 대안 마련 목적. 경남도 낙동강특위.

2011

5. 국토해양부, KDI '남강댐사업 타당성조사' 완료.

- 경제성(B/C): 예비타당성 0.95→타당성조사 1.07, '타당성 있다' 결론.
- 남강댐 여유수량(65만 톤)+강변여과수(68만 톤).
- 지리산댐(다목적 상류댐, 42만 톤/일)→홍수조절전용 댐으로 전환.

6. 21. '경남도 낙동강특위', 「남강유역 현명한 물길정책 수립용역」 완료 보고.

- (이수) 남강댐 추가 용수공급 능력 없음→남강물 부산공급 불가 결론.
- 국토부 남강댐 여유수량(65만 톤/일)은 이수안전도 변경(年단위→日단위) 결과.
- 국토부 기준 사업 강행시, 서부경남은 향후 매년 12~60일 이상 물 부족 발생.
- (치수) 이상강우 대비 치수보강 필요, 부산 물공급 전제로 한 치수사업 동의 불가.
- '낙동강변 대규모 인공습지 조성을 통한 부산 물 확보 방안' 남강댐사업 대안 제시.

7.	국토부, 「남강유역 수자원개발조사」→'문정홍수조절댐' 제시.
	– 남강유역 홍수조절 및 가뭄 대응 이유.
	– 당시 총저수량 1억 7,000만 톤, 댐 높이 141m, 댐 길이 896m. 홍수조절용 댐 계획.
7.	부산시, '남강댐 물 부산공급 요구' 전면화.
	– 부산시장, 재부산 경남향우회 등 남강물 부산 공급 요구 총공세(광고, 기고 등).
8.	이명박 대통령, 부산 방문에서 '임기내 물문제 해결' 약속.
9. 24.	지리산(광장)포럼 창립 및 창립포럼 개최(구례군 토지면 운조루 본채).
12. 8.	문화재청, 용유담 등 4곳 '국가명승' 지정예고 및 의견수렴.
	– 2006~2008. 문화재청, 전통명승 동천구곡 용역조사 결과에 따른 후속 조치.
	– 2012년 1월 8일까지 1개월 동안 이해관계자 이의신청 등 의견수렴.
	– 지리산 용유담이 지닌 '뛰어난 자연경관, 역사문화 및 학술적 가치' 인정.
12.	국무총리실, 「기후변화 대응 재난관리 개선 종합대책」 수립.
	– 한강, 금강, 낙동강 일대 홍수대비 치수대책이 시급한 14개소(달산댐, 영양댐, 문정댐 등) 우선 추진하여 홍수 저류공간 확보하도록 재난관리대책 제시.
12.	기획재정부, KDI에 「지리산댐(문정홍수조절댐) 간이 예비타당성조사」 의뢰.
	– 높이 141m, 길이 869m, 총저수량 1억 7,000만 톤, 사업비 9,897억.

2012

1.	국토부, 낙동강 강변여과수 실시설계 착수.
1. 8.	한국수자원공사, '용유담 명승지정 철회 요청 의견서' 제출.
	– 기획재정부와 협의 통해 문정댐사업이 정부 정책에 반영 및 남강유역 홍수재해예방 위한 홍수조절댐으로 추진 중. 용유담은 문정댐 예정지로부터 3.2km 상류 위치해 '댐 건설시 수몰' 불가피하다며 명승지정 제외 요청.
2. 8.	문화재청, '용유담 명승지정 보류'.
	– 함양 심진동 용추폭포 등 3곳만 명승지정.
	– 댐 건설 예정지 이유로 수공/함양군 지정 반대 의견 제시→현장조사 및 재심의 추진.
3.~	용유담 명승지정 촉구 및 대응 활동 전개.
	– 실상사, 명승지정 확정요청 의견서 문화재청에 제출.
	– 지역단체들, 문화재청 항의방문(천연기념물분과 등 면담).
	– 문화재청 문화재위원회 '용유담 명승지정 재심의' 회의장 앞 시위.
	– 지리산댐 실체공개/지리산댐 백지화 및 용유담 명승지정 촉구 기자회견.
4.~	(가)위기의 지리산, 지리산권(공동행동) 대책위(준) 회의 및 대응활동.
	– 지리산생명연대, 국립공원을지키는시민의모임, 실상사, 진주환경운동연합, 함양댐대책위, 지리산댐마천면대책위 등 지리산권 시민사회단체, 종교계, 지역인사 참여.
	– 지리산댐 및 지리산국립공원케이블카(지리산권 4개 시군 추진, 6월 환경부 시범사업지 선정 예정) 추진 관련 지리산권→전국 공동대응 모색 논의.
5. 14.	'지리산댐백지화휴천면대책위' 용유담 1인 시위 및 송문교 촛불문화제 시작.

5. 18.	남원 산내면 주민들, 지리산댐 백지화를 위한 산내면 촛불문화제 매일 개최.
5. 22.~23.	'위기의지리산 지리산권 대책위' 주관, 환경기자클럽 기자 초청행사.
	– 용유담 방문 및 전문가 취재, 지역주민 면담 등.
	– 5월 23일 KBS 9시 뉴스 '빼어난 절경 용유담, 댐 건설로 수몰위기' 외 SBS, 경향신문, 오마이뉴스, 위키트리 등 관련 내용 집중 보도.
5. 24.	'지리산댐백지화남원시대책위' 결성.
	– 남원 동부권 4개 읍면 기관/단체장 회의→남원대책위 결성 결의.
5. 30.	지리산댐 반대 및 용유담 명승지정 촉구 문화재청 앞 1인 시위 시작.
	– 함양 휴천면 운서마을 손영일 이장, 대전 문화재청 앞 1인 시위.
6. 5.	남원/함양 지리산댐백지화 공동대책위원회 결성 및 회의(함양시민연대).
	– 6월 20일경 용유담 명승지정 심의 대응한 대규모 공동궐기대회(대전) 추진 논의 등.
6. 12.	'(가)위기의 지리산 범국민대책위' 준비모임(조계종 사회부 회의실).
	– 녹색연합, 생태지평, 기독교환경운동연대, 불교환경연대, 불교시민네트워크, 조계종 사회부, 천주교창조보전연대(위임), 환경운동연합 등 8개 단체 실무책임자 참석.
	– 역할분담, 일정, '지리산을 그대로 두어라 1천인 선언', 지리산도보순례 추진 등 논의.
6. 16.	'생명평화결사 백년순례단', 지리산 순례 시작(지리산 노고단).
	– 제주도 순례 이후 예정했던 DMZ순례 유보하고 향후 3개월 지리산 순례 결의.
6. 24.	국토부, 문화재청에 '용유담 명승지정 심의 보류(1년)' 재요청.
	– 사유: 용유담 보존방안 마련.
6. 25.	지리산댐 반대 및 용유담 명승지정 염원 총궐기대회(대전).
	– 지리산댐백지화 함양/남원 대책위 및 주민 700여 명 참석.
	– 수자원공사 앞 지리산댐 백지화 촉구 집회→문화재청 앞 용유담 명승지정 호소 집회.
6. 26.	「지리산 용유담 국가명승 지정과 지리산댐(문정홍수조절댐) 건설계획 철회 촉구 결의안」 발의 회견(국회).
6. 27.	문화재청, 용유담 명승지정 최종 심의. '6개월 지정 심의 보류' 결정.
	– 서울 덕수궁, 문화재청 문화재위원회 천연기념물분과(이인규 위원장) 6차회의.
6. 28.	'지리산공동행동(준)', 용유담 국가명승 재확인, 국토부 방해 규탄회견(광화문).
	– 지리산생명연대, 지리산종교연대, 인드라망생명공동체, 기독교환경운동연대, 불교환경 연대, 한국문화유산정책연구소, 강동원의원실, 김제남의원실, 생명평화결사, 생명평화 강정캠프, 녹색당, 녹색연합, 한살림, 모심과살림연구소, 진주환경운동연합, 환경운동 연합 참여.
	– 댐계획 이유로 용유담 국가명승 지정 방해하는 국토부 규탄.
9. 19.	지리산공동행동, '지리산 1천인 생명평화 선언'(서울).
9. 26.	지리산워크숍 '지리산은 우리에게 무엇인가'(실상사).
10. 19.~10. 20.	2012 생명평화대행진 '우리가 하늘이다' 민회 개최(노고단~실상사).
12.	환경부, 국토부 '댐건설장기계획' 관련 협의 '지리산댐 반대' 의견 제출.
	– 남강댐 보강 등을 통해 남강댐의 홍수조절 가능→신규댐(지리산댐) 건설보다 진주 남

강댐 자체의 항구적인 대책마련 선행 필요 및 사천만 방류량 증가로 인한 어민 피해와 관련해서는 지자체와 주민, 시민단체 등이 참여하는 논의기구 설치 제안.

12. **국토부 「댐건설장기계획(2012~2021)」 제2차 수립.**
- 효율적 수자원 활용방안 및 관련 계획, 지역적 물관리 여건 반영 명분으로 6개 신규 댐 (낙동강-임천수계댐 등) 등 14개 댐 순차적 건설 방안 제시.
- 문정댐의 총사업비는 9,897억 원이며 총저수량은 1억 7,000만 톤.
- '신규 댐(지리산댐) 반대' 제시한 환경부 협의 의견 무시.

2013

1. 1. **국회, 문정홍수조절댐 대안조사비 예산 전액 삭감.**
1. 23. **국토부, 문화재청에 「용유담 보존 대안용역 중간성과」 제출.**
- 4가지 대안 제시: 1안) 현 계획지에 댐 규모 축소 및 홍수조절전용댐으로 신축, 2안) 현 계획지에 댐 규모 축소 홍수조절댐+용유담 상류 보조댐 건설, 3안) 타 수계에 단일댐 건설(=만수천 남원댐/실상사 수몰), 4안) 타 수계에 2~3개 소규모댐 건설(경호강 산청댐).
3. 27. **국토부, 문화재청에 '대안조사에 따른 문화재 지정 예고 연장' 요청.**
4. 3. **'생명의 강을 위한 댐백지화전국연대' 창립 및 「국가 수자원정책방향과 댐 건설」 토론회(국회).**
5. 5. **국토부, 「남강유역 신규 수자원시설 대안조사(문정홍수조절댐)」 완료.**
- 2012. 10. 8.~2013. 5. 5. '2012년 댐 설계 및 조사' 예산 중 2.1억 원 용역비 사용.
- 총저수량 6,700만 톤, 댐 높이 107m, 댐 길이 735m. 개방형 홍수조절용 댐.
- 현재 댐 건설 사전검토협의회를 통해 안건 상정 및 검토를 하고 있음.
5. 13. **국토부, 문화재청에 「남강유역 신규 수자원시설 대안조사」 결과 보고.**
6. 13. **국토교통부, '댐사업절차 개선방안' 마련.**
- 전문가, NGO, 관계부처, 지자체 등이 함께 참여하는 '사전검토협의회'를 신설→댐계획 구상단계부터 환경·경제·문화·국토이용 등 다각적 갈등발생 가능성과 해소 방안 분석.
- 댐 찬반 여부 지역 의견수렴 절차 신설·의무화 및 주민설명회 타당성조사 이전 실시.
12. 6. **국토교통부, '댐사전검토협의회' 발족.**
- 밀어붙이기식 중단. 사전에 갈등조정, 환경/문화/지역갈등 고려한 사업추진.

2014

7. 7. **국토부, '지리산댐 사전검토협의회(제1차)' 개최.**
- 전문가와 환경단체 인사 등 18명(위원장 1명 포함)으로 구성.
- 문정댐, 달산댐, 영양댐 건설 검토. 세부사항은 추후 논의.
8. 8. **국토부, '제8차 지리산댐 사전검토협의회' 개최.**
- 지리산댐(문정댐) 우선검토 결정(갈등영향분석 실시 결정).
8. 11. **경남발전연구원, '상생·화합을 위한 광역 식수정책 개선방안' 전문가 토론회.**

– 과기대 토목과 김기흥 교수 등 댐 및 부산 물공급 찬성론자 중심 토론.

– 수자원의 지역간 공유 강조(지리산댐 건설 및 부산 물공급 사전정지 작업).

9. 2.	**경남발전연구원 '부산 물공급 관련 정책보고서' 제출.**
9. 16.	**국토부, '지리산댐 사전검토협의회' 개최.**
	– 지역위원 선정방식 등.
9.	**[1단계 사회적 대화] '지리산댐 갈등 해결을 위한 사회적 대화' 논의 시작.**
10. 21.	'지리산댐건설백지화 및 낙동강살리기 부산경남시민대책위' 발족 회견(경남도청).
11. 16.	'댐반대전국연대', 댐 반대 지리산용유담 퍼포먼스.

2015

5.	댐사전검토협의회, 도법 스님(조계종 화쟁위원회)에게 대화를 통한 문제 해결방식 요청.
6.	조계종 화쟁위원회 전체회의, 지리산(문정)댐 문제해결을 위한 사회적 대화 요구 수용 결정.
7.	국토부, '댐 희망지 신청제' 도입.
7. 16.	**[사회적 대화 1단계] 제1차 지리산[문정]댐 갈등 해결을 위한 사회적 대화 시작.**
	지리산댐백지화대책위, 댐사전검토협의회 참석. 화쟁위원회 진행(조계종 전법회관 회의실).
8. 28.	**[사회적 대화 1단계] 제2차 지리산[문정]댐 갈등 해결을 위한 사회적 대화(지리산 실상사).**
9.	**[사회적 대화 1단계] 제3차 대화 준비 중에 지리산댐백지화대책위에서 대화 중단 선언.**
	(국정감사에서 국토부의 '희망지공모제' 논의 프로세스 준비 중이라는 답변에 대한 문제제기).

2016

2.	**[사회적 대화 2단계] '지리산댐 갈등 해결을 위한 조정회의'로 명칭변경하고 준비에 들어감.**
7. 20.	**[2단계 사회적 대화 시작] 제1차 지리산[문정]댐 갈등 해결을 위한 조정회의(대전 한국철도시설공단 회의장).**
	– 지리산댐백지화대책위, 국토부/수자원공사 등 직접이해관계자와 대화 재개.
9. 21.	**[2단계 사회적 대화] 제2차 지리산[문정]댐 갈등 해결을 위한 조정회의(남원 실상사).**
12. 1.	**[2단계 사회적 대화] 제3차 지리산[문정]댐 갈등 해결을 위한 조정회의(남원 실상사).**

2017

1. 10.	'지리산댐백지화대책위' 대책회의(함양).
1. 19.	**[2단계 사회적 대화] 제4차 지리산[문정]댐 갈등 해결을 위한 조정회의(남원 실상사).**
3. 9.	**[2단계 사회적 대화] 제5차 지리산[문정]댐 갈등 해결을 위한 조정회의(남원 실상사).**
4. 26.	**[2단계 사회적 대화] 제6차 지리산[문정]댐 갈등 해결을 위한 조정회의(남원 실상사).**
6. 21.	**[2단계 사회적 대화] 제7차 지리산[문정]댐 갈등 해결을 위한 조정회의(남원 실상사).**
8. 19.	지리산댐백지화대책위 '용유담을 생각하는 모깃불문화제'(남원 산내).
8. 29.	**[2단계 사회적 대화] 제8차 지리산[문정]댐 갈등 해결을 위한 조정회의(한생명 느티나무사랑방).**
11. 21.	전국식수댐반대대책위, '댐 희망지 신청제' 3개 댐 추진 저지 회견(서울).

2018

3.	**물관리일원화법 통과.**
7. 9.	지리산댐 백지화 추진위, 지리산댐 원점 재검토 공약 이행 촉구 회견(함양군청).
	– 문재인 정부의 '물관리일원화'를 환영하며 지리산댐 원점 재검토 공약 이행 촉구.
9. 18.	환경부, 「지속가능한 물관리를 위한 로드맵」 발표.
	지리산댐 백지화 선언.
11. 29.	'지리산댐백지화함양대책위원회' 제10회 SBS 물 환경대상 '대상' 수상.

제2차 지리산댐 건설계획 백지화운동 마무리

지리산 용유담 국가지정문화재 '명승' 지정 활동 관련 주요 연혁

2006. 4. 24.~2007. 2. 14. 문화재청, 「전통명승 동천구곡 학술조사」
- 경상대 경남문화연구원 수행. '지리산용유담' 우수자원으로 선정.

2011. 11. 3.   문화재청, 지정조사 실시.
- 이재근 문화재위원, 유근배 전문위원, 강성진 함양문화원장.

2011. 11. 30.   문화재청 문화재위원회 검토→용유담 명승지정 추진.
- 지리산 용유담 국가명승지정 추진 결정.

2011. 12. 8.~2012. 1. 8. 문화재청, 용유담 등 경남 4곳 국가명승지정 예고 및 의견수렴.
- 한국수자원공사 및 함양군수, 용유담 명승지정 제외 요청(남강유역의 홍수예방 위한 홍수조절댐으로 문정댐 건설 추진 중. 용유담은 문정댐 예정지로부터 3.2km 상류에 위치해 홍수조절댐 건설시 수몰).

2012. 1. 4.   한국수자원공사, 용유담 명승지정 반대 의견서 제출.

2012. 1. 8.   함양군청, 용유담 명승지정 반대 의견서 제출.

2012. 2. 8.   문화재청, 용유담 명승지정 심의 보류→함양 용추폭포 등 3곳 명승지정.

2012. 3. 14.   주민/시민단체, 용유담 명승지정 반대하는 '수공' 규탄 기자회견(도청).

2012. 3. 20.~21. 문화재청(천연기념물분과위원회), 수공 및 함양군과 용유담 현지합동조사.
- 수공, 함양 휴천면 문정리 댐 예정지에서 지리산댐(문정댐) 건설계획 설명.

3. 26.   대책위, 용유담 명승지정 촉구 문화재청 항의방문.

3. 28.   대책위, 문화재청 천연기념물분과위원회 앞 1인 시위(경복궁).

4. 3.   문화재청, 수공 및 함양군에 이의제기에 대한 의견 회신.

4. 4.   대책위, 지리산댐 실체 공개 및 사업백지화 요구 기자회견.

4. 9.   '지리산댐 유치 주민대책위', 용유담 명승 반대 및 댐 조기건설촉구 기자회견.

4. 13.   문화재청, 제2차 이의제기 의견 접수.
- 국토해양부 및 수자원공사, 용유담 명승지정 반대 의견서 제출.

4. 16.   '지리산댐 유치 주민대책위', 용유담 명승 반대 문화재청 항의 집회.

4. 18.   문화재청 문화재위원회 천연기념물분과 4월 정기 분과위원회.
- 용유담 명승지정 찬반양측 의견 청취(이환문 진주환경련 국장 참석).
- 찬반 의견 청취 후 '6월 재심의' 결정.

4. 23.   문화재청, '6월 재심의 결정' 심의 결과 국토부 및 수공에 회신.

4. 27.   문화재청 천연기념물분과 이인규 위원장 주재 국토부 및 수공 간담회.

5. 17.   국토부, 문화재청에 용유담 명승지정 이의 의견 접수.
- 댐 건설 대안모색을 위해 용유담 1년 명승지정 보류 요청.

6. 7.   문화재청, 국토부에 추가 보완 의견 제출 요청.

6. 22.   국토부, 문화재청에 '1년간 명승지정 보류' 추가 보완 의견서 제출.

6. 27.   문화재청 문화재위원회, 용유담 명승지정 심의→6개월 지정 보류 결정.

천연기념물분과위원회 심의 결과:

▶ 문화재 보존과 댐 계획 조정 및 찬반양론의 갈등 조정과 국토부로부터 자료보완을 위해 문화재 지정 심의를 6개월 보류한다.

▶ 문화재 보존은 용유담의 원형보존을 의미하며, 국토부, 한국수자원공사는 이 기간 중 문화재에 위해가 되는 어떠한 조치나 결정을 하여서는 아니 된다. 만약 이 기간 중에 문화재에 악영향을 미치는 위해행위가 있을 때에는 문화재청은 용유담의 명승지정을 즉시 추진한다.

2013. 2. 19. 문화재청, 용유담 현지조사.

2013. 2. 27. 문화재청 문화재위원회 천연기념물분과, 용유담 명승지정 검토.

2013. 5. 22. 국토부, 문화재청에 지리산댐(문정댐) 대안 조사 용역결과 보고.

2013. 7. 19.~9. 30. 국토부, 댐 사업절차 개선방안 마련 위한 '민·관·학 T/F 구성·운영'.

2013. 12. 6. 국토부, '댐사전검토협의회' 구성 완료(중앙위원 18명).

　　　　　　－ 문화재청 천연기념물과장, 성익환 문화재위원의 협의회 포함.

2014. 1. 25.~11. 30. 국토부, '댐사전검토협의회' 10차례 개최.

주요 자료 모음

본문에서 모두 담을 수 없었던 이야기들을 자료 모음으로 엮었습니다.

지리산을 사랑했던 사람들의 깊고 푸른 마음들, 긴박하게 대응해야 했던 순간들의 빠른 발걸음과 뜨거운 숨소리들이 녹아 있는 창립선언문이나 성명서, 논평문 등을 그대로 지리산운동의 역사로 담았습니다. 다만 여러 단체의 성명서로 중복이 많은 사건의 경우, 아쉽지만 과감히 생략했습니다. 주민대책위원회의 자료를 우선 채택했고, 지리산생명연대, 진주환경연합 등 각종 단체의 자료는 선별해서 실었습니다. 그럼에도 불구하고 적지 않은 분량이 된 것은, 지리산을 사랑하고 지키고자 한 마음이 그만큼 긴 시간 동안 지리산처럼 쌓였다는 뜻일 것입니다.

나아가 주요한 시기마다 함께 마음을 모아주신 전국의 단체와 사람들 이름도 그대로 실었습니다. 이 이름 하나하나가 지리산운동의 역사이기 때문입니다.

'지리산을 사랑하는 열린 연대' 창립 목적과 취지

21C를 목전에 둔 오늘, 새로운 세계, 새로운 사회를 향한 목마름으로 많은 시민운동체가 생겨나고 있습니다. 많은 기대를 갖고 태어난 시민단체와 시민연대체는 새로운 시대를 열어가는 길잡이 역할을 하고 있으면서도 그 한계 또한 분명히 드러내고 있습니다. 이는 주체성과 순수성을 상실한 연고입니다. 단체의 생명은 순수성이며 그 순수성이야말로 새로운 시대를 열어갈 영성입니다. 처음 가지고 있었던 본래성이 시대의 조류에 편승하여 본말이 전도되고 말았습니다.

우리는 우리 민족의 주체성과 순수성을 가장 많이 간직한 지리산 자락에 살면서 지리산이 갖고 있는 자연성과 역사성을 몸으로 체득하였습니다. 한없이 너그러운 품으로서의 지리산과 아픈 상처를 고이 간직한 채 묵묵히 해방의 날을 잉태하는 지리산은 이 민족의 새로운 세계를 여는 단초요, 이상입니다.

과연 환경재앙의 대란이 시작되었는가? 많은 사람들은 21C에 가장 무서운 것은 환경재앙이라고 합니다. 이는 원자폭탄보다도 더 강력하다고 합니다. 인류가 환경살리기운동에 적극적으로 나서지 않으면 새천년은 악몽이 될 것입니다. 작년 한 해만 보아도 환경운동이 얼마나 중요한지를 실감하게 합니다. 98년 한 해 동안 엘리뇨 현상으로 입은 인명피해만도 30,000명이요, 재산피해가 30조 원에서 40조 원에 이른다고 합니다. 이제 환경은 생명이며 돈입니다.

세계는 소련과 동구권 공산주의의 몰락으로 새롭게 재편되고 있습니다. 자본주의는 더욱 강력한 악마적 힘으로 사람들을 구속하고 더욱더 이기심의 극대화로 분열과 싸움을 조장할 것입니다. 우리 사회에서도 전통이 무너지고 고유한 형태의 마을이 무너지고 정치가 실종되고 교실이 무너지고 있습니다. 경제정의는 땅에 떨어져 빈익빈 부익부의 간격은 심화되고 있습니다. 모두들 이 체제로는 더 이상 안 된다는 것입니다. 현실은 새로운 체제와 사회를 목마르게 기다리고 있습니다.

지리산은 10여 년 전에 노고단 성삼재 도로의 개통으로 심한 몸살을 앓고 있습니다. 많은 등산객들과 관광객들로 인해 생태계 파괴가 가속화되고 있고, 근래에 지리산 산청과 함양에 두 개의 댐을 건설한다는 정부의 발표로 지리산의 미래는 불투명한 상태입니다. 기초 지자체는 세수 확보를 위한 무분별한 관광개발로 지리산의 지도가 바뀌고 있을 뿐만 아니라 지리산의 정신이 상실되고 있습니다. 초대형 산장의 건립과 의신과 삼정마을을 잇는 벽소령 관통도로를 개설하느니, 케이블카를 설치하느니, 지리산 주변을 관광특구로 개발한다는 등 생태계는 어느 때보다도 그 보존이 강력하게 요청되고 있습니다. 이에 우리는 지리산 생태보전을 우선적 과제로 삼고 지리산의 역사와 문화와 종교와 생태적 삶을 발굴하여 새로운 사회를 여는 일에 이바지하고자 지리산 연대를 결성했습니다.

지리산 연대는 지리산 주변에 있는 7개 시군(남원시·진주시·순천시·하동군·산청군·함양군·구례군)의 환경단체와 시민(사회봉사)단체, 그리고 지리산을 중심으로 새로운 사회를 열망하는 종교단체 및 개인들이 뜻을 모아 결성하게 되었습니다. 전문적인 환경운동가, 시민운동가와 종교운동가들이 뜻과 마음을 모았습니다. 지리산을 매개로 시작하는 이 작은 몸짓이 역사의 수레바퀴를 생명으로 옮겼으면 하는 바람 간절합니다. 다만 우리는 새로운 사회를 여는 일에 조금이나마 힘이 되고 싶을 뿐입니다.

〔정신〕 역사의 새벽을 열어갈 '지리산 연대'

민족의 어머니인 영산, 지리산은 우리 민족의 살아 있는 삶이요, 역사요, 생명입니다. 그런 지리산이 무분별한 개발로 그 순수성과 본래의 모습을 잃어가고 있습니다. 이를 안타까워하던 몇몇 단체와 개인이 지리산 연대를 결성하게 되었습니다. 이 연대체는 지리산이 갖고 있는 에너지를 찾아 새로운 사회를 열게 될 것입니다. 지리산은 불교와 기독교와 유림이, 좌익과 우익이, 호남과 경남이, 과거와 현재가 한자리에 만나는 장입니다.

첫째는 지리산의 생태계를 사랑하고 보호하자는 환경운동입니다.
지리산은 생태계가 가장 잘 보존되어 있고 다양한 생태계의 보고입니다. 곤충과 들꽃과 약초의 군락지입니다. 이렇게 아름답고 소중한 자연환경이 지자체의 세수 확충을 위한 무분별한 개발로 인해 절단되고 파괴되고 있습니다. 이제 더 방관하고 있다간, 지리산에 기대고 살아온 우리 민족의 삶이 부서질 위기에 처해 있기에 뜻이 있는 환경단체들이 나서게 된 것입니다.
(환경운동연합(전국·광주·진주), 녹색연합, 환경운동연대(전국·함양), 진주시민자치환경연구소, 부산대학환경공학과(김창원 교수·박태주 교수), 서남대학 환경공학과(권영호 교수), 왕시루봉산장, 피아골산장, 불교환경교육원, 지리산자연생태보존회, 지리산살리기협의회, 동부지역사회연구소, 지리산함양댐백지화대책위, 산청덕천강댐백지화대책위, 대한산악회부산시연맹, 지리산사랑동우회, 함양읍자연보호협의회)

둘째는 민족이 진정으로 나아갈 새로운 길을 모색하고자 하는 시민운동입니다.
지리산은 민족과 역사의 모성을 가지고 우리 민족에게 새로운 세계에 대한 희망이 되었고 힘이 되었습니다. 또한 지리산은 다양한 사람들이 만나 다양성 속에 통일성을 이루어가는 모토가 되었습니다. 지역적으로 지리산은 영남과 호남이 만나고 있어 동서화합을 위한 가교가 되고 있습니다. 이를 토대로 남과 북이 만나는 통일운동도 열망하고 있습니다. 우리는 지리산이 갖고 있는 역사성과 상징성들을 발굴하고 배워 새로운 민족사를 열어가고자 합니다. 이에 뜻이 있는 시민단체들이 나서게 되었습니다.
(참여연대, 열린사회시민연대, 순천YMCA, 남원YMCA, 진주YMCA, 광명YMCA, 김천YMCA, 경남문화연구소, 연세대학 정외과(이신행 교수), 구례정실협, 신라대학 행정학과(박재욱 교수), 경상대학 사회복지학과(심창학 교수), 남명연구소, 연세대총학생회, 연세대학원총학생회, 서남대총학생회, 청학동백두대간, 구례사임당독서회, 광주참여자치정보센터, 생명민회, 실상사귀농학교, 인드라망생명공동체운동본부, 산청양민희생자유족회, 남원사회봉사단체협의회)

셋째는 생명의 세계를 열고자 하는 종교운동입니다.

　지리산은 그 본래성을 간직하고 있는 산으로 민족의 숭모의 대상이 되어왔습니다. 어머니의 품으로 민족의 아픔을 달래고 새 힘을 주고 평화를 주었습니다. 자연과 인간은 하나의 온 생명이라는 불교의 가르침과 모든 자연만물은 하나님의 형상이라는 기독교의 가르침과 자연은 생명의 어머니라는 유교의 가르침에 근거하는 생명운동입니다. 지리산은 그 산세 또한 웅장하고 신비합니다. 정신적 힘을 제공해주는 중요한 곳입니다. 우리는 그간 너무 지나치게 양적인 성장에 중점을 두고 살아온 나머지 사회 전반에서 문제를 양산하였습니다. 이제 다가오는 새천년은 질의 시대가 될 것입니다. 삶의 풍요보다는 가치를 따지게 될 것이고 더욱 깊이 있는 가르침에 목말라할 것입니다. 그런 의미에서 종교는 환경운동과 시민운동이 다루지 못하는 깊이와 신비의 영성이 있습니다. 자본주의적 가치와 세계관이 세상을 온통 망가뜨리고 있습니다. 이제 생명적 가치와 세계관을 세워야 합니다.

　모든 만물은 저마다 자기다움을 가지고 있습니다. 자기다움은 인간에게 주신 하늘의 은총입니다. 자기다움을 상실했기에 세상은 일찍이 없었던 혼돈을 겪고 있습니다. 철저하게 자기다움으로 돌아가야 합니다. 자연은 그 이치를 거룩하게 가르치고 있습니다. 지리산의 사계는 이를 잘 말하고 있습니다. 이제 우리는 지리산 자락에 숨쉬어온 종교의 가르침에 귀를 기울여야 합니다.

　(실상사, 화엄사, 쌍계사, 대복사, 선원사, 백장암, 영선사, 지리산선교동지회, 남원살림교회, 민들레교회, 함양교회, 수곡제일교회, 영신교회, 옥동교회, 함양제일교회, 크리스챤아카데미, 덕천서원, 푸른언덕, 여천동부교회)

또한 지리산 연대는 지역운동에서 출발한 사회운동입니다.

　모든 시민운동체들이 중앙에서 시작하여 지역으로 확산된 운동인 반면에 지리산 연대는 남녘의 중심지인 지리산, 그 자락을 중심으로 하고 있는 7개 시·군과 전국적으로 지리산에 관심을 갖고 있는 단체들이 동참하였습니다.

함께하는 사람들

고문: 종걸(화엄사 주지), 조우환(덕천서원·남명연구원 대표), 최완택(민들레교회 목사), 함태식(피아골산장·산악인)

지도위원: 최열(환경연합 사무총장), 박원순(참여연대 사무처장), 김영락(기독교환경연대 사무총장), 유정길(불교환경교육원 사무국장), 강대인(대화문화네트워크 원장)

상임대표: 도법(실상사 주지)

공동대표: 이신행(연세대 교수), 엄용식(함양환경연대 대표), 이학영(순천YMCA 총무), 김석봉(진주환경연합 사무국장)

사무총장: 양재성(함양제일교회 목사)

사무처장: 이원규(시인)

〔중앙위원회〕
위원장: 도법/사무총장: 양재성

각 단체가 파송한 대표 1인과 약간명의 개인. (아래참조)
참가단체: 이신행연구실, 지리산선교동지회, 함양기독교환경운동연대, 남원사회봉사단체협의회, 남원 YMCA, 지리산반달곰보존회, 지리산살리기협의회, 구례정실협, 지리산자연생태보존회, 실상사, 쌍계사, 백장암, 푸른언덕, 동부지역사회연구소, 순천YMCA, 진주YMCA, 광명YMCA, 진주환경운동연합, 심창학연구실, 권영호연구실, 김창원연구실, 박재욱연구실, 남명연구소, 경남문화연구소, 덕천서원(남명연구원), 서부경남시민자치환경연구소, 기독교환경운동연대, 지리산댐백지화대책위원회, 화엄사, 구례농민회, 왕시루봉산장, 불교환경교육원, 고향사랑민들레회, 민들레목산회, 함양군종교지도자협의회, 푸른산내들, 거창 YMCA, 대화문화네트워크, 피아골산장, 정읍생명민회, 광주참여자치정보센터, 광주환경운동연합, 국립공원을 사랑하는 시민모임, 인드라망, 연세대학교총학생회, 좋은모임, 환경운동연합, 참여연대, 녹색연합, 지리산문학회

〔운영위원회〕
위원장: 이학영(순천권)/사무총장: 양재성/사무처장: 이원규
위원: 오정현(남원권), 이호준(산청권), 전점석(진주권), 엄용식(함양권), 미정(하동권)[*], 우두성(구례권), 이신행(연구실), 김창원(국제), 연대총학생회장, 조종명(문중), 김석봉(환경), 도법(상임대표), 이상 15명.

[*]창립식 이후 하동권 운영위원으로 하동성당 최훈 신부 선임.

지리산 연대가 앞으로 할 일감

1. 지리산 열린 학교를 설립하여 운영하는 일.
지리산 연대의 가장 중요한 일감이 될 것이다. 지리산의 역사와 생태와 정신을 배우게 될 것이다.

2. 지리산댐 건설계획 백지화운동.
지리산에 두 개의 식수 전용댐이 들어온다. 산청댐과 함양댐이 그것이다. 이미 현지에 댐 건설계획 백지화 대책위원회가 조직되어 있고 그 두 단체를 포함하여 지리산댐 건설계획 백지화 투쟁본부가 진주에 결성되었다. 이 단체와 연대하여 지리산댐이 백지화될 때까지 노력하고자 한다.

3. 박물관 설립 및 운영하는 일.
우선 지리산 자락에 있는 폐교된 학교를 해당 교육청과 협의하여 자연, 생태박물관을 추진하고 역사, 문화 박물관을 추진하고자 한다. 지리산에 오르지 않고도 지리산의 자연생태계와 역사문화를 한눈에 볼 수 있다면 큰 배움의 장이 될 것이다. 지리산권을 세 곳으로 분류하여 우선적으로 추진할 좋은 일감이다.

4. 노고단 성삼재 도로의 효과적인 활용방안을 모색하는 일.

이 도로 개설로 지리산을 찾는 관광객들이 상당히 많아졌다. 그로 인한 생태계 파괴는 더욱 심각해졌다. 이 도로를 부분적으로 차단하거나 셔틀버스를 이용하는 등 지리산을 보호하는 방안을 모색하는 일.

5. 등산로 안식년제의 확대를 제의하는 일.

여름에는 지나치게 많은 등산객들로 인하여 환경파괴 및 오염이 가속화되고 있다. 돌아가면서 안식년제를 확대하여 등산로를 보호하는 일.

6. 지리산 환경 보존위원회 설치를 건의한다.

지리산 주변에서 일어나는 모든 개발은 이 위원회를 거쳐서 최종 결정하도록 한다. 여러 환경단체와 시민 단체와 학계 및 종교계와 정부요인으로 이 위원회를 구성하여 가장 합리적인 방안을 찾는 일.

7. 지리산을 사랑하는 사람, 단체들을 교섭하여 연대체를 확대하는 일.

8. 인터넷 홈페이지를 만들어 국내 및 국제적인 연대를 모색하는 일.

9. 수입자 원칙에 의거하여 지리산 국립공원 안에 있는 요식업소는 완벽한 정화장치를 의무화하도록 법제화 하는 일. (따라서 국고를 보조하도록 하는 일)

10. 지리산 국립공원 관리공단과 연석회의를 통해 공동의 일을 협조하는 일.

11. 지리산 연대 회지를 발간하는 일.

12. 지리산 입산 수칙을 정하여 홍보하는 일.

13. 지리산문화제를 개최하는 일.

매년 총회(2월)를 즈음하여 지리산 연극제, 음악제, 풍물제, 고전제, 사진전, 작품전을 준비한다.

지리산 살리기·댐백지화를 위한 지리산문화제

일시   2000년 8월 11일 금요일 오후 6시

장소   경남 함양군 함양읍 상림공원

사회   김병조(방송인)

출연   김지하(시인), 조상현(국악인), 현철(가수), 김영동(국악인), 김성녀(국악인), 전유성(방송인), 코요
테(가수), 예쁜아이들(국악동요노래패), 도리도리(부다팝 가수), 남원농악단, 함양 한들굿패

주최   진주환경운동연합, 함양댐백지화대책위, 산청덕천강댐백지화대책위, 함양산청남원불교연대

후원   환경운동연합, 녹색연합, 지리산 살리기·댐백지화 추진 범불교연대, 지리산을 사랑하는 열린 연
대, 지리산살리기 국민행동(준), 산청군의회, 남원시의회

함양 상림공원에서 열린
제1회 지리산문화제.
ⓒ 함양군(함양사진·영상자료관)

창립식

일시 2000년 8월 30일 수요일 오후 2시　　　**장소** 한국일보사 대강당

지리산살리기 국민행동 창립선언문

지리산은 푸르고 낙동강은 맑아야 한다

지리산은 역사 속에서 항상 민족과 하나였다. 조상들의 삶과 문화가 문화재라는 이름으로 내일로 이어지고 있다. 지리산에서 과거와 미래는 하나가 된다.

아직도 산은 사람들을 품어주고 있다. 지리산 유역과 강 하류 수십만의 사람들은 지리산이 품었던 햇살과 구름과 바람을 통해 살고 있다. 개발의 광풍으로 상처를 입으면서도 지리산은 여전히 깨끗한 공기를 제공하는 허파요, 맑은 물을 제공하는 수원이다.

지리산은 존재 자체로 많은 이들에게 생태적 감수성을 일깨우고 있다. 그러나 현재 지리산은 신음하고 있다. 검게 그어진 아스팔트가 지리산을 갈라놓고, 산과 조화를 이루지 못하는 위락시설이 지리산을 상처내고 있다. 인간과 자연이 둘이 아니었던 역사가 지리산에서 접혀지고 있는 것이다.

여기에 또 한 번의 시련이 닥치고 있다. 정부가 지리산 유역에 계획 중인 4개의 대형댐이 천왕봉을 중심으로 한 지리산 동부지역을 호수로 만들 계획을 세우고 있기 때문이다. 지리산과 소통과 순환의 관계를 회복할 것인가? 막힘과 단절의 관계로 나갈 것인가? 선택해야 한다. 지리산댐 건설계획에 대한 우리 전 국민들의 태도가 이를 가를 큰 계기가 될 것이다.

지리산이 어머니 산이라면 낙동강은 어머니 강이다. 시원하게 뻗어내린 백두대간의 동쪽 태백 황지에서 부산까지 남단의 젖줄이 되어 이 땅을 적셔주었다. 사람들은 낙동강의 은혜를 입으며, 산업화, 도시화에 따른 물질적 풍요를 누렸다. 그러나 낙동강은 죽어가고 있었다.

현재 낙동강은 주변 사람들에게 평화와 조화의 근원이 되지 못한다. 낙동강은 중류와 하류 사람들을 분열시키고 서쪽과 동쪽 사람들을 분열시킨다. 원인은 인간이 만들어낸 수질오염이다. 따라서 이를 해결할 유일한 길은 낙동강 수질개선이다.

낙동강 각 지천 상류의 축산폐수와 비료·농약이 섞인 농업폐수는 이미 자연정화 능력을 넘어섰다. 중류지역에서는 20개가 넘는 공단에서 정화되지 못한 온갖 공업폐수가 유입되고 있다. 하류에서 몇 개의 지천이 합류하지만, 낙동강은 살아나지 않는다.

낙동강 수질을 개선하려면 낙동강 전반에 걸쳐 전반적인 오염원을 줄여야 한다. 지리산댐 건설계획은 하류지역에만 물을 첨가하는 임시방편적인 조치이다. 낙동강 오염을 줄이는 근원적인 방법을 제쳐놓고, 지리산댐 건설이라는 엉뚱한 처방을 내놓은 것은 전혀 납득할 수 없다. 이것은 '낙동강과 지리산'을 동시에 파괴하는 결과를 가져올 것이다.

우리는 지리산에 대한 깊은 애정과 연민을 가지고 활동을 시작했다. 이제 지리산과 낙동강이 민족에게 베풀었던 것들을 갚아야 할 때가 되었다. 이를 위해 '지리산살리기 국민행동'은 민족의 영산 지리산의 생태적 가

치, 역사적 가치, 문화적 가치, 정신적 가치를 살려내는 역사적인 과업을 시작한다. 또한 지리산 살리기를 통해 낙동강과 만날 것이다.

지리산과 낙동강이 만나면서 동시에 자연과 인간, 인간과 인간이 서로 손을 잡을 것이다. 단절과 막힘의 역사가 끝나고 소통과 순환의 역사가 여기서부터 시작할 것이다. 지리산은 푸르고 낙동강은 맑아야 한다.

조직구성

[공동대표]	상임공동대표: 김지하, 수경, 이세중, 이종훈
지역	도법(호남권, 실상사 주지·인드라망생명공동체 상임대표)
	김장하(영남권, 형평운동기념사업 이사장·남성문화재단 이사장)
종교계	인명진(기독교환경운동연대 상임대표)
	수경(지리산살리기·댐백지화추진범불교연대 상임대표)
	정중규(신부·천주교 마산교구 진주지구장)
	이선종(원불교 천지보은회 상임대표)
문화·예술계	김지하(시인)
	김정헌(문화개혁시민연대 상임집행위원장)
환경단체	이세중(환경연합 공동대표)
	이병철(녹색연합 공동대표)
	김상원(환경정의시민연대 공동대표)
사회단체	이종훈(경실련 공동대표)
	성유보(민주언론운동시민연합 이사장)
	서경석(시민단체협의회 사무총장)
여성계	지은희(여성연합 공동대표)
학계	최창조(전 서울대 지리학과 교수)

[공동집행위원장]	상임집행위원장: 유재현
	유재현(세민재단 이사장)
	최열(환경운동연합 사무총장)
	이석연(경실련 사무총장)
	박창균(천주교마산교구진주지구사목협의회)
	현응(지리산살리기·댐백지화추진범불교연대 집행위원장)

[집행위원회 구성단체]

경실련, 경제정의실천불교시민연합, 광주·전남녹색연합, 기독교환경운동연대, 녹색연합, 대구녹색연합, 대한산악연맹, 부산경실련, 부산환경운동연합, 산청덕천강댐백지화대책위, 세민재단, 원불교천지보은회, 인드라망생명공동체, 전국귀농운동본부, 정신개혁시민협의회, 지리산살리기남원시민연대, 지리산살리기·댐백지화추진범불교연대, 지리산살리기함양·산청·남원불교연대, 지리산을사랑하는열린연대, 진주환경운동연합, 천주교마산교구진주지구사목협의회, 풀꽃세상을위한모임, 한국불교환경교육원, 한국시민단체협의회, 함양댐백지화대책위, 환경운동연합, 환경정의시민연대 (가나다 순)

[위원회]

정책위	서재철(녹색연합 자연생태국장)
재정위	유재현(녹색미래 대표)
문화홍보위	최성각(풀꽃세상을 위한 모임 사무처장)
조직위	지역 – 김석봉(진주환경련 사무처장)
	서울 – 이정주(녹색미래 사무총장)

[사무처장]

서울	양징일(환경운동연합 서울사무처장), 임효징(경제정의실천불교연합 대외협력위원장)
지리산	이원규(시인)

[연대단체]

가톨릭농민회/개운사/걷고싶은도시만들기시민연대/경국사/경남문화연구소/경제정의실천불교시민연합/경제정의실천시민연합/공동체의식개혁국민운동협의회/광명YMCA/광주·전남녹색연합/광주환경운동연합/교통문화운동본부/교통장애인협회/구례농민회/구례사임당독서회/구례정실협/국제옥수수재단/권영호연구실/귀농전문학교/그린훼밀리운동연합/글로벌케어/기독교농민회/기독교윤리실천운동/기독교환경운동연대/김창원연구실/김천YMCA/나와우리/남명연구소/남원YMCA/남원경실련/남원사회봉사단체협의회/남원살림교회/남원환경운동연합/녹색교통운동/녹색소비자연대/녹색연합/녹색연합충청본부/농심마니/능인선원/다일공동체/대각사/대구경실련/대구녹색연합/대구환경운동연합/대복사/대전참여자치시민연대/대학산악인연맹/대한불교전국산악인연합회/대한불교청년회/대한산악연맹/대한산악회부산광역시연맹/덕천강백지화대책위원회/덕천서원/도선사/동이학교/두레생태기행/문화개혁시민연대/민들레목산회/민주언론운동시민연합/박재욱연구실/박태주연구실/백장암/범영남권낙동강유역댐반대투쟁위원회/법왕사/볼런티어21/봉은사/부산경실련/부산참여자치시민연대/부산환경운동연합/불교바로세우기재가연대/불교인권위원회/(사)광록회/(사)광주참여자치정보센터/(사)낙동강보존회/(사)대자연보전환경협회/(사)대한불교삼보회/(사)맑고향기롭게/(사)우리는선우/(사)전국귀농운동본부/(사)전남동부지역사회연구소/(사)좋은벗들/(사)파라미타/(사)한국JTS/(사)한국환경사회정책연구소/(사)한살림/사랑의장기기증운동본부/사자암/산청·함양양민희생자유족회/산청군의회/산청덕천강댐백지화대책위/생명나눔실천회/생명민회/생명의숲가꾸기국민운동/생태보전시민모임/서남대학교총학생회/서부경남시민자치환경연구소/석왕사/선우도량/성균관청년유도회/세민재단/수곡제일교회/수국사/순천YMCA/신륵사/신사회공동선운동연합/실상사/실천불교전국승가회/심창학연구실/쌍계사/쓰레기문제해결을위한시민운동협의회/아시아사회과학연구원/아시아시민사회운동연구원/약사사/여천동부교회/연세대학교대학원총학생회/연세대학교총학생회/열린사회시민연대/영신교회/영화사/옥천암/왕시루봉산장/우리민족서로돕기운동/우리식물살리기운동본부/원불교봉공회/원불교중앙청년회/원불교천지보은회/월간사람과산/월드비전/유전자조작식품반대생명운동연대/이신행연구실/인드라망생명공동체/자비의전화/전국교사불자연합회/전국불교운동연합/전국철거민협의회중앙회/정신개혁시민협의회/정의로운사회를위한교육운동협의회/조계사대승불자회/조계사청년회/조계종원우회/조계종중앙신도회/조계종포교사단/조국평화통일불교협회/지리산댐계획백지화투쟁본부/지리산사랑동우회/지리산살리기·댐백지화추진범불교연대/지리산살리기남원시민연대/지리산살리기함양·산청·남원불교연대/지리산살리기협의회/지리산선교동지회/지리산을사랑하는열린연대/지리산자연생태보존회/지리산함양댐백지화대책위원회/진관사/진주YMCA/진주환경운동연합/참여연대/천주교마산교구진주지구사목협의회/천주교한마음한몸운동본부/청룡암/청학동백두대간/크리스챤아카데미/푸른언덕/풀꽃세상을위한모임/피아골산장/한국YMCA전국연맹/한국교수불자회/한국교통시민협회/한국금연운동협의회/한국금융단불교연합회/한국기독학생회총연맹/한국농어촌사회연구소/한국대학생불교연합회/한국등산연구소/한국불교환경교육원/한국시민단체협의회/한국여성단체연합/한국여성정치연구소/한마음선원/함양교회/함양기독교환경운동연대/함양댐백지화대책위/함양읍자연보호협의회/행정개혁시민연합/화계사/화엄사/환경운동연합/환경정의시민연대/흥사단 (가나다순) 총 189개 단체(8월 30일 창립 당시)

※ 이후 남원참여자치시민연대, 불교환경연대 등도 연대단체 가입

1. 도보순례의 취지

1) '지리산'을 통해 '낙동강'을 바라본다.

▶ 개발 중심의 현대사의 굴곡이 드디어 마지막 남은 청정국토인 산의 파괴를 서두르고 있다. 국립공원1호 지리산에 대한 정치·경제적 개발논리는 이를 알리는 첨병이다. 우리는 댐 문제를 통해 산에 대한 인간의 위협의 처음을 보게 되며, 강에 대한 파괴의 종착점을 동시에 보게 된다.

▶ '지리산'에 대한 인간의 위협은 우리에게 낙동강을 되돌아보게 만들었다. '강살림'에 대한 인간의 무능과 안일함이 다음 차례의 희생물로 산을 택하도록 만들었다. 이는 철저하게 인간 중심의 정치·경제 논리에 의한 지역분할로 인해 아무런 막힘도 없이 진행되어왔다. '지리산살리기 국민행동'에서는 낙동강에 대해 포기하지 않는 애정이 필요함을 역설한다.

▶ 낙동강에 대한 포기는 지리산에 대한 위협이면서 동시에 낙동강 유역민들에 대한 위협이다. 부산과 대구 그리고 낙동강유역의 여러 도시들이 '지속적인 생존'을 영위할 수 있는 것은 순전히 낙동강의 건강함에 달려 있다. 낙동강 유역민들의 포기하지 않는 낙동강에 대한 애정과 열정이 필요한 시기이다.

2) '낙동강 살리기'를 통해 '지리산 살리기'에 접근한다.

▶ '지리산살리기 국민행동'은 지리산과 지리산유역에 대한 지나친 강조가 자칫 낙동강의 다른 상부(지리산도 낙동강의 상부지역임) 유역민들에게 또 다른 위협으로 다가갈 수도 있다고 생각한다. 우리는 낙동강 유역민들과 지리산 유역민들이 갈등하고 반목하길 원치 않는다. 우리는 낙동강의 모든 유역민들은 '지리산살리기'를 위한 훌륭한 동반자가 될 수 있다고 본다.

▶ 우리는 '낙동강살리기'를 통해 낙동강이 원래 하나의 거대한 생명공동체임을 확인하고자 한다. 그래서 그 거대한 생명공동체의 일원으로 '지리산'이 존재함을 낙동강 유역민 전체에게 알려내고자 한다.

3) '낙동강 살리기'를 통해 영남주민들과 국민들이 만난다.

▶ '낙동강 살리기'에 대한 영남지역민들의 염원은 이미 91년 낙동강페놀사태에 기인한다. 그리고 94년도 이후 매년 지속되는 부산과 동부경남권의 수돗물 악취사태를 통해 증폭되었고, 급기야는 대구의 경제난에서 기인한 위천공단을 둘러싼 지역 간 대립으로 큰 상처로 남아 있다. 그래도 여전히 낙동강 유역민들은 낙동강에 대한 포기하지 않는 애정을 가지고 있으며, 이들은 영원히 '낙동강 살리기'에 대한 화두를 놓지 않을 것이다.

▶ 낙동강의 오염과 영남권의 환경문제는 영남권의 개발의 역사의 이면에 항상 함께해왔다. 90년대 이전과 이후는 단지 전자는 잠복기로 있었다면 후자는 겉으로 드러났던 것밖에 없다. 2000년에는 드디어 온갖 성장의 가치가 오염과 환경갈등으로 압도되어버렸다. 그야말로 낙동강유역은 우리나라의 현대사의 정치·경제·사회·문화 등 총체적인 생활의 문제가 가장 극명하게 갈등으로 드러나고 있는 지역이다.

▶ 이제 낙동강 유역민들은 자신들의 문제를 보다 객관적인 시각으로 다루어가는 것이 (충분하지는 않더

라도) 절실함을 알고 있다. 이제 중앙정부와 서울의 환경·사회단체 그리고 여러 종교계를 비롯한 모든 국민들은 낙동강 유역민들의 노력에 각별한 관심을 가져야 할 때이다. 이 지역민들은 한국 사회의 현대 사가 배태한 많은 영광과 더불어 많은 폐혜를 경험하고 있는 사람들이다. 그렇기에 이 유역민들은 미래 에 대한 많은 가능성을 품고 있기도 하다. 이들의 노력을 '지역이기주의'로 폄하하지 않는 따뜻한 시각 이 요청되는 시간이다.

2. 도보순례의 의의

1) 자연의 뭇 생명과 인간과의 만남
▶ 인간의 탐욕과 이기에 의해 파괴되고 오염된 자연과 그 속에 터잡은 많은 생명들의 소리 없는 외침을 경 청하며, 자연과 인간이 공생하는 '상생의 길'을 전한다.

2) 인간과 인간과의 만남—동서 간, 남북 간 화합 추구
▶ 낙동강과 지리산을 둘러싼 대구경북권과 부산경남권 주민 간의 갈등, 호남권 영남권 간의 갈등을 해결 하는 장으로 삼는다. 낙동강 유역민들과의 만남을 통해 지역민들이 자신의 문제를 생명사랑과 대화합 으로 승화시킬 수 있도록 노력한다.
▶ '지리산살리기 국민행동'은 지리산이 가지는 민족의 통합과 화합 그리고 새로운 희망을 품게 하는 힘을 오늘날에도 여전히 지속될 수 있도록 하는 한 발짝의 걸음을 내딛는다. 낙동강 1,300리 도보순례는 단 지 한걸음일 뿐이다. 여기서부터 시작될 것이다. 우리의 희망이…….

3) 생명사랑을 통한 종교 간 대화합
범불교연대를 비롯하여 원불교, 천주교, 유교, 기독교 등의 많은 종교인들이 참여하여 생명살림을 통해 종 교 간의 협력과 일치를 다지면서 종교의 사회적 소명을 실천한다.

3. 도보순례일정 및 주요행사

1) 개 요
일정 2000. 10. 23.~11. 20.(태백 황지에서 낙동강 을숙도까지)
주요행사
  낙동강·지리산살리기 도보순례단 출정식
    일시: 10월 23일(월) 오전 10시   장소: 종묘공원
  낙동강-지리산 살리기 기원제—지리산이 낙동강에게
    일시: 10월 23일(월) 저녁 8시   장소: 태백 황지(낙동강 발원지)
  화합과 생명사랑을 위한 지역주민 간담회
    태백(10월 23일)/안동(10월 30일)/문경(11월 2일)/상주(11월 3일)
    구미(11월 6일)/남지(11월 13일)/부산(11월 18일)/함양·산청(11월 19일)

올바른 물정책을 위한 토론회

　　대구(11월 8일)/함양·산청(11월 20일)

낙동강·지리산살리기 시민대회

　　안동(10월 30일)/구미(11월 6일)/대구(11월 8일)/부산(11월 18일)/함양·산청(11월 19일)

수질조사 및 낙동강유역 환경파괴 실태조사

　　수질조사(황지, 안동 단변천, 문경 내성천·영강 합류지점, 구미 감천, 대구 금호강, 창녕 남강, 부산 기흥 등)

　　환경파괴 실태조사(전 구간)

댐백지화와 친환경적 수자원정책 촉구 100만 인 서명운동(전구간)

　　해단식 및 결의대회—낙동강이 지리산에게

2) 도보순례 참가자

전구간 순례단

수경 스님(순례단장·지리산살리기국민행동 상임공동대표), 허욱(총괄진행·녹색연합 국립공원 담당 간사), 함현 스님, 연성 스님, 안우석(원불교천지보은회), 장영철(화가), 이원규(시인) 등

촬영팀, 수질조사팀, 지원팀 등

총 20여 명 확정, 계속 순례단 접수 중

구간별 참가자

이병철(녹색연합 공동대표)/이선종(원불교천지보은회 공동대표)/이세중(환경운동연합 공동대표)/이종훈(경실련 공동대표)/인명진(기독교환경운동연대 상임대표)/정중규(천주교마산교구 진주지구장)/유재현(세민재단 이사장)/박창균(천주교 마산교구 진주지구 사목협의회·신부)/이석연(경실련 사무총장)/최열(환경운동연합 사무총장)/현응(지리산살리기댐백지화범불교연대 집행위원장·스님)/김동흔(경불련 운영위원장)/김용환(경실련 기획조정실장)/김태완(광주·전남녹색연합)/유미호(기독교환경운동연대 실장)/김혜애(녹색연합 사업1국장)/박세경(농심마니 총무)/안경숙(대구녹색연합 회장)/김병준(대한산악연맹 전무이사)/이동환(부산경실련 사무처장)/구자상(부산환경운동연합 사무처장)/김경일(원불교 천지보은회)/이정호(인드라망생명공동체 사무처장)/성여경(전국귀농운동본부 사무처장)/서옥환(정신개혁시민협의회 사무처장)/신종철(지리산댐 및 상수원보호구역 산청군대책위)/최연(범불교연대 사무처장)/김상현(지리산살리기남원시민연대 사무국장)/성후(지리산살리기 함양·산청·남원불교연대 상임대표·스님)/양재성(지리산을사랑하는열린연대 사무국장·목사)/김석봉(낙동강유역범영남권댐백지화대책위 집행위원장)/심현숙(풀꽃세상을위한모임 사무장)/유정길(한국불교환경교육원 사무국장)/이정수(한국시민단체협의회 사무국장)/이창구(함양댐백지화대책위 위원장)/양장일(환경운동연합 조사국장)/서왕진(환경정의시민연대 사무처장)

4. 출정선언문

그동안 우리는 뭇 생명의 희생을 담보로 너무 편한 길만 찾아왔다.

땅에는 화학비료와 농약을 뿌렸다. 물이 필요하면 물길을 막았고, 지층 깊은 곳에 있는 물까지 고갈시켰

다. 산이 가로막으면 산에 구멍을 냈다.

인간이 경제성장과 개발의 논리로 이뤄낸 것은 단지 이것뿐이다. 어머니 자연은 무한히 인간에게 은혜를 베풀었지만 인간은 언제나 만족하지 못했고 어머니 자연을 들볶았다. 급기야 어머니 자연은 탈진상태에 빠졌다. 현대문명을 지배하던 개발의 논리는 이렇게 파탄이 났다.

대지는 더 이상 인간에게 젖을 주지 못한다. 물길은 시궁창이 되었다. 이제 그나마 인간을 품어주던 산마저 개발의 광풍에 쌓여 있다.

민족의 젖줄인 낙동강이 온갖 폐수로 썩어가고 이제 댐이 산으로 올라오고 있다.

민족의 영산마저 파헤쳐서 댐을 지으려는 정부의 계획을 보며 우리는 이제야 확연히 깨닫는다.

인간의 강 파괴가 이미 종착점에 이르렀으며, 이제 산마저 파괴될 날이 머지않았음을.

이제는 반성과 회복의 시간이다.

우리는 낙동강을 따라 걸으면서 인간이 낙동강에게 저지른 잘못을 참회할 것이다.

각 지천 상류의 축산폐수와 비료·농약이 섞인 농업폐수, 중류지역의 공단에서 나오는 온갖 공업폐수들, 그리고 생활오수들로 죽어간 낙동강을 보며 낙동강이 우리에게 베풀어준 은혜에 보답할 것을 다짐할 것이다.

또한 이제는 반성과 화합의 시간이다.

우리는 또한 낙동강 유역의 주민과 만날 것이다.

낙동강이 살아나기를 간절히 바라는 낙동강 유역 주민들과 대화를 나누면서 낙동강을 건강한 어머니강으로, 평화와 조화의 근원으로 다시 살려낼 방법을 찾아낼 것이다. 낙동강 중류와 하류, 서쪽과 동쪽 마을의 사람들이 맑은 낙동강의 물줄기를 따라 하나의 생명공동체로 어우러지기를 간절히 기원할 것이다.

이제 우리 순례단 일동은 '지리산살리기 국민행동' 창립선언의 정신을 되새기면서 화합과 생명살림을 위한 길을 간다.

"지리산과 낙동강이 만나면서 동시에 자연과 인간, 인간과 인간이 서로 손을 잡을 것이다. 단절과 막힘의 역사가 끝나고 소통과 순환의 역사가 여기서부터 시작할 것이다. 지리산은 푸르고 낙동강은 맑아야 한다."

지리산살리기 국민행동
낙동강·지리산살리기 낙동강도보순례단 참가자 일동

낙동강물이용조사단 발표에 관한 '지리산살리기 국민행동의 입장'

정부는 조사단의 조사결과에 따라
지리산댐 건설계획을 즉각 백지화하고
낙동강수질개선책을 즉시 마련하라.

정부는 지난 1999년 12월 30일 낙동강물관리종합대책을 확정 발표하면서 지역간 쟁점이 돼왔던 분야에 대해 지역전문가가 참여하는 조사단을 구성하여 재조사를 실시하고 조사결과에 따라 최종 결정을 내리기로 합의하였다. 이에 해당지역 자치단체와 시민환경단체의 추천으로 24명의 조사위원을 선출하여 '갈수기유지 용수조사반', '취수원 다변화 조사반', '오염총량관리제 조사반'을 운영하였다.

이 낙동강물이용조사단은 그동안 위 3개 분야에 대해 2000년 12월까지 조사활동을 마무리하고 2001년 1월 18일 14:00 대구지방환경관리청 대회의실에서 최종 조사결과를 확정, 발표하였다. 이 최종 조사결과에 대하여 '낙동강물이용조사단' 산하 '정책평가위원회'의 최종검토까지 마쳤고, 최종 조사결과는 환경부로 넘겨졌다.

그동안 쟁점이 돼왔던 분야의 최종 조사결과는 다음과 같다.

1. 갈수기 유지용수 증대방안 조사결과

당초 정부는 갈수기 유지용수를 증대하기 위해 갈수기조절용댐 건설을 전제하였으나 조사반은 기존댐 최적화운영, 수요관리 및 공급관리를 통해 유지용수를 확보할 경우 30년 빈도 이수안전도 조건에서 진동지점 하천유지유량 가능량은 78.1CMS가 되었으며, 137%의 개선효과가 있는 것으로 나타났다. 하천유지유량 가능량 78.1CMS는 정부가 추진하고자 하는 낙동강 물금지역 목표수질 2급수 달성에 필요한 유지유량 79CMS에 버금가는 양으로 사실상 갈수기 유지유량 증대를 위한 갈수조정댐 건설은 불가한 것으로 나타났다. 이는 그동안 건설교통부와 수자원공사가 추진코자 했던 갈수기 유지용수 공급댐이 사실상 필요치 않다는 직접적인 결론인 것이다.

2. 취수원 다변화 조사결과

당초 정부는 부산 광역상수도사업을 추진한다는 계획으로 지리산 댐 계획을 정부안에 포함시켰다. 그러나 조사단은, 낙동강 하류지역 물부족 검토 결과 부산광역시는 발생하지 않으며, 2016년에 이르러 울산·경남지역에 물부족이 발생하는데, 이 발생요인도 현재 공업용수가 2배로 증가하였을 때 가능한 양이고, 이 양은 각종 수요관리제도를 도입하면 낙동강 유역 취수원의 물부족은 발생하지 않을 것이라고 결론지었다. 그리고 강변여과수개발 등으로 최소한의 비상급수시설은 가능하다는 결론을 내렸다. 그뿐만 아니라 여러 가지

사회·경제적 조건을 감안할 때 부산광역상수도사업은 현재 불가능하다는 결론을 내렸다. 이는 그동안 부산시와 수자원공사가 추진하려 했던 지리산권역 댐 건설계획은 전면 백지화해야 마땅하다는 직접적인 결론인 것이다.

3. 오염총량제 관리방안 조사결과

정부는 낙동강 수질개선을 위해 오염총량관리제도를 도입하려 했으나 지역 간 이해관계로 인해 추진하지 못하자 '낙동강물이용조사단'의 조사활동에 포함시켜 조사를 진행했다. 그 결과 BOD를 먼저 시작하고, 3년 후부터 총인을 포함시키고, 연차적으로 총질소, COD, 유해화학물질을 포함시켜야 하며, 오염부하량을 추가 삭감해야 한다는 결론을 내놓았다. 이처럼 오염총량관리제도를 도입할 경우 낙동강 물금지역 목표수질 2급수를 달성하기 위해 필요한 수량은 79CMS로 결론지었다. 이는 낙동강 수질개선사업을 적극적으로 추진하면 낙동강이 살아난다는 직접적인 결론인 것이다.

이제 정부와 해당지자체, 지역의 전문가, 지역 시민환경단체가 합의해 진행한 낙동강물이용 조사활동이 마무리되었다. 그리고 조사활동의 최종 결과는 그동안 건교부와 수자원공사가 수량확대정책에 기인해 추진하려 한 각종 댐 건설계획이 사실상 필요치 않다는 결론인 것이다.

우리는 앞으로 진행될 정부 부처 간의 의견조율, 지자체 간의 합의 등 제반 절차에 대해 조사단의 조사결과가 결코 왜곡되어서는 안 된다고 주장하면서 몇 가지 우리의 입장을 전달하는 바이다.

첫째, 정부는 조사단의 조사결과에 따라 댐 건설계획을 백지화하여야 한다.

지리산살리기 국민행동은 낙동강의 갈수기조절 대책 마련을 지속적으로 이야기해왔고, 조사결과 갈수기 유지용수 공급댐이 사실상 필요치 않다는 결론이 내려졌고, 정부의 잘못된 판단으로 지역주민들을 고통 속으로 몰아넣은 책임을 지고 댐 건설계획을 즉각 백지화하여야 한다.

둘째, 정부는 낙동강 수질개선을 위해 대책을 마련하여야 한다.

정부는 부산 경남권 주민들의 식수를 해결하려는 노력을 하여야 하며, 낙동강 수질개선을 위해 특단의 대책을 마련하여야 한다.

셋째, 건교부는 조사단이 제시한 각종 후속사업을 진행해야 한다.

건교부는 조사단이 발표한 내용을 겸허히 받아들여 수용하고, 낙동강 수계 물관리 정책을 적극 수용하여야 한다. 조사단은 그동안 조사기간의 한계를 분명히 지적해왔고, 새로운 각도에서의 조사가 진행될 필요성에 대해 주장해왔다. 낙동강을 생태적으로 건강한 강으로 복원하는 것은 민족의 장래를 위하는 대역사이다. 이에 대한 책임이 정부에 있음을 알아야 한다.

국토를 사랑하고, 자연생태계를 아끼는 우리는 조사단의 조사결과에 대해 환영하면서, 댐 건설계획으로 인해 그동안 정부와 지역 간 쌓인 감정이 해소될 수 있도록 하루빨리 '댐건설계획백지화 선언'을 강력히 촉구하는 바이다.

'생명평화 민족화해 지리산위령제'

1. 봉행취지

민족의 화해와 협력의 시대에 즈음하여 이념적 갈등과 투쟁으로 인한 역사적 아픔과 상처를 치유하기 위하여 특히 한국전쟁 기간에 지리산에서 희생된 국군, 경찰, 민간인 및 좌우를 망라한 모든 고혼들을 위령하고자 함.

2. 행사개요

예비행사
1) 각 종교계별로 백일기도(2001. 2. 16.~5. 26.)
   – 참여교단: 천주교, 불교, 원불교, 기독교
2) 백두대간 종주(2001. 2. 17.~4. 30.)
   – 종교인, 산악인으로 구성된 종주단(단장 연관) 10인
3) 지리산 850리 순례(2001. 5. 3.~5. 18.)
   – 종교인, 지역군민, 산악인, 문화예술인 등 연인원 500명
4) 위령제단 터다짐(2001. 5. 20.~5. 26.)
   – 위령제 7일 전 봉행터에 향을 피우고 백회를 뿌리며 만장을 세우고 등을 단다.

위령제 본행사
1부 위령제 (2001. 5. 26. 오후 1시~3시)
   – 고유문 낭독, 각 종교별 추모, 위령, 천도의식 봉행
   – 남북정상 위령 메시지 각계대표 헌향 헌주, 소전燒箋, 음복
2부 문화행사 (2001. 5. 26. 오후 3시~5시)
   – 통일의 북소리, 진혼무, 아리랑판타지, 합토 합수제, 특별퍼포먼스 등

3. 봉행위원회 조직구성 명단

고문
강원룡(평화포럼 이사장)   김수환(천주교 추기경)
법전(조계종 원로회의 의장)   청화(조계종원로회의 의원, 실상사 조실)
이광정(원불교 종법사)   김광욱(천도교 교령)
최창규(성균관 관장)   박형규(원로목사)

정진석(천주교 대주교)   서영훈(대한적십자사 총재)
박창암(월간《자유》발행인, 예비역 장성)   한승헌(변호사)

공동봉행위원장
불교: 정대(조계종 총무원장)
기독교: 김동완(KNCC 총무)
천주교: 김종수(한국천주교 중앙협의회 사무총장)
원불교: 장응철(원불교 교정원장)
유교: 유병택(성균관 부관장), 이해문(유도회장)
천도교: 주선원(천도교 종무원장)
민족종교: 한양원(민족종교협의회장)
시민단체: 이종훈(경실련 공동대표), 박은정(참여연대 대표), 이세중(환경운동연합)
여성계: 지은희(한국여성단체연합)
노동자: 단병호(민주노총 위원장), 이남순(한국노총 위원장)
농민: 전광훈(전농의장), 정대근(농협중앙회 회장)
법조계: 정재현(대한변협회장)
문화예술: 김윤수(민예총 이사장), 김지하(시인)

봉행위원
강대옥, 강영채, 고윤지, 고은, 광우, 권오홍, 김경재, 김광준, 김기병, 김덕권, 김명곤, 김방경, 김소선, 김수진, 김숙희, 김신현, 김영동, 김영신, 김용만, 김장하, 김재홍, 김종현, 김주원, 김준철, 김천주, 김혜선, 대행, 도법, 도영, 명진, 묘엄, 박경조, 박광서, 박상중, 박영숙, 박영신, 박우균, 박재묵, 박정훈, 박진탁, 박창수, 배종배, 백진주, 백창기, 법장, 변문호, 서돈각, 성해용, 세민, 손봉숙, 손봉호, 송두환, 송보경, 신덕순, 엄용식, 영산, 오인창, 오재식, 우두성, 원경선, 원택, 윤준하, 이규재, 이남주, 이명남, 이병채, 이선종, 이성택, 이수호, 이순종, 이우갑, 이유종, 이일하, 이정심, 이정자, 이제성, 이종진, 이춘호, 이현숙, 이희재, 임원택, 장경진, 전명자, 전풍자, 정광모, 정길태, 정명중, 정상명, 정영문, 정해숙, 조성민, 조인선, 조정중, 조혜숙, 종걸, 지하, 진관, 진영혜, 청화, 최영희, 통광, 한지성, 함태식, 허영구, 현창백, 혜지, 화범, 황인철, 황진규

상임집행위원장
김종수(한국천주교 중앙협의회 사무총장)

공동집행위원장
유재현(세민재단 이사장)   최열(환경연합 사무총장)
이석연(경실련 사무총장)   김용태(민예총 상근부회장)
박원순(참여연대 사무처장)   윤병조(KNCC 국장)
김정헌(문화개혁시민연대 상임집행위원장)   오훈동(천도교종합대학 교수)
신현석(성균관 교화홍보국장)   문규현(새만금갯벌평화연대 공동대표)

수경(지리산살리기 국민행동 상임대표) 조원오(원불교 사회문화부장)
양덕창(한국천주교 중앙협의회 총무국차장) 김재완(한국민족종교협의회 사무총장)
이병철(녹색연합 대표) 정성헌(DMZ생명평화마을 이사장)
서경석(우리민족서로돕기 집행위원장) 변진흥(한국종교인평화회의 사무총장)

집행위원

고응배, 구자상, 김관진, 김대원, 김동흔, 김명옥, 김병준, 김석봉, 김성복, 김수규, 김영락, 김용환, 김재범, 김재옥, 김종기, 김태환, 김혜정, 문성순, 박상내, 박세경, 박찬호, 박하순, 박환채, 백명철, 법륜, 사주원, 서왕진, 성여경, 성후, 손혁재, 신강호, 신종철, 신혜수, 심성구, 심영식, 안경숙, 안담, 양재성, 우원상, 원제식, 유미호, 유정길, 육관응, 윤여빈, 윤지희, 이광구, 이동환, 이명신, 이상균, 이상만, 이선영, 이송우, 이원규, 이정수, 이정식, 이정호, 이필성, 이홍익, 임삼진, 임완숙, 임효정, 전형근, 정상덕, 정인성, 조성근, 최석봉, 최성종, 최연, 최정자, 최헌섭, 황의욱

사무총장

김대선(원불교 성동교당 교무)

4. 지리산선언문

오늘 우리는 생명평화와 민족화해를 염원하면서 민족의 영산 지리산에 모여 위령제를 올렸습니다.

지리산은 1억 5천만 년 전부터 이 땅을 지켜온 우리의 삶 그 자체입니다. 우리 역사 그 자체인 지리산 봉우리 봉우리마다에는 우리 선조들의 삶의 자취가 남아 있고 지리산 골짜기 골짜기마다 역사의 아픔이 배어 있습니다.

지리산은 민족사의 가장 비극적인 현장입니다. 너와 나, 영남과 호남, 세대와 세대, 좌익과 우익, 종교와 종교, 인간과 자연을 가리지 않는 지리산은 그 누구도 외면하거나 배척하지 않고 그 넉넉한 품안에 모두를 끌어안았습니다.

그처럼 소중한 어머니의 산, 지리산이 지금 죽어가고 있습니다. 지리산의 핏줄을 끊고 가슴을 갈라 지리산을 죽이는 것은 끝 모를 인간의 물질적 탐욕입니다. 어리석은 우리는 욕심에 눈멀고, 편안함에 귀먹어 마침내 삶의 뿌리마저 파헤쳐 죽이고 있는 것입니다.

지리산을 죽이는 것은 생명을 죽이는 것이며, 나 자신을 죽이는 것이며, 나아가 후손들을 영원히 죽이는 것입니다. 지리산은 살아야 합니다. 지리산이 더 이상 고통의 땅, 절망의 땅이어서는 안 됩니다. 이제 우리는 지리산을 탐욕의 불구덩이로부터 살려내고자 합니다. 지리산을 살리는 것은 우리를 살리는 것이기 때문입니다.

지리산을 살리기 위해서는 먼저 지리산에 서려 있는 역사의 아픔을 달래는 일부터 시작해야 합니다. 한을 안은 채 지리산에서 죽어간 수많은 생명들의 원을 풀어주어야 합니다. 지리산에는 사람이 사람답게 살 수 있는 아름다운 세상을 그리며 한 많은 세상을 떠난 많은 넋들이 떠돌고 있습니다. 이 넋들의 아픔을 어루만지고 맺힌 한을 풀어내 지리산이 품고 있는 역사의 아픔을 치유할 때 비로소 한반도를 뒤덮고 있는 냉전의 찬바람이 물러가고 사랑과 평화의 나무가 자라날 것입니다.

오늘의 위령제는 생명평화와 민족화해를 위한 첫걸음입니다. 지리산에서 억울하게 죽어간 많은 넋들의 원통함을 풀어줄 때 비로소 한반도의 분단을 극복하고 평화통일을 이루며, 나아가 온 누리의 생명과 온 누리의 사람들을 행복하고 평화스럽게 만드는 새 삶의 계기가 마련될 것입니다. 이제 우리는 위령제를 통해 살아 있는 많은 이들의 가슴에 응어리진 한이 함께 풀릴 것으로 믿으며 위령제를 올렸습니다.

영령들이시여! 고이 잠드소서—

살아 있는 우리들은 왜곡된 우리 역사를 바로잡고, 나라와 겨레의 발전을 올바른 방향으로 이루겠습니다.

2001년 5월 26일
생명평화 민족화해 지리산위령제 봉행위원회 일동

2001년 4월 2일,
세종문화회관 컨퍼런스홀에서
생명평화 민족화해 지리산위령제
봉행위원회를 출범했다.

〔성명서: 건교부의 '수자원 장기대책'에 대한 우리의 입장 〕

정부는 국민의 마음을 애태우는 가뭄마저도 정략적으로 이용할 셈인가?

1. 최악의 가뭄을 겪고 있는 국민들 앞에 정부는 솔직하라

가뭄으로 온 땅이 말라 있고, 국민들의 마음은 더더욱 타들어가던 지난 6월 12일 여의도의 전경련 회관에서는 한국건설기술연구원 주최로 건교부와 수자원공사가 주관한 가운데 '워터비전 2020'이라는 수자원 장기 종합대책이 발표되었다. 공청회의 형식을 빌렸으나 참여인사의 대부분이 발표된 대책안에 대하여 찬양하는 분위기 속에 열린 공청회는 '환경단체의 대책 없는 반대와 지역주민의 님비현상으로 댐을 짓지 못하여 물부족이 심해졌음'을 역설하며 즉각 댐을 지을 계획을 세우라고 외치는 자리였다. 하지만 정부의 솔직하지 못한 자료들과 정략적인 태도로 인해 국민들은 더욱 속이 터진다.

2. 댐은 수자원확보의 유일한 방법이 될 수 없다

건교부와 수자원공사는 이수와 치수의 중요성을 늘상 강조하며 댐 건설로써 모든 물 문제를 해결하려 하고 있다. 하지만 그동안 국민들의 반대를 묵살해가며 지은 수많은 댐들이 과연 그들의 말처럼 '홍수조절과 수자원확보'의 기능을 제대로 수행하여왔는가를 따져보지 않을 수 없다. 댐을 마구잡이로 건설하면서 오히려 물 문제는 더욱 대형화하여왔음을 인정하기 바란다. 물부족 현상이 완화되기는커녕 산하의 무분별한 개발사업과 맞물리며 기이하게도 물부족은 심화되었고, 홍수도 잦아졌다.

3. 댐인가 숲인가?

베트남의 호치민시는 해마다 대형홍수를 겪어왔으나 대규모 홍수림을 조성함으로써 홍수를 조절할 수 있었다. 결코 인공댐으로 막을 수 없는 일이었다. 또한 숲이 우거진 산이 머금고 있는 물의 양은 인공댐 몇 개 짓는 것과는 비교할 수 없는 양임은 이제 국민들에게도 상식처럼 되어버린 사실이다. 이러한 자연의 힘을 애써 외면하고 개발 우선정책과 논리만을 펴나간다면 아무리 많은 댐을 새롭게 짓는다고 해도 '숲이라는 자연의 댐'이 사라지는 만큼 물부족과 홍수는 계속될 수밖에 없는 것이다.

4. 정부는 근본적인 물대책을 수립하라.

더 이상 온갖 이권과 당장의 시각적 효과만을 바라보는 어리석은 정책은 사라져야 한다. 가뭄에 목말라하며 하늘만을 쳐다보는 국민들에게 이번에 발표한 '수자원 장기 종합대책'과 댐의 필요성만을 역설하는 언론 홍보는 국론분열의 결과만을 초래할 뿐임을 명심하고, 진정 장기적인 관점에서 자연환경을 이용하는 대책을 다음과 같이 속히 마련하기를 바란다.

[다 음]

① 정부는 분산되어 있는 수자원 관리 정부기구를 일원화하고 시민, 환경단체를 포함한 각 분야 전문가들의 목소리에 귀를 기울이라.

② 물 관련 통계의 부실과 부정직함을 바로잡아 국민을 속인다는 의혹에서 벗어나라.

③ 수요관리를 철저히 하여 세계 최고의 물소비량을 줄이고 20%에 달하는 누수율을 줄이는 대책을 마련하라.

④ 취수원 다변화, 중수도의 도입, 안정적인 지하수 활용 등의 근본적인 물대책을 먼저 수립하라.

가뭄을 정략적으로 이용하여 모든 책임을 환경단체에게 돌림으로써 민심까지도 얻을 수 있다는 그릇된 발상으로는 올바른 수자원정책이 나올 수 없음을 뼈저리게 느끼기를 바란다. 또한 이미 온 국민과 시민사회, 종교사회, 산악인들이 저지한 지리산댐 계획을 가뭄이라는 상황을 이용하여 되돌리려는 생각은 버려야 마땅하다.

2001년 6월 13일 (수)
지리산살리기 국민행동

생명의 근원인 강과 물을 살리기 위한

'댐반대 국민행동' 창립선언문

오늘 우리는 건교부의 공급 위주 물정책이 무책임하게 전 국토를 댐으로 수장시키는 현실에 분노하여 이 자리에 모였다. 거대한 강의 흐름을 가로지르는 댐의 건설로 인간만의 편익을 추구하겠다는 오만에 찬 발상에 경고하기 위해서다.

우리는 이미 역사를 통해, 댐 건설로 인한 피해가 재앙의 수준에 이르고 있음을 알고 있다. 강의 흐름을 방해하고 주변 생태계를 급격하게 변화시키게 되면 더 이상 자연이 온전하게 자신의 역할을 수행할 수 없기 때문이다. 자연의 기형화로 인해 피해를 받게 되는 것은 결국 인간일 뿐임도 우리는 배워왔다.

하지만 아직도 환경후진국이라는 오명을 뒤집어쓰고 있는 대한민국의 건교부는 올해에도 12개의 초대형 댐, 10개의 대형댐 그리고 사실상 새로운 댐 건설과 다름없는 6개의 기존댐 재개발 계획을 추진하고 있다. 내린천댐과 동강댐 그리고 지리산댐 등 댐 건설 반대운동을 통해 이미 댐의 반환경성과 비효율성이 만천하에 드러났음에도 불구하고, 이렇게 어마어마한 계획이 추진되는 현실은 댐 건설을 계획하고 추진하는 건설교통부와 수자원공사의 만행으로밖에 해석할 수 없다.

우리는 이미 준비위원회의 활동을 통해서 건설교통부와 수자원공사가 얼마나 어처구니없는 행태를 저지르고 있는가 목도해왔다. 밤성골댐 건설에 있어서 기초자료에 나타난 유역면적과 담수량이 30~70%까지 과장되는가 하면, 아직 주민의견수렴과 환경영향평가에 기반한 댐 건설 타당성이 제대로 검증되지도 않은 상태에서 12개 대형댐 중 6개 댐을 우선 추진키 위해 국회에 예산을 신청하는 등 도저히 상식적으로 이해할 수 없는 일들이 일어나고 있는 것이다.

우리는 이것이 건설교통부와 수자원공사의 부처이기주의에 기인한 것임을 확신한다. 댐 건설을 목적으로 만들어진 부서인 건교부는 모든 상황을 댐 건설을 위해서만 몰아가고 있는 것이다.

우리는 물과 강이 우리와 더불어 존재해야 할 존재이지, 건설이나 조작의 대상이 될 수 없음을 천명한다. 또한 물 문제는 효율적인 수요관리를 통해 조절될 것이지 덮어놓고 댐만 건설한다고 해서 해결할 수 있는 성질의 문제도 아님을 분명히 한다.

이에 오늘 우리는 댐반대 국민행동의 창립을 통해 밀실행정으로 추진되는 신규 댐 건설을 저지하고자 총력을 다할 것임을 다짐한다. 그리고 댐 만능주의에 젖어 있는 수자원공사와 건교부를 개편하여 생명의 근원인 강과 물을 살리기 위한 대안을 모색해갈 것임을 선/언/한/다.

2001. 10. 29.
댐반대 국민행동

지리산세상 생명의평화 종교의마음
'지리산권종교연대' 창립선언문

오늘, 생명 살림의 파수꾼인 우리는 민족의 영산. 지리산을 살리고자 뜻을 모았다.

오늘날 지리산은 그 몸과 얼을 강탈당하고 있다. 고운 최치원 선생이 신선이 되어 청학을 타고 거니셨던 고운동. 그 아름다운 곳은 흔적조차 없어지고 고운동엔 양수발전댐 두 개가 들어섰다. 거기에 정부는 부산시민들의 식수를 위해 지리산에 대형 댐 두 개를 신설하려고 추진하다가 지리산 주민들과 종교, 시민단체들의 힘에 직면하여 백지화를 선언하였다. 남원 정령치 고기리에도 소형댐이 신설되고 있어 주변 경관을 황폐화시키고 있으며 일급수인 엄천강에 짙은 녹조가 발생하여 4급수로 전락하는 등 지리산 주변이 개발로 인해 몸살을 앓고 있다. 지방자치단체마다 지리산에 케이블카를 설치하려고 야단이고, 관광순환도로 확포장 공사로 산림이 마구 훼손되고 있으며 남원 운봉 수정봉 인근에 골프장 건설이 은밀히 추진되고 있어 그 대책이 간구되고 있다.

자연생태계는 하늘이 우리에게 주신 소중한 선물이다. 만물 하나하나에 생명이 깃들어 있다. 그러니 그 어느 것 하나 소중하지 않은 것이 없는 셈이다. 그런데도 눈앞에 있는 개발이익을 얻기 위해 자손만대에 보존해야 할 지리산 생태계가 마구 훼손되고 있다. 그러니 생명을 살리는 것을 그 모토로 삼고 있는 종교가 나서는 것은 당연한 귀결이다. 지금까지 생명을 살리는 일에 여러 단체들이 수고하였지만 그 역량엔 한계가 있었고 갈수록 종교의 역할과 그 영향력이 극대화되고 있다. 특히 종교는 그 지역에 뿌리내리고 있고 주민을 설득할 수 있을 뿐만 아니라, 대처 능력이 뛰어나기에 지리산 생명 살림운동에 나서게 된 것이다.

83년 전, 종교는 어두움이 짙게 드리워진 이 민족의 자유와 독립을 위해 머리를 맞댔었다. 몸과 얼을 모아 민족의 자주독립을 외쳐 겨레의 정체성을 회복하였고 일본의 간담을 서늘하게 했다. 마찬가지로 생명을 살리는 일에 종교의 다름이 무슨 상관인가? 생명살림은 더 이상 미룰 수 없는 하늘의 명령이요, 시대적 요청이며 우리의 사명이다.

우리는 지리산권 종교 간의 이해와 협력을 통하여 민족의 영산이자 생태보고의 장이며 동서화합의 장인 지리산의 생태, 문화, 역사, 종교적 환경을 수호하며, 상생조화의 새로운 세계를 열고 나아가 종교 간의 연대를 통해 생명공동체를 형성하고자 한다.

지리산권종교연대는 지리산권의 개신교, 불교, 천주교, 원불교 등 4개 종단에서 생명을 소중히 여기는 성직자들로 결성되었으며 민족통일과 종교화합에도 새로운 길을 열게 될 것이다.

"우리는 지리산을 살리고 보존하기 위해 다음과 같이 결의한다."
1. 우리는 지리산을 생태공원으로 지정해줄 것을 정부에 강력히 제안한다.
2. 우리는 지리산 자락을 생태특별단지로 조성할 것을 제안한다.
    (생태농업, 생태학교, 생태문화마을, 생태관, 생태도로 등등)

3. 우리는 지리산댐, 골프장 및 케이블카 건설 등 난개발을 적극 반대한다.

4. 우리는 성삼재 관통도로를 제한하고 셔틀버스를 운행하도록 제안한다.

5. 우리는 양민학살에 대한 진상이 철저히 규명되고 빨치산 토벌 전시관의 이름을 시대적 상황에 맞게 개명하고 그 내용물을 더욱 알차게 다듬어 학습의 장으로 활용할 것을 건의한다.

6. 우리는 지역주민들이 주체가 되어 지리산의 역사와 문화를 담은 문화축제를 제안한다.

7. 우리는 종교 간의 상호 비방을 중지하고 협력과 이해로 생명살림세상을 열고 환경관련 정보를 나눈다.

8. 우리는 지리산을 지리산답게 가꾸고 그 생명살림에 힘쓰는 모든 단체들과 연대한다.

[참가단체]

기독교

옥동교회(엄용식 목사), 함양제일교회(양재성 목사), 함양중흥교회(황인홍 목사), 지남교회(오세효 목사), 백전교회(김익조 목사), 모실교회(김기찬 전도사), 유림교회(강영훈 목사), 함양교회(김종혁 목사), 엄천교회(송기정 목사), 대동교회(백용현 목사), 갈릴리교회(유성일 목사), 영신교회(정만영 목사), 동례리교회(김정태 전도사), 완대교회(여승훈 목사), 성태교회(임현만 전도사), 남해대교교회(이은재 전도사), 고현교회(김순현 목사), 강남교회(권영화 목사), 진주제일교회(이영기 목사), 수곡제일교회(한성훈 목사), 천지교회(이진현 전도사), 진주제일교회(방태화 목사), 평거중앙교회(정대성 목사), 작은교회(한영수 목사), 영락교회(김태영 목사), 자연교회(이진호 전도사), 지리산평화교회(홍대영 목사), 덕산교회(이호준 목사), 남사교회(이석주 목사), 화계교회(백현종 목사), 벌교원동교회(장연승 목사), 구례교회(이병문 목사), 순천교회(임성수 목사), 동광양평화교회(이승진 목사), 향토원(김용복 박사), 평도교회(손영기 목사), 광의교회(이양재 목사), 원천교회(김유석 목사), 대상교회(김사연 목사), 상동교회(박남일 목사), 살림교회(문홍근 목사), 영광교회(박종호 목사), 서남교회(이의복 목사), 영락교회(양병일 목사), 황벌교회, 용정교회(백승환 목사), 남원감리교회(이재훈 목사)

원불교

경남교구(장경진 교구장), 거창교당(김현정 교무·정세완 교무), 남해교당(김정연 교무), 동진주교당(한순인 교무), 산청교당(박효정 교무), 용암교당(이용정 교무), 진주교당(김성효 교무·윤정암 교무), 차황교당(한도현 교무), 하동교당(정귀원 교무), 함양교당(송원요 교무), 구례교당(박현도 교무), 동원교당(오효명 교무), 순천교당(송경호 교무), 남원교당(문선혜 교무), 남원중앙교당(김성전 교무), 산동교당(유정심 교무), 아영교당(박지원 교무), 운봉교당(양재원 교무), 인월교당(김범은 교무), 종로교당(이선종 교무)

불교

실상사(도법 스님), 금수암(대안 스님), 승련사(지황 스님), 대복사(해운 스님), 선원사(보관 스님), 금선사(일여 스님), 겁외사(일철 스님), 관음사(지인 스님), 금대암(주지스님), 묵계암(주지스님), 문수사(주지스님), 법인사(주지스님), 벽송사(주지스님), 백운암(지일 스님), 보림사(주지스님), 보현사(주지스님), 서암(주지스님), 안국사(성후 스님), 차성일 스님, 영선사(월공 스님), 백장암(주지스님), 대원사(주지스님), 심적사(혜연 스님), 산청포교당(용현 스님), 대성사(일광 스님), 심적암(법경 스님), 보현사(자성 스님), 내원사(도행 스님), 송덕암(주지스님), 정취암(주지스님), 율곡사(일화 스님), 청송사(명국 스님), 대원사(영진 스님), 길상선사(일현 스님), 송덕사(법한 스님), 도솔암(원만 스님), 정각사(황명 스님)

천주교

함양성당(김용민 신부), 망경성당(이성렬 신부), 옥봉성당(이현우 신부), 옥봉성당(정중규 신부), 하대성당(서정범 신부), 산청성당(윤행도 신부), 하동성당(최훈 신부), 남해성당(함영권 신부), 장재성당(이재영 신부), 신현성당(박창균 신부)

※ 2001년 11월 13일 실상사귀농전문학교에서 지리산권 종교환경회의를 열었는데, 도법 스님의 기조강연, 이현주 목사의 주제강연에 이어 토론회를 했다. 여기서 지리산 전반에 대하여 논의한 결과, 지리산권의 무분별한 개발로 인해 지리산 지역공동체가 붕괴되고 지리산의 생태계가 심하게 훼손되는 등 일반 환경단체만의 보존운동으로는 그 역량이 부족하여 생명을 그 모토로 삼는 종교가 지리산권 문화와 역사, 생태를 보존하는 운동이 시급함을 공동으로 인식할 뿐만 아니라 종교 간의 협력을 통하여 지리산 지역의 환경문제를 효율적으로 풀기 위해 지리산권종교연대(가칭)를 결성하기로 했다. 틀거리와 창립대회를 준비할 수 있도록 준비위원회를 결성했다. (준비위원: 정귀원 교무, 지인 스님, 대안 스님, 문홍근 목사, 엄용식 목사, 김용민 신부, 송원요 교무, 양재성 목사, 윤행도 신부, 일철 스님) 그리고 2002년 3월 7일 지리산권종교연대 창립총회를 열었다.

'지리산생명연대' 창립선언문

지난 세기 아픔과 분열의 상처를 딛고 평화와 상생의 기운이 움트는 지리산을 우러러보며 우리들은 이제 새로운 패러다임을 모색한다. 그동안 지리산을 살리고 사랑하는 일을 각기 나름의 방식으로 꾸리던 '지리산 살리기 국민행동'과 '지리산을 사랑하는 열린 연대'가 발전적인 통합을 하고 지리산을 중심으로 거듭난다. 생명의 산, 어머니 산인 지리산 안에서 한 몸, 한마음, 한뜻으로 현장 중심의 실천을 통한 문명사적인 대안을 모색하고자 뜻을 모았다.

이미 행정구역의 경계를 넘어서 우뚝 선 지리산은 오직 하나의 지리산을 지향하고 있다. '지리산생명연대'는 지역과 종교와 이념의 벽을 허물고 민족의 화합을 모색하는 한마당이며, 개발과 파괴로부터 지리산의 생태·문화·생활·종교적 환경을 온전히 보전하기 위한 생명살림운동의 출발점이 된다. '지리산생명연대'는 두 단체의 지금까지의 한계를 겸허하게 인정하면서 또한 적지 않은 성과를 계승한다. 민족의 영산이자 생태보고의 터전, 동서화합의 장인 지리산이 중심이 되어 지리산의 눈으로 21세기 최대의 화두인 생명평화와 상생의 정신을 바탕으로 한 생명연대와 평화운동을 전개해나간다.

발전 중심, 서울 중심, 권력 중심, 캠페인 중심을 벗어나 지리산의 품에서 자양분을 듬뿍 받아 안은 지역을 중심으로 한 풀뿌리운동으로 거듭난다. 더불어 지역을 중심으로 전국을 아우르는 운동의 모델을 세운다. 개발과 성장 중심의 사회 분위기를 일신하고 지역 중심의 대안운동으로 거듭나는 '지리산생명연대'는 좀 더 능동적인 활동력으로 튼튼한 기초 위에 풀뿌리 대안운동의 새로운 지평을 열어간다. 소박하지만 작은 일부터 챙겨 탄탄하고 힘있는 지역 대안운동의 효시를 만들어간다. 지리산이 생활 터전인 지역주민들의 일상 속으로 깊이 들어가 긴 호흡을 가진 생활 속의 실천운동을 펼친다. 지역주민들과 함께 모든 문제를 터놓고 토론하고 풀어가는 열린 공동체 운동의 모범이 된다. '지리산생명연대'와 함께 생명살림의 따뜻한 기운은 지리산에서 온 지구와 먼 우주까지 넘치고 넘칠 것이다.

어머니의 산, 생명의 산, 사람의 산, 믿음의 산 지리산은 우리들의 삶을 건강하게 지켜주는 보금자리다. '지리산생명연대'는 지리산의 넘치는 생명력을 빌려 사람들의 얼의 자리를 바꾸어내는 대역사의 시발점이 된다. 이를 통해 한국 사회의 담론을 만들고 성장 중심의 사회축과 삶의 흐름들을 변화시키는 물꼬를 튼다. 아무리 맑은 물도 한 방울씩 흩어져 있다면 맑은 물의 역할을 하기 어렵다. 함께 어울려 힘차게 흘러가야 맑은 물로서 제 역할을 다한다. 이 생명살림운동은 지역민들의 힘과 함께 온 국민의 맑은 뜻을 모아 '지리산생명연대'의 큰 흐름으로 도도하게 흘러갈 것이다.

이제는 삶의 틀과 함께 얼이 바뀌어야 할 때다. '지리산생명연대'는 지리산이 가지고 있는 총체적인 가치를 십분 인정하고 본래부터 생명의 산인 지리산의 소리에 귀 기울여 생명을 생명답게 하고, 사람을 사람답게 하고, 세상을 세상답게 하는 희망의 연대를 한마음 한뜻으로 만들어간다.

2002년 5월 25일
지리산생명연대

〔조직구성〕

1) 고문단
이정전(환경정의시민연대 공동대표), 김용복(피아골 향토원 대표·목사), 김정헌(문화개혁시민연대 상집위원장), 김지하(시인), 문규현(신부), 성유보(민주언론운동시민운동연합 이사장), 수경(스님·불교환경연대 상임대표), 이세중(환경연합 공동대표), 이신행(연세대 정외과 교수), 이종훈(경실련 공동대표), 이호준(덕산교회 목사), 정중규(천주교마산교구 진주지구장), 조우환(덕천서원 대표), 최완택(목사, 민들레목산회 대표), 최창조(전 서울대 지리학과 교수), 함태식(산악인·피아골산장 대표), 정해숙(인드라망생명공동체 공동대표)

2) 지도위원
김영락(기독교환경연대 사무총장), 현응(불교환경연대 집행위원장), 이해복(지리산국립공원관리사무소 소장), 서경석(우리민족서로돕기운동본부 집행위원장), 지은희(전 여성연합 공동대표), 문태룡(동부지역 사회 연구소), 문순홍(성공회대 교수), 김통권(대덕지질연구소), 박태주(부산대 환경공학 교수), 김창원(부산대 환경공학 교수), 최석기(경상대 한문학 교수·남명학연구소), 강대인(대안문화네트워크 대표), 전희영(대덕지질연구소), 심창학(경상대 사회복지학 교수), 이심성(경상대 화공과 교수·서부경남시민자치환경연구소), 구덕서(생물다양성보존연구원장)

3) 상임대표(1인)
도법(실상사 주지·인드라망생명공동체 상임대표)

4) 공동대표(10인)
김장하(남성문화재단 대표), 박창균(마산교구-정의평화위원회 위원장), 엄용식(목사·함양기독교환경연대 대표), 우두성(지리산자연생태보존회 회장), 유재현(녹색미래 대표), 이선종(원불교 교무·천지보은회 대표), 이병철(녹색연합 공동대표), 이학영(순천YMCA 사무총장), 최열(환경운동연합 사무총장)

5) 운영위원장(2인)
양재성(목사·지리산을사랑하는열린연대 사무총장), 서주원(환경운동연합 사무처장)

6) 운영위원(20인 이상)
이병채(지리산가꾸기운동연합 상임대표), 최훈(하동성당 신부), 김일식(진주YMCA 총무), 김석봉(진주환경운동연합 사무처장), 김용민(신부·지리산권종교연대 상임대표), 조종명(덕천서원 운영위원), 정귀원(하동교당 교무), 신종철(산청군의원), 오구균(국립공원시민모임 대표), 이정호(인드라망생명공동체 사무처장), 이창기(남원YMCA 사무총장), 이정수(녹색미래 사무총장), 서재철(녹색연합 생태보전국장), 이동환(부산 경실련 사무처장), 구자상(부산 환경운동연합 사무처장), 성여경(전국귀농운동본부 사무처장), 송원요(원불교 함양교당 교무), 박환채(함양 환경농업협회 회장), 박성득(한겨레통일재단), 전민규(진주 큰들 문화센터), 최진선(교무·원불교천지보은회 집행위원장), 박석동(불교환경교육원 사무국장), 정성운(불교환경연대 사무처장)

※ **당연직 운영위원** – 운영위원장(2인), 본단체 사무처장(2인)

6) 감사(2인): 김호철(변호사), 이정희(회계사)

7) 사무처장: 김경일, 임효정

민족 영산 지리산을 '청정국토 1번지'로 선언한다!

정부와 함양군은 지리산을 개발의 논리로 옥죄지 말라!
지리산댐 건설계획 논의를 전면 백지화하고 지리산보호특별법을 제정하라!

지리산은 우리나라 최초의 국립공원으로서 잘 보전된 자연생태계와 역사 및 민족의 문화유산을 간직하고 있는 소중한 곳이다. 그러나 최근 경상남도 함양군 군수는 마천면에 지리산댐을 다시 건설하려 하고 있다. 그동안 정부에서 추진하고자 했던 지리산댐은 모든 국민들의 관심 속에 종교계와 시민사회의 노력으로 이미 댐 건설계획이 백지화되었다.

그러나 함양군 군수는 지리산댐을 다시 건설함으로써 함양의 발전과 동시에 지리산권 관광벨트를 조성하고 세계적인 관광지로 만들고자 하는 사업계획을 갖고 있다. 함양군 군수는 천재지변을 기화로 수몰보상비를 통한 태풍 피해 주민의 이주대책까지 얻어낼 수 있도록 관계부처와도 협의했다는 내용을 지난 9월 이장단 회의에서 공개했다. 이로 인해 지역내 주민 간의 불화와 반목·대립은 자연재해보다 더 무서운 마을 및 지역공동체의 붕괴로 이어지고 있는 실정이다. 지리산을 파괴하여 지역주민의 삶을 파탄에 몰아넣고 있는 것이다.

함양군에서 주장하고 있는 함양 마천댐 건설예정지는 지난 1998년도에 정부와 건교부·한국수자원공사에서 부산과 경남권의 식수문제를 정치적인 선거공약으로 이용하여 지리산댐을 건설하려 했던 곳이다. 민족의 부침을 고스란히 간직한 어머니 산인 지리산. 지리산이 품고 있는 천혜의 자연생태계와 문화유산 파괴 등 엄청난 환경재앙을 초래할 것을 우려한 지리산권역 주민들과 전국환경단체와 종교계 그리고 전국의 200여 시민·사회 환경운동단체가 연대한 '지리산살리기 국민행동'을 통하여 지리산댐백지화를 관철해낸 바 있다. 이런 과정을 통해 댐 건설이 백지화되었음에도 또다시 거론되고 있는 댐 건설계획은 지역을 사랑하는 주민들을 우롱하는 결과일 뿐만 아니라 전국의 시민사회·환경단체를 비롯한 지리산을 아끼고 지켜내려는 전 국민들을 기만하는 작태임이 분명하다.

지리산에 댐을 건설하려는 이러한 시도는 지리산이 정부와 지자체 및 개발지상주의자들의 욕망으로부터 안전할 수 없다는 현실을 극명하게 보여주고 있는 대표적인 예에 불과하다. 이는 단순히 댐 건설에 국한된 문제가 아니다. 우리 사회 전체의 개발과 성장 중심의 삶의 방식에서 비롯된 문제이며, 현대사회가 안고 있는 총체적인 문제의 상징이다. 20세기는 무한경쟁의 삶의 방식이 만연하던 개발의 시대였다. 이제 친환경적인 지속가능한 사회발전이 아니면 어느 누구도 살아남을 수 없다는 것을 우리는 20세기의 끝에 와서야 겨우 깨닫게 되었다. 이제는 20세기에 대한 뼈아픈 각성과 새로운 좌표를 설정해야 할 때이다.

지리산은 민족의 역사와 애환을 함께해오면서도 청정함과 의연함으로 서 있던 민족의 성산이다. 국립공원 1호인 생태계의 보고이며, 문화유산과 전통적인 마을공동체가 도처에 산재한 역사박물관임을 우리는 다시 한번 확인한다. 우리는 또한 지리산이 과거와 현재, 미래가 화합하는 장이며, 좌와 우가 화합하는 장이며, 도시화, 산업화의 물결 속에서 지친 너와 내가 가슴을 터놓고 화합하는 장임을 확인한다. 지리산은 실로 우리 민족에게 종교를 넘어서는 또 하나의 종교인 것이다.

이에 우리는 민족의 영산靈山이요 성산聖山인 지리산을 '청정국토 1번지'로 선언한다. 정부는 이를 수용하여 지리산권을 보호하는 특별법을 제정하고 친환경적인 새로운 사회발전전략을 상징하는 좌표로 지리산을 '청정국토 1번지'로 지정할 것을 강력히 촉구한다. 이는 자연의 역사와 인간의 역사가 화합하는 세기를 여는 첫 장이 될 것이며, 청정국토 1번지의 청정한 기운은 백두대간을 타고 이 땅에 새로운 21세기의 희망을 솟게 할 것이다. 우리는 지리산이 더 이상 개발의 논리로 위협받지 않기를 희망한다. 또한 청정국토 1번지의 정신을 이어갈 것을 결의한다. 자연과 인간의 순환이 조화롭게 이루어지는 '지속가능한 생존'을 위하여 존재 자체의 자유로움을 추구하는 주체적 청빈함을 하나의 좌표로 살아갈 것을 다짐한다.

2002년 11월 15일
지리산생명연대/댐반대 국민행동/2002년 전국환경활동가워크숍 참가자 일동

함양군민과 환경 · 시민 · 사회단체 속인
수자원공사 사장은 즉각 퇴진하라!!

최근 함양군에서 건설을 주장하고 있는 지리산 마천댐은, 지난 1998년도에 한국수자원공사에서 부산과 경남권의 식수문제에 대비한다는 명분으로 건설하려 했다가 백지화된 지리산댐과 같은 댐이다. 9월 이후 함양군수의 댐 추진 발언으로 마천 지역에 소문으로 떠돌던 지리산 마천댐 계획은, 지난 11월 27일 함양군 장기종합개발계획 공청회에서 계획서와 함께 공식적으로 발표되었다. 지자체의 계획만으로는 실현 가능성이 없는 대형댐 건설에 관해 건교부와 수자원공사에 확인 결과, 수자원공사 사장과 건설교통부 차관은 수차례 "댐 계획 없다"는 답변을 했고 그런 입장을 함양군에도 전달하겠다고 밝힌 바 있다.

그러나 지난 12월 23일, 마천 지역 단체가 추진하여 주민 140여 명이 참석한 '용담댐 현장견학'에서 수자원공사는 차량대여비, 식사비 등 일체의 비용을 지불하고, 당일 용담댐에 도착하기 전, 수자원공사 대전 본사로 주민을 인도하여 '주민 설명회'를 열어 지리산 마천댐 관련 설명까지 한 사실이 드러나, 그동안의 답변과는 달리 수자원공사에서 댐 추진에 개입하고 있음이 확인되었다. 이날 참가했던 대부분의 주민들은 이러한 설명회를 한다는 사실조차 들은 바 없고, 수몰 주민을 만나보고 용담댐 현지상황을 보려고 갔던 것이지 수자원공사로 가서 댐 설명을 듣기 위해 간 것이 아니다.

수자원공사의 이러한 개입은 그동안 수자원공사와 건교부에서 밝혔던 '댐 추진계획 없음'의 입장과, 수자원공사 사장이 일관되게 주장했던 '투명하고 민주적인 절차'에 정면으로 위배되는 것이 분명하다. 수자원공사 사장의 지리산댐 추진 계획이 없다는 거듭된 입장 표명은, 지리산댐을 추진하기 위한 고도의 전략적인 거짓말에 지나지 않았음을 확인한다. 지리산댐은 1998년 수자원공사의 추진 당시, 댐 건설로 인한 생태·역사·문화의 파괴 등 엄청난 문제를 우려한 지역주민들과 지역단체, 종교계 그리고 전국의 200여 환경·시민·사회운동단체가 연대하여 백지화 의지를 관철해낸 바 있다. 또한 이 댐은 '낙동강 물 이용 조사' 결과 기존의 식수원으로도 부산 경남권의 식수문제를 해결하기에 충분하다는 결과가 도출되어 목적이 상실되어 백지화된 바 있다.

이런 과정을 통해 백지화되었음에도 또다시 함양군과 수자원공사에 의해 추진되고 있는 지리산댐 건설계획은, 삶의 터전을 사랑하는 지역주민들과 전국의 시민사회단체를 비롯한 지리산을 아끼고 지켜내려는 전 국민들을 기만하는 작태이다. 우리는 인근 지역은 물론, 임천강의 상·하류 주민들과의 논의 없이 일방적으로 진행되고 있는 지리산댐 건설 추진을 반대하며, 그에 따른 생태·역사·문화적 파괴의 위험과, 불안과 갈등 속에 시달리는 지역공동체의 분열을 더 이상 방관할 수 없다. 또한 함양군이 댐 건설을 추진하도록 배후에서 확신을 심어주고 있는 정부 관계자의 사퇴를 요구하며 다음과 같이 주장한다.

1. 국민의 안락한 생활을 위해 노력해야 할 정부는 국민을 불행 속으로 몰아넣고 있는 수자원공사의 책동을 즉각 중지시키라!

  – 새로운 시대를 열어갈 새 정부가 출범할 이 시점에 밀실행정으로 지역주민들을 불안과 갈등 속에 빠뜨리

는 수자원공사를 즉각 해체하라!
- 수자원관리 외면하고 음모적인 댐추진 강행하는 수자원공사를 해체하라!
- 백지화된 지리산댐 재추진으로 함양군과 인근 지자체의 반목을 부르는 수자원공사 해체하라!

1. 국민들을 속이는 수자원공사 사장은 즉각 퇴진하라!
- 지역공동체 파괴하는 지리산댐 건설계획 즉각 백지화하라!
- 거짓답변으로 국민을 속이고, 밀실행정으로 일관하고 있는 수자원공사 사장은 즉각 퇴진하라!
- 수행환경과 사찰문화재 훼손 부르는 댐 건설은 불교계와 사전 협의 없이 추진 않겠다던 약속 저버린 수자원공사 사장은 즉각 퇴진하라!

2002년 12월 26일
지리산댐(마천댐) 추진 백지화 주민대책위/함양시민연대/지리산권종교연대

지리산의 눈, 지리산의 가르침으로 세상의 평화를 일구자

지리산은 생명살림의 사상과 정신을 온몸으로 보여주는 민족의 성산이다. 인간들의 아픔과 절망을 밑거름 삼아 생명의 건강과 희망을 가꾸어내는 어머니 산이다. 한반도 현대사의 비극인 냉전대결의 상처를 큰 가슴으로 치유해내는 생명의 산이다.

지리산은 21세기의 화두인 생명평화와 공동체 실현의 대안적 삶을 꾸려낼 희망의 산이다. 우리는 지금 이 지리산에서 지리산의 마음으로, 지리산의 가르침으로 생명평화의 희망을 가꾸어가고자 한다.

우리는 경쟁의 논리, 승리의 논리에 따라 피눈물 나는 비극을 몸서리치며 경험해왔다. 개인도 민족도 인류도 공격의 논리, 이익의 논리에 따라 말할 수 없는 불행의 세월을 살아왔다. 우리가 겪었던 고통과 불행을 또다시 후손들에게 물려주는 일은 결코 없어야 한다. 우리 모두 혼신의 힘을 다하여 증오와 분열을 재생산하는 어리석은 싸움의 역사를 끝내야 한다.

지리산생명평화결사는 이 땅의 참된 평화를 염원하는 모든 이들이 주체로 나서서 실현해가는 한반도 생명평화공동체를 지향한다. 우리의 평화를 남한과 북한의 정치인에게 맡겨두거나, 패권주의에 빠져 있는 외세에 맡겨두지 않고, 우리 스스로 생명평화의 주인공이 되어 그 해답을 찾아갈 것이다.

지리산생명평화결사는 자연과 인간, 사람과 사람, 지역과 지역, 종교와 종교, 이념과 이념 간의 벽을 허물고 서로를 끌어안는 생명평화 민족화해 평화통일을 지향한다. 이 길에서 지리산이 주는 교훈을 잊지 않고 되새기며 그 결의와 실천을 지속적으로 이어갈 것이다.

우리는 내 안에서 숨쉬고 있는 생명과 평화의 기운을 끌어낼 것이다. 그 기운들을 모아 더 커다란 생명평화의 마을을 만들 것이다. 생명평화운동의 불꽃은 지리산을 매개로 백두대간을 따라 한반도 전역에 타오르고, 나아가 한반도를 넘어 세계로 들불처럼 번져갈 것이다.

이를 위해 우리는 지금 여기에서 평화의 존재로 살아갈 것을, 나의 모든 관계를 평화의 관계가 되도록 할 것을, 우리 모두의 삶터인 우리 사회를 평화의 세상이 되도록 하는 데 열정을 다 바칠 것을, 전쟁을 방지하고 평화를 정착시키기 위해 온몸을 내던져 미리 준비할 것을 선언한다.

살아 있는 모든 것은 평화를 원한다. 지리산생명평화결사는 나와 한반도, 나아가 세계의 문제를 생명평화적인 관점에서 보는 것이 유일한 문제 해결의 길이라는 믿음을 갖고 이 길을 가고자 한다.

생명평화서약문
세상의 평화를 원한다면,
내가 먼저 평화가 되어야 함을 압니다.
내 마음의 평화와 세상의 평화가 둘이 아님은,
세상이 곧 나의 반영인 까닭입니다.
평화는 모심과 살림이며,
섬김과 나눔의 다른 이름이요,

함께 어울림이며, 깊이 사귐입니다.

그러므로 생명평화는 사람과 사람과의 관계를 넘어

모든 생명, 모든 존재 사이의 대립과 갈등, 억압과 차별을 씻어내고,

모든 생명, 모든 존재가 다정하게 어울려 사는 길이며,

저마다 생명의 기운을 가득 채워 스스로를 아름답게 빛나게 하는 것입니다.

생명평화의 길은 자신과 세상에 대한 신념이요,

깨어 있는 선택이며, 지금 여기서의 행동하는 삶입니다.

나 자신이 먼저 평화의 등불이 되어 세상을 비추고,

평화의 샘물이 되어 평화의 강을 이루고,

평화의 씨앗이 되어 평화의 텃밭에 활짝 꽃이 피어나도록 돕겠습니다.

나는 이러한 간절한 믿음과 소망을 담아 다음과 같이 서약합니다.

첫째, 모든 생명을 소중히 여기고 존중하겠습니다.

모든 생명은 폭력을 두려워하고, 평화와 행복을 원한다는 사실을 항상 마음에 새기겠습니다.

이념, 민족, 성, 계급, 인종에 대한 차별이나 편견 없이 인간의 존엄성을 존중하겠습니다.

둘째, 모든 생명을 우애로 감싸겠습니다.

모든 생명에게 감사하고, 겸손과 공경의 마음으로 마주하며, 성난 마음으로는 대하지 않겠습니다.

언어, 육체, 성, 심리, 경제, 사회적인 모든 형태의 폭력을 거부하고 우애의 마음으로 감싸겠습니다.

셋째, 대화와 경청의 자세를 갖겠습니다.

나의 견해만이 옳다는 생각이 폭력의 시작임을 항상 마음에 새기겠습니다.

차이와 다양성의 관계를 축복으로 알고, 표현의 자유와 문화적 다양성을 옹호하겠습니다

넷째, 나눔을 적극적으로 실천하고 청빈하게 살겠습니다.

평화의 등불, 평화의 일꾼으로서 모심과 살림의 자세로 삶터를 생명평화의 마을로 가꾸어가겠습니다.

이웃의 고통을 없애고, 세상의 평화와 정의를 세우는 일에 시간과 재물을 나누겠습니다.

다섯째, 모든 생명의 터전을 보존하겠습니다.

뭇 생명의 생존이 곧 내 삶의 바탕임을 항상 새기겠습니다.

생태계를 보전하고 지속가능한 생명의 순환질서를 지키는 일에 책임을 다하겠습니다.

여섯째, 한반도의 평화를 지키고 실현하기 위한 길에 앞서겠습니다.

평화는 자신을 온전히 던질 때 비로소 이루어지는 것임을 항상 새기겠습니다.

한반도의 전쟁을 방지하고 이 땅의 평화를 가꾸기 위한 길에 나의 마음과 몸을 바치겠습니다.

일곱째, 끊임없이 깨어 공부하겠습니다.

나의 몸짓, 말 한마디, 뜻 하나가 이렇듯 세상의 평화를 이루는 근본임을 항상 마음에 새기겠습니다.

먼저 스스로를 정화하고 치유하기 위해 내 안의 평화를 일깨우는 공부와 수행을 꾸준히 하겠습니다.

나는 이제 평화의 등불입니다.

내가 밝힌 한 등의 불빛이 이웃의 등을 밝히고, 이렇게 서로가 서로를 비추어 밝힙니다.

마침내 우리의 삶터와 이 세상이 환히 밝아지는 생명평화의 대동세상이 올 것입니다.

이렇듯 나로 인해 온 누리의 뭇 생명, 온 누리의 모든 사람들이 진정으로 평화롭고 행복하기를 서원하며 생명평화결사를 서약합니다.

2004년 3월의 첫날, 민족의 성지 노고단에 모인 지리산생명평화결사의 등불들은 삼가 하늘에 아뢰나이다.

어지러운 세상입니다. 이라크에서 저주스러운 군사폭력이 춤을 추고 있습니다. 인종, 종교, 계급, 성, 나이 등 우리들은 스스로가 만든 차별로 인해 괴로워하고 있습니다. 인간 중심의 세계관으로 만들어낸 문명은 뭇 생명을 고통의 아수라장으로 내몰고 있습니다.

하늘의 질서 아래 지구 위의 모든 생명이 살게끔 하는 길을 우리는 찾고 있습니다.

우리는 사람을 비롯한 대자연 천지의 노동을 인간이 질곡하고 착취하는 것을 원치 않습니다. 인간의 행복을 위해서 다른 생명을 짓밟는 야만적인 행위가 끝장나기를 바랍니다.

이 세상의 재화와 권력이 소수의 사람에게 집중되고 인간이 인간을 억압하는 대립과 갈등의 시대가 더 이상 지속되지 않기를 발원합니다.

땅 위에 밝은 마음을 가진 사람들 속에 이미 와 있는 밝은 세상이 우리를 손짓합니다. 세상의 질서를 하늘의 질서로 바꾸는 일은 어쩌면 생명을 바쳐야 하는 일입니다.

지금 이 지구상의 어디인가에 이 길을 걷고 있는 사람이 있습니다. 우리는 이들과 도반道伴으로 연대하며 길을 걸어갑니다. '된다, 안 된다'를 생각하지 않고, '우리의 길이 옳은가, 아닌가'를 생각하면서 한 걸음 한 걸음 가고자 합니다.

사람 위에 사람 없고, 사람 밑에 사람 없는 세상으로 이어진 길로 우리는 걸어갑니다. 사람 위에 오직 하늘만 있고, 사람 밑에 오직 땅만이 있는 세상과 만나는 길입니다. 남녀노소, 빈부귀천을 가리지 아니하고, 우리 안에 있는 온갖 편견과 증오와 만나고 우리들의 꿈과 절망을 함께 볼 것입니다. 모심과 살림, 섬김과 나눔으로써 생명평화의 새날을 함께 열 것입니다.

우리 모두가 함께 가는 이 길에 하늘과 땅과 사람이 함께하기를… 비나리.

2004. 3. 1.
지리산 노고단에서 생명평화탁발순례단

2004년 3월 1일
지리산 노고단. 길 떠남을
하늘에 아뢰고 기원하고 다짐하며.

2005. 9. 1. 지리산권 시민사회단체협의회 창립

2005. 7. 21. – 지리산권 시민사회단체 연대기구 구성을 위한 간담회 개최

　ㅇ 지리산생명연대에서 지리산권 관광개발 계획에 대하여 공동으로 대응하고자 (가칭) 지리산권 시민사회단체 연대기구 발족을 제안하고, 지난 7월 21일 실상사에서 첫 간담회를 개최함.

　ㅇ 지리산권 시민사회단체 연대기구 발족을 결의하고, 일단 지리산권 5개 시군에 위치한 시민사회단체를 그 대상으로 출범하고, 이후 그 범위를 넓혀가기로 합의함.

　ㅇ 지리산권 관광개발 계획에 대해서는 연대기구 공동의 원칙과 가이드라인을 제시하고, 지자체가 자체적으로 제안한 사업에 대한 분석 및 민간단위의 사업 제안에 대해서도 공동으로 대응하기로 결의함.

8. 11. – 지리산권 시민사회단체 연대기구 구성을 위한 준비 모임 개최

　ㅇ 연대기구의 명칭을 '지리산권시민사회단체협의회'로 정함.

　ㅇ 협의회 조직 체계 등 발족을 위한 구체적인 논의 진행.

　ㅇ 지리산권 관광개발 사업 선정과 관련한, 협의회의 공동입장 마련.

8. 19. – 지리산권시민사회단체협의회 발족을 위한 1차 운영위원회 개최

　ㅇ 협의회 정관(안)에 대한 논의.

　ㅇ 협의회 참여 단체 및 조직 구성 논의·확정.

　ㅇ 협의회 발족식 준비 및 점검.

9. 1. – 지리산권시민사회단체협의회 발족

창립선언문

　지리산은 민족의 영산靈山이다. 지리산은 어머니와 같은 넉넉한 모습으로 우리 민족과 함께해왔고, 물길과 고갯길을 따라 물산과 학문의 교류가 빈번하여, 영·호남을 아우르며 동일한 문화권을 이루었다. 오늘, 지리산권에서 활동하고 있는 시민사회단체는 영호남을 넘어 행정구역의 경계를 넘어 하나의 삶의 공동체임을 재확인하고 이렇게 한자리에 모였다.

　우리는 최근 문화관광부가 주관하는 '지리산권관광개발계획'의 수립 과정을 지켜보며, 지리산권에서만은 시설 위주의 개발, 주민이 소외된 그간의 광역단위 관광개발과는 달라야 한다는 데 의견을 모으고, 주민 참여와 주민의 삶의 질을 고민하는 공동의 입장을 발표하며, 지리산공동체의 이름으로 '지리산권시민사회단체협의회'를 발족하기에 이르렀다.

　지리산이 우리 민족의 역사와 국토에서 차지하는 역할과 의미는 말할 수 없을 만큼 크다. 그러나 이런 역사적·문화적·생태적 중요성에도 불구하고, 지리산과 지리산 마을공동체는 농업의 몰락과 각종 난개발로 서서히 무너져가고 있다.

　협의회에 참여한 지리산권역의 농민·노동·종교·시민·환경 단체들은, 우리의 고장을 성실한 땀으로 지켜가고 있는 건강한 주민들 스스로의 힘을 키우고 연대하여, 주민의 삶과 동떨어진 난개발을 견제하고, 지역의 농업과 환경, 그리고 마을공동체를 지켜낼 수 있도록 힘을 모을 것이다.

　화합과 상생, 평화와 생명의 정신이 깃든 지리산의 가슴으로 우리는 우리를 가두었던 경계를 허물 것이다. 우리를 키워낸 지리산의 맑은 기운으로, 사람과 사람이 연대하고 사람과 자연이 상생할 수 있는 대안의 터전으로 지리산권역을 가꿔나갈 것이다.

2005년 9월 1일
지리산권시민사회단체협의회

〔참가단체 현황〕

참가단체

구례농민회, 구례농촌여성회, 민노당구례군위원회, 구례참여자치연대, 지리산생태보존회, 남원YMCA, 남원YWCA, 남원경실련, (사)한생명, 전교조남원지회, 산청농민회, 섬진강과지리산사람들, 함양시민연대, 전교조함양지회, 함양기독교환경연대, 공무원노조함양지회, 곡성군농민회, 전교조곡성지회, 공무원노조곡성군지부, 금호타이어노동조합곡성지부, 숲속의들, 사회보험노조곡성군지부, 지리산생명연대, 생명평화결사, 섬진강네트워크

상임대표

엄용식(함양기독교환경연대 대표)

공동대표단

강용호(산청농민회장), 김장하(지리산생명연대 상임대표), 도법(생명평화결사 단장), 최석봉(섬진강과지리산사람들 공동대표), 우두성(지리산생태보존회 회장)

운영위원장

김봉용(민노당 구례군위원회)

운영위원

김석봉(지리산생명연대 운영위원장), 김인숙(한생명 사무국장), 류재관(지리산생태보존회 사무국장), 박문화(남원YWCA 사무총장), 소순오(남원YMCA 사무총장), 이상윤(섬진강과지리산사람들 사무국장), 이점수(남원경실련 집행위원장), 정영이(구례농촌여성회 사무국장), 정정섭(구례농민회장), 조현교(구례참여자치연대 사무장), 차성건(산청농민회 기획부장), 최영자(전교조 남원지회 사무국장), 하종기(함양시민연대 운영위원장)

　※ 운영위원장(김봉용)과 본 협의회 사무국장(윤정준)은 당연직 운영위원. (총 15명)

감사

한광용(녹색대학 교수)

[2006년 지리산댐(문정댐, 산내댐) 재추진 관련 성명]

재해의 모든 책임을 댐에 떠넘기려 하는 건교부를 규탄함

건설교통부와 정부 여당은 이번 집중호우 피해와 관련하여 남강수계 전체의 치수대책 일환으로 지리산 북쪽 주요 계곡(뱀사골, 백무동, 칠선계곡) 하류를 아우르고 흐르는 임천강 수계에 위치한 함양군 휴천면과 남원시 산내면 두 곳 중 한 곳에 댐 건설을 검토하고 있다고 밝혔다. 이곳은 지리산국립공원과 인접한 곳으로 만일 대규모 댐을 만들 경우 서식지 파괴, 안개 일수 증가와 일조량 감소 등으로 인한 생태계 교란뿐 아니라, 산촌 지역 농업 생산량에 영향을 줄 가능성이 큰 곳이다.

이럼에도 불구하고 △2002년 태풍 루사로 인해 발생한 수해 대책 마련 △남강댐 저수용량 부족에 따르는 하류 지역의 피해 등을 이유로 이미 백지화되었던 지리산댐(함양 문정댐)을 재추진하겠다는 것이다.

2002년 태풍 루사 때 발생한 함양군 마천면 일대의 피해 대부분은 댐 여부와 관계없이 대규모 산사태로 비롯된 것이었다. 또한, 그 당시 남원시 산내면에 발생한 피해 역시 교량의 높이가 낮은 것이 주원인이었다. 적은 예산으로 빠른 시일 내에 예방할 수 있는 쉬운 방법을 제쳐두고 왜 바로 댐 건설로 논의를 몰아가는지 도무지 이해할 수 없다.

두 번째 이유로 드는 것이 남강댐의 저수량이 유역 면적에 비해 턱없이 부족하다는 것이다. 그런데, 지금처럼 아주 적은 양의 방류에도 남강댐 하류 지역에 피해가 있다면 남강댐의 저수용량에서 그 원인을 찾을 것이 아니라, 일단 하류 지역에서부터 문제 해결의 실마리를 찾는 것이 순서이다. 댐의 저수 용량이 아무리 크다하더라도 언젠가는 물을 하류로 방류해야 할 것이 아닌가? 그 연후에, 남강댐이 얼마만큼의 저수량을 더 확보해야 하는지에 대한 논의가 이뤄져야 한다. 또한, 현재 검토되고 있는 문정댐이나 산내댐의 담수용량은 각각 9,700만 톤, 4,800만 톤으로 남강댐의 홍수조절 기능에 얼마만큼의 도움을 줄 수 있을지 의문이다.

사실, 문정댐의 경우 홍수 피해와 관계없이 그동안 함양군에서 줄기차게 지역 숙원사업으로 건교부에 요구한 사업이다. 함양군은 겉으로는 수원확보와 홍수조절을 내세우면서도 지리산과 연계한 관광휴양시설로 댐 건설이 필요하다는 속내를 애써 숨기지 않아왔다. 함양 천사령 군수는 오래전부터 군민들에게 지역발전을 들어 수차례에 걸쳐 문정댐 건설을 약속한 바 있으며, 지난 2005년 12월 12일 진주~통영 간 고속도로 개통식에 참여한 후 함양군을 방문한 추병직 건설교통부 장관마저 함양군에서 건의한 문정댐 건설에 대해 긍정적으로 검토하겠다고 밝힌 바 있다. 이런 여러 정황으로 볼 때, 국토관리라는 측면에서 종합적이고 전문적인 영역에서 검토되어야 할 댐 건설이 이번 수해와 관계없이 이미 오래전부터 정치적으로 거래되어온 것은 아닌지 의심하지 않을 수 없다.

어떻게 보면 댐 건설로 인한 가장 큰 부작용은 자연환경 훼손보다 주민갈등으로 빚어지는 공동체 붕괴일지 모른다. 몇 년 전 문정댐 건설계획과 관련하여 영호남 구분 없이 한 수계에서 이웃처럼 지내온 경남 마천지역과 전북 산내지역의 갈등이 그런 경우이다.

대규모의 생태계 파괴와 주민 갈등 등을 생각해볼 때, 댐 건설 자체에 드는 예산뿐만 아니라, 댐 건설시 지불해야 하는 사회적 비용 또한 만만찮다. 따라서, 신규 댐 건설을 지양하고 유역별 특징에 맞는 다양한 대안적 홍수 방어 대책을 수립해야 한다. 이를 위해 일단 상습적인 수해 피해 지역을 대상으로 종합적이고 체계적인 조사부터 시급히 이뤄져야 할 것이다. 이런 조사를 토대로 해서, 유역별로 장기대책을 마련한 뒤 단계별로 수해 예방책을 실행하면서 모니터링을 지속적으로 해야 할 것이다. 이런 연후에 댐 얘기를 해도 늦지 않다.

※ 올벗나무·사향나무·하늘다람쥐·반달가슴곰 등 천연기념물과 나무발발이·삵·꼬치레도롱뇽 등 세계적인 희귀동물들을 비롯, 식물 824종·포유류 39종·조류 89종·양서류 9종·파충류 11종·어류 21종·곤충류 1,813종이 서식하는 지리산 생태계에 영향을 줄 것이다. 휴천면 송전리 일대에서만도 60종의 야생화(화본류)와 80종의 나무(목본류), 60종의 곤충류, 10종의 어류, 30종의 조류를 발견할 정도로 문정댐 예정지는 생태계의 보고이다.

2006. 7. 20.
지리산생명연대

(2007년 '지리산댐 댐건설장기계획 신규 후보 등록'에 대해)

주민들의 삶의 터전을 강탈하면서 수도사업민영화를 준비하는 치졸한 계획!!

건설교통부와 한국수자원공사는 지리산댐 건설계획을 즉각 백지화하라!!!

건설교통부와 한국수자원공사는 댐건설장기계획변경(안)을 작성하여 지난 4월 공청회를 개최한 이후 6월 27일 중앙하천심의위원회의 의결을 거쳐 확정·발표단계에 와 있다. 이 계획에 의하면 전국에 총 9개 댐을 건설하는 데 지난 2002년 댐반대운동으로 계획에서 배제되었던 남강상류댐(지리산댐) 건설계획이 포함되어 있다.

지리산댐은 1997년 처음 계획 당시보다 4m가량 높이가 낮아진 것으로 나타났다. 높이 4m를 낮춘 이유는 상시만수위선을 경상남도 함양군에만 국한시켜 상류 전북지역과 실상사의 댐반대운동을 차단하려는 것이다. 반대운동이 일어나는 지역을 배제하기 위해 댐 높낮이를 고무줄처럼 변경한 것이 이번에 수립한 댐건설장기계획이다.

무엇보다 황당한 것은 이번 변경안에 댐을 건설해야 할 근거가 되는 각종 수치가 전혀 구체적이지 않다는 점이다. 다목적댐 건설의 보편적인 내용인 용수공급과 홍수조절, 전력생산을 위한 댐이라고만 말하고 있을 뿐, 하류지역 생공용수와 홍수조절효과에 대한 구체적인 근거는 제시하지 않고 있다.

이 계획이 댐을 건설하기 위한 짜맞추기식 계획이라는 사실도 곳곳에서 드러나고 있다. 이 계획은 상위계획인 수자원장기종합계획이 수립된 후 그 계획에서 나타난 유역별 수자원의 과부족과 그 수치를 근거로 계획수립에 착수해야 하는 것이다. 그러나 수자원장기종합계획은 2006년 7월 수립되었던 데 비해 이 계획은 2004년에 이미 착수했으며, 2005년 7월엔 댐 건설 현지조사에 들어가는 등 비상식적으로 진행되었고, 2006년 12월 초안이 작성된 것으로 드러났다. 이는 상위계획을 무시하고, 댐 건설을 합리화하기 위해 짜여진 수치를 그대로 담은 것이다.

지리산댐 건설계획의 또 하나 이유는 하류지역 홍수조절효과다. 그러나 어떤 근거에 의한 홍수조절효과인지 분명히 밝히지 않았다. 부산지방국토관리청은 지난 2002년 이후 산청군 경호강 본류에만 300억 원이 넘는 예산을 들여 홍수에 대비한 하도개량사업을 추진했다. 그동안 남강 본류에 시행한 홍수피해방지용 하도개량사업만 해도 지리산댐의 홍수조절효과를 크게 뛰어넘는 것이다.

수자원공사는 이번 계획을 다른 댐과의 연계운용방안을 포함했다고 밝히고 있지만 계획 어디에도 중소규모 저수지를 반영한 내용이 없다. 농촌공사는 1996년 이후 남강 상류에 많은 농업용수댐을 완공했고, 몇 개의 대형댐은 건설 중에 있다. 구체적으로 살펴보면 단성 천개저수지, 율현저수지, 오부 대현저수지, 생비량 도리저수지, 안의면 초동저수지가 있고, 댐으로 분류될 수 있는 대형저수지로 차황면 단계천 농업용수댐, 단성면 청계리 농업용수댐, 하동군 옥종면 위태천 농업용수댐, 서상저수지가 있다. 이들 댐의 저수량을 합치면 지리산댐의 총 저수량에 육박해 사실상 댐이 필요하지 않다.

그런 데다 1996년 처음 계획 당시에는 부산광역상수도사업의 일환으로 추진되었는데, 일일 10만 톤 이상의 생활용수를 취수해 부산으로 공급한다는 것이었다. 그러나 이번 계획에는 부산광역상수도사업과는 무관하게 진행되었다. 농업용수댐과 하도개량사업으로 홍수조절효과가 개선되었고, 일일 10만 톤 이상의 생활용수 취수기능이 없어졌다면 건설계획을 포기하는 것이 당연하다. 그러나 건설교통부와 한국수자원공사는 남강상류댐을 처음 계획 당시와 같은 규모로 계속 추진하고 있다.

이번 계획에 남강상류댐이 포함된 결정적 배경은 함양군수의 로비다. 함양군수는 수자원공사를 수차에 걸쳐 방문해 지역숙원사업 운운하면서 댐 건설을 요청했다. 이 과정에서 주민들은 철저히 배제되었다. 지난 4월 6일 공청회도 주민들에게는 알리지도 않은 채 행정만 참여했다. 대대로 살아온 삶의 터전을 잃게 될 주민들과는 대화도 한번 하지 않고 군수와 행정이 일방적으로 유치활동을 벌인 결과다. 이에 한국수자원공사와 수리수문 분야 전문가들은 이 지역의 용수량과 홍수량을 제멋대로 산정해 댐 건설의 당위성을 확보한 것이다.

우리는 이 댐 건설계획이 엄청난 문제점을 포함하고 있다는 점에 주목하면서, 이런 문제점을 가진 댐을 굳이 추진하려는 한국수자원공사의 저의가 수도사업민영화에 있다고 본다. 수도사업민영화는 수리권 확보를 어렵게 만들어 사실상 댐 건설이 더욱 어려워지기 때문에 여론이 조성되기 전에 양질의 수자원을 확보하겠다는 얄팍한 속셈을 드러낸 것이다.

따라서 지리산댐 건설계획은 한국수자원공사가 지역주민들로부터 수리권을 강탈하기 위해 수립한 계획에 다름 아니고, 그런 중차대한 음모를 간파하지 못하고 유치를 추진한 함양군수의 어리석은 판단의 결정체다. 유역 주민들과 지방자치단체가 수리권을 잃고 민영화된 수도사업에 매달린다면 앞으로 얼마만 한 희생이 따를 것인지는 불을 보듯 뻔한 일이다.

우리는 용유담을 비롯해 지리산의 수려한 자연유산과 대대로 살아온 마을공동체들을 수장시키고, 주민들의 수리권을 송두리째 갖다바치는 어리석은 지방자치단체를 본 적이 없다. 우리는 지역숙원사업이라 하여 댐 건설을 계획하는 어처구니없는 국가계획을 본 적이 없다.

우리는 지금 당장 댐 건설계획을 철회할 것을 요구한다. 수려한 자연유산을 이유 없이 수장해서는 안 된다. 근거 없는 사업계획으로 더 이상 주민을 기만하여서는 안 된다. 오랜 세월 뿌리내리고 살아온 주민들의 살림터가 물속에 가라앉게 해서는 안 된다. 우리는 이런 엉터리 사업계획이 발을 붙이지 못하도록 필요한 모든 방법을 동원해 초심으로 돌아가 투쟁할 것을 다짐한다.

2007. 7. 31.
지리산댐계획 백지화를 위한 대책위원회

(민주노동당/생명의 강 연구단/운하백지화국민행동 공동기자회견 자료)

국토부의 남강댐용수 증대사업은 엉터리 계획

국토부, 남강댐 수위 상승시켜 부산 등에 하루 107만 톤 공급 계획
정부 용역 보고서 분석해보니 공급 가능량 극히 미약, 홍수 위험 가중
낙동강 수질 포기하려는 정부 의도 드러나는 것

일시 및 장소　　2009년 4월 13일(월) 오전 10시 국회 정론관
기자회견 순서
　사 회　홍희덕 민주노동당 국회의원
　인사말　강기갑 민주노동당 대표
　남강댐용수 증대사업의 문제점　박창근 관동대 교수
　기자회견문 낭독　박진섭 운하백지화국민행동 공동집행위원장

▶ 국토부의 남강댐용수공급 증대사업 개요

1. 남강댐 운영 수위 상향으로 용수 공급 증대

　1) 상시만수위를 EL. 41m에서 45m 높여 하루 107만 톤(연간 390만 톤) 추가 확보 및 공급.

　2) 사천만 방향 11Km 비상 방수로 건설.

　3) 예산 1조 3천억 원 규모.

　4) 수자원공사 관계자 언론 인터뷰 – "남강댐의 경우 보강공사 없이 수위 상향이 가능하며, 만수위를 높
　　이더라도 홍수조절과 용수공급 등에는 큰 변동이 없다." (2009년 1월 20일《세계일보》)

2. 용수공급 계획

　1) 진주 남강댐에서 부산까지 100Km 구간의 관로 매설.

　2) 부산·경남권 광역상수도사업(1조 5천억 원 규모).

　3) KDI 예비타당성조사 진행 중(2008년 12월~2009년 6월 예정).

　4) 부산 65만 톤/일, 경남권 42만 톤/일 공급(마산 16, 창원 7, 진행 7, 양산 8, 함안 1 등) ※ 경남지역
　　은 생색내기용 용수공급에 불과함.

▶ 남강댐용수공급 증대사업의 주요 문제점

1. 정부 용역 보고서에 드러난 남강댐 용수공급 능력의 한계

　1) 「낙동강 수계 청정 수원 확보를 위한 타당성조사(2008. 10. 환경부)」

(1) 2008년 4월 25일~2008년 10월 24일 연구 진행.

(2) 낙동강 수계에서 추가적인 청정수원 확보를 위한 타당성조사를 목적.

(3) 다목적댐을 대상으로 신규 취수장에서 공급 가능한 용수량에 대한 공학적 평가.

2) 추가 용수 공급 가능량 검토

(1) 상시만수위를 45m 유지시 추가 용수공급가능량 307,584톤/일

(2) 상시만수위를 45m, 홍수기 제한수위 41m 유지시 추가량은 48,384톤/일

3) 연중 상시만수위 45m 유지 방안은 단순 이수 목적으로 검토한 내용

(1) 상시만수위를 증가시키는 것은 상대적으로 홍수조절 공간의 축소.

(2) 실제 운영할 경우 치수 안전성에 대한 면밀한 검토가 이루어져야 함을 적시함.

4) 현재와 같이 운영해도 물 공급 우려

(1) 현재 상시만수위 및 제한수위 41m

(2) 연간 용수공급량 615.5백만 톤(생활·공업용수 266.8백만 톤/년, 농업용수 226.7백만 톤, 유지
용수 121.8백만 톤/년)

　가. 생활·공업용수 730,944톤/일(266.8백만 톤/년)은 최대 갈수년(1976~2007년의 관측 유입량
자료)에도 공급할 수 있는 최대 공급량, 즉 보장공급량.

　※ 지금보다 더 많이 공급한다면 최대갈수년에 물을 공급하지 못할 수 있다는 의미.

　나. 생활용수가 공업·농업용수에 우선순위를 가질 때는 다목적댐으로 취수원을 이전하여도 2020년
생활용수 부족 없음. 그러나 농업용수가 전체의 45% 차지하므로 농업용수 부족 현상 발생.

　※ 농업용수차원에서 공급대책을 세워야 함.

2. 남강댐 추가용수공급의 문제점

1) 낙동강물이용조사단 보고서(2000년 1월 13개 정부 부처 및 낙동강 6개 시도)

(1) 댐의 용수 공급 능력을 개선하기 위해 낙동강 수계에 있는 댐의 물 높이를 높였을 때의 효과는 임
하댐(20.9~40%), 합천댐(9.1~30%), 안동댐(7.1~24%), 남강댐(2.7~7.9%)의 순서. 남강댐의 효
과는 비교적 크지 않을 것으로 보고서에 기록.

(2) 댐의 초기 저수위를 상시만수위로 운영하는 것은 현실적으로 곤란 지적(245쪽).

(3) 광역상수도 추진 시 지자체, 지역주민, 학계, 시민단체와 충분한 협의 및 면밀히 검토할 것 지적.

(4) 광역상수도 건설비용을 낙동강 수질개선 비용으로 전환하는 것이 바람직한 방향이라 제시.

(5) 국가정책에 대한 유역 주민의 불신가중 등으로 실현가능성 희박할 것으로 진단.

2) 경남지역 식수확보 및 남강, 낙동강 수질 악영향

(1) 남강댐에서 하루 107만 톤을 추가로 취수했을 때는 경남지역의 생활·공업용수 부족 현상 발생.

(2) 남강, 낙동강 유지용수 부족에 따른 수질 악영향 발생.

3) 홍수 위험 가중

(1) 남강댐의 현재 홍수조절용량은 2억 6천9백만 톤.

(2) 상시만수위(운영수위)를 45m(홍수위 46m)로 높이면 홍수조절용량은 2억 3천5백만 톤으로 감소.

(3) 남강댐 유입량의 80%를 차지하는 경호강(지리산유역)은 하천경사가 급해 짧은 시간에 남강댐으
로 도달하게 되며 이에 따라 홍수통제능력 극히 저하.

(4) 수자원공사는 유수지와 배수펌프 제시하나 근본대책이 못 되며 지역주민과의 마찰 발생.

4) 사천만 방수로로 인한 침수 및 생태계 훼손.

  (1) 수자원공사 – 사천만 해역 준설, 지천 제방 보강 및 개수로 침수 방지 방안 제시.

  (2) 사천만 준설은 갯벌의 생태계를 훼손하며 어업을 생계로 하는 주민 피해 발생.

  (3) 사천만 바다 만조 시 사천만 방류는 침수 피해 가중.

3. 정부의 낙동강 수질 관리 포기 선언

1) 정부의 낙동강 살리기 프로젝트 중 하도정비.

  (1) 낙동강 유역의 21개 지자체의 2008년 골재 채취량 1천3백만m^3.

  (2) 낙동강 하도정비(준설) 규모 1억 5천만m^3(국토해양부 자료).

  (3) 공사가 예정된 만 3년 동안 낙동강에서 매년 2008년 골재 채취량의 3.8배 이상을 준설해야 가능한 규모.

  (4) 공사기간 동안의 대규모 준설에 따라 낙동강 식수원 오염 및 생태계 훼손.

  (5) 대체 식수원을 확보하지 않으면 하도정비 불가능.

2) 이전 물관리 정책의 교훈

  (1) 1993년부터 2007년까지 4대강 수질 개선 사업에 33조 원 투입.

  (2) 낙동강 등 4대강에서 BOD 등은 개선, COD 및 TP 등은 증가 추세로 비점오염원 저감 사업, 오염총량관리제 등 수질 개선 사업 추진 중(2006~2015년 물환경관리기본계획 33조).

  (3) 낙동강은 영산강보다 오염부하량이 20배 이상 높으나 수질 상태는 좋음.

    가. 영산강은 식수원으로 사용하지 않아 상대적으로 수질 개선 사업 투자 미약.

  (4) 남강댐 등에서 물을 공급한다는 것은 낙동강의 수질 관리를 포기하는 것과 같음.

  (5) 정부가 추진하는 낙동강 등 4대강 살리기는 죽은 강 만들기이며 단순 토목공사임을 보여주는 것.

2009. 8. 7. 지리산댐 반대 릴레이 1인 시위 및 수몰 예정지 주민행동

▶ 지리산댐이 4대강사업의 일환으로 발빠르게 추진되고 있다. 지리산댐은 '낙동강 유역 치수계획'에 포함되었고 '댐건설장기계획'을 연말 안에 변경해서 추진하려는 것이 국토부의 계획이다.

▶ 남강댐 T/F팀이 정부에 5개 건의항을 올렸고, 그중 하나가 '댐 상류 신규댐 건설 요구(산청, 함양)'이다. 질의에 대한 국토부의 답변(8월 4일)은 '상류에 댐을 건설할 경우 남강 하류지역 홍수피해 경감과 물부족 문제를 해소할 수 있으며, 남강댐의 방류량 감소 효과도 기대할 수 있음/T/F팀에서 대안으로 제시할 경우, 댐 건설 적극 추진'이다.

▶ 남강댐 T/F팀이 지리산댐을 건의항으로 올리게 된 배경은 2002년부터 시작된 함양군수 개인의 독단적이고 이기적인 수차례의 대정부 청원에서 비롯된 것이다.

▶ 댐 수몰 예정지는 내셔널트러스트 보존대상지로 선정될 정도로 아름나운 비경을 자랑하는 '용유담'을 포함해 마천면민 1천여 명의 삶터이다. 지리산댐 건설계획에 대해 지난 6월 17일 댐 예정지 주민 및 인근 남원지역 주민 500여 명이 부산국토관리청 앞에서 열린 기자회견과 지리산댐반대 집회에 참여할 정도로 지역의 반대여론은 거세다.

▶ 그럼에도 산청, 함양 지역에서 신규 댐 건설을 요구하고 있다는 것은 함양군수와 정치적 모리배들 몇몇의 독단적인 욕심이 낳은 근거 없는 주장이다. 함양군은 관조직을 동원해 주민들에게 찬성서명을 받는 등 주민의견을 완전히 무시하고 있다.

▶ 함양군민과 댐 예정지 마천면 주민들은 댐 건설을 요구한 적도 없고, 지리산댐은 백지화되어야 마땅함을 함양군민과 전 국민에게 알리고자 릴레이 1인 시위와 주민행동에 나선다.

〔1인 릴레이 시위와 수몰 예정지 주민행동 계획〕
일시 2009년 8월 17일(월)~21일(금) 오전 8시~9시30분
장소 함양군청 앞
1인 릴레이 시위 명단(예정)
– 17일(월) 함양시민연대 공동대표 엄용식 목사
– 18일(화) 함양농민회 부회장 이종원
– 19일(수) 온배움터 교수 유상균
– 20일(목) 전교조 지회장 박석병
– 21일(금) 지리산기독교환경연대 상임대표 김성률 목사
주민행동 예상자 함양군 마천면(수몰 예정지) 의평마을, 추성마을 어르신/매일 2~3인씩

4대강사업 착공을 계기로 지리산댐 계획이 더 구체적으로 가시화되고 있었다. 함양지역의 시민사회단체와 주민들은 2009년 1월 27일 함양성당 교육관에서 지리산댐백지화함양군대책위원회 출범식을 하고, 본격적인 백지화운동에 돌입할 것을 결의하였다. 주민들은 출범식 후 함양읍내를 행진하며 댐백지화가 필요함을 군민들에게 알렸다.

지역주민 몰아내고 생태계 위협하는 지리산댐 백지화하라!
소탐대실 함양군 행정 지리산 삼신할매 노하신다!
개발 이익 몇 푼에 함양의 천연보고 넘겨주냐!

〔조직 기구표〕

고문	도법 스님, 성염 전 교황청 대사
공동대표	월공 스님(함양시민연대 공동대표), 엄용식 목사(지리산종교연대 상임대표), 백민음터 목사(지리산기독교환경연대 공동대표), 김관규(전교조 함양지회), 유자영 회장(함양농민회), 선시영 위원장(마천주민대책위원회), 김석봉 대표(환경운동연합 공동대표)
대책위원장	전성기(함양농민회)
집행위원장	전성기
집행위원	임병택 위원장(전국금은상조합 함양군 지회장), 유상균(온배움터), 박석병(전교조 함양지회장), 김정규(함양시민연대), 김현태(함양민중연대 조직국장), 정경화(시인), 이정훈(함양군미용협회 회장), 이종원(함양농민회), 호탄 스님(보현암), 김성률 목사(지리산기독교환경연대 상임대표), 김지영 목사(함양기독교연합회)
사무국장	노재화 목사(지리산기독교환경연대 사무국장)
참여단체	함양 농민회, 함양시민연대, 전교조 함양지회, 온배움터(전 녹색대학교), 화물연대, 농협노조, 마천면 지역주민대책위원회, 지리산기독교환경연대, 함양기독교연합회, 함양향목위원회, 녹색평론독자모임, 시사함양, 기독교사모임, 함양성당 사목회, 영선사, 보현암, 옥동교회, 함양제일교회, 산들교회, 지리산종교연대, 불교사암연합회, 천주교 마산교구 함양성당, 엄천교회, 의탄교회, 마천교회, 창원교회, 유림교회

사업 계획

1. 지리산댐 건설의 부당성 홍보 및 백지화 서명운동
2. 지리산댐 관련 토론회 개최
3. 지리산댐 건설 예정지 현장 농성
4. 지역 간 연대 투쟁 전개

함양군민 민심은 '댐건설 반대'
정부는 지리산댐 계획 전면 백지화하라!

최근 정부에서 남강댐 수위상승 대안으로 검토 중인 함양 지리산댐 건설 방안에 대해 함양군민 다수가 반대하고 있는 것으로 나타났습니다. 주민숙원사업이란 미명 아래 함양군이 일방 제기하고, 경남도와 국토부에 의해 밀실 추진 중인 함양 지리산댐 건설계획은 즉각 중단되어야 합니다.

'지리산댐' 논란 장본인은 함양군과 경남도

정부(국토해양부) 또한 지난 2009년 12월 말 한국수자원공사를 통해 '경남·부산권 광역상수도사업 취·도수시설 타당성조사 용역'을 발주하고, 해당 용역 과업지시에서 지리산댐 건설 방안을 특별과업으로 제시해놓은 상태에 있습니다.

지난 2월 13일에는 '남강물 부산공급 단계별 추진방안'이란 이름으로 지리산댐 건설 방안을 적극 검토하겠다는 방침을 경남도에 일방 통보했습니다. 지역주민들은 물론, 지리산을 아끼고 사랑하는 수많은 국민들이 적극 반대하고 있음에도 불구하고, 지리산댐 사태가 이 지경에 이른 근본원인은 함양군(천사령 군수)이 '군민 80% 이상 댐 건설 찬성', '주민숙원사업' 운운하며 지리산댐 건설을 적극 요구하고 있기 때문입니다.

이를 부추기고 있는 것은 김태호 경남도지사입니다. 김태호 지사는 기회 있을 때마다 '물이 있으면 나눠 먹어야 한다'면서 남강댐 수위상승 대안으로 지리산댐 건설 방안을 줄기차게 제기해왔고, '함양군민들이 원한다'는 함양군의 일방적 주장도 되풀이해왔습니다.

함양군민들, 댐 건설 찬성보다 반대여론 더 높아

하지만 함양 지리산댐은 결코 함양군민들이 바라는 주민숙원사업이 아닙니다. 《경남도민일보》에서 지난달 23일 전체 함양군민들을 대상으로 실시한 ARS전화설문조사 결과가 이를 증명하고 있습니다.

지난달 31일 보도된 위 여론조사 결과에 따르면, 응답자 767명 가운데 46.7%(358명)의 함양군민이 지리산댐 건설을 반대하고 있는 것으로 나타났습니다. 특히 20~50대 등의 상대적으로 젊은 층의 지리산댐 반대 의견이 압도적으로 많았습니다(20대-65.2%, 30대-74.5%, 40대-69.8%, 50대-53.8% 댐 건설 반대).

반면, 댐 건설 찬성 의견은 반대 의견보다 7%나 적은 39.5%(303명)에 그쳤고, 대부분 60~70대 노년층에서 찬성률이 상대적으로 높게 나타났습니다(60대 50.5%, 70대 이상 44% 찬성). 13.8%(106명)는 '잘 모르겠다'고 답했습니다.

함양군이 지난해 '서명운동'에서 함양군민 80% 이상이 '댐 건설 찬성 서명'했다고 주장해온 것도 많은 의구심을 갖게 합니다. 이번 설문조사에서 함양군민 상당수가 이 서명운동에 실제 참가하지 않았거나(54%, 414명), 당시 서명운동을 하는지조차 몰랐던 것(22.6%, 173명)으로 나타났기 때문입니다. 함양군이 내세우고, 경남도와 국토부가 확대 재생산하고 있는 '함양군민 댐 건설 찬성 여론'은 일부 단체와 함양군 행정력이 총동원되다시피 한 가운데 급조된 엉터리 여론이라고밖에 볼 수 없습니다.

민심은 천심… 지리산댐 계획 즉각 중단해야

지리산댐 건설 문제에 대한 함양군민들의 민심은 분명해졌습니다. 댐 건설 찬성이 아니라 반대라는 것입니다. 이는 댐 예정지 피해지역 주민들의 평화로운 삶과 민족의 영산 지리산 보전을 바라는 함양군민들의 간절한 염원이 표출된 결과라 확신합니다.

민심은 천심이라고 했습니다. 함양군과 경남도, 국토해양부는 이 같은 함양군민들의 민심에 역행하는 일방적 사업 추진을 즉각 중단해야 합니다! 만약 그렇지 않을 경우 다가오는 '6. 2. 지방선거'에 적극 참여하여 댐 건설 찬성 후보들을 응징하고 정부 계획을 심판하는 등 강력 저항해나갈 것임을 분명히 밝혀둡니다.

[우리의 요구]

- 정부는 함양 지리산댐 건설 음모 즉각 중단하고, 사업계획 전면 백지화하라!
- 함양군은 '지리산댐 대정부 건의' 전면 철회하고, 여론호도행위 즉각 중단하라!
- 경남도는 도민여론 수렴하여 낙동강상수원 남강이전계획 백지화에 적극 앞장서라!
- 6. 2. 지방선거 각급 후보들은 지리산댐 백지화와 낙동강상수원 보전을 공약하라!

2010. 4. 6.
지리산댐백지화함양군대책위/지리산댐백지화마천면주민대책위/지리산댐백지화남원시대책위

지리산댐 건설 반대 측 주민설명회 개최 요청의 건

수신 함양군 의회

발신 지리산댐백지화함양군대책위/지리산댐백지화마천면주민대책위/지리산댐백지화휴천면대책위
(전성기 함양군대책위위원장)

제목 지리산댐 건설 반대 측 주민설명회 개최 요청의 건

군민의 대의를 수행하는 군의원님들의 노고에 감사드립니다.

현재 실시되고 있는 지리산(문정)댐은 지역주민들의 의견을 제대로 반영하지 않은 채 함양군의 주도로 진행되고 있습니다. 이에 해당 지역 주민들은 대책위를 꾸려 삶의 터전을 지키려 고군분투하고 있습니다. 함양군의 행정은 엄격하고 공정하게 진행되어야 함에도 한쪽의 의견을 전체의 의견인 것처럼 부풀려 호도하면서 댐 건설을 추진하려고 합니다.

2010년 경남도민일보와 지리산종교연대가 전체 함양군민들을 대상으로 공동 실시한 지리산댐(=함양댐, 문정댐, 임천수계댐) 관련 ARS 전화설문조사 결과, '군민 절대다수가 원하고 있다'는 그동안의 함양군 주장과 달리 오히려 함양군민들의 댐 건설 반대여론이 더 높은 것으로 나타났습니다. 이것이 증명하듯 지리산댐은 군민의 숙원사업이 아닐뿐더러 대다수가 찬성하고 있는 것이 아닙니다.

공무원은 군민의 공복이기에 설령 작은 숫자일지라도 군민이 고통을 받고 있다면 이에 귀를 기울이고 해결하려는 노력을 해야 할 것입니다.

함양군의 행정을 감시하고 올바로 세우면서 군민을 대표하는 의회가 이 일에 나서주시길 바랍니다. 지역주민들의 의견에 귀 기울여주시기 바랍니다.

- 요청 사항 -

함양군 의회 의원님들께

고향을 떠나야 하는 댐 건설 예정지역 주민들과 댐으로 인해 피해를 입게 될 댐 건설 예정지 하류지역 주민들이 왜 반대하는지를 설명할 수 있는 자리를 요청합니다.

2010. 6. 11.

지리산댐백지화함양군대책위원회, 지리산댐백지화마천면주민대책위원회
지리산댐백지화휴천면주민대책위원회

이젠 홍수조절용?
주민 우롱하는 지리산댐 건설계획 즉각 백지화하라

종전까지 부산 경남권 식수 확보를 목적으로 하고 있던 댐 계획이 각종 조사에서 비관적 전망을 보이고 있는 가운데 국토해양부가 지리산댐을 홍수조절용(치수사업)으로 추진하겠다고 밝혔다. 이것은 타당성조사를 회피하기 위해 급조된 핑계에 불과하다고 볼 수밖에 없었다. 이에 지리산댐 백지화 함양/마천/남원 대책위원회, 지리산생명연대, 진주환경운동연합은 진주시청 브리핑룸에서 공동으로 기자회견을 갖고, 지리산 댐백지화에 대한 입장을 다시 한번 분명히 했다.

▶ 최근 국토부가 '경남·부산권 광역상수도사업 타당성조사' 결과를 발표했다. 그동안 부산 경남권의 식수 확보에 초점을 맞추어 추진해왔던 지리산댐 건설계획을 갑자기 '홍수조절용'으로 추진하겠다고 한다.

▶ '경남·부산권 광역상수도사업 타당성조사'의 비용편익(B/C)은 상류댐(문정댐) 건설을 포함하지 않을 경우 1.069로 나왔지만, 상류댐 건설을 전제하는 경우 0.688로 경제성이 떨어지는 것으로 분석되었다. 문제는 해당 타당성조사(사업계획안)에서는 상류댐이 홍수조절용으로만 사용된다고 가정하고 있지만, 사업계획에 포함되어 있다면 당연히 비용분석을 진행해야 하는 것이며 이를 반영한다면 타당성이 전혀 없다는 결론을 도출할 수 있다.(국회의원 강기갑의원실 분석자료)

▶ 지리산댐을 건설하기 위해서는 5,000억 원 이상의 비용이 소요될 것으로 예상되고 있는데 이 때문에 사전에 타당성조사를 받도록 되어 있다. 그러나 이명박 정부가 2008년 초 4대강사업을 편법 추진하기 위해 국가재정법 시행령을 몰래 개정해 치수사업을 타당성조사 대상에서 제외시킨 바 있다. 이는 표면적으로는 '홍수조절용(치수)' 사업으로 지리산댐을 추진해서 댐 건설 부분을 타당성조사 대상에서 제외해 댐 건설을 쉽게 추진할 수 있게 하려는 꼼수라고 할 수밖에 없다.

▶ 지리산댐 예정지 인근 주민들은 수년째 계속되고 있는 댐 건설계획으로 인해 하루라도 편할 날이 없다. 국토부는 홍수조절용 지리산댐 건설계획을 백지화해야 한다.

▶ 국토부는 지리산댐 건설계획 이전에 보다 근원적인 경남 부산권의 먹는 물 확보에 대한 종합적인 계획을 세워야 할 것이다. 지리산의 물은 거꾸로 흐르지 않는다. 지리산의 물이 남강댐으로 흘러가 결국은 부산·경남권의 먹는 물이 될 것이다.

▶ 국토부는 홍수조절용이라는 핑계로 지리산댐을 추진해 남강댐 상, 하류 주민들의 불안과 분열을 가중시키려는 의도가 보인다.

이에 지리산댐 예정지 주민과 시민사회단체들은 국토부에 엄중히 항의하며 다음과 같이 요구한다.

1. 국토부는 '홍수조절용' 지리산댐 건설계획을 백지화하라.
2. 지리산댐 건설계획으로 고통받는 지역주민들의 목소리를 듣고, 지리산에 댐이 세워지지 않기를 바라는 국민의 목소리를 들어라.
3. 보다 근본적인 경남·부산 식수문제의 대책은 인근지역인 낙동강상수원 보전과 수질개선이다. 지리산 댐으로 야기될 명백한 환경파괴, 주민공동체 파괴와 같은 일이 벌어지지 않도록 최선을 다하라.

2011. 7. 5.
지리산댐백지화함양군대책위/지리산댐백지화마천면주민대책위/지리산댐백지화남원시대책위

2011. 9. 24. '지리산포럼' 창립

논의과정

지리산생명연대 10년 과정에 지리산운동은 많은 분화가 이뤄지고 지역별 주체들이 서기도 하고 함께 일을 풀어가는 자리가 만들어졌으나 산발적인 삶의 터에서 지리산공동을 위한 나눔과 구체적인 삶의 현장을 실현시키자는 논의에서 출발.→ 그동안 활동가 중심의 워크숍이 이뤄지고 이를 심화하기 위한 활동가 포럼 형태가 제안된 과정을 통해 2011년 지리산공동체 전체를 위한 지리산광장포럼 제기.

2011년 상반기 지리산생명연대, 지리산권시민사회단체협의회 운영위를 통해 '지리산문화제'를 열고 '지리산포럼' 발족을 하기로 함.

2011. 9. 24. 창립포럼

개회식   진행사회 이상윤(지리산권시민사회단체협의회 운영위원장)
인사말   이학영(지리산포럼 상임대표)
발제 및 사례발표
기조발제   지리산운동의 성과와 지리산포럼
           – 발표자 도법(조계종 화쟁위원장, 사단법인 숲길 이사장)
사례발표
 1. 산내면 마을공동체 이야기(이귀섭, 한생명)
 2. 학교는 지역공동체의 중심(유수용, 옥종고등학교)
 3. 화해와 일치를 위한 지리산종교연대(해강 스님, 실상사)
 4. 주민생활협동조합 활동(안상연, 남원생협 이사장)
 5. 지리산보존과 주민활동(최화연, 지리산생명연대)
 6. 생활 속에 대안에너지운동(이순규, 초록배움터)
 7. 지리산마을을 잇는 지리산둘레길(이기원, 사단법인 숲길)
전체토론 및 제안

'지리산포럼' 창립 취지문

지리산은 줄곧 한국사에서 역사적 격변기 다음 세대의 정신과 인물을 키워 새 시대를 맞이하게 한 원천이다. 새로운 시대의 조류를 형성하게 하는 힘은 지리산이 가지는 상징성이라고 할 수 있다. 지리산은 창조설화로 마고할미전설이 있는 곳이자 민초들 삶 속에 늘 새로운 시대의 씨앗을 잉태시킨 고마움과 신성함이 깃든 곳이다.

현대사의 아픔이 있는 지리산은 21세기 시작을 전후해 지리산위령제를 통해 갈등과 반목을 치유하고 생명평화 담론을 한국 사회 곳곳에 뿌리내리는 생명평화운동의 발원지 역할을 했다.

지역운동으로 실상사를 중심으로 사부대중과 지역주민이 생태, 환경, 교육, 농업 등 마을공동체 삶의 실험들을 진행하고 있으며, 남원, 함양, 산청, 하동, 구례 등 지리산권 5개 시군 주민들 중심의 마을교육을 뿌리에 둔 대안공동체, 지역문화예술활동, 생활협동조합 등 지역공동체 활성화와 주민자치활동이 지역직능별로 꾸려지고 움직임도 활발해졌으며 또한 대안교육 기관도 설립되었고 대안에너지 운동 등 다양한 계층, 다양한 가치들이 지리산의 21세기를 준비하고 맞이했다.

지리산 종교인들은 지리산종교연대를 통해 종교 간 화해와 일치, 상생과 공존을 위한 이런저런 모색들을 해왔으며 2011년 이 땅의 모든 뭇 생명과 소통을 위한 생명평화 천일순례를 시작했다.

시민사회진영은 2005년 결성한 '지리산권시민단체협의회'를 통해 지역주민들과 함께하는 지리산문화제를 이끌어가고 있으며 지리산생명연대를 축으로 하는 생태보존운동은 또 다른 형태의 지역 삶 운동으로 2007년 사단법인 숲길을 통한 지리산둘레길 사업을 시작했으며 일상적 걷기를 통한 성찰과 회고의 삶을 통해 지리산마을의 자립심과 자존감을 키워가고 있다.

되돌아보면 이와 같은 역동적인 지리산 삶 활동은 참여주체 중심으로 진행되어왔고 그 성과들이 지리산공동체 모두의 몫임에도 불구하고 많은 이들과 함께 공유하지 못한 점을 반성하고 성찰하는 과정에서 지리산 삶 운동은 결국 지리산공동체 실현이란 보편성에 기반하고 있음을 알게 해준다.

세상의 변화는 일순간 일어나는 것이 아님을 우린 잘 알고 있다. 모든 삶들은 관계의 그물망으로 얽혀 생멸이 거듭됨을 잘 알고 있다.

어지러운 세상이다. 기후변화도 심화되고, 삶의 조건들이 두서없이 출렁인다. 곧 세상이 멸망할 것이란 불안도 있고 자신의 삶을 올곧게 간수하고 유지시키는 일조차도 불안하다. 지역, 계층, 이념의 갈등은 시간이 지날수록 골이 깊어지고 파편화된 삶을 함께 나누고 위로받을 곳이 사라져버리고 있다.

희망은 없는가. 많은 이들이 자문하고 있다. 인류의 진화 가운데 수많은 문명들이 소멸되었으나 지역의 풍요로움을 간직한 곳은 그나마 공동체 삶이 유지되고 있다.

그간의 지리산 활동들의 내용을 더하고 깊이를 더하고 나눠 갖는다면 지리산은 희망이 될 수 있다는 제안은 수없이 많았지만 그러한 논의와 합의를 하는 구조를 가지지 못하고 산발적 제안에 그치고 말았다.

새로운 시대, 새로운 역사와 이야기를 써야 하는 것이 인류의 운명이자 계시라 할 수 있다. 지리산은 희망이다. 그동안의 모색과 실험들을 바탕으로 나누고 가꾸고 내용의 깊이를 더하는 일이 우리의 사명일 것이다.

지리산 삶을 어떻게 할 것인가. 그 물음은 늘 있어왔다. 그 일을 나누기 위한 신문발행 이야기, 지리산 협약, 지리산생태지역 구상, 지리산 일대를 유네스코 문화유산으로 만들자는 제안, 지리산 관광단지 건설 등 지리산을 하나로 보려는 움직임 속에 이런저런 제안과 실험들이 민관 모두에 의해 진행되고 있다.

정작 현실에서 지리산에 대한 이런저런 제안과 개발의 방식들은 합의와 협의, 과정을 통한 결정보다는 한 집단의 이익을 우선한 결정들이었다.

우리는 그동안 지리산운동의 성과와 반성을 통해 지리산을 하나의 삶터로 가꿔가기 위한 일상적이고 지속적인 제안과 합의의 과정으로 지리산포럼(광장정치마당)을 창립하고자 한다.

지리산포럼은 구체적인 지역 현실문제로부터 지리산 공동의 가치체계를 담론화시키고 현실 삶으로 받아안아가는 방식을 취할 것이다. 생각으로 이론으로 지리산을 논하는 자리이기보다 지금 여기서 우리가 어떻게 살 것이며 어떤 일을 통해 지리산공동체에 기여할 것인가를 제안하고 합의하고 실현시키는 장으로 키워가자는 것이다.

여는 글: 지리산운동의 정신을 마을과 함께 나누고 가다듬어 지리산공동체 완성

이학영(지리산포럼 상임대표) **낭독**

지리산의 마음으로 지리산에서 일어난 이런저런 일들을 되돌아보면 지리산은 참 너른 품을 지닌 곳이다. 지나온 지리산운동을 정리해보면 지리산의 정신을 가다듬고 배우고 가꿔가기 위한 지리산 열린연대, 지리산의 환경현안을 전 국민이 관심을 갖게 하도록 한 지리산국민행동 두 축이 지리산 삶의 좌표를 제시한 귀중한 시간이었다.

이 시기 지리산운동의 방향이 현재까지 이어지고 있는 것도 있고 여전히 숙제인 것도 있다. 지리산의 운동은 지리산의 삶이다. 지리산의 삶은 지리산을 하나의 살아 움직이는 지역 생태 공동체로 보는 것에서 출발한다. 지리산을 찾아 자연과 더불어 살아가려는 사람들의 발걸음은 과거도 현재도 미래에도 지속적으로 이뤄질 것이다.

지리산 열린연대와 국민행동은 지리산운동의 단초를 제시했다면 두 단체를 통합한 지리산생명연대는 주민 속으로 지리산운동을 어떻게 파급시킬 것인가를 고민하고 현실화시켜갔다고 할 수 있다. 생명연대 10년간 지리산에서는 다양한 풀뿌리주민자치 활동이 농업, 환경, 생활, 문화 등 지역직능별로 분화되어 일어났다.

또 다른 한 축의 지리산운동은 생명평화운동을 낳았다. 지리산에 살고 있거나 지리산을 사랑하는 사람들이 삶의 현장에 대한 건강성 확보라는 구체적이고 실천적인 생태보존, 지역 삶 운동을 전개하는 과정에 종교인들이 중심이 되어 성찰과 회고, 순례로 나타나는 한국 사회 생명평화 담론을 던졌다.

지리산공부모임과 지리산평화결사(이후 생명평화결사로 조직명이 바뀜), 지리산종교연대의 활동들이 이 땅의 근본이 생명평화임을 선언하는 배경이 되었다. 지리산공부모임은 2001년 발의되었고 생명평화 담론을 들고 한국 사회 곳곳을 누빈 생명평화결사도 지리산에서 2004년 시작되었다. 지리산종교연대는 여전히 지리산 종교인들이 인간 탐욕을 경계하고 뭇 생명의 생명평화를 기원하는 순례를 이어가고 있다.

시대와 세대를 이어가는 지역의 풍요로운 삶을 어떻게 꾸리고 가꿀 것인가.

자본화, 세계화의 담론에 밀려 정작 우리가 살고 있는 지역의 가치와 지역의 삶의 방식에 대한 진지한 성찰과 고민 없는 시대에 우린 지리산포럼을 통해 지역의 가치를 재정립하려고 한다. 지리산포럼은 그간의 지리산운동의 정신을 이어받아 지리산마을공동체를 자산으로 지역의 풍요로운 지속가능한 가치를 찾아 실현시켜 나갈 것이다.

지리산포럼은 지리산에 사는 모든 존재들이 마땅히 존중받아야 할 존귀한 존재로 대접받는 권리를 찾아줄 것이며 이를 위해 민관을 넘어 소통의 통로 역할을 하고자 한다.

한국수자원공사, 함양군은
지리산 용유담이 제2의 구럼비바위가 되길 바라는가

제주도 강정마을의 '구럼비바위'가 자연·문화적 가치 등으로 인해 해군기지건설 논란의 상징물이 되면서 국민들의 큰 관심을 끌고 있습니다.

하지만 경남 함양 마천에는 이보다 더한 곳이 있습니다. 또 하나의 구럼비바위 신세가 될지도 모를 지리산 자연문화유산 '용유담'이 바로 그것입니다.

용유담은 마적도사와 아홉 마리 용에 관한 전설이 전해져 내려올 정도로 기암괴석과 아름다운 계곡이 비경을 이룬 곳으로, 한국내셔널트러스트에서 지난 2008년 '우리가 꼭 지켜야 할 자연유산'으로 꼽은 곳입니다.

이곳은 남명 조식 선생, 일두 정여창 선생 등 조선시대 대유학자들의 발자취가 고스란히 남아 있을 뿐만 아니라, 점필재 김종직 선생이 함양군수로 있을 때 매년 군민들과 함께 춘령을 반포하기 위한 행사를 갖고, 가뭄이 있을 땐 이곳에서 용에게 '비를 내려달라' 기우제를 지내기도 했던 역사·문화유적지이기도 합니다.

용유담의 이러한 가치는 지난 2006~2008년 경상대 경남문화연구원에서 실시한 '전통명승 동천구곡 학술조사'를 통해 분명히 확인되었습니다. 이 학술조사 보고서는 "(지리산 용유담이) 명승 및 천연기념물로서의 학술적 가치가 매우 커 명승지정을 통한 보전이 필요하다"고 밝혔습니다. 이에 문화재청은 지난해 말 용유담이 지닌 '뛰어난 자연경관과 역사문화, 학술적 가치'를 인정하고, '국가명승'으로 지정하려 했습니다.

문화재청, 용유담의 자연경관·역사문화·학술적 가치 인정, 명승지정 추진

그런데 그 얼마 뒤, 한국수자원공사와 함양군이 의견서를 제출해 '지리산댐 건설이 예정된 지역'이라는 이유를 들어 이를 반대함으로써 명승지정이 전격 보류되는 사태가 벌어졌습니다. 실로 황당하고 어처구니없는 일이 아닐 수 없습니다.

숱한 논란의 대상이 되어온 지리산댐 건설계획은 충분한 사회적 논의와 합의 과정 없이 수자원공사와 국토부에 의해 일방 추진되고 있는 엉터리 사업입니다. 국회 동의나 관련 예산도 아직 확보되지 않았습니다.

또, 지리산댐 건설계획은 이해당사자인 함양, 전북 남원의 지역주민은 물론, 지리산을 아끼고 사랑하는 수많은 국민들과 시민사회단체, 전문가, 심지어 경남도에 이르기까지 모두 적극 반대하고 있습니다. 그만큼 사업추진 여부가 불투명할 뿐만 아니라, 설사 사업이 추진된다 하더라도 언제가 될지 아무도 장담할 수 없는 상태입니다.

그리고, 우리 헌법(제9조)은 "국가가 전통문화의 계승·발전과 민족문화의 창달에 노력하여야 한다"면서 문화재보호를 국가의 의무로 규정하고 있고, 관련 특별법인 「문화재보호법」에서도 유사한 내용들로 국가와 지방자치단체, 모든 국민이 문화재 보전에 힘쓰도록 하고 있습니다.

이러한 관련 법률의 취지 등을 고려할 때, 보존가치가 있는 자연문화유산이 개발계획과 부딪히는 경우 당연히 자연문화유산 보존을 전제로 개발계획을 어찌 조정할 것인지 먼저 고민하는 것이 정상이고 상식일 것입니다.

수공·함양군, 댐 건설 빌미로 한 국가문화재 지정 반대

따라서 한국수자원공사가 지리산댐 건설계획을 빌미로 용유담의 국가문화재 지정을 가로막고 나선 것은 분명 잘못된 것입니다.

함양군의 행위도 지탄받아 마땅합니다. 지역의 자연문화유산 보전에 누구보다 앞장서야 할 행정당국이 오히려 이를 훼손하려는 수자원공사를 거들고 있기 때문입니다. 이는 오랜 역사와 문화적 전통을 자랑하는 함양과 함양군민의 자존심에 크나큰 생채기를 내는 일일 것입니다.

문화재청도 이번 사태의 책임으로부터 자유로울 수 없습니다. 무엇보다, 용유담 명승지정 예고는 관련 전문기관의 오랜 연구용역조사와 자체 심의과정을 거쳐, 그 뛰어난 자연경관과 역사문화, 학술적 가치를 충분히 인정한 데 따른 것입니다. 따라서 관련기관의 요구에 떠밀려 명승지정을 보류한 것은 자기 존재를 스스로 부정하는, 실로 무책임한 행동이 아닐 수 없습니다.

더구나 대규모 개발계획이 확정되거나 이미 추진 중에 있더라도 보존할 가치가 있는 자연문화유산을 국가문화재로 지정한 선례가 있음에도 이를 외면하고 있어 문제입니다. 경북 영주의 '괴헌고택'은 4대강사업 과정에서도 국가문화재(중요민속자료)로 지정된 바 있습니다.

명승지정 보류 결정 취소하고, 국가문화재로 지정해야

하여 우리는 용유담의 명승지정 보류 사태에 책임이 있는 이들 기관의 행태를 강력히 규탄하며, 지리산 용유담이 제2의 제주 구럼비바위가 되는 일이 없기를 간절히 바라는 마음으로 다음과 같이 요구합니다!

첫째, 한국수자원공사는 용유담 명승지정 반대의견을 즉각 철회하고, 지리산댐 건설계획 전면 백지화하라!

둘째, 함양군은 용유담 명승지정 반대의견을 즉각 철회하고, 용유담 국가문화재 지정과 지리산댐 건설계획 백지화에 적극 앞장서라!

셋째, 문화재청은 용유담의 명승지정 보류 결정을 즉각 취소하고, 당초 예정대로 국가명승으로 지정하여 철저히 보호·관리하라!

2012. 3. 14.
지리산댐백지화 함양군·마천면 대책위/지리산종교연대/지리산생명연대/진주환경운동연합

문화재청은 용유담을 명승으로 지정하고,
지리산의 자연유산·문화유산을 철저히 보호·관리해야 합니다.

지리산은 그 자체로 복합유산입니다

지리산은 반만년을 이어온 우리 민족의 정신과 생명을 담고 있는 영산입니다. 지리산이 갖고 있는 생태적 가치, 역사적 가치, 문화적 가치, 정신적 가치는 그 어떤 정치경제적 이해관계나 논리로도 폄하되거나 훼손되어서는 안 될 민족정신의 고갱이입니다. 따라서 지리산의 파괴는 곧 민족정신의 파괴입니다.

그렇기에 우리 국민들은 지난 2000년대 초반 정부의 수자원정책으로 지리산댐(문정댐)이 계획되었을 때 국민운동으로 그에 저항하여 2001년 정부로 하여금 지리산댐을 후보지에서 제외시키도록 했던 것입니다.

현재는 지리산이 갖고 있는 자연과 생태, 사상과 민속 등은 '보편적이고 뛰어난 가치를 지닌' 세계문화유산으로서도 손색이 없기에 유네스코 세계복합문화유산으로 등재될 수 있도록 하기 위해 민관학民官學이 함께 힘을 모으고 있습니다.

이러한 가운데 2011년 12월 함양 마천의 용유담을 명승으로 지정하겠다는 문화재청의 예고는 저희들에게 매우 기쁜 소식이었고 지리산의 정신과 가치를 민족의 희망으로 가꾸려는 저희들의 꿈에 대해서도 큰 자긍심을 느꼈습니다. 참으로 감사한 마음이었습니다.

그러나 이후 '댐 건설'을 이유로 명승지정 철회를 요구하는 함양군의 의견서를 받아들여 일단 명승지정에서 제외하고 재조사를 하기로 결정했다는 소식을 들었습니다. 문화재청이 무엇을 재조사하겠다는 것인지 납득이 가지 않습니다만, 다만 절차상의 문제로 생각하겠습니다. 문화재청이 우선적으로 해야 할 일은 자연유산을 비롯하여 민족의 역사와 문화를 오롯이 담고 있는 용유담을 그대로 보존하는 일이기에 애초에 용유담을 명승지로 예고할 때 판단한 내용 이외에 다른 고려사항이 있을 수 없다고 믿기 때문입니다.

경남 함양 마천의 '용유담'은 명승입니다.

용유담은 마적도사와 아홉 마리 용에 관한 전설이 전해져 내려올 정도로 기암괴석과 아름다운 계곡이 비경을 이룬 곳으로, 한국내셔널트러스트에서 지난 2008년 '우리가 꼭 지켜야 할 자연유산'으로 꼽은 곳입니다. 이곳은 남명 조식 선생, 일두 정여창 선생 등 조선시대 대유학자들의 발자취가 고스란히 남아 있을 뿐만 아니라, 점필재 김종직 선생이 함양군수로 있을 때 매년 군민들과 함께 춘령春令을 반포하기 위한 행사를 갖고, 가뭄이 있을 땐 이곳에서 용에게 '비를 내려달라' 기우제를 지내기도 했던 역사·문화유적지이기도 합니다.

용유담의 이러한 가치는 지난 2006~2008년 경상대 경남문화연구원에서 실시한 '전통명승 동천구곡洞天九曲 학술조사'를 통해 분명히 확인되었습니다. 이 학술조사보고서는 "(지리산 용유담이) 명승 및 천연기념물로서의 학술적 가치가 매우 커 명승지정을 통한 보전이 필요하다"고 밝혔습니다.

따라서 문화재청이 지난해 말 용유담이 지닌 '뛰어난 자연경관과 역사문화, 학술적 가치'를 인정하여 '국가명승'으로 지정하려고 한 것은 천 번 만 번 지당한 일이라고 생각합니다. 하여, 간곡히 거듭거듭 촉구합니다. 한번 파괴되고 훼손된 문화유산은 복원이 어렵습니다. 문화재청은 용유담을 명승으로 지정하고 문화유산의 보존을 위해 앞장서주십시오.

문화재청이 함양군의 의견서를 받고 조사해야 할 것은,
댐이 건설될 경우 생겨날 지리산의 생태·역사·문화유산의 파괴와 훼손에 대한 것입니다.

함양군의 의견서에도 나와 있듯이 함양군이 용유담의 명승지정을 반대하는 것은, 정부에서는 이미 2001년에 정부에서 지리산댐 건설계획을 폐기했음에도 불구하고 수자원공사와 함양군이 지리산댐을 짓겠다는 생각을 버리지 못했기 때문입니다. 이유는 단지 그뿐입니다.

이러할 때 문화재청이 해야 할 일은 무엇이겠습니까. 문화재청이 가장 먼저 조사해야 할 것은 지리산댐으로 인해 지리산의 자연유산과 역사문화유산이 얼마만큼 심각한 파괴와 훼손을 당할 것인가에 대한 것입니다.

1) 지리산의 문화유적 및 사찰의 피해
- 댐 건립시 구산선문의 최초사찰인 실상사에서 약 1km 지점까지 수몰되며, 이로 인한 안개일수의 증가, 기후변화 등으로 인해 성보 훼손 우려.
- 벽송사, 서암, 금대암, 영선사 등의 진입도로인 남원~산청구간의 60번 국도가 수몰되어 사찰의 고립 우려.
- 각 사찰의 목조 건축물과 벽송사의 목장승, 실상사 철불을 비롯한 부도, 탑 등 총 15개 사찰의 피해 예상.
- 지리산 일원 사찰들의 기후·생태계 변화, 탐방객 변화 등 많은 변화·피해가 예상됨.

2) 지리산의 자연생태계 피해
- 댐 건설 부지 자체가 국립공원 접경지역이며, 댐 건설로 인한 지형변화로 인하여 급격한 기상변화와 생태계의 파괴로 인한 주변환경의 악화 예상.

3) 지역주민들의 삶의 질 악화와 공동체 파괴
- 또한 이외에도 기후변화로 인한 농업의 피해, 수질오염, 인간의 건강에 미치는 악영향, 그리고 마을공동체의 파괴 등 여러 가지 문제점이 예상됨.

이제 문화재청이 분명한 입장을 밝혀야 합니다. '문화유산의 보존과 가치창출로 민족문화 발전에 기여'한다는 설립목적에 부합하게, 그리고 '문화유산헌장'의 정신에 맞게 자연유산과 역사·문화유산을 지키고 계승·발전시켜야 하는 자신의 존재이유를 분명히 하십시오.

문화재청이 용유담의 명승지정을 철회하는 것은, 지리산의 역사문화유산, 생태문화유산을 수장시키고자 하는 수자원공사와 함양군의 반역사적이고 반문화적인 행태에 동조하는 것이며, 지리산의 역사문화유산과 생태문화유산을 지키고자 하는 주민들의 열망을 저버리는 것입니다.

우리는 이번 용유담 명승지정의 문제를 통해 민족의 영산 지리산의 생태적 가치, 역사적 가치, 문화적 가치, 정신적 가치를 살려내는 역사적인 과업을 재삼재사 되새기면서 다음과 같이 요구합니다.

첫째, 문화재청은 당초 예정대로 용유담을 국가명승으로 지정하여 철저히 보호·관리해야 합니다.
둘째, 문화재청은 함양군 의견서에서 밝힌 지리산댐이 지리산의 생태·역사·문화유산에 미치는 영향을 조사하고, 지리산을 복합유산으로 보존하는 방안을 수립해야 합니다.

2012년 3월 23일
구산선문 최초가람 대한불교조계종 지리산 실상사 사부대중

위기의 지리산을 생명평화공동체로 살려낼
'(가)위기의 지리산공동행동'을 제안합니다

2001년 국민운동으로 막아냈던 지리산댐 건설계획이 함양군과 정부의 계속된 밀실야합과 편법으로 진행되고 있습니다. 현재 진행되고 있는 간이예비타당성조사가 완료되면 예산편성 및 국회동의 절차로 이어질 것입니다. 만약 함양군과 수자원공사의 계획대로 진행되면 내년에는 지리산댐 건설사업이 본격화될 수 있습니다. 또한 지리산권 4곳의 지자체가 국립공원 케이블카 시범사업 유치를 위해 힘겨루기를 하고 있습니다. 환경부는 6월 말까지 시범지역을 선정한다는 계획입니다.

4대강사업, 제주해군기지사업 등에서 보다시피 정부와 개발사업에 대한 정부와 지자체의 비민주성은 더욱 강화되었고, 그에 따라 주민들의 분열가능성도 더욱 커지고 있습니다. 이곳도 마찬가지입니다. 지역에서도 주체적으로 힘을 모아가고 있지만, 지역에서만 안고 가기에는 너무 큰 산입니다. 많은 사람들이 어떻게든 현 정부 임기내에 관철시키려고 서두르는 개발사업이라고 판단하고 있습니다. 상황은 긴박합니다. 많은 분들이 하루빨리 이에 대한 공동대응의 필요성을 말하고 있습니다.

지난 2001년 '지리산살리기 국민행동'의 정신을 생각합니다.
처음 우리는 지리산이 갖고 있는 역사적 가치, 민족사적 가치, 생태적 가치, 종교적 가치 등을 새기면서 지리산의 상징성은 국민적 가치를 갖고 있음에 뜻을 모았습니다. 그리고 민족의 젖줄 낙동강과 민족의 영산 지리산을 지키고 보존하는 일이 국민적 사안임에 합의하고 국민운동으로 이에 대응하여 지리산댐 건설계획을 백지화시켰습니다. 국민의 힘과 염원을 보여준 쾌거였습니다.

다시 민족의 영산 지리산으로 신령스러운 국민의 힘이 모이고 있습니다.
현재 해당지역 주민들은 바쁜 농사철에도 불구하고 많은 희생을 감내한 채 이 문제의 해결을 위해 지역별로 지리산케이블카대책위와 지리산댐대책위를 만들어 대응하고 있습니다. 케이블카에 대한 찬반과 지리산댐에 대해 각 지역의 이해관계와 주민들의 인식이 일치하지 못한 상황이어서 아직은 지리산살리기운동으로 주민들의 활동이 모아지고 있지는 못하지만, 점차 지리산 생명평화의 기운이 함께하리라 생각합니다.

이러한 상황에서 지리산권 단체들은 이 문제를 케이블카나 댐이라는 개별사안으로서가 아니라 지리산살리기운동의 차원으로 대응해야 한다는 데 뜻을 모았습니다. 이에 따라 '(가칭)위기의 지리산공동행동' 구성에 합의하고, 지리산권 준비모임을 하는 한편, 전국적인 공동행동을 제안하기로 했습니다.

한편, 생명평화결사에서는 '한반도 생명평화공동체를 염원하는 백년순례단'이 순례의 발걸음을 지리산으로 돌렸습니다. 순례단은 제주강정마을 100일 순례에 이어 동해안순례를 마치고 DMZ순례를 앞두고 있는 상황이었으나, 생명평화운동에서 지리산이 갖고 있는 가치와 상징성을 중요하게 생각하고 그와 같은 결정을 내린 것입니다. 백년순례단은 우선 100일 동안 지리산둘레길과 주변마을을 걸으면서 생명평화의 기운을 북돋울 것입니다.

 ※ 6/15~17 출발행사: 노고단 고천제, 용유담 생명평화기원제, 지리산대화마당 등 예정

생명평화를 염원하는 전국의 여러 단체와 국민 여러분께 제안합니다.

 수천 년 역사를 우리 민족과 고락을 함께해온 어머니의 산, 대한민국 국립공원 제1호, 많은 사람들이 시대의 염원을 모아 생명평화 1번지로 가꾸고자 노력하는 지리산이 위기에 처해 있습니다. 우리 사회의 생명평화를 염원하는 마음을 지리산에 모아주십시오. 지역에 흩어져 있는 논의와 실천을 모아낼 단위가 필요합니다. 우리 사회의 생명평화, 지리산 생명평화의 염원을 모아내면서 힘을 결집해갈 공동행동으로 모여주십시오. 수천 년을 이어온 민족의 영산 지리산은 이 시대 희망의 증거로 남게 될 것입니다.

2012년 6월 8일
(가칭)위기의 지리산 지리산권 공동행동(준)

 ※ 2012년 6월부터 지리산댐과 케이블카로 대표되는 지리산의 위기상황에 대해 '(가칭)위기의 지리산 공동행동' 구성에 대해 협의하고, '용유담 명승지정 촉구 1천인 선언'에 대한 논의를 진행했다. 당시 공식적인 단체구성까지는 나아가지 못했으나 2012년 9월 지리산생명평화 1천인 선언을 통해 지리산살리기운동에 대한 연대를 다시 한번 확인하였다.

지리산댐 건설되면 지리산국립공원도 잠긴다!

우리나라 국립공원 제1호로 민족의 영산이라 불리는 지리산 자락에 국내 최대 규모 지리산댐 건설계획이 추진되면서 사회적으로 큰 논란이 되자 국토해양부는 일련의 해명 보도자료를 내고 입장을 밝힌 바 있습니다.

그 요지는 첫째, 지리산댐 계획상 지리산국립공원은 수몰되지 않기 때문에 이른바 '문정 홍수조절댐'을 지리산댐이라 부르는 것은 타당하지 않다는 것입니다. 둘째, 남강유역은 유역면적에 비해 댐 저수용량이 적어 지속적으로 홍수피해를 초래함에 따라 남강 상류 홍수조절댐 건설이 불가피하다는 것입니다. 셋째, 지리산댐은 일정하게 용수를 공급하는 기능이 없기 때문에 '다목적댐이 아니다'라는 것입니다.

이와 관련해 우리는 다음과 같은 입장을 밝힙니다.

지리산국립공원 구역이 수몰되지 않는다는 해명과 관련하여

기획재정부에서 간이예비타당성조사 중인 지리산댐 건설계획에 따르면, 지리산댐 수몰 예정지는 계획홍수위인 해발고도(EL.) 288m입니다. 하여 우리는 위 해발고도를 기준으로 국립공원관리공단에서 제작한 인터넷 디지털지도, 배포용 지리산국립공원 지도 등과 대조하여 살펴보았습니다.

그 결과, 국토해양부 해명과는 달리 함양 마천면 가흥리~의탄리 경계지점과 칠선계곡 입구에 있는 의평마을 도로변의 '지리산국립공원구역(자연환경보전지역)'이 지리산댐 수몰지역에 일부 포함되는 것으로 나타났습니다. 그 범위를 특정하긴 어려우나 대략 '1만㎡(약 3,000평) 내외'인 것으로 추정됩니다.(#별첨자료)

따라서, 지리산댐 건설시 지리산국립공원이 전혀 수몰되지 않는다는 국토부의 해명은 사실과 다르고 잘못된 것이라고 판단합니다. 지리산 자락, 그것도 '지리산 제1관문'이라 불리는 곳에 거대한 콘크리트 구조물을 세우고, 그 주변을 대량 수몰시키는 것도 모자라 지리산국립공원 구역까지 직접 훼손하는 댐 계획이라면 여간 심각한 문제가 아닐 수 없습니다. 지리산국립공원 구역이 댐 건설로 인해 수몰되는 것은 전례가 없는 초유의 사태이기 때문입니다. 이에 대한 정확한 사실관계 확인이 우선적으로 필요하며, 만약 그것이 사실이라면 지리산댐 건설계획은 즉각 중단하고, 전면 재검토해야 합니다.

사정이 이러함에도 불구하고, 국토해양부와 수자원공사는 지리산댐 건설계획을 추진하면서 지금까지 환경부 등 관계기관에 댐 관련한 사전협의나 문의조차 하지 않았던 것으로 드러났습니다.

남강유역 홍수예방을 위해 댐 건설이 불가피하다는 주장과 관련해

결론부터 말하면, 국토해양부는 그런 말을 할 자격조차 없습니다. 그 이유는 누구보다 국토부 자신이 더 잘 알고 있을 것입니다.

국토부는 4대강사업이 추진되던 시기와 정확히 일치하는 시점에 '남강댐 물 부산공급계획'을 밀실에서 일방 추진하였습니다. 남강댐에 물을 더 채워 하루 100만 톤 이상을 추가 확보한 뒤 그것을 부산 등지에 공급하겠다는 것이었습니다.

유역면적 대비 남강댐의 저수용량이 부족해 홍수피해가 많다면서 어떻게 남강댐에 물을 더 채우려는 궁리를 하고, 또 그것을 밀어붙이려 했는지 상식적으로 도무지 납득이 가질 않습니다.

또 하나, 수자원공사는 남강댐 수위상승계획에 따른 남강댐 치수안전성 문제를 해소하기 위해 '1만 년 빈도의 사천만 비상 방수로 신설계획'을 별도로 추진하고 있습니다. 따라서, 왜 남강댐 상류에 지리산댐까지 건설하려는 것인지 해명해야 하는 것입니다.

남강유역의 홍수피해가 도대체 얼마나 크기에 '1만 년에 한 번 있을까 말까 한 홍수 대책(비상 방수로)'을 추진하면서 별도로 지리산댐까지 건설하려는 것입니까? 그렇다면, 과연 지리산댐은 '10만 년 빈도의 홍수 대책'입니까, 아니면 '100만 년 빈도의 홍수 대책'입니까?' 만약 남강유역의 홍수문제가 그만큼 심각하다면 댐을 지을 게 아니라 경남도민을 모두 다른 곳으로 이주시켜야 하는 것 아닙니까?

당초 지리산댐은 남강댐 수위상승계획이 경남도민 반발로 무산되자 그 대안으로 추진된 것입니다. 하지만 지난해 타당성조사에서 경제성이 전혀 없는 것으로 결론 나자 이름만 '홍수조절용'으로 바꾼 것으로, 그 실체는 부산 식수댐입니다.

지리산댐을 다 짓고 나면 국토부와 수자원공사는 분명 이렇게 주장할 것입니다. '이제 남강댐 홍수능력문제를 보완할 수 있게 됐으니 물을 더 채워서 부산에 공급하자!', '연중 9,500만 톤 이상 담수하여 용수도 더 확보할 수 있게 됐으니 물 모자라 부산에 못 주겠단 말은 더 이상 하지 마라'라고 말입니다.

일정하게 용수를 공급하는 기능이 없어 다목적댐이 아니라는 주장과 관련해

문제는 공급방식 또는 기능이 아니라 홍수조절용이란 이름에 걸맞지 않게 '연중 물을 쓸데없이 담수하겠다는 것'입니다. 그것도 상시 9,500만 톤 이상을 말입니다. 이 수량은 기존에 검토되었던 부산 식수댐 건설계획의 총저수량과 같은 것입니다.

일정하게 용수를 공급하는 기능이 없다는 주장 또한 남강유역의 실정이나 진실과는 거리가 먼 얘기입니다. 댐에 '수문도 안 만들겠다'는 것인지 되묻지 않을 수 없습니다.

왜냐면, 수문만 있으면 지리산댐에 담수된 물은 임천강→경호강→남강으로 자연 유하시킨 뒤, 남강댐에서 취수하여 언제든지 부산으로 공급할 수 있기 때문입니다. 당초 남강댐 수위상승계획의 궁극적 실체가 바로 이것이었던 것입니다. 지금 서부경남도민들이 남강댐 물을 이용하는 방식과도 다를 바 없는, 가장 효율적인 물 공급방식이기도 합니다.

하여 우리는, 이상의 내용과 관련해 다음과 같이 요구합니다!

첫째, 환경부는 지리산댐 수몰 예정지에 지리산국립공원이 포함되는지 여부, 그리고 지리산댐이 국립공원에 직·간접적으로 미칠 영향 등을 철저히 분석하여 공개하고, 지리산댐 계획에 대한 입장을 밝혀라!
둘째, 국토해양부는 간이예비타당성조사 중인 지리산댐 건설계획을 즉각 공개하라!
셋째, 남강댐 물 부산공급계획 일환으로, 민족의 영산 '지리산국립공원' 파괴하는 지리산댐 건설계획을 즉각 중단하고, 전면 백지화하라!

2012. 6. 13.
지리산댐백지화 함양군·마천면·휴천면 대책위
경남환경운동연합/지리산종교연대/지리산생명연대

지리산 용유담 국가명승 지정과
지리산댐(문정홍수조절댐) 건설계획 철회 촉구 결의안

발의 연원일   2012. 6. 26.
발의자   강동원 의원(외 34인)

주문

하늘이 내린 비경이자 비를 내리는 아홉 마리 용의 전설이 전해지는 지리산 용유담이 지리산댐(문정홍수
조절댐) 건설 계획으로 수장위기에 놓여 있다.

문화재청은 2011년 12월, 문화재청은 용유담을 '국가명승'으로 지정 예고하였다. 그러나 한국수자원공사
와 경남 함양군은 2012년 1월 지리산댐(문정홍수조절댐) 건설 예정지라는 이유로 명승지정 제외를 요구하
는 의견서를 문화재청에 제출, 현재까지 명승지정이 표류하고 있다.

국토해양부와 한국수자원공사는 계속 명승지정 제외를 요구하고 있고, 경남 함양군은 '홍수조절을 위해
댐이 필요하다'며 문정댐 추진위를 앞세워 문화재청, 용유담 등지에서 주민동원 대규모 집회를 진행하고 있
어 명승지정 결정 여부가 불투명하다.

하지만 문화재청은 이미 지정 예고를 통해 용유담의 역사·문화·경관적 가치를 인정한 바 있고, 2012년 3월
문화재청, 한국수자원공사 현지 합동조사에 참여한 문화재위원들이 용유담의 명승지정 가치를 재확인하였
으며 한국수자원공사에게 '용유담을 보전할 수 있는 방안을 내놓으라'고 요구한 바 있다.

사실상 부산경남 지역의 식수공급을 위한 다목적댐인 지리산댐 건설 계획으로 인해 지리산반달가슴곰의
이동통로이자 천연기념물인 수달의 서식지이며, '포트홀'이라는 지질학적 경관적 가치가 뛰어난 용유담이 수
몰될 위기이다. 무엇보다 지리산댐이 현재의 계획대로 추진될 경우 지리산국립공원 구역 일부(함양군 마천
면 의탄리 및 가흥리 1만㎡가량)도 지리산댐에 의해 수몰될 위기에 처해 있다.

따라서 문화재청은 「문화재보호법」 제25조에 따라 '뛰어난 경관, 역사·문화·학술적 가치'를 모두 인정하
여 '국가명승' 지정을 예고했던 용유담을 지체 없이 국가명승으로 지정해야 한다. 식수원으로서의 낙동강을
포기하는 것과 다름없는 지리산댐 건설계획 역시 철회되어야 한다. 이를 위해 대한민국 국회는 다음과 같이
결의한다.

1. 문화재청은 더 이상 지체 없이 지리산 용유담을 국가명승으로 지정해야 한다.
2. 정부는 용유담을 비롯한 인근 지리산의 생태, 역사, 문화, 지질학적 가치를 미래세대들도 누릴 수 있도
   록 댐 건설보다 지속가능한 치·이수정책으로 전환할 것을 촉구한다.
3. 대한민국 국회는 정부가 지리산댐 건설계획을 법정계획에서 백지화할 것을 강력히 촉구한다.

제안 이유

　문화재청에 의하면 지리산 용유담은 지리산 뱀사골, 칠선계곡, 한신계곡 등지에서 흘러내린 맑은 물이 합류되어 형성된 큰 계곡으로 연못의 규모가 크고 수심이 깊으며, 용이 남긴 흔적을 연상시키는 암반과 배설물을 연상시키는 바위들이 있어 아름다운 경관을 나타냄.

　용유담은 예부터 시인 묵객들의 발길이 끊이지 않았던 곳으로 조선시대 관아가 주도하여 기우제를 지낸 대표적인 장소로 함양군수로 있었던 김종직이 용에게 비를 내려줄 것을 호소하는 기우제를 지낸 후 지은 시가 전해져 내려오는 역사 문화 명승지임.

　문화재청이 3년여에 걸친 전통 명승 동천구곡 조사와 명승 자원조사에서 발굴한 결과 경남 함양 용유담, 심진동 용추폭포, 화림동 거연정 일원과 경남 밀양 월연정 일원 등 4곳을 명승으로 지정 예고했음. 이후 문화재청은 용유담을 제외한 3곳은 모두 명승으로 지정했지만 유독 용유담은 지정이 보류되었음.

　용유담의 국가명승 지정을 가로막고 있는 지리산댐 건설계획은 1998년부터 추진되다가 지역주민과 불교계, 시민환경단체를 중심으로 한 전국적 반대운동으로 2001년 댐건설장기계획에서 제외되었음. 그러다 2008년 말 4대강사업과 동시에 추진된 진주 남강댐 부산 물공급계획이 본격 추진되면서 재추진되어 사회적으로 큰 논란이 되었음.

　하지만 2011년 실시된 '경남·부산권 광역상수도사업 타당성조사'에서 '용수확보용 지리산댐 건설계획'이 전혀 경제성이 없는 것(B/C=0.688)으로 나와 지리산댐 건설계획이 사실상 무산되었으나 정부는 '홍수조절용 치수사업'이라며 예비타당성조사를 회피하기 위해 명목상 용도만 바꾸어 별도사업으로 재추진하고 있는 것이 지금의 지리산댐 건설계획임.

　현재 지리산댐은 '문정홍수조절댐'(치수사업)으로 간이예비타당성조사 중임. 지리산댐은 그 규모가 높이 141m(빌딩 50층 높이)로 국내에서 가장 높은 댐이며 저수량도 1억 7천만 톤임. 사업비도 9,897억 원으로 1조 원에 육박함.

　용유담 인근인 함양군 마천면 지역은 홍수보다는 산사태로 인한 인명피해가 있었던 지역이고 산사태가 났던 지역은 댐 상류쪽에 위치하고 있어서 댐 건설로 인한 홍수조절효과는 미지수임. 또한 장기간에 걸친 댐 건설 논란으로 지역공동체는 분열되고 있으며 지역주민의 의사와는 무관하게 밀실에서 추진되고 있음.

　수만 년의 세월과 자연이 만들어낸 예술품이자 역사·문화·생태·경관적 가치를 갖고 있는 용유담과 인근 지리산 계곡 일대를 비롯해 지역주민들의 삶터가 수장되는 대규모 토건사업인 댐 건설보다는 그 가치를 보전하고 향유할 수 있는 토대를 만들기 위해서는 정부가 치·이수 정책의 방향을 재수립하는 것이 필요함.

　대한민국 국회는 이런 인식을 바탕으로 용유담 명승지정 결정과 지리산댐(문정홍수조절댐) 건설계획 철회를 촉구하는 '지리산 용유담 국가명승 지정과 지리산댐(문정홍수조절댐) 건설계획 철회 촉구 결의안'을 제안함.

〔촉구 결의안 공동발의 의원〕

대표발의 의원　　강동원 외 34명
민주통합당(29)　　김경협, 김광진, 김상희, 김춘진, 김현미, 민홍철, 박민수, 박홍근, 배기운, 부좌현, 설훈, 안규백, 우원식, 유대운, 윤후덕, 은수미, 이미경, 이윤석, 이찬열, 이학영, 장하나, 전병헌, 정세균, 정청래, 최동익, 최재천, 한정애, 홍영표, 홍의락, 황주홍

통합진보당(4)	강동원, 심상정, 노회찬, 김제남
무소속(1)	유성엽

용유담 명승지정과 지리산댐 건설계획 백지화촉구 국회 결의안 추진운동

6월 26일 오전 9시 30분, 국회의원회관 정론관에서 강동원(남원·순창) 의원 및 35명 국회의원의 공동발의로 '지리산 용유담 국가명승 지정과 지리산댐(문정홍수조절댐) 건설계획 철회 촉구 결의안'이 발의되었다.

빼어난 경관과 역사, 문화적 가치를 인정받아 지난 2011년 12월 문화재청으로부터 국가명승으로 지정 예고되었던 용유담은, 한국수자원공사와 경남 함양군 등이 올해 1월 지리산댐 건설 예정지라는 이유로 명승에서 제외해달라는 의견서를 문화재청에 제출하면서 지정이 보류되고 있는 상태였다.

결의안 발표 후 이어진 시민사회 인사들과 공동으로 한 기자회견에서는 이학영, 김제남 의원 등과 실상사 주지이며 지리산종교연대 상임대표인 해강 스님, 양재성 기독교환경운동연대 사무총장, 황평우 한국문화유산정책연구소 소장, 염형철 환경운동연합 사무총장, 이환문 진주환경운동연합 사무국장, 최화연 지리산생명연대 사무처장 등이 함께했다.

지리산댐 백지화 촉구 결의안 발표 후
국회 정론관에서 진행된 기자회견.
왼쪽부터 통합진보당 김제남 의원,
실상사 주지 해강 스님,
통합진보당 강동원 의원,
통합민주당 이학영 의원,
기독교환경운동연대 양재성 목사.

'국가명승 용유담과 지리산 죽이기' 획책하는

국토부를 강력 규탄한다!

문화재청에서 어제 오후 천연기념물분과 문화재위원회 제6차 회의를 열어 지리산 용유담의 명승지정 안건에 대해 심의하고 다음과 같이 결정했다.

천연기념물분과위원회 심의 결과(2012. 6. 27.)

▶ 문화재 보존과 댐 계획 조정 그리고 찬·반 양론의 갈등조정과 국토해양부로부터 자료보완을 위해 문화재 지정 심의를 6개월간 보류한다.

▶ 문화재 보존은 용유담의 원형보존을 의미하며, 국토해양부·한국수자원공사는 이 기간 중 문화재에 위해가 되는 어떠한 조치나 결정도 하여서는 아니 된다. 만약 이 기간 중 문화재에 악영향을 미치는 위해 행위가 있을 때에는 문화재청은 용유담의 명승지정을 즉시 추진한다.

이에 우리는 위 문화재청 심의 결과에 대해 다음과 같은 입장을 밝힌다.

▶ 지리산댐 건설에 혈안이 된 국토해양부와 한국수자원공사, 함양군 등의 집요한 명승지정 방해 활동에도 불구하고 △지리산 용유담의 국가문화재적 가치를 거듭 재확인하고, △명승지정을 통해 용유담을 철저히 관리·보존해야 한다는 입장과 원칙을 분명히 한 것은 용유담의 명승지정에는 못 미치지만 문화재청의 용유담 명승지정 의지가 거듭 확인된 것으로 판단된다.

▶ 특히 문화재청이 이번 결정을 통해 "'문화재의 보존은 용유담의 원형보존을 의미'하고, 국토해양부·한국수자원공사에서 이 기간 중 문화재에 악영향을 미치는 위해 행위가 있을 때에는 문화재청은 용유담의 명승지정을 즉시 추진한다"고 선언한 것에 대해서도 다행스럽게 생각한다.

비록 이번 결정을 통해 용유담의 '법적 지위'를 즉각 확정, 고시하진 못했지만, △용유담의 '실체적 지위'를 국가지정문화재(명승)로 명확히 자리매김했다는 점 △그 후속조치로서 용유담에 위해를 가할 우려가 있는 대상을 특정함과 동시에 관련 행위를 포괄적으로 규정하고, 그 구체적인 대책까지 단호한 어조로 명시하고 있기 때문이다.

요컨대 문화재청의 이번 결정은 용유담을 '사실상의 국가명승'으로 공식 선포함과 동시에 그 보존대책을 강력히 집행하겠다는 의지를 표명한, 매우 중대한 의의를 갖는 결정이라 판단한다.

▶ 따라서 우리는 문화재청의 이번 결정으로 용유담 명승지정 관련 논란은 더 이상 의미 없고, 사실상 종식되었음을 선언한다! 더불어 우리는 용유담의 명승지정과 지리산 보전을 갈망해온 함양과 남원의 지

역주민, 그리고 수많은 국민들과 함께 용유담을 철저히 보존함과 동시에 지속가능하게 이용하고, 우리 후손들에게 고이 물려주기 위해 최선을 다해나갈 것임을 다짐한다.

▶ 다만, '용유담'의 법적 지위 확보와 보존 필요성을 그토록 절감하고서도 그 결정 심의를 또다시 6개월 늦춤으로써 용유담의 명승지정과 지리산 보존을 간절히 염원해온 함양과 남원의 지역주민, 그리고 수많은 국민들에게 적지 않은 실망감을 안겨준 데 대해서는 매우 안타깝게 생각하며, 깊은 우려의 뜻을 전하지 않을 수 없다.
따라서 문화재청은 이번 심의결과를 적극 재검토하여 조속한 시일 내에 용유담을 국가명승으로 지정해 줄 것을 다시 한번 강력히 촉구한다.

▶ 문제는 국토해양부와 한국수자원공사다. 이들 기관은 '지역 홍수피해를 날조, 왜곡'하여 국립공원 제1호로서 우리나라 자연생태계의 보고이며, 민족의 영산이라 불리는 지리산에 천인공노할 초대형 댐 건설을 밀실 추진했다. 그러다 지난해 용유담이 명승지정 예고됨에 따라 댐 건설계획이 파탄날 것을 우려하여 용유담의 문화재 지정을 적극 반대하고 이를 무산시키는 데 혈안이 돼왔다.

▶ 하지만 국토해양부와 한국수자원공사가 용유담의 명승지정을 이처럼 집요하게 훼방 놓고, 존재하지도 않는 홍수피해를 빌미로 지리산댐 건설에 목을 매는 이유와 내막을 우리 국민들은 너무나 잘 알고 있다. 그것은 다름 아닌 4대강 죽이기 사업으로 인해 낙동강상수원 파괴가 필연적임을 사전 예견하고서 그 진실을 은폐, 호도하기 수단으로 부산과 동부경남의 대체 식수원 개발이 절실했고, 이를 지리산댐 건설로 해결하려는 속셈이었다는 것이다.
실제 국토해양부는 한국수자원공사와 함께 4대강사업이 본격화되던 지난 2008년 말 '낙동강상수원 이전계획(=남강댐 물 부산공급계획)'을 동시 추진하다 '강 살리기 한다면서 상수원 이전은 말도 안 되는 일'이라며 격렬하게 저항하는 경남도민의 반대에 부딪혔고, 그 대안으로 지리산댐 건설을 추진하게 되었지만 그 역시 지난해 실시된 타당성조사에서 '전혀 경제성 없는 사업'으로 판명 나자 급기야 지역의 홍수피해를 왜곡, 날조하여 해괴망측하기 짝이 없는 '홍수조절용 지리산댐 건설'을 밀실 추진하기에 이르렀던 것이다.
어제 문화재청에서 용유담이 국가명승으로서의 법적 지위를 확보하지 못하고, 또다시 그 실체적 지위만 확보하게 된 것은 결국 국토부와 수공의 문화재청 압박, 명승지정 반대활동의 결과로서, 우리는 국민과 역사의 이름으로 이를 강력히 규탄하지 않을 수 없다.

▶ 하여 우리는 결연한 마음으로 다음과 같이 요구하며, 만약 우리의 요구가 조속한 시일 내에 받아들여지지 않을 경우 용유담과 지리산 보전을 염원하는 수많은 국민들과 함께 지금까지의 '용유담 명승지정 촉구활동'을 '지리산댐 건설계획 백지화 및 지리산살리기운동'으로 전면 전환하여 강력히 싸워나갈 것임을 선언한다!

1. 국토해양부와 한국수자원공사는 존재하지도 않는 홍수피해를 빌미로 더 이상 국민과 문화재청을 기만, 우롱하지 말고 용유담의 명승지정 반대활동을 즉각 중단함과 동시에 문화재 지정에 적극 협력하라!

1. 국토해양부와 한국수자원공사는 지리산댐 건설계획의 실체를 밝히고, 조속한 시일 내에 사업계획을 전

면 백지화하라!

1. 국토해양부와 한국수자원공사는 4대강사업으로 이미 폐허가 된 낙동강의 복원과 수질개선을 위한 로드맵을 작성하고 그 집행에 최선을 다함으로써 머지않은 장래에 불어 닥칠 식수대란과, 그로 인한 부산과 동부경남 지역주민의 고통과 희생을 사전 예방하라!

2012. 6. 28.

지리산공동행동(준)

지리산생명연대, 지리산종교연대, 인드라망생명공동체, 기독교환경운동연대, 불교환경연대,

한국문화유산정책연구소, 강동원의원실, 김제남의원실, 생명평화결사, 생명평화강정캠프,

녹색당, 녹색연합, 한살림모심과살림연구소, 진주환경운동연합, 환경운동연합

'위기의 지리산이 대한민국에게 묻는다'

토건주의에서 생명가치로 대전환을 촉구하는 지리산생명평화선언

21세기의 새로운 패러다임은 생명평화입니다

인간 중심의 개발은 자연을 파괴하고 마침내 범지구적 위기를 불러왔습니다. 이미 오래전부터 지구생태계는 혼돈상태에 접어들었고, 지구상의 생명체 가운데 40%가 멸종위기에 처하였으며, 인류의 생존 자체가 위협받는 상황이 도래하고 말았습니다. 부메랑처럼 돌아온 지구온난화와 기후변화는 세계 곳곳에 걷잡을 수 없는 자연재해를 일으키며 준엄한 경고를 하고 있습니다. 이에 사람들은 지금과 같은 삶의 양식과 가치관으로는 더 이상 인류사회가 지속가능할 수 없다는 것을 깨닫고, 자연과 인간, 사회적 강자와 약자가 서로 상생하는 생명평화의 길로 문명의 대전환을 모색하고 있습니다.

지리산댐과 케이블카 건설을 즉각 백지화해야 합니다

하지만 대한민국은 이러한 세계사적 흐름과 달리 오히려 토건국가로 역주행하고 있습니다. '녹색성장'이라는 가면을 쓴 채 민족의 젖줄인 4대강을 무참히 도륙한 것도 모자라, 마침내 국립공원 제1호이자 민족의 영산인 지리산까지 넘보고 있습니다. '낙동강은 맑게, 지리산은 푸르게' 보존해야 한다는 국민운동을 수용하여 지리산댐 건설계획을 백지화하였으나, 국토해양부와 함양군은 밀실야합과 편법을 통하여 '남강댐 물의 부산 공급'의 일환으로 50층 높이의 지리산댐을 다시 건설하려는 계획을 진행하고 있습니다. 부산의 물공급을 원활히 하기 위해 국립공원의 아름다운 숲과 그에 깃들여 사는 수많은 생명을 수장하겠다는 발상 자체가 어처구니가 없지만, 다른 저의 또한 있는 것으로 보입니다. 2001년에 '수질오염 총량제', '낙동강 특별법' 제정 등을 통해 낙동강의 수질을 개선하고 하수체계를 정비하는 것이 부산 물 해결의 근본적인 대안으로 추진되었으며, 이는 우리나라 하천 및 수자원정책이 질적으로 전환되는 중대한 계기를 제공했습니다. 이런 상황에서 지리산댐을 재추진하는 것은 4대강사업이 실패한 것을 자인하는 것이며, 우리나라 하천 및 수자원정책의 근간을 뿌리째 뒤흔드는 일대 사건이 아닐 수 없습니다.

지리산댐이 건설되면, 지리산의 자락에 터를 잡고 살던 수많은 동식물이 죽을 것이며, 마을공동체가 파괴되고, 삼한에서 현대에 이르기까지 유구한 역사유물과 여러 종교의 성지들이 기억의 현장으로부터 분리될 것입니다. 게다가 케이블카까지 설치되면 파괴는 더욱 가속화할 것입니다. 6월 26일의 시범지역 선정회의에서 케이블카 시범사업이 부결되었지만, 지리산권 4곳의 지자체는 언제라도 다시 재심을 요청하여 케이블카를 설치할 태세입니다. 이명박 정부가 케이블카사업을 할 수 있도록 자연공원법을 개악한 것은 지리산을 비롯한 전 국토를 한낱 '돈벌이용 철탑공원'으로 전락시키겠다는 퇴행적 조처입니다. 이제 국립공원제도 도입의 취지를 되살려 자연공원법을 재개정하여야 합니다.

지리산은 그대로 생명평화의 공동체입니다

지리산은 백두대간 1,400km의 끝이자 시작입니다. 민족의 정기가 오롯이 모이고 또 생성되는 곳으로서 절망한 이들이 찾아와 생명의 기운을 얻고, 새로운 시대를 꿈꾸는 이들이 창조와 희망의 샘물을 퍼 올리는 성지였습니다. 우리 민족의 기억이 켜켜이 지층을 이룬 역사의 보고이자 생물종다양성의 보고로서 온 생명을 고루 품어주는 모성의 산, 생명의 산입니다. 지금 지리산에는 그 뜻을 올곧게 이어 지리산공동체, 마을공동체를 회복하려는 실천들이 골짜기마다 다양하게 펼쳐지고 있습니다.

지리산은 우리가 오기 전에도 그대로 있었듯이 우리가 떠난 뒤에도 그대로 있어야 합니다. 그리하여 우리는 지리산에 내재된 정신적 가치와 자연생태적 가치를 수호하고 계승할 의무가 있습니다. 우리는 민족의 정신과 꿈을 담은 문화유산과 역사의 현장을 그대로 보존할 책임이 있습니다. 우리는 지리산을 모태로 샘솟고 있는 대안적 가치와 지속가능한 삶의 양식을 지지하고 수호할 의무와 책임이 있습니다.

지리산은 여전히 희망의 산이요, 생명평화의 성지입니다. 이미 지난 2001년 화해와 상생을 위한 '지리산위령제'를 올린 바 있습니다. 좌우대립 희생자들의 원혼을 달래는 동시에 난개발로 인한 동식물 등 유정무정의 희생자들을 함께 아우르며 참회의 위령제를 올렸습니다. 지리산의 푸른 눈빛으로, 빨치산 아들과 토벌대 아들을 둔 어머니의 마음으로 세상을 바라보고, 그 모든 문제를 풀어나갈 것을 다짐했습니다.

우리는 그 어머니의 간절한 마음자리가 바로 자연과 인간이, 인간과 인간이, 지역과 지역이, 너와 내가 더불어 살아갈 생명평화의 사상이며, 올바른 민주주의가 자라는 토양이라는 것을 되새깁니다. 지리산이 아프면 우리 모두가 아프고 결국 대한민국도 병들게 됩니다. 위기의 지리산을 살리는 일은 나라와 온 국토를 살리는 동시에 위기에 처한 우리 자신들을 살리는 일입니다. '어머니의 산' 지리산을 중심으로 생명평화를 지향하는 대안의 사회, 대안의 세계를 열어나가는 데 앞장설 것을 다짐하며,

우리는 다음과 같이 선언합니다!

▶ 우리는 정부가 지리산댐을 백지화하고, 케이블카 추진 법·제도를 전면 수정할 때까지 투쟁한다.
▶ 정부가 4대강을 올바로 살릴 장기적인 대안을 마련할 것을 강력히 요청한다.
▶ 토건주의 틀을 넘어 지리산생명평화공동체 실현을 위한 법적·제도적 장치를 마련할 것을 요청한다.
▶ 대선후보와 정당들이 지리산댐과 케이블카 계획, 지리산 용유담 명승지정을 비롯한 환경문제에 대하여 분명한 입장을 밝힐 것을 요구한다.

2012년 9월 19일
지리산생명평화선언자 1천인 일동·지리산공동행동(준)

1천인 선언 참여자 명단 (총 1,334명)

△가섭(스님, 대한불교조계종 교육원 교육국장) △강국주(충남 녹색당) △강기원(갈계교회 목사) △강대인(대화문화아카데미 원장) △강동수(국제신문 수석논설위원, 부산작가회의 회장) △강동수(전교조 제주지부장) △강동우(청우BJ 배합팀) △강문순(진주여성민우회부설성폭력상담소) △강문식(이윤보다 인간을) △강문형(교사) △강미광(천주교 서울교구 우리농촌살리기운동본부 생활공동체부위원장) △강민경(국시모 지리산사람들 간사) △강보라(프리랜서) △강상원(평택평화센터) △강상중(범우) △강성복 △강성주(농부) △강수돌(고려대학교 교수) △강수은(농부) △강수정(녹색당) △강신관(성남 열린약국 전산실장) △강양숙

(열린사회시민연합 은평시민회) △강영경(산청 농부) △강영환(시인) △강윤실(다정한친구들) △강은교(시인) △강은엽(한국현대문학관 관장, 사단법인 동물보호시민단체 카라 명예대표) △강은주(진주여성민우회) △강이순(영광생명평화마을) △강철훈(천주교 예수고난회 수사) △강태재(충북참여연대 공동대표, 충북시민사회연대회의 상임대표) △강판수(순천대학교 친환경농업센터 분석팀장) △강한수((주)지리산산청샘물) △강형창(매그나칩반도체 부장) △강형철(숭의여자대학교 교수) △강형철(시인, 작가회의) △강화순(옥동교회 권사) △강희영(여성환경연대 사무처장) △강희자(문산수억중학교 교사) △계주호(부산한겨레두레) △고광주(고운이치과의원) △고다현(나눔문화 연구원) △고미정(농부) △고선주 △고성기(성문밖교회 목사) △고순자(농협) △고영 김석봉(문학의전당 대표) △고운기(시인) △고은정(약선식생활연구센터) △고은화(김해내동초등학교 보건교사) △고이지선(녹색당) △고익종(전교조 광주지부장) △고자연(한생명) △고정근(환경정의) △고철환(생태지평연구소 공동이사장, 서울대학교 지구환경과학부 교수) △고형춘(회사원) △곤양이(강정마을) △공광규(시인, 한국작가회의 사무총장) △공문조(농부) △공지영(소설가) △공현정(민들레농장, 음성교육문화연대) △곽빛나(마창진환경운동연합) △곽은득(작은교회 목사) △구본기(주향감리교회 전도사) △구자균 △구자상(부산녹색당 공동대표) △권경우(문화사회연구소 기획실장) △권경자(구미YMCA) △권미강(프리랜서, 경북작가회의) △권성환(전교조 대전지부장) △권소영(나눔문화) △권순남(가톨릭수녀) △권순호(협성대학교 교목실 전도사) △권술용(국제NGO생명누리 대표, 생명평화결사) △권영미(식당 운영) △권윤자(창녕) △권지원(순천 사랑어린학교) △권지은(대한불교조계종총무원 주임) △권진관(성공회대학교 교수) △권창식(가톨릭환경연대 사무처장) △권태호(대구대학교 교수) △권혁술(법무사, 전 천안시민단체회 대표) △기옥근 △김강재(천주교 창조보전연대 대외협력국장) △김경남(천주교 서울교구 우리농촌살리기운동본부 생활공동체위원회 지역장) △김경림(함양농부) △김경만 △김경미(사회복지사) △김경윤(시인, 광주전남작가회의 회장) △김경일(시인, 무등산풍경소리 실무위원장) △김경일(교무, 원불교환경연대) △김경재(한신대학교 명예교수) △김경학(화가, 조형예술연구소 지음) △김경호(들꽃향린교회 목사) △김관규(진주환경운동연합 집행위원) △김광숙(목포하당중학교 교사) △김광숙(전진상 영성사목센터) △김광철(수평교회) △김광하(작은손길(삼륜의집) 대표, 빠알리성전협회 편집위원) △김광호(서울시립대, 한국철학사상연구회) △김교진 △김귀옥(거창 샛별중학교 교사) △김귀옥(한성대학교 교수) △김규복(대전빈들장로교회 목사, 녹색연합 공동대표) △김규종(경북대학교 교수) △김기대(목포정명여고 교사) △김기돈(도서출판 작은것이아름답다 편집장) △김기석(청파교회 목사) △김기태(무역업) △김길상(신부, 천주교 춘천교구 우리농촌살리기운동본부장) △김남순(주부) △김남진(진주여성민우회) △김누리(학생) △김다정(중고생 과외강사) △김다현(열린사회시민연합 총무부장) △김대술(수원다시서기지원센터) 김대환(청주정신건강센터 관장) △김동철(동방호텔) △김동한(장로, 생명평화기독인연대 대표) △김두림(전교조 서울 수석부지부장) △김두환(불교환경연대 사무국장) △김라미(꿈의궁전웨딩홀 실장) △김레베카(성공회대 민주주의연구소) △김명옥(창녕) △김명준(받들교회 목사) △김명희(울진고등학교) △김문경(성진지오텍 차장) △김미선 △김미수(소설가) △김미야(이천환경운동연합) △김민성(옥동교회) △김민수(어린이재단 대리) △김민정(국립공원을 지키는 시민모임 간사) △김민해(사랑어린학교 학교장, 월간 풍경소리 발행인) △김범용(이웃사랑노인복지센터 사무국장) △김병수(풀뿌리사회지기학교) △김병주(대한불교조계종교육원) △김병철(철성중학교 교사) △김봉용((주)지리산구례공동체 대표, 전농광주전남연맹부의장) △김산(가수, 경남민예총 사무처장) △김상학(진주참여연대) △김서곤(지리산닷컴) △김석규(자영업) △김석준(부산대학교 교수) △김선관(전남여성인권지원센터부설 여수여성자활지원센터장) △김선실(천주교 정의구현전국연합 감사) △김선

아(녹색당) △김선우(시인, 소설가) △김선웅(예술인) △김선정(월간 토마토 기자) △김선희(안성천살리기 시민모임) △김성동(대한불교조계종 교육원) △김성률(함양제일교회) △김성만(봉화군) △김성연(옥동교회) △김성일(문화사회연구소 소장) △김성훈(경남 거제 대우조선) △김세훈(봉은사 기획실) △김수경(계양생협) △김수복(시인, 단국대학교 문예창작과 교수) △김수연(주몽재활원) △김수우(김경복)(백년어서원) △김수정(진주여성회 대표) △김순옥(까리따스마태오요양원) △김슬지(환경정의) △김신아 목사(감리교여성지도력개발원 실장) △김신환(김신환동물병원, 서산·태안환경운동연합 공동의장) △김아리 △김양현(소꿉) △김연우(진주여성민우회) △김연자(행복을나누는도시락) △김영관(농업) △김영란(ING생명보험) △김영란(나무여성인권상담소 소장) △김영란(주부) △김영백 △김영석(농업, 보령시민참여연대 상임대표) △김영선(운봉) △김영선(주부, 경남생명의숲 숲안내자) △김영선(토리식품 대표, 전 참교육학부모회 상주지부 회장) △김영숙(대구녹색당 운영위원장) △김영완(풀뿌리사회지기학교) △김영일(대한불교조계종 총무차장) △김영주(요한보스코)(수녀, 어린이집 원장) △김영주(한국내셔널트러스트) △김영철(고흥보성환경운동연합) △김영철(새민족교회 목사) △김영태(상주우리밀 대표이사, 공갈못 문화재단 상임이사) △김영현(전도사) △김영호(동연출판사 대표) △김영희(다성농원) △김예지(학생) △김오성(한국살렘영성훈련원 목사) △김용락(시인) △김용민(연세대 독문과 교수) △김용복(아시아태평양생명학연구원 원장) △김용복(한신대 교수) △김용성(광주민들레교회 목사) △김용숙(울산시민생협 사무국장) △김용옥(기독교환경운동연대 초록가게위원장) △김용운(거제경제정의실천시민연합 집행위원) △김용진(사단법인 한국농어촌사회연구소 간사) △김용택(시인) △김용현(산내초 교사) △김용휘(천도교 한울연대 사무총장) △김용희(천주교 우리농촌살리기운동본부 생활공동체위원장) △김원국(서울녹색당 운영위원) △김원중(가수) △김유석 △김유정 △김유철(창원민예총 회장, 경남민련) △김윤경(거제시종합사회복지관, 사단법인 좋은벗) △김윤례(평등교육실현을위한전국학부모회 정책위원) △김윤정(주부) △김은미(한바라기 회장, 은총의집 대표) △김은선(메트라이프) △김은아(대학원생) △김은영(팟) △김이구(소설가) △김이정(소설가) △김이하(시인) △김인경(원불교 교무, 생태지평연구소 공동이사장) △김인곤(신라중학교 교사) △김인숙(거제시종합사회복지관, 좋은벗) △김인식(안유헌) △김인호(하동화력) △김일식(진주YMCA 사무총장) △김장환(신부) △김재석(평등교육실현을위한전국학부모회 공동대표) △김재영(국일건설 과장) △김재현(나눔문화) △김정수(공무원노조) △김정수(녹색당) △김정옥(창녕) △김정욱(서울대학교 교수, 기독교환경운동연대 공동대표) △김정욱(예수회신부) △김정위(한국외국어대학교 명예교수) △김정이(천주교 우리농촌살리기운동본부 전국물품위원장) △김정일(의정부교구 능곡성당 부주임신부) △김정태(자영업) △김정헌(공주대학교 교수, 전 문화예술위원회 위원장) △김정화 △김정훈(전교조 전북지부장) △김정훈(프란치스코 작은형제회 수사신부) △김정희(올리베따노성베네딕도수녀회) △김조년(옹달샘터) △김종겸(생태지평연구소) △김종경(옥동교회) △김종길(덕성교회 목사) △김종길(창신중학교) △김종남(대전시민사회연구소 부소장) △김종식(녹색친구들 대표) △김주희(건축, 산들교회) △김준연(도서출판 단비) △김준우(목사, 한국기독교연구소 소장) △김준한(천주교 부산교구 정의평화위원회 부위원장) △김준형(경상대학교 교수) △김중묵(귀정사 사무국장) △김지석(부산대학교) △김지영(목사) △김진선(소백산산골민박 대표) △김진이(고양신문 편집부장) △김진주(거제시자원봉사센터 사무국장) △김진흥(진주환경연합 의장) △김창환(생명평화결사 순례국장) △김철(파인원커뮤니케이션즈 이사) △김철중(보안회사) △김철호(마당교회 담임목사, 민생상담네트워크 새벽 활동가대표) △김치현(나눔문화) △김태균(평등교육실현을위한전국학부모회 상임대표, 노동자의 집 대표) △김태민(문진미디어 과장) △김태오(나마스테 대표) △김태완(한국우리밀농협 상무) △김태우 △김태정(평등교육실현을위한전국학부모회 집행위원장) △김태형 △김택근(시인, 작가) △김택천(전북생명의숲 상임대표) △김필자(창녕) △김한슬(성균관대학교) △김한얼(학생, 함양제일교회) △김한일(대한불교조계종총무원 총무팀장) △김해자(시인) △김해창(경성대 환경공학과 교수, 희망제작소 비상임부소장) △김행철(가락동 농수산물도매시장) △김향기(성신여자대학교 법학과 교수) △김향진(사천환경운동연합 사무국장) △김현(녹색당 조직담당) △김현(풀뿌리사회지기학교) △김현경(고려대학교) △김현관(보성 회천중학교) △김현수(사우디 · 대리 · 공정관리) △김현영(의정부여성회) △김현욱(부산녹색연합 국장) △김현자(주부) △김현정(숲길) △김현정(천주교 서울대교구 환경사목위원회 사무국장) △김현주(풀무학교 전공부) △김현중(가톨릭대학교 대학생) △김현후(창녕) △김형국(목사) △김형식(대학교) △김형옥(영등포쪽방상담소 소장) △김혜경(가정) △김혜란(광명YMCA 이사) △김혜란(교사) △김혜례(시민생산자생협교육팀, 참교육학부모회) △김호룡(부산 동인고 교사) △김호선(토일러 대표) △김호승(도원초등학교) △김호열(지리산두레마을 대표) △김호영(한국DMZ평화생명동산) △김홍일(신부, 성공회 서울교구 교육훈련국장) △김환수(러시아 동북아평화기금 기획위원) △김효문(전교조 강원지부장) △김효사(시인) △김효숙(인천녹색당) △김효숙(피스빌리지네트워크 이사) △김효순(옥동교회) △김효주(환경운동연합) △김휘근(지리산생명연대) △김희선(아이쿱전주생협) △김희욱(한국도로공사) △김희헌(한신대학교 교수) △나무(농부) △나병춘(양주작가회의 지부장, 한국시인협회) △나혜정(옥동교회) △남궁희수(목사, 감리교여성지도력개발원 간사) △남기성(부산녹색연합 상임대표) △남길현(화성의제21) △남미정(여성환경연대 대표) △남부원(YMCA전국연맹 총장) △남상철(단비올농장) △남선주(천주교 나눔+) △남재영(목사, 목회자정의평화협의회 상임대표) △남전(스님, 대한불교조계종총무원 기획국장) △남중권(풀뿌리사회지기학교) △남효선(시민사회신문) △노순자(소설가) △노은재(교사) △노재화(산들교회 목사) △노주탁(옥동교회) △노진철(경북대 사회대 학장, 대구환경운동연합 상임의장) △노한누리(옥동교회, 함양시민연대 간사) △능도(스님, 대한불교조계종총무원 기획실장) △도경진(전교조 부위원장) △도법(대한불교조계종 자성과쇄신결사본부 본부장) △도현권(진주환경연합 의장) △라주혜(천주교 서울교구 환경사목위원회 간사) △류두길(경동건설) △류순영(지리산 살래골) △류재란(창녕) △류정숙(아이쿱전주소비자생활협동조합) △류제열(김포시 고창초등학교) △류주란(창녕) △맹영선(고려대학교 세종캠퍼스) △맹주형(천주교서울대교구환경사목위원회 교육기획실장) △명남순(학원 강사) △명호(생태지평연구소 사무처장) △모영갑(농부, 포도원교회) △목소영(성북구의원) △목영주(강릉한살림) △무관(스님, 대한불교조계종총무원 법무감사국장) △문규열(블루캣츠 대표이사) △문기수(미래산업 책임연구원) △문대성(오앤에스) △문동만(시인) △문선경(기독교환경운동연대 이사) △문철봉(YMCA 사무총장) △문홍근(목사, 살림교회) △민동환(ING생명 CPR팀장) △민병희(가상공간) △민성환(생태보전시민모임) △박경양(평화의교회 목사) △박경조(성공회 신부, 녹색연합 상임대표) △박경희(시인) △박계선(목포하당중교사) △박광련(한국전력기술) △박광호(거제여자고등학교 교사, 통영거제환경운동연합 공동의장) △박근숙(팟) △박기남 △박기련(거제시종합사회복지관, 사단법인 좋은벗) △박기범(목수) △박남준(시인) △박노정(시인) △박달래(동물자유연대) △박도현(가톨릭 한국예수회, 누룩공동체) △박동식(디자인) △박두규(국립공원을 지키는 시민모임 지리산사람들 대표, 생명평화결사 운영위원) △박맹수(원광대학교 원불교학과 교수, 한살림모심과 살림 연구소 이사장) △박명규(대한불교조계종총무원 주임) △박명철(연세대학교 교수) △박몽구(시인) △박문옥(가수 겸 작곡가, 소리모아녹음실) △박미경(광주환경운동연합 사무처장) △박미란(수영중학교 교사) △박미숙 △박미옥 △박미자(전교조 수석부위원장) △박미향(평등교육실현을위한전국학부모회 서울대표) △박민영(반딧불이지역아동센터) △박발진(광양제철고등학교 교사, 전남동부영어교사모임) △박방희

(시인) △박병철(목사, 한국기독학생회 부장) △박상률(소설가) △박상우(지역센터 마을활력소 사무처장, 충남사회경제네트워크 협동처장) △박선아(번역가) △박선희(천주교 대구대교구 정의평화위원회 생태분과장, 대구 곰네들누리터 대표) △박성길(농부, 산들교회) △박성룡(비폭력평화물결 대표) △박성만(조현초등학교) △박성웅(대한불교조계종 참좋은우리절 사무국장, 전북녹색연합) △박성훈(풀뿌리사회지기학교) △박세영(경향신문 부장) △박소연(산청고 인턴) △박소정(아름다운가게 광주전남공동대표) △박순애(대한불교조계종총무원 주임) △박순웅(농도생협 이사장) △박승복(목사, 감리농촌선교목회자회의 총무) △박승복(목회자정의평화협의회 총무) △박신우(나눔문화) △박영모(풀뿌리사회지기학교) △박영민(농부, 산들교회) △박영수(살림교회 장로) △박영신(녹색교육센터 이사장) △박영희(시인) △박예분(아동문학가, 한국동시문학회) △박예자(아이쿱순천YMCA생협 이사장) △박예하(학생) △박오복(순천대학교 교수) △박완섭(형틀목수) △박용권(봉원교회 목사) △박용수(대우조선 대리) △박용훈 △박율리아나(수녀) △박은경(평등교육실현을위한전국학부모회 서울사무장) △박은화(창녕환경운동연합) △박인자(iCOOP생협) △박인탁(불교신문사 기자) △박인혜(극작가) △박인혜(옥동교회) △박재묵(충남대학교 교수) △박재산(대한불교조계종 자성과쇄신결사추진본부 주임) △박재성(희망을만드는마을사람들 사무처장) △박재현(오대산 월정사 종무실장) △박정경수(주미본) △박정근(대진대학교 영문과) △박정은(사랑어린학교 교사) △박정인(목사, 감리농촌선교목회자회의) △박정희(삼성생명) △박종기(부산공업고등학교, 전국교직원노동조합) △박종삼(해남생태문화학교) △박종헌(시인) △박종훈(마창진환경운동연합 의장) △박주영(나눔문화) △박준건(부산대학교 교수) △박중록(대명여고 교사, 습지와 새들의 친구 운영위원) △박지선(월간 토마토 기자) △박지원(풀뿌리사회지기학교) △박지웅(시인, 도서출판 호미 편집부장) △박진섭(생태지평연구소 부소장) △박찬은(농부) △박철(좋은나무교회 목사) △박태규(옥동교회) △박하서(기아자동차) △박현건(진주환경연합 감사) △박현숙(평등교육실현을위한전국학부모회 서울부대표) △박화자(함양제일교회) △박활민(하자센터) △박효진(전교조 사무처장) △박흥렬(만화가, 인천의제21실천협의회 사무처장) △박희정 △박희준(사찰생태연구소 운영위원) △방극완(통합진보당 남원사무국장) △방영식(한사랑교회 목사) △방인성(함께여는교회 목사) △방종희(천주교 서울교구 우리농촌살리기운동본부 생활공동체위원회 지역장) △방혜정(커피숍 운영) △배경문(학생) △배성인(문화연대 집행위원) △배성인(평등교육실현을위한전국학부모회 정책위원) △배순직(진주여성민우회부설 성폭력상담소) △백승규 목사(전국농촌목회자연대회의 총무) △배아람(제주도) △배영근(녹색법률센터 부소장) △배인표 △배종혁(마산창원진해환경연합 의장) △배창환(시인) △배현덕 △배호연 △백남석(보리수법당 지도법사) △백미영(백믿음터 목사, 지리산기독교환경연대 공동대표) △백수인(조선대학교) △백승권(대한불교조계종 자성과쇄신결사추진본부 사무국장) △백신종(경남도의회 의원, 거창평화인권예술제) △백여무 △백영기(쌍샘자연교회 목사) △백영호(회사원) △백인식(진보신당 진주당협 사무국장) △백창석(무안향토사연구소장, 무안아카데미 대표) △백철호(유로제다 대표) △백혜리(신나는공부방) △법인(스님, 대한불교조계종 교육원 교육부장) △법현(스님, 열린선원 원장) △변강훈(부산 한겨레두레 협동조합) △변산노을(대전원도심레츠) △변영철(변호사, 변영철 법률사무소) △변영환(풀뿌리사회지기학교) △변우정 △변주현(한밭레츠) △복효근(시인, 남원 금지중학교 교사) △본오(스님, 불교중앙박물관 사무국장) △부희령(한국작가회의) △빈성경(주부, 함양제일교회) △빈주성(함양제일교회 장로) △상구네(독립다큐멘터리 제작) △샨티김(프리랜서) △서관모(충북대학교 교수) △서광석(남원중학교 교사, 남원생태학교) △서도성(진주환경연합 의장) △서상덕(가톨릭신문 기자, 인권연대) △서상옥(천안아산환경운동연합 협동사무국장) △서소연(민주당 진주을지구당 위원장) △서수찬(시인, 리얼리스트100) △서영석(스튜디오 엘) △서원

명(경상대학교) △서재영(대한불교조계종 환경위원회 위원, 불광연구원 책임연구원) △서주원(판교생태학습원) △서지영(진주환경연합 집행위원) △서진숙(경희대학교) △서진호(한국환경공단 대리) △서토덕(환경과자치연구소 기획실장) △서현선(안전운전 대표) △서형원(과천시의회 의원, 녹색당 전국운영위원회 위원) △서호정(병교초등학교) △석경숙(마산생협) △석영철(경남도의회 의원) △석일웅 수사(지리산종교연대) △석중(스님, 대한불교조계종 교육원) △선시영(칠선산장) △선영숙(은평두레생협 상무이사) △선혜연(편집자) △성경원(성공회제주교회 관할사제) △성만제(대한불교조계종총무원 행정관) △성미경(창녕) △성연석 △성염(전 주교황청 한국대사) △성용제(공무원노조) △성인기(진주환경연합) △성종남(주부) △성필연(서상고등학교) △센짱(프리랜서) △손경녀 △손나리(사회복지사) △손웅석(송탄기쁜교회 목사) △손은정(목사, 영등포산업선교회 총무) △손재선(창원 제조업 사무직노동자) △손재수(작가, 미권스) △손정호(사회복지사) △손지은(부산환경연합) △손홍규(한국작가회의 사무처장) △송기득(계간 신학비평 주간) △송민혜(제천간디학교 교사) △송수연(시민자치문화센터 공동소장) △송숙(안성천살리기시민모임) △송유하(봉화농부) △송재일(대한불교조계종 총무원 주임) △송정흡 △송주실(대한불교조계종총무원 주임) △송주연(나눔문화) △송주영(풀뿌리사회지기학교) △송진섭(남원중학교 교사) △송태웅(시인, 순천작가회의 사무국장) △송희정(구로타임즈) △수리아(회사원) △수지행(지리산 실상사 종무실장) △숲이아 △신강(농사꾼) △신건준(한살림충주제천) △신경준(숭문중 교사) △신동명 △신미경(여수시노인복지관장) △신범수(옥동교회) △신보영(포도원교회 목사) △신상하(세무사사무소) △신상환(Visva-Bharati) △신석현(기독교환경운동연대 집행위원장) △신선아(국악강사, 전남국악협회) △신선은(피스빌리지네트워크 팀장) △신성창(한살림청주) △신성희(사천여성회) △신소현(나눔문화) △신소희(진주여성민우회 생협) △신순화(대한불교조계종총무원 자성과쇄신결사추진본부) △신승태(포항자영업) △신승환(가톨릭대학교 교수) △신옥례(창녕) △신용숙(스님, 국제불교학교 학인) △신용훈(삼오사무기) △신윤선(토탈미술관 큐레이터) △신은미 △신정균(진주참여연대) △신정숙(은빛교회 목사) △신정희(창녕) △신학녀(대한불교조계종총무원 행정관) △신현수(인천사람과문화 이사장) △신호승(대안교육부모연대 교육위원장) △신희지(지리산학교 교무처장) △심국보(진주참여연대) △심영춘(전통장 제조) △심원섭(대한불교조계종 교육원) △심익섭(동국대학교 교수, 녹색연합 공동대표) △심인경(진주참여연대) △심재상(스마트파크 대표이사) △심진미(한백생태연구소) △심진미(한백생태연구소 간사) △심한섭 △심희선(환경정의 정책기획실) △심희정(slowyoga) △안광국(한일장신대 학생) △안기숙(주부) △안미애(오성로지스 대리) △안상수(시각디자이너) △안상연(남원생협 이사장) △안성영(목사, 사랑교회 나비훨훨지역아동센터) △안수현(경북대학교 철학과 조교) △안영자(주부) △안인철(갈산교회 목사) △안정선(한바라기 상임이사, 요셉의집 원장) △안정호(예수회 성 이냐시오의 집) △안학수(한국작가회의, 평화통일을 여는 사람들) △안현준(올레피쉬 대표) △안혜령(농부) △안홍배(부산대학교 교수) △안홍택(고기교회 목사) △안희경 △안희진(장애인신문 대표) △양요순(수녀, 성남만남지역자활센터) △양경모(홀씨이야기) △양경숙(아이쿱거제생협 이사) △양기석(신부, 천주교창조보전연대 대표) △양문규(시인) △양애경(시인) △양영실(의료연대) △양윤형(역삼동) △양재성(목사, 기독교 환경운동연대 사무총장) △양준화(전북의제21추진협의회 사무처장) △양충모(광원) △양한웅(대한불교조계종 자성과쇄신결사추진본부) △양현정(광주동성여자중학교) △양혁(풀뿌리사회지기학교) △양흥모(대전충남녹색연합 사무처장) △양희창(간디교육연구소 대표) △어청식(한국농정신문 기자) △엄영주(국립공원을 지키는 시민모임 지리산사람들) △엄용식(옥동교회) △엄재면(일우건설/토목부장) △여승훈(목사) △여연(청년) △여영국(경남도의회 의원) △여영학(법무법인 이산) △여희동(STXx엔진) △연관(스님, 지리산생명연대 공동대표) △연방희

(세무사) △염경자(가사) △염찬희(생협평론) △염형철(환경운동연합 사무총장) △오경길(성바오로딸수도회) △오관영(좋은예산센터 상임이사, 풀뿌리자치연구소 이음 운영위원장) △오구균(호남대학교 교수) △오덕훈(사단법인 상주환경농업협회 이사) △오동진(국회의원 보좌관) △오명주(부산수영중학교 교사) △오미예(iCOOP 소비자활동연합회) △오부곤(대우조선해양) △오분숙(주부) △오순애(로드스쿨 대표) △오여주(산과자연의친구 우이령사람들) △오영미(아태생명학연구원) △오유진(풀뿌리사회지기학교) △오윤명(씨앗들&파절이) △오정림(좋은벗 이사) △오준서(아람미디어) △오창환(전북대학교 교수, 전북환경연합 감사) △오철근(비폭력평화물결, 함석헌 기념사업회) △오춘상(오씨3대한의원 원장) △오춘자(지리산농부) △오충현(동국대 바이오학부 교수) △오치근(그림책 작가) △오현근(전국공무원노동조합 서울본부) △옥해실 목사(낙동교회 목사, 지리산종교연대) △용옥희(풍물누리 동동) △용춘란(산내들어린이집 교사) △우경선(녹색법률센터 소장) △우두성(지리산자연환경생태보존회 회장) △우순덕(주부) △운성(스님, 국제불교학교) △원명(스님, 대한불교조계종 자성과쇄신결사추진본부 사무총장) △원묵(지리산 실상사 부주지) △원성제(교사, 전북교육마당 대표) △원용진(문화연대 집행위원장, 서강대 교수) △원정(창원 성주사 주지, 녹색연합 공동대표) △원종례(가톨릭대학교) △월공(스님, 함양시민연대 공동대표) △유근숙(목사, 기장생태운동본부 서울지역위원장) △유기준(상지대학교) △법은(교무, 원불교산외교당) △유미영(주부) △유미호(기독교환경운동연대 정책실장) △유상균(온배움터 교사) △유상희(아이파트너즈 과장) △유선욱(남산중학교 교사) △유선화(주부) △유성일(목사, 거창갈릴리교회) △유영록(프리랜서 사진가) △유영민(생명의숲 정책기획실장) △유영희(iCOOP한밭생협) △유이(또문다락방 살림꾼) △유이상(인드라망생명공동체 살림팀장) △유재심(서울대 조경학 박사과정) △유재연(영양뜰유기농영농조합 감사) △유정우(한솔디자인 기획팀장) △유정원(가톨릭대 종교학과 강사, 가톨릭대 김수환추기경연구소) △유종 △유종반(인천녹색연합 공동대표) △유종준(당진환경운동연합 사무국장, 당진참여연대 정책위원) △유지선(남원생협 이사) △유지원(전북불교시민연대 공동대표) △유택주(불타는 토스트 용화점) △유현주(아이쿱전주생활협동조합) △유형준(학성강당) △유혜숙(전북환경연합 공동의장) △유희순(농민, 상주 의정참여단 대표) △육경숙(녹색교육센터 소장) △윤경은(도서출판 작은것이아름답다 발행인) △윤기돈(녹색연합 사무처장) △윤길자(국립공원을 지키는 시민모임 지리산사람들) △윤명숙(광명생협 사무국장) △윤민(학구농장) △윤민혁(연구원) △윤박경(부천YMCA 간사) △윤병우(주부) △윤상정(경상대학교병원) △윤석홍 △윤성종(청주대학교 교수) △윤송식(진주환경연합 회원) △윤슬가족 △윤승환(대한불교조계종총무원 팀장) △윤여창(서울대학교 산림자원학과 교수, 대한불교조계종 환경위원회) △윤영길(광주쌍촌동성당 주임신부) △윤영전(소설가) △윤용병(한생명) △윤용택(제주대학교 철학과 교수) △윤원주(한국불교호스피스협회 간사) △윤인중(기독교행동 상임집행위원장) △윤정모(소설가, 한국작가회의 자문위원) △윤정일(경남문화콘텐츠진흥원 사업부장) △윤정화(지리산 실상사) △윤종호(에이스톰 파트장) △윤주옥(국립공원을지키는시민의모임 사무처장) △윤주필(단국대학교 교수) △윤지영(나눔문화) △윤지혜(나눔문화) △윤현(거제시자원봉사센터) △윤혜숙(한국교회여성연합회 위원장) △윤호원(대한불교조계종 총무원) △은성경(한국전자통신연구원 팀장) △이가영(PhD 학생, Newcastle University) △이건종(대전살림교회 목사, 대전예수살기 대표) △이경미(진주여성민우회 생협) △이경섭(대한불교조계종 총무원 주임) △이경수(중앙대학교 부교수) △이경숙(전북불교시민연대 집행위원장) △이경숙(사단법인 숲길) △이경옥(주부) △이경은(남도가배울) △이경자(기독교환경운동연대 생명밥상 위원장) △이경재(시인, 경남작가회의 사무국장) △이경재(전 실상사작은학교 대표) △이경호(대전환경운동연합) △이경희(경남진보연합 상임대표) △이경희(인월초등학교) △이경희(전교조 대외협력실장) △이광섭

(전농교회 목사) △이광이(대한불교조계종 자성과쇄신결사추진본부 팀장) △이광준(시민자치문화센터 공동소장) △이광지(진주여성민우회) △이군옥(제주 탐라자치연대 대표) △이권수(대한불교조계종총무원 주임) △이귀섭(한생명 사무국장) △이규학(교사) △이근석(고산향교육공동체 집행위원장) △이근행(한살림) △이기원(사단법인 숲길, 섬진강과 지리산 사람들) △이기찬(부여지역자활센터 센터장) △이길훈(제주녹색당) △이나미(소설가) △이남곡(논실마을학교) △이대원(JTS해외자원봉사자) △이대택(국민대학교 교수, 문화연대 체육문화위원장) △이도빈(학생) △이도윤(문화방송 부장, 한국작가회의 이사) △이도흠(한양대학교 교수, 민교협 상임의장) △이동선(대한불교조계종 자성과쇄신결사추진본부) △이동식(구미YMCA) △이동연(한국예술종합학교 교수, 문화연대 문화정책센터 소장) △이동원(인자교회 목사) △이동훈(제천 남천동성당 주임신부) △이두현(ING생명 차장) △이둘녀(경남이주여성인권센터) △이래일(전 여수·순천·부천 YMCA사무총장, 진안YMCA 자연환경해설가) △이명균(진주환경연합 의장) △이명희(아이쿱대구참누리생협 이사) △이무열(t.커뮤니케이션 기획, 밝은마을 이사) △이미경(상담사) △이미애(논술학원장, 천도교 한울연대) △이미연(아이쿱구로생협) △이미영(전북청소년교육문화원 이사장) △이미용(천주교 서울교구 우리농촌살리기운동본부 생활공동체위원회) △이민규(한국항공우주산업) △이민혜 △이범(풀뿌리사회지기학교) △이병도(전교조 충남지부장) △이병인(부산대학교 바이오시스템공학과 교수, 대한불교조계종환경위원회 부위원장) △이병일(강남향린교회 목사) △이병준(해성중학교 교사, 전국교직원노동조합) △이병철(지리산생태영성학교 교장) △이부영(한국교육복지포럼 상임대표, 초록교육연대 공동대표) △이빈파(성북구청 친환경급식지원센터장, 친환경급식전국네트워크, 평등교육실현을위한전국학부모회 급식위원장) △이상권(인천녹색연합 공동대표) △이상덕(대전충남녹색연합 공동대표) △이상락(소설가) △이상석(시민이 만드는 밝은세상 사무처장) △이상선(새전북신문 남원주재기자) △이상선(충남시민사회단체연대회의 상임대표, 균형발전지방분권전국연대 공동대표) △이상우(푸른숲학교 교사) △이상윤(섬진강과지리산사람들 사무국장) △이상인(완주문화원) △이상해(성균관대학교 건축학과 교수) △이상헌(한신대학교 교수) △이상현(진주참여연대) △이상호(길거리) △이상훈(나눔문화) △이상훈(대진대학교 교수) △이석재 △이선재(민족생활학교 교육원장) △이선주(안성시) △이선진(인월초등학교 방과후교실) △이성근(부산그린트러스트 사무처장) △이성민(풀뿌리사회지기학교) △이성우(도서출판 일빛 대표) △이성우(청주충북환경연합 정책팀장) △이성호(햇빛전기 대표) △이성홍(반핵부산시민대책위) △이세용(조계사 종무실장) △이세우(목사, 전북녹색연합 공동대표) △이수용(수문출판사 대표, 생명의숲 마을숲위원장) △이수일(광양실고, 아시아평화와역사교육연대 자문위원) △이수행(시인, 광주전남언론포럼 사무국장) △이수호(한국갈등해결센터 상임이사) △이숙영(작은형제회 도서관) △이순일(천주교 서울교구 우리농촌살리기운동본부 활동가) △이순희(교사) △이슬기(나눔문화) △이승근(복지관 부장, 사단법인 좋은벗 이사) △이승원(권사, 농도생협 이사) △이승일(흙건축살림) △이승재(현대자동차 연구원) △이승철(시인) △이승현(서울대교구 청소년국 가톨릭스카우트 지도신부) △이승현(원주녹색연합 사무처장) △이승화(생태지평연구소 연구원) △이승희(문학사상 편집팀장) △이시영(시인, 한국작가회의 이사장) △이신행(풀뿌리사회지기학교) △이언주 △이엽(나눔문화) △이영경(동국대학교 조경학과 교수, 대한불교조계종 환경위원회) △이영선 △이영일(여수지역사회연구소 소장) △이영진(농부) △이영희(생명평화결사 평생교사, 전교조지도자문위원) △이예나(학생) △이예반(청소년인권행동 아수나로) △이용만(무직) △이용민(부페캐슬 조리사) △이용선(녹색미래 공동대표) △이용우(전교조경북지부) △이용중(조천초등학교 교사) △이용학(동인고등학교 교사) △이우용(우리동네커피집 카페 인) △이우현(가톨릭신문사 기자) △이원규(시인, 지리산생명연대 운영위원장) △이원로 △이원익(충북작가회의 편집

위원) △이원재(문화연대 사무처장, 시민자치문화센터 이사) △이원창(동물보호시민단체 카라 정책국장) △이원혜(희망제작소) △이월룡(천주교 서울교구 우리농촌살리기운동본부 생활공동체위원회 지역장) △이유진(서강대학교) △이윤하(시인, 생태건축연구소 대표) △이윤호(화가) △이윤희(한국YMCA전국연맹 생명평화센터 사무국장) △이은경(주부) △이은구(아이쿱생협 쿱스토어) △이은규 △이은봉(광주대학교 교수) △이은선(세종대학교 교수) △이은출(에코상점) △이은출(에코상점) △이은희(중부초등학교 교사) △이응인(시인, 세종중학교 교사, 밀양문학회) △이의남(아이쿱고양생협) △이인동(안성의료생협) △이인석(이인석치과 원장, 서울대교구환경사목위원회 학술위원) △이인식(우포따오기자연학교 교장) △이자현(정신개혁시민협의회 상임대표) △이자후(삼다비료, 참여환경연대) △이장규(성 베네딕도회 왜관수도원 신부) △이장수(인천 남동의제21 상임대표) △이재섭(전국공무원노동조합) △이재욱(춘천농민, 생협전국연합회 전 사무총장) △이재혁(대구경북녹색연합 운영위원장) △이정배(감리교신학대학교 교수) △이정수(녹색미래 사무총장) △이정옥(주부, 녹색당) △이정우(한의사) △이정일(풀뿌리네트워크 태안자치연구소 소장, 충남참여자치연대 국제교류위원장) △이정현(전북환경연합 사무처장) △이정화(가정) △이정화(대구경북인도주의실천의사협의회) △이정희(장로, 기독교환경운동연대 감사) △이종명(송악교회 목사) △이종명(한옥 짓는 일) △이종원(온배움터 대표) △이종철(갈릴리교회 목사) △이종혁(농사) △이종현(원도심레츠) △이종형(제주작가회의 사무국장, 제주문학의 집 사무국장) △이종희(옹달샘터, 대전예수살기) △이주민(교사) △이주항(수원대학교 인문대학 교수) △이주현 △이주희(지리산 실상사) △이준경(생명그물 정책실장) △이지선 △이지호(시인) △이지훈(나눔문화) △이지훈(지역희망디자인센터 대표) △이진경(서울과학기술대학교 교수, 수유너머 n) △이진형(청지기교회 목사) △이진호(자연감리교회) △이진희(대한불교조계종 총무원 사회부) △이창국(전농중학교 교사) △이창림(마을신문도봉N 편집장) △이창영(평등교육실현을위한전국학부모회 정보공개위원장) △이창은(어촌계장) △이천오(순천 미래로 소아과) △이철수(판화가, 민예총 부회장) △이철승(백두대간하늘길 사무국장) △이철조(진주환경연합 의장) △이청산(부산민예총 회장) △이춘숙(고려운수(민주택시) 본부대의원, 녹색당 운영위원) △이충섭(순천사랑치과 원장) △이충익(전교조 경기지부장) △이태근(흙살림 연구소 토종연구소) △이태영(공공운수노조연맹 정책국장) △이택규(지평교회 목사) △이평래(충남대학교 철학과 교수) △이필완(목사, 당당뉴스) △이하석(시인) △이항진(환경운동연합, 4대강복원범대위 집행위원장) △이해웅(시인, 부산교육대학교 명예교수) △이향미(나눔문화) △이향민(인드라망생명공동체) △이현민(부안시민발전소) △이현숙(공동육아와 공동체교육) △이현숙(파주생태문화교육원) △이현주(녹색당원) △이현주(원주YMCA 청소년수련관장) △이현지(나눔문화) △이혜경(자유기고가) △이혜연(주부) △이혜인(환경정의 활동가) △이호(풀뿌리자치연구소 이음) △이호신(화가) △이홍철(진주환경연합 회원) △이환문(진주환경운동연합 사무국장) △이후경(한국작가회의 소설분과) △이훈삼(KNCC 국장) △이희순(나눔문화) △이희정(아이건강연대 기획홍보위원장, 식생활교육네트워크) △이희정(주부, 산들교회) △이힘(평화신문 기자) △임미리(한국학중앙연구원) △임미숙(사단법인 동물보호시민단체 카라 사무국장) △임병조(전교조 인천지부장) △임병택(함양시민연대 집행위원장) △임복균(공무원노조) △임봉재(지리산생명연대 공동대표, 천주교 서울교구 정의평화위원회 위원) △임상교(대전교구 정의평화위원회 부위원장, 청양성당 주임사제) △임성종(대구경북열사·희생자 추모단체연대회의) △임성호(남원노동시민사회연대, 교육사랑남원시민모임) △임소희(나눔문화) △임수진(가톨릭대학교) △임숙영(우리밀살리기운동순천지부, 순천 놀이패두엄자리) △임순광(경북대학교 강사, 한국비정규교수노동조합) △임순례(영화감독, 동물보호시민단체 카라 대표) △임완숙(인드라망생명공동체 공동대표, 참여불교재가연대) △임우남(양산상북초등학교 교사, 천도교 한울연대 운영위원) △임유경(전남조리과학고등학교) △임윤택 △임융창(대한불교조계종총무원 주임) △임재우 △임재택(부산대 교수, 생태유아공동체 대표) △임정숙(교사) △임정숙(옥동교회) △임정희(연세대학교 교수, 문화연대 공동대표) △임춘근(충청남도의원) △임현(한국길모임) △임현주(파주시의회) △임현진(서울대학교 교수) △임현희(교사, 옥동교회) △임효정(경실련 집행위원) △장경섭(서울대 사회학과 교수) △장관호(전교조 정책실장) △장동범(비엔피이엔지 부장) △장명(스님, 대한불교조계종 환경위원회 위원장) △장분이(전북도교육청 학부모지원전문가) △장상환(경상대학교 경제학과 교수) △장석근(오봉교회 목사) △장석웅(전교조 위원장) △장승환(동산한의원) △장시광(경상대학교 교수, 경상대 민교협 총무) △장여숙(지곡교당 교무) △장영식(사진작가) △장윤경(대구경북녹색연합 사무처장) △장윤영(참교육학부모회거제지회) △장윤재(이화여자대학교 교수) △장임원(전 중앙대학교 교수) △장재환(은광교회 목사) △장정구(인천녹색연합 사무처장) △장정심(주부) △장정임(김해여성복지회관 관장, 경남포럼 공동대표) △장정화(프리랜서) △장주섭(전교조 전남지부장) △장주섭(전교조 전남지부장) △장지영(생태지평연구소 협동사무처장) △장진근(안성여고) △장태원(식생활교육울산네트상임대표) △장현숙(농부 아내) △장현진(카페 이로운) △장회익(서울대학교 명예교수) △장희숙(제천간디학교 대표교사) △장희정(한국숲 유치원협회 부회장, '숲유치원' 저자) △전경훈(예수회) △전규찬(한국예술종합학교 교수, 문화연대 집행위원) △전동열(홍익대학교 독문학과 교수) △전보경(거제시자원봉사센터) △전봉호(변호사, 전북환경연합 공동대표) △전선미(원도심레츠) △전성기(전 함양군농민회장, 지리산댐백지화함양군대책위원장) △전순란(이주여성인권센터 상임이사) △전승수(전남대학교 교수, 생태지평연구소 소장) △전재성(한국빠알리성전협회 대표) △전진택(생명평화결사 사무처장, 어울림교회 목사) △전현식(연세대학교 교수) △전형수(대구대학교) △전혜련(대전평화여성회 사무국장) △전희식(시인) △정갑선(천도교 한울연대, 천도교경상도청장년회 사무국장) △정결(학생) △정구선(무등산보호단체협의회 상임고문) △정념(오대산 월정사 주지, 인드라망생명공동체 공동대표) △정도상(소설가) △정명숙(천주교 서울교구 우리농촌살리기운동본부 생활공동체부위원장) △정명희(서울녹색당) △정병기(영남대학교 교수, 민교협) △정보영(목사, 기독교환경운동연대 이사) △정상은(지리산자연휴양림) △정석균(지리산둘레길 인월센터) △정선자(여수Y생협 마을위원장) △정설경(iCOOP서울생협 이사장) △정세훈(한국작가회의 이사, 인천작가회의 회장) △정수진(경남녹색당 청년운영위원) △정순선(한빛여성의쉼터, 여성인권연대) △정안면 △정연미(진주여성민우회) △정영홍(부산대학교 교육학과 교수) △정용성(광양만녹색연합 상임대표) △정용수(전국귀농운동본부 상임대표) △정웅기(불교시민사회네트워크 운영위원장) △정위지(환경운동연합) △정윤영(농업) △정윤정(진주여성민우회) △정은숙(옥동교회) △정의순(여여심)(썬비 대표) △정인선(창녕) △정재규(자영업) △정재돈(한국협동조합연구소 이사장) △정재욱(현대자동차) △정재한(광주정일학원) △정점순(농사짓기) △정종명(제천간디학교 교사) △정종운(다솜농장 대표) △정종현(전국공무원노조) △정준교(천주교 나눔+) △정지창(영남대 교수, 민예총 이사장) △정진규(창녕) △정진영(가락고등학교) △정태석(전북대학교 교수) △정태연(지리산인 편집위원) △정해관(민주통합당 경남도당 대외협력실장) △정현경(고코코리아) △정현순(주부) △정희석(창녕) △제주마음이 △조강희(인천환경운동연합) △조경만(목포대학교 역사학부 교수) △조계완 △조기호(예산여자고등학교 교사) △조길래 △조문제 △조미숙 △조미애(대한불교조계종총무원 주임) △조상우 △조상희(지리산 실상사) △조성옥(올리베따노 성 베네딕도 수녀회 수녀) △조세종(대전민들레의료생활협동조합 이사장, 천주교 대전교구 정의평화위원회 위원) △조소영(우리가게 점장) △조승래(청주대학교 역사문화학과 교수, 민교협) △조승현(한국방송통신대학교 교수, 민주주의 법학연구회) △조아혜(대학생) △조양호(더체인지) △조언정(팔당마

실교회 목사) △조연미(진주환경연합 회원) △조영옥(화북중학교 교사, 강과 습지를 사랑하는 상주사람들 대표) △조영훈(목사, 산돌학교) △조옥라(서강대학교 교수) △조용구(목수) △조용식(전교조 울산지부장) △조우(상지대학교 교수, 국립공원을지키는시민모임 집행위원장) △조원순(천주교 서울교구 우리농촌살리기운동본부 생활공동체위원회 위원) △조원옥(부산대학교 강사) △조은별(전남대) △조은호(온누리교회 목사) △조은희(녹번종합사회복지관) △조은희(숲예술연구소) △조이희(관악FM 시민기자) △조잔디(호계초등학교 교사) △조재옥(창녕) △조정림(마산YMCA) △조정희(나눔문화) △조주형(생명평화마중물 사무처장) △조찬경(역삼동) △조창래(진주참여연대 공동대표) △조채희(사찰생태연구소 소장, 시민모임두레 사무처장) △조한우(칠정교회 목사) △조한진(진주참여연대) △조해붕(신부, 천주교 환경사목위원회 위원장) △조향미(주부) △조헌정(향린교회 목사, 예수살기 상임대표) △조현기 △조현목(현곡초등학교 교사) △조현설(서울대학교 교수, 민족문학사연구소 편집위원장) △조현철(서강대학교) △조회환(한국외국어대학교 명예교수) △조흥식(서울대 사회복지학과, 참여사회연구소) △주경(서산 부석사 주지스님, 서산불교환경연대 대표) △주동철(성프란시스칸 형제회 수사) △주명순(옥동교회) △주소영(주부, 녹색당 경남공동운영위원장) △주요섭(한살림전북생협 이사장) △주현미(녹색당) △주현우(나눔문화) △주형식(진주참여연대 상임대표) △준혁(녹색당) △지안(스님, 국제불교학교) △지찬혁(통영거제환경운동연합 사무국장) △진각(스님, 대한불교조계종 환경위원회 위원) △진광수(목사, 고난함께 사무총장) △진달래(인천녹색당) △진두연 △진이현숙 △진창근(민주노총 경남본부) △차성건(산청군농민회) △차연근(녹색당 부산시당) △차옥혜(시인) △차용택(전교조 함양지회 전 지회장, 함양군농민회 선전홍보부장) △차윤재(마산YMCA사무총장) △차재영(충남대학교 교수) △차재원(전교조 경남지부장) △차진주(대한불교조계종총무원 주임) △채은순(여성환경연대 교육활동가) △채희윤(소설가) △천권환(피스빌리지네트워크 사무총장) △천은아(경주환경운동연합 간사) △천정란(KT) △최종천(시인, 건설일용직) △최갑진(서상고 교사) △최경묵 △최경순 △최관현(토지초등학교) △최기석 △최낙선(기아자동차) △최난주(농사) △최덕경(부산대학교 교수, 베사모) △최동현(군산대학교 국어국문학과 교수) △최두석(시인) △최리주(인천지역아동센터공부방연합회) △최만정(민주노총 충남본부 본부장) △최명옥(농민환경산업) △최무영(서울대학교 교수) △최미아 △최미정(미소금융경남거제 상담원, 좋은벗) △최미혜(남원YWCA 사랑의집 소장) △최병일(신성컨트롤) △최병진(대구보건대학교 교수) △최보경(간디학교 교사, 산청진보연합) △최성철(진주참여연대 공동대표) △최성호(두원frc 전무) △최성환(살림교회 장로) △최성희(농사) △최세현(간디농장, 지리산권시민사회단체협의회 운영위원장) △최소영(목사, 한국교회여성연합회 총무) △최송현(부산대학교) △최수산나(한국YWCA연합회) △최수영(부산환경운동연합 사무처장) △최수정(수도자) △최순영(천주교 수원교구 나눔플러스) △최순옥(열린사회은평시민회 대표) △최승제(통합진보당 진주시위원회 정책부장) △최승희(아이쿱목포생협 사무국장) △최양희(참교육학부모회거제지회 교육홍보팀장) △최영희(창녕) △최완택(기독교환경운동연대 상임대표) △최용순(인천녹색연합 공동대표) △최원준(출판사) △최원형 △최윤정(요가강사) △최은남(지역품앗이 한밭레츠) △최장희(하늘북 대표) △최재은(창원대산고등학교) △최재희(나눔문화) △최정미(주부) △최정은(주부) △최정인(서울을지초등학교 교사) △최정화(속초고성양양환경연합) △최정환(원주협동사회경제네트워크 이사장) △최종덕(상지대학교 철학과 교수) △최종수(천주교전주교구농촌환경사목, 천주교정의구현사제단) △최종인(한서대학교 교수) △최지한(농민) △최진(생명평화지킴이) △최진영(에너지나투라 이사) △최진태(진주환경연합 의장) △최창균(시인) △최창남(목사, 백두대간하늘길) △최태영(구로시민생협, 구로시민센터 이사) △최헌국(목사, 예수살기 총무) △최혁규(학생) △최현주(순천대학교 교수, 지리산권문화연구

주요 자료 모음   355

원장) △최호성(약선한의원 원장) △최홍식(영월신문 대표) △최화연(지리산생명연대 사무처장) △최효정(두물머리) △최희태(민주노총경남본부) △탁동훈 △탁영진(진주환경운동연합) △하병용(농업인) △하승수(녹색당 사무처장) △하승우(동네 풀뿌리자치연구소 이음) △하영태(에스피스, 대한불교청년회) △하태근(안성천살리기시민모임) △한경아(주부) △한경호(횡성영락교회 목사, 횡성환경운동연합 의장) △한광수(전북불교대학 학장) △한광용(나를 만드는 숲, 전 녹색대 교수) △한국염(목사, 한국이주여성인권센터 대표) △한금희(아이쿱부천시민생협) △한남호(운봉교회 목사) △한대수(생명두레문화교육원 원장, 거창평화인권예술제위원회 집행위원장) △한도숙(한국농정신문사) △한도희 △한만수(평론가) △한만중(전교조 부위원장) △한미경(엘아이지 서울센터) △한상권(덕성여대 사학과 교수, 학술단체협의회 상임대표) △한상민(녹색연합 협동사무처장) △한상희(한살림 한국비폭력센터) △한석주(농촌공동체연구소 소장) △한성수(하늘씨앗교회 목사, 지리산종교연대) △한성희(시인, 문학마루 대표) △한승우(녹색연합 협동사무처장, 전북녹색연합 사무처장) △한승우(전북녹색연합 사무국장) △한승희(대한불교조계종 총무원 자성과쇄신결사추진본부) △한쏨(녹색당원) △한애경(늘사랑어린이집) △한영수(넉점반) △한용채(화가) △한은진(옥포2동 주민자치위원회 간사, 기후변화해설사) △한정혜 △한징택(서강대학교 교수) △한형민(실상사작은학교 교사) △함순례(시인) △해강(지리산 실상사 주지, 지리산종교연대 상임대표) △허갑열(신진금속개발, 인드라망 편집팀) △허남결(동국대학교 윤리문화학과 교수) △허윤영(진보신당 경남도당) △허점중(세방) △허정(스님, 대한불교조계종 교육원 불학연구소장) △허정도(창원대 초빙교수) △허진화(나무여성인권상담소) △허택(나눔문화 사무처장) △허필임(주부) △현경(뉴욕 유니온 신학대학원 교수) △현고(원각사 회주스님, 생태지평연구소 공동이사장) △현기영(소설가) △현미선(춘천도시농업센터 직원) △현일환(대한불교청년회 통일위원장) △현희련(에코붓다 사무국장) △홍광표(동국대 조경학과 교수) △홍다영(불교신문사) △홍양희(평등교육실현을위한전국학부모회 정책위원) △홍인식(기독교환경운동연대 정책위원장) △홍정욱(동현초등학교 교사) △홍지연(한국대학생불교연합회) △홍창식(대연정보통신 대표이사) △홍현두(원불교 교무) △홍현숙(도서출판 호미 발행인, 꼬레어소시에이츠 대표) △홍현숙(실상사작은학교) △황경자(춘천소비자생활협동조합) △황규원(연기사랑청년회) △황대권('야생초편지' 저자, 생명평화마을 촌장) △황대철(전교조 경북지부장) △황도근(상지대학교 교수, 무위당을 기리는 모임) △황선진(밝은마을 이사장, 백일학교 교장) △황용훈(교사) △황유미(주부) △황인철(녹색연합) △황지혜(거제시자원봉사센터 전산코디네이터) △황평우(한국문화유산정책연구소 소장, 문화연대 약탈문화재 환수특별위원회 위원장) △황현수(대기리교회 목사) △효신(스님, 대한불교조계종 교육원 불학연구소) △흐물(지리산둘레길 구례센터) △흥선(스님, 불교중앙박물관 관장) **(총 1334명)**

용유담 명승지정 6개월 심의 보류, 알고 보니 '대국민 사기극'

'꼼수 심의'로 국민 우롱하며 문화재 보존 외면한
문화재청은 국민들께 사죄하고,
용유담 명승지정 즉각 추진하라!

문화재청 문화재위원회(천연기념물분과위원회)에서 지난 6월 27일 '문화재 보존과 댐 계획 조정 등을 위해 지리산 용유담의 문화재 지정 심의를 6개월간 보류한다'고 한 결정은, 문화재 보호라는 자신의 본분을 철저히 내팽개치고 용유담 명승지정을 간절히 염원해온 수많은 국민들을 기만하는 치졸한 꼼수요, 대국민 사기극이었음이 만천하에 드러나고 있다.

당시 문화재청은 국토해양부 등의 입장을 고려하여 문화재 지정을 유예하지만, 6개월 뒤엔 무슨 일이 있어도 용유담을 문화재로 지정할 것처럼 떠벌렸다. 그런데 문화재청은 이제 와 뜬금없이 관련 법 규정을 들먹이며 '용유담 명승지정 심의절차를 처음부터 다시 밟을 예정'이라고 밝히고 있다.

문화재보호법 시행령 제11조 등에서 '문화재 지정 예고 이후 6개월 안에 문화재 지정 여부를 결정해야 하고, 이해관계자의 이의제기 등 부득이한 사유로 그 기간을 넘겨 지정 여부를 다시 결정하려 할 경우 절차를 다시 거쳐야 한다'고 규정하고 있다는 이유에서다.

참으로 기가 찰 노릇이 아닐 수 없다! 문화재위원회와 문화재청이 이러한 법규를 전혀 모르고 있었을 리도 만무한데도 당시 이러한 사실을 철저히 숨긴 채 '6개월 뒤에는 무슨 일이 있어도 용유담을 문화재로 지정할 것'처럼 하면서 용유담 문화재 지정을 다시 6개월 보류했기 때문이다.

시기적으로 보면, 문화재청이 용유담 문화재 지정 심의를 보류한 지난 6월 27일은 문화재 지정을 위한 법정 예고기간이 완료(1. 8.)되고도 이미 6개월(7. 8.)이 다 되어가던 시기였다. 따라서 지정 심의를 또다시 보류하면 자동적으로 용유담 명승지정 예고는 그 법적 효력을 상실하여 문화재 지정계획 자체가 애초부터 없었던 것이나 다름없는 상태, 즉 원점으로 되돌아갈 수밖에 없는 시기였다.

그뿐만 아니라, 그 6개월 뒤 법적 절차에 따라 용유담 명승지정을 재추진하더라도 그 과정에 한국수자원공사 등이 또다시 이의를 제기하면 똑같은 사태가 되풀이될 수밖에 없고, 이런 식으로 시간을 끌다 보면 용유담 문화재 지정이 완전히 무산될 수도 있다. 해당 지자체 단체장이 개발계획을 이유로 반대해 문화재 지정이 3년째 지연되면서 무산될 위기에 놓여 있는 울산 '태왕암공원'이 대표적 사례다.

진정 문화재청이 용유담을 명승으로 지정하여 보호, 관리할 의지가 있었다면 6월 심의 당시 용유담을 무조건 문화재로 확정했어야 한다. 그리하면 국토부에서 이를 토대로 지리산댐 건설계획을 자연스럽게 조정함으로써 사태를 원만히 해결할 수 있었다.

더구나 「문화재보호법」 제32조(가지정) 규정에 따르면, "문화재청장은 지정할 만한 가치가 있다고 인정되는 문화재가 지정 전에 원형보존을 위한 긴급한 필요가 있고, 문화재위원회의 심의를 거칠 시간적 여유가 없으면 중요문화재로 가지정假指定할 수 있다"고 되어 있다. 또한 그 효력은 가지정된 문화재의 소유자, 점유자 또는 관리자에게 통지한 날부터 발생하는 것으로 명시돼 있다.

따라서 문화재청이 용유담을 명승으로 지정할 의사가 눈곱만큼이라도 있었다면, 지난 6월 심의 당시 적어도 용유담을 문화재로 '가지정'하고, 국토부 등에 댐 계획 조정을 요구하거나 그에 필요한 시간을 할애해주는 것이 이치에 맞는 일이었다.

하지만 문화재위원회와 문화재청은 '용유담 원형보존' 어쩌구 하면서 온갖 미사여구를 동원하여 자신의 결정을 합리화하고 국민을 호도하는 데 급급했지, 정작 법률에 근거한 그 어떤 상식적인 조치도 취하지 않았던 것이다.

따라서 문화재청의 지난 6월 심의 결정은, 결국 근거 없는 홍수를 빌미로 용유담을 수몰시켜 지리산댐을 짓겠다는 국토부와 수공의 반환경적, 반역사문화적 책동을 사실상 용인하고, 그에 필요한 시간을 벌어주기 위한 치졸한 꼼수 그 이상도 이하도 아니었던 것이 명백해졌다. 이는 또한 용유담 명승지정 및 이를 통한 지리산 자연환경 보존을 간절히 염원해 수많은 국민들을 철저히 기만하고 우롱하는 대국민 사기극이 아닐 수 없다.

더구나 국토해양부와 한국수자원공사에서 유예기간이 만료되어가는 이 시점까지 지리산댐과 관련해 그 어떤 대안도 제시하지 않고 있을 뿐만 아니라, 향후 계획조차 제대로 내놓지 못하고 있는데도 아무런 조치를 취하지 않고 있는 것은 이러한 사실을 더욱 분명하게 확인시켜주고 있다.

하여 우리는 국민의 이름으로 다음과 같이 요구하며, 만약 조속한 시일 안에 납득할 수 있는 일련의 조치가 취해지지 않을 경우 '문화재위원회 및 문화재청장 퇴진', '용유담 사태에 대한 국정조사' 등 진실을 규명하고 그 책임을 묻기 위한 범국민운동을 전개할 것임을 분명히 밝혀둔다.

1. 문화재청은 '꼼수 심의' 책임지고 국민 앞에 엎드려 사죄하라!
1. 문화재청은 더 이상 지체 말고 용유담 명승지정 추진하라!

2012. 12. 17.
지리산댐 백지화 함양·남원 공동대책위원회, 지리산공동행동(준)

문화재청, 독립성과 문화재 보존의지 의심받고 있다
더 이상 지체 말고 '용유담 명승지정' 즉각 추진하라!

국토부에 떠밀려 문화재 지정(용유담 명승지정) 1년 5개월째 표류

□ 문화재청이 지리산 용유담이 지닌 '뛰어난 자연경관과 역사문화, 학술적 가치'를 인정하여 용유담을 국가지정문화재인 '명승'으로 지정하겠다고 지정 예고한 지 벌써 1년 5개월이라는 기간 동안 용유담 명승지정 추진은 계속 표류해왔다.

□ 지난 2011년 12월 8일 명승지정 예고 이후 2012년 1월 4일과 8일, 한국수자원공사와 함양군이 지리산댐 예정지라는 이유로 용유담의 명승지정을 반대하자 문화재청은 같은 해 2월 8일 용유담의 명승지정 심의를 1차 보류했다.

□ 그 뒤 4월 열린 문화재위원회에서 명승지정 심의를 두 달 연기한 것도 모자라 6월 열린 문화재위원회에서도 국토부의 일방적 요구를 그대로 받아들여 심의결정을 6개월 재보류했고, 약속한 6개월이라는 기간이 종료된 12월에도 명승지정 절차를 즉각 이행하지 않았다.

□ 이에 분노한 2012년 12월 지리산댐대책위의 명승지정 촉구 기자회견 및 문화재청 면담 이후 2013년 1월 천연기념물 분과 회의에서 '2013년 2월부터 문화재보호법에 정한 절차에 의거 지정 재추진'하기로 결정, 지난 2월 문화재위원들이 용유담 현장을 방문하고 같은 달, 천연기념물분과 회의를 열어 '원안검토'를 의결한 것은 뒤늦게나마 문화재청이 해왔던 약속을 이행하려는 듯 보였다.

문화재청, 국토부 용역결과 상관없이 명승지정 절차 밟아야

□ 그러나 지난 3월 15일 이후 문화재청은 국토교통부에서 '5월 초 지리산댐 대안조사 용역완료까지 명승지정을 미뤄달라'는 요구에 떠밀려 또다시 명승지정 절차를 머뭇거리고 있다. 국토부가 연기를 요청했던 사유인 수자원공사의 '남강유역 신규 수자원시설 대안조사'(문정홍수조절댐 대안조사) 용역이 5월 3일 완료되었다. 문화재청의 정책이 또 이 용역결과에 따라 좌지우지되는 우를 범하지 않기를 기대한다.

□ 문화재청은 국토부의 대안조사 용역결과와 상관없이, 지체 말고 즉각 지리산 용유담 명승지정 절차를 추진해야 한다. 그렇지 않다면 문화재청은 그 존재이유를 스스로 부정하는 일이 될 것이다.

용유담 명승지정은 신임 문화재청장의 문화재 보존의지 확인할 터

□ 신임 변영섭 문화재청장은 반구대 암각화 보존을 위해 헌신해온 학자로, 청장 취임 이후 'T/F팀'까지 꾸려 반구대 암각화 보존을 위해 애쓰고 있는 것으로 알려져 있다. 문화유산의 보존에 목말라했던 사람들

이 신임청장의 반구대 암각화를 비롯한 자연·역사·문화유산의 보존과 보호에 집중하는 모습을 기대하고 있다.

변영섭 청장의 홈페이지 인사말에는 이런 구절이 나온다. "인류가 사람답게 살기 위해 우선 필요했던 물질적·육체적인 사안들을 해결하면서 얻은 지혜의 정수들을 기반으로 이제 문화의 시대로 넘어갈 수 있게 되었습니다."

이렇듯 댐 건설과 같은 대형 토목사업들은 다양한 대안으로 충분히 해결할 수 있고, '유네스코 문화유산 등재' 같은 문화적 자산의 보존을 통해 그 가치를 더욱 드높일 수 있는 문화의 시대로 가고 있는 것은 문화재청장의 인사말의 내용처럼 거스를 수 없는 큰 흐름이 되었기에 '용유담 명승지정 절차 즉각 추진'이라는 문화재청의 결단을 기대하는 것이다.

지리산댐, 정부 부처 간에도 이견

▫ 용유담 명승지정을 가로막고 있는 지리산댐 추진과정 자체가 불법과 탈법의 결정체임을 문화재청은 알아야 한다. 지난 1월 국토해양부가 환경영향평가법을 위반하여 '댐건설장기종합계획(지리산댐 포함)'을 확정, 발표한 것은 환경부와 협의해 진행해야 할 사항임에도 독단적으로 확정한 것이라는 점, 환경부가 「전략환경영향평가」에서 문정댐(지리산댐)에 대해 '신규 댐 건설 대신에 대안적 방법을 먼저 검토하고, 용유담은 보존되어야 한다'는 의견을 제시했음에도 불구하고 이를 무시하고 불법으로 발표한 것이다.

▫ 국토부는 이러한 환경부의 보완·재보완 요청을 이행하지 않고 '댐건설장기계획'을 확정하여 발표하고, 2013년 지리산댐(문정댐) 예산을 배정하였다. 2013년 1월, 국회 예산심의 과정에서 지리산댐 예산이 전액 삭감되었음에도 불구하고 '문정홍수조절댐 대안조사' 용역은 이러한 예산 삭감과는 별개로 출처를 알 수 없는 예산으로 선집행되어 진행되었다. 이 또한 불법과 탈법의 증거가 아니겠는가?

용유담과 함께 살아온 사람들의 문화도 보존되어야

▫ 또한 지리산 용유담이 지금까지 보존될 수 있었던 것은 이 지역에 깃들여 사는 사람들이 있었기 때문이다. 사람들의 삶과 생활이 용유담과 밀접한 관계 속에서 이어져왔다는 것은 주민들의 증언을 통해 알 수 있다. 경남 함양군 마천면과 휴천면의 사람들이 대를 이어 살면서 일구어왔던 삶의 문화와 삶터를 송두리째 수장시키는 것은 용유담을 수장시키는 것과 마찬가지로 지리산의 유형·무형의 문화유산을 죽이는 일이다. 이들의 절박한 댐 반대 의사를 무시하고 밀실에서 추진해온 지리산댐 계획은 결코 올바른 댐 계획이 아니다.

▫ 문화재청은 수천 년 자연·역사·문화의 결정체인 지리산 용유담의 국가명승 지정 절차를 즉각 이행하라!

2013. 5. 9.
지리산댐 백지화 함양군·남원시공동대책위원회
생명의 강을 위한 댐백지화전국연대, 지리산공동행동(준), 지리산종교연대, 지리산생명연대,
진주환경운동연합

지리산댐 건설계획의 문제점

① 함양지역 홍수피해의 진실

국토부 주장

✓ 2000년대 들어 함양지역의 지속적인 홍수피해 발생

✓ 특히 태풍 루사 당시 홍수피해 심각(인명 8명, 재산 1,500여억 원)

인명피해의 실체

○ 최근 10년간 홍수로 인한 함양지역 인명피해는 2002년 태풍 루사 때가 유일.

○ 그나마 인명피해는 지리산댐과 아무런 상관없는 '산사태로 발생'.

○ 하천 홍수피해(1명 급류실족)는 댐 예정지와 전혀 다른 수계인 '서하면'에서 발생.

태풍 루사 및 2003~2012년 수해 함양군 인명피해 현황

함양군 정보공개 자료(2012)

년도	일시	피해사유	인명피해	장소
2002	8. 31.	산사태로 매몰	3명 사망	마천면 가흥리 당흥마을
		산사태로 매몰	4명 사망	마천면 덕전리 내마마을
		산사태로 매몰	1명 사망	마천면 구양리 은혜의 집
		하류급류 실족	1명 사망	서하면 송계리 거리마을
2003~2012		해당 없음		

재산피해의 실체

○ 태풍 루사 때 입었다는 **1,500여억 원의 재산피해는 당시 함양군 전체 홍수피해액.**

○ 반면 지리산댐 예정지인 **임천강지역 피해는 최대 220억 원 정도에 불과**하고, 이는 함양군 전체 피해의 15% 미만.

○ 더구나 당시 정부와 함양군은 총 <u>2,200여억 원의 재해대책비를 투입(특별재난지역 지정)</u>해 제방보강, 강폭 넓히기(하류 동강리 등은 기존보다 강폭 2배 가까이 확장) 등 피해지역들에 대한 대대적인 복구공사 및 치수사업 전개→**이후 홍수피해 급감.**

○ 2011년의 경우 지리산댐 예정지인 엄천강 최상류지역에 있는 뱀사골에 300mm 이상의 폭우가 쏟아졌지만 엄천강 유역 홍수피해는 거의 없었음.

태풍 루사(02), 2003~2012년 수해에 따른 재산피해현황

자료출처 : 함양군 정보공개(2012)

대 상	피해건수	피해액(천원)
함양군 전체	392건	1,534억
임천강 지역	44건	220억
비 고	11%	14%

년도	재해명	피해건수	피해액(천원)
2002	태풍 "루사"	392건	153,425,829
2003	태풍 "매미"	131건	14,805,422
2004	태풍 "메기"	144건	6,108,532
2006	태풍 "에위니아"	144건	15,196,706
2007	태풍 "나리"	61건	3,274,465
2010	8.13.~8.18. 호우	45건	2,902,679
2011	태풍 "무이파"	127건	9,901,546

② 남강유역 홍수피해의 진실

국토부 주장

✓ 남강 유역면적 대비 남강댐 저수용량 부족→남강유역 홍수피해 빈발

✓ 남강댐 치수안정성 검토(2004) 결과…이상 홍수시 남강댐 월류

"남강댐 저수용량 부족" ⋯ 기존 정부 입장과 정면 배치

○ 국토부는 부산식수대책으로 지난 2008년 말부터 **남강댐의 담수량을 늘려 부산에 공급하겠다는 계획을 추진(=남강댐 재개발계획)**함.

○ 이 계획은 남강댐에 물을 더 채워 하루 107만 톤(3억 9100만 톤/년)의 물을 추가 확보한 뒤 부산(100만 톤/일)으로 보낸다는 계획.

○ 따라서 남강댐 저수용량이 부족하며, 이로 인해 홍수가 빈발한다는 주장은 위의 기존 정부 정책 및 주장과 정면 배치됨.

"남강유역 홍수피해" ⋯ 근거 불명확

○ 국토부는 남강댐 치수안전성 문제로 남강유역 홍수피해가 크게 발생한다고 주장.

○ 하지만 위 내역은 경남 전체 홍수피해로, 남강댐의 치수안정성 문제 또는 지리산댐이 존재하지 않아 발

생된 것이라는 아무런 근거가 없음.

○ 남강유역 홍수피해가 지리산댐의 부존재로 발생했다는 주장을 하려면 국토해양부와 수공은 먼저 남강 유역 홍수피해의 구체적인 내역(구체적인 피해발생 시간, 장소, 내역)부터 제시해야 함.

"남강댐 치수안정성" … 근본적 재검토 필요(경상남도의회 공식입장)

○ 국토부는 2004년 실시한 「댐의 수문학적 안정성 검토 및 치수능력증대 기본계획수립」에서 제시된 '가 능최대홍수량(PMF)'을 근거로 하여 '이상홍수시 남강댐 월류 가능성'을 강조하면서 지리산댐 건설 등 이 불가피하다고 주장.

○ 하지만, 경남도의회 남강댐조사특별위원회, 경남도 낙동강특별위원회 연구검토 결과, 수공의 위 기본 계획에서 산정한 '가능최대홍수량(PMF)'은 공학적 근거가 불분명하고, 지나치게 과도하게 산정(우리 나라 기후사정과 비슷한 일본의 1.5배로 산정)되어 반드시 재검토되어야 한다는 것이 공식 입장.

"사천만 어민들 댐 건설 요구" … 사실 왜곡

○ 국토부는 사천만 어민들이 댐 건설을 요구하고 있다고 주장.

○ 하지만 사천만 어민들의 요구는 댐 건설이 아니라 '지난 시기 **남강댐 방류**로 입은 **어업피해를 보상해달라**'는 것.

---

③ 다목적댐 논란의 진실

국토부 주장

✓ 남강댐 비상용수 없어 지리산댐에 비상용수 확보 필요

✓ 지리산댐 상시담수는 "이상가뭄 대비용 비상용수, 다른 댐에도 기본 확보"
　[비상용량] 운문댐=1,200만 톤, 영천댐=1,300만 톤, 군남홍수조절댐=1,300만 톤(m^2)

✓ 용수공급기능 없어 다목적댐 아니다.

"남강댐 저수용량 부족해 비상용수 확보" … 사실 왜곡

○ 국토부 남강댐사업 타당성조사 결과 '남강댐 현 여유수량 하루 65만 톤' 존재.

○ 따라서, 담수량이 부족하거나 남강댐 비상용수가 부족해 이에 대비한 '지리산댐의 상시 담수(연평균 9,500만 톤)'가 필요하다는 주장은 근거 없음.

「경남·부산권광역상수도사업 타당성조사」 결과

2011. 6. 국토해양부

□ 수원계획
　◆ (강변여과)남강댐 원수와 같은 1급수 수질을 확보하는 조건으로 **68만 ㎥/일 개발 계획**
　◆ (남강댐 여유량) 예타 결과와 같이 **65만 ㎥/일 확보 가능**
　　* 관련 기관 협의결과에 따라 추후 설계단계에서 검토 및 보완

당초계획(예 타) ('09. 12. 기재부)	변경계획(안) ('10. 1. 국토부)	사업계획 변경(안) ('11. 5. 타당성조사)
◇133만㎥/일 확보 · 남강댐 수위상승 42만 · 강변여과 26만 · 남강댐 여유량 65만	◇133만㎥/일 확보 · 상류댐(다목적) 42만 · 강변여과 26만 · 남강댐 여유량 65만	◇133만㎥/일 확보 · 강변여과 68만 · 남강댐 여유량 65만

"상시 담수량은 비상용수 개념" … 설득력 없음

○ 지리산댐 상시 담수량(연중 9,500만 톤)이 다른 댐에 다 있는 '비상용수'라고 주장.

○ 하지만   △ 그 수량이 기존 '부산 식수댐' 건설계획의 총저수량과 맞먹는다는 점

　　　　　 △ '총저수량 대비 비상용수량'이 여타 댐들과 비교할 때 지나치게 많다는 점

　등을 고려하면 국토부와 수공의 주장은 전혀 설득력 없음.

다른 댐들과 지리산댐의 '총저수량 대비 비상용량' 비교

명 칭	위치	용도	규모	총 저수량	비상용량	비고
운문댐	경북 청도	식수전용	407m×55m	1억3,000만톤	1,200만톤	9.2%
영천댐	경북 영천	다목적댐	300m×42m	9,640만톤	1,300만톤	13.5%
군남댐	경기 연천	홍수조절	658m×26m	7,000만톤	1,300만톤	18.5%
한탄강댐	경기 연천	홍수조절	694m×84m	2억7,000톤	없음(15일 담수)	0%
지리산댐	경남 함양	홍수조절	896m×141m	1억7,000만톤	9,500만톤	56%

④ 지리산댐 건설계획의 실체-부산 식수댐

○ 지리산댐 건설계획은 당초 지난 2008년 말 4대강사업과 함께 시작된 '남강댐 물 부산공급계획' 일환으로 추진.

○ 하지만 이 사업이 경남도민 반대로 계속 차질을 빚다가 지난 해(2011. 6.) 발표된 이 사업 '타당성조사'에서 지리산댐 건설계획이 전혀 경제성 없는 것(B/C=0.688)으로 결론남에 따라 정부는 그 용도를 변경하여 댐 건설 추진.

○ 이는 타당성조사 결과 무산 위기에 놓인 지리산댐 건설계획을 정상적인 예비타당성조사 없이 편법 추진하기 위한 꼼수.

시기	지리산댐 추진경과	사업명
2008. 12월	남강댐 담수량 증대 경남도민 반대…'무산'	**'부산 식수대책'** 남강댐 운영수위 4m 상승(담수 증대) →107만 톤/일 추가 확보 후 부산 공급
2010. 1월	용수확보용 지리산댐 → 타당성조사결과…'무산'	**'단계별 부산물공급계획'** 「경남부산 광역상수도사업 타당성조사」
2011. 11월~현재	홍수조절용 지리산댐	**'문정 홍수조절댐 건설계획'** *9,500만 톤 이상 연중 담수

지리산댐 명의변경(부산 식수댐→홍수조절댐) 경위

■ 두 가지 시나리오로 진행된 2011년 KDI 「경남부산권 광역상수도사업 타당성조사」

사업 내용 (확보수량=133만톤/일)			총 사업비	비용편익(B/C)	경제성	비고
남강댐 여유수량	강변여과수	지리산댐				
65만톤	26만톤	42만톤	1조6,597억 (강변여과 1,142억원↑)	0.688	없음	지리산댐 = 다목적댐, = 부산 식수댐
65만톤	68만톤	제외	1조5,455억	1.069	있음	✓ 42만톤→강변여과수

| ※ B/C≥1 : 경제성 있음(=예산확보 및 사업 추진 가능), B/C<1 : 경제성 없음(=예산확보 및 사업추진 불가).

결 론

○ 지리산댐 건설계획의 실체는 4대강사업(낙동강 살리기 사업)으로 인한 낙동강 수질악화 및 이에 따른 부산식수원 문제를 해소하기 위한 **대체 상수원 개발계획**(경남·부산권 광역상수도사업)임.

○ 따라서 근거 없는 지역홍수 문제를 빌미로 한 지리산댐 건설계획은 전면 재검토되어야 하며, 그 뛰어난 자연경관과 역사·문화·학술적 가치가 인정되어 국가지정문화재로 지정 예고된 바 있는 **용유담은 조속한 시일 내에 국가명승으로 지정하여 원형 보존**하여야 함.

2013. 6. 4.
지리산댐백지화대책위

댐 사업 개선은
지리산댐 백지화에서 시작되어야 한다!

지난 6월 11일 '댐백지화전국연대(이하 전국연대)'와 국토교통부(이하 국토부)는 간담회를 가졌다. 간담회에서 국토부가 내놓은 '댐사업절차 개선방안'의 내용은 부실하기 짝이 없는 데다가 문제점이 많았기에 전국에서 모인 댐대책위 위원들은 이를 지적하며 두 시간 가까이 의견을 개진했다.

그러나 국토부는 전국연대의 의견을 전혀 반영하지 않은 '댐사업절차 개선방안'을 간담회 이틀 뒤에 일방적으로 발표했다. 이에 지리산댐백지화대책위는 국토부의 '댐사업절차 개선방안'이 기만적이며 허구적인 방안이며 유화적인 제스처에 불과하다는 것을 밝힌다.

첫째. 국토부가 제시한 '댐사업절차 개선방안'은 '댐장기계획'이 잘못된 계획이기 때문에 백지화되어야 한다는 문제의 본질을 회피하는 안이다. '댐건설장기계획'상의 지리산댐에 대해 환경부가 '전략환경영향평가서'에서 댐 건설보다 '대안'을 검토할 것을 제시했으나 국토부는 이를 묵살하고 '댐장기계획'을 그대로 발표한 바 있다.

또한 지리산 용유담에 여전히 '홍수조절댐'을 짓겠다는 안(국토부가 5월 22일 문화재청 천연기념물분과위원회 회의에 보고한 1안~4안, 5월 29일 강동원의원실, 심상정의원실에 같은 내용 보고, 아래 박스 내용 참조)을 보고한 바 있다.

국토부의 지리산댐 건설계획
(5. 29. 국토부가 강동원, 심상정 의원실에 보고)
1안 – 현재 계획 지점에 규모를 축소한 홍수조절댐을 건설하는 방안
2안 – 현재 계획 지점에 규모를 축소한 홍수조절댐 및 용유담 상류에 보조댐을 건설하는 방안
3안 – 타 수계에 단일댐을 건설하는 방안
4안 – 타 수계에 2~3개 소규모댐을 건설하는 방안

4대강 사업이 '낙동강'에 이수 겸 치수 목적으로 성공적으로 진행될 것이 예상되었다면 굳이 지리산에 식수댐을 만들겠다고 하지 않아도 되었을 것이며, 이후 식수댐이 경제성이 없다고 판단되자마자 '홍수조절용' 댐으로 전환해 추진하지 않아도 되었을 것이다.

국토부의 이번 발표는 4대강사업 실패로 인한 한국수자원공사의 빚 8조 원과 국민들의 4대강사업에 대한 불신과 이로 인한 지지율 하락을 우려, MB 정권과의 차별성을 강조하기 위해 '절차'를 강조하는 박근혜 정권의 기조대로 '사업절차 개선방안' 발표로 댐 건설 지역의 주민들을 댐 건설 공포로부터 일단 안심시켜놓고 지자체와 짬짜미로 댐 건설을 추진하려는 국토부의 검은 속내가 그대로 드러나는 발표이다.

둘째, '사전검토협의회' 구성도 '절차' 늘리기에 불과한 사탕발림이다. 국토부는 '사전검토협의회'를 신설해서 구상단계에서부터 여러 관계자들을 결합시켜 검토한다는 계획이나 이 협의회의 핵심은 '갈등 발생 가능성 해소방안을 분석'하는 것이 주요 내용이다. 즉 '댐이 정말 필요한 것인가'가 아니라 '어떻게 하면 갈등과 잡음 없이 댐 건설을 할 수 있을 것인가'를 주되게 고민하고 있는 것이다. 따라서 기만적인 방안이라고 우리는 판단하지 않을 수 없다.

'댐 계획'을 구상하는 것은 최근 박근혜 정부의 기조처럼 '융합'이 절실한 부분이다. 앞으로 댐사업계획은 국토부가 단독으로 수립할 것이 아니며 환경부와 공동으로 이수 및 치수를 고민해 수립해야 하며 내용 또한 댐 건설 같은 수량 확보 중심에서 수자원 활용과 관리 중심으로 무게중심을 옮겨가야 할 때이기 때문이다. 즉 근본적인 정책변화를 추구하지 않고 발생할 갈등해소에만 집착하는 것은 또한 문제의 본질을 피해가려는 꼼수이다.

셋째, 지자체를 중심으로 갈등을 조정하겠다는 것은 대개의 지자체가 지역의 여론을 좌지우지하는 현실을 무시하는 정책이다. 국토부는 무엇을 하는 기관인가? 각 지자체에서 댐이 필요하다고 건의하면 지어주는 토건사업 대행 기관인가?

댐장기계획에 명시된 6개 댐과 지역에서 건설해달라고 새로 건의한 8개 댐계획은 대부분 각 지자체에서 건의해 댐 건설계획이 시작되었다. 대규모 토건 사업이 해당 지역주민들과 환경 등에는 돌이킬 수 없는 피해를 주지만 지역정치인, 지역 토호 등 일부 세력에게는 엄청난 정치·경제적 이득을 가져다주기 때문이다. 특히 토건업자 출신이 단체장이 되거나 의회에서 힘을 갖게 되면 온갖 구실을 갖다 붙여 이른바 '주민숙원사업'이란 이름으로 댐 유치 사업을 밀어붙이는 경우가 많은 것이 현실이다.

지리산댐의 경우도 2002년 천사령 군수 시절 처음 논란이 된 이후 최근 재보선에서 당선된 임창호 함양군수도 6월 3일 지리산댐 추진 T/F팀을 신설한 뒤 문제가 되자 며칠 만에 '지역발전 T/F팀'으로 간판을 바꿔 달기도 했다. 지리산댐 추진 T/F는 이름만 바꾸어 여전히 활동 중이다.

게다가 지역국회의원인 신성범 의원은 함양군수와 함께 '용유담 명승지정' 방해활동 및 지리산댐 추진활동을 공공연하게 벌이고 있다. 지역의 국회의원이 수몰지역 주민들의 피눈물을 흘리는 민심은 뒷전으로 하고 당당하게 댐 건설 추진활동을 벌이고 있는 것이 이렇듯 지역의 현실이다.

이런 지자체장과 지방의원, 국회의원에게 지역의 의사결정의 주도권을 맡긴다는 것은 고양이에게 생선을 맡기는 것처럼 매우 위험한 발상이다. 이미 한국은 댐 밀집도가 세계 1위로 더 이상 댐을 지을곳도 없고 지을 필요도 없다는 것이 학자와 전문가들의 의견이다. 지역에서뿐만 아니라 전 국민적으로 반대여론이 많은데도 불구하고 무리하게 추진하는 지리산댐은 즉각 백지화되어야 한다.

'대안검토'를 우선 의견으로 냈던 환경부의 의견을 지금이라도 받아들여, 지리산댐은 전면 백지화하고 진정한 '대안' 검토에 나서야 한다. 지리산국립공원의 생태계 훼손 및 계속되는 찬반논란으로 인한 민민갈등, 지역주민 공동체 파괴 등 어떤 식으로든 지리산댐 계속 추진은 갈등을 불러일으킬 수밖에 없다. 10년이 넘는 기간 동안 주민들의 정신적, 물질적 고통은 더해져만 왔다. 국토부는 진정으로 갈등해소를 원한다면 지금, 지리산댐 건설계획 전면 백지화로 갈등의 종지부를 찍고, 좀 더 근본적인 대안을 모색해나가야 한다.

만약 그런 경우라면 지역주민이나 시민사회는 그 진정성을 믿고 흔쾌히 국토부에 적극 협력하게 될 것이다.

2013. 6. 16.
지리산댐백지화 공동대책위원회(위원장: 전성기, 김종관, 윤지홍)

제2의 4대강사업, 14개 댐 개발을 멈춰라

4대강사업 검증한다면서 제2의 4대강사업을 추진하는 꼴, 중단해야

댐건설장기계획(14개 댐, 2012~2021, 3조 5천억 원)은 이명박 정부가 대통령선거를 이틀 앞둔 지난해 12월 17일, 타당성 검토도 거치지 않고 사회적 의견수렴도 없이 졸속으로 밀실에서 확정한, 건설족에 일감을 몰아주기 위한 토건사업계획이다. 정부는 4대강사업으로 물 부족과 홍수피해가 상당수 해소되지만 4대강 이외의 구간에서는 여전히 물 부족과 홍수예방이 더 필요하다면서 14개 댐 건설의 추진배경을 주장하고 있다. 국민의 70%가 반대했음에도 4대강사업을 추진했듯이 그 후속사업이자, 제2의 4대강사업으로서 14개 댐사업을 추진하겠다는 것이다.

4대강사업은 이미 총체적 부실이자 22조 원의 대국민 사기극임이 드러났다. 곳곳에서 물이 썩고, 물고기가 죽고, 홍수의 위험은 증가했으며, 농지가 침수당하고 있다. 4대강사업은 22조 원의 예산만 낭비한 환경파괴사업이자 4대강황폐화사업인 것이다. 박근혜 정부는 이런 4대강사업을 검증하겠다고 밝혔다. 그러나, 제2의 4대강사업인 14개 댐사업에 대한 반성과 검토 없이 밀어붙인다면 국민을 불행하게 만든 토건 중심 정부, 이명박 정부와 다를 게 무엇인가.

댐 사업절차 개선에 앞서 국민 앞에 사과하고, 댐장기계획을 백지화하라.

댐 개발 추진 부처인 국토교통부는 밀어붙이기식 댐 추진이 어렵다는 판단 아래 지난 6월 13일, 사전검토 협의와 지역의견수렴과 갈등조정을 골자로 하는 '댐사업절차 개선방안'을 내놓았다. 개별 댐 계획의 구상단계에서부터 사전협의와 의견수렴을 거치겠다는 것이다. 박근혜 정부가 강조하는 '갈등관리'나 '소통'이 반영된 결과로, 지금까지의 무리한 댐 사업절차로는 안 된다는 배경이 깔려 있다. 절차 개선도 좋지만 그 이전에 졸속으로 댐건설장기계획을 수립한 것에 대해 국민들에게 사과하고, 댐건설장기계획의 백지화를 밝혔어야 한다.

댐 절차 개선방안 또한 국토교통부가 주도하고 일방적으로 추진될 가능성이 농후하기에 실효성도 없으며 의미가 없다. 근거도 없고 불필요한 댐장기계획을 재검토하고 더 나아가 철회한 후에 댐 절차 개선을 하는 게 순서다. 그렇지 않다면 절차를 추가하는 것 이상의 의미는 없을뿐더러 형식에 지나지 않을 것이기 때문이다. 갈등을 관리하고 해소하여 댐 추진을 하겠다는 것으로밖에는 보이질 않는다. 댐 건설을 위한 면죄부나 면피일 뿐이다. 지역의견수렴 절차 또한 토건 성향이 짙은 지자체와 지방의회가 주체가 되어 댐 추진을 위한 형식에 그치게 될 것이다. 댐장기계획 철회 없는 댐 절차 개선은 무의미하다.

'갈등 없이 댐 추진하겠다'는 댐 절차 개선을 중단하고, 일체의 댐 추진 절차도 중단하라.

국토교통부가 댐 절차 개선방안을 내놓자마자, 지역마다 댐 추진세력들이 앞다투어 댐 추진을 위한 지역

여론 만들기에 나서고 있는 형국이다. 댐 추진에 앞장서는 해당 지자체들은 형식만 그럴듯하게 '지역협의체' 니 '지역의견수렴'이니 하면서 지역여론을 왜곡하려 하고 있다. 이번 국토부의 댐 절차 개선방안의 발표가 또 다른 지역갈등을 낳고 있는 셈이다. 중단해야 한다.

또한 국토부가 댐 절차 개선방안을 내놓으면서 개별 댐계획을 재검토하겠다는 마당에 현장에서는 댐 추진 절차가 여전히 진행되고 있고, 특히 영양지역의 주민들이 삶의 터전을 지키기 위해 타당성조사 업체들의 불법조사를 막는 과정에서 업무방해죄로 고소고발당했으며 체포까지 되고 있다. 여기에 원인 제공자인 국토부는 팔짱만 끼고 있다. 댐 절차를 개선하겠다는, 밀어붙이기식 댐 건설은 더 이상 하지 않겠다던 국토부는 주민들에 대한 고소고발을 취하하고, 댐 추진 절차를 즉각 중단하여 진정성을 보이길 바란다.

댐의 시대는 끝났다. 토건에서 사람으로, 삽질보다 생명을!

불필요한 데다 환경을 파괴하고 문화재 훼손만 불러올 14개의 댐을 건설하는 데 3조 5천억 원이라는 예산을 낭비할 수는 없다. 토건세력의 배만 불리는 혈세낭비사업을 용납할 수 없다. 댐은 강과 하천을 가로막는 것일 뿐 아니라, 지속가능한 발전을 가로막고, 성장도 가로막으며, 우리나라가 환경선진국으로 가는 길을 가로막는다. 강은 흘러야 하고 생명도 흘러야 한다. 댐 밀집도가 세계 1위인 대한민국. 이젠 댐의 시대에 종지부를 찍어야 한다. '토건에서 사람으로' '토건에서 생명으로'. 박근혜 정부의 모토가 되길 바란다. 지난 5년간의 토건정부와 결별한 '탈토건 행복생태사회'를 국정의 비전으로 삼길 바란다. 그 시작은 댐백지화이다.

2013. 7. 18.
생명의 강을 위한 댐백지화전국연대
(국립공원을지키는시민모임, 기독교환경운동연대, 녹색연합, 달산댐반대대책위원회, 생태지평,
여성환경연대, 영양댐저지공동대책위원회, 평창오대천반대대책위원회, 지리산댐백지화대책위원회,
지리산생명연대, 청양 지천댐반대대책위원회, 피아골댐백지화대책위원회, 환경운동연합, 환경정의)

국토교통부는 반성 없는 '댐건설강행'을 중단해야 한다

지난 6월 국토부는 '댐사업절차 개선방안'을 발표했다. 그러나 국토부가 '소통'에 힘쓰겠다고 하고 있지만 정작 중요한 '직접 이해 당사자'의 목소리에는 귀를 막고 있다. 지역의견수렴 절차를 신설하겠다고 했지만, 지역 토호 및 건설업자들과 유착된 지자체장과 지역의회 등에 의해서 지역여론이 왜곡되고 있는 현실에서 '의견수렴'은 공정하게 진행되기 어렵다.

국토부에게 진정성이 있는가

국토부는 "댐사업절차 개선방안" 발표 이틀 전 댐백지화연대와의 만남을 요청해 '절차개선방안'에 관한 의견을 제시했지만, 댐연대가 제안한 의견은 수용하지 않은 채 일방적으로 방안을 발표했다. 게다가 이후 발표한 국토부의 보도자료에는 환경단체 및 댐주민대책위의 의견도 수렴하였다는 구절이 들어가 있다. 이에 대해 국토부는 전국연대에 공식적으로 사과해야 한다.

또한 현재 영양 등에서는 주민에 대한 고소고발과 가택수색까지 지속되고 있다. 이런 상황에서 "소통에 기반한 댐 계획 재검토"를 내세우는 국토부의 진정성을 의심하지 않을 수 없다.

댐장기계획 전면 재검토 없는 절차개선은 요식행위

환경부의 댐계획 백지화 및 대안검토 우선 요구에도 불구하고 국토부는 불법적으로 발표를 강행했다. 이후 댐반대 여론이 일어나자 국토부가 '절차개선'을 들고 나왔다. 그러나 댐장기계획의 타당성과 필요성을 검토하는 본질을 외면하고 '절차개선'이라는 형식적인 부분으로 접근하는 것은 국토부와 박근혜 정부가 원하는 '국민소통'에도 맞지 않는다.

댐정책 전면 재검토로 중심 이동해야

여러 문제점 지적에도 불구하고 국토부는 절차개선방안을 강행했고 7월 19일, '댐사업절차 개선, 본격적인 국민소통 시작, 민관학T/F 구성'이라는 보도자료를 내놓았다. 국토부는 민관학T/F의 명단도 공개하지 않고 있으며 구성 또한 갈등전문가, 정부성향, 전문가 중심이다.

국토부는 지엽적이고 형식적인 댐절차개선을 위한 T/F구성 및 운영에 힘쓰기보다는 본질적인 댐정책 전면 재검토로 중심이동을 해야 할 때이다. 또한 재검토 기간에는 댐 관련 모든 사업을 중지해야 한다.

국토부는 수장기계획, 댐장기계획과 같은 정책계획 수립과정에 각계의 참여가 필요하다는 것을 인정하고 개선해야 한다. 2006년 수자원장기종합계획 수립 과정 등에서 이미 시도된 것처럼 지금이라도 댐장기, 수장기 자체를 근본적으로 전면 재검토하는 총리실 산하 '(가)댐정책검토위원회'를 민관 공동(정부, NGO, 이해당사자 주민, 민간전문가 참여)으로 구성해 이 시대에 댐 계획의 타당성과 필요성이 있는 것인지, 국토부 수자원개발이나 수자원공사의 활동이 적정했는지, 수자원장기종합계획과 댐장기계획은 타당한지에 대해 전면적인 재검토를 해야 한다.

댐장기계획 추진은 4대강사업 전면 조사 및 평가가 전제되어야

국토부가 지난해 말 '댐장기계획'을 발표하면서 '4대강사업의 혜택을 보지 못한 8개 지역을 안배해 댐장기계획에 추가했다'는 발언(2012년 12월 28일 중앙일보 보도)을 한 것을 기억하고 있다. 댐장기계획의 14개 댐이 4대강사업의 후속사업인 것은 분명하다. 4대강사업이 내건 목적이 물부족과 홍수피해의 근본적 해결, 수질개선, 하천 복원이었으니, 사업이 완료된 지금, 국토부의 논리대로라면 더 이상 댐을 지을 이유는 없는 것이다.

4대강사업이 초기부터 운하사업이었음이 밝혀진 이상 4대강 후속사업인 댐장기계획에 대한 근본적 재검토를 하지 않는다면 박근혜 정부는 잘못된 토건으로 국토를 파괴한 이명박 정부의 연장선에 있음을 인정하는 것이다. 또한 국토부의 댐장기계획 추진은 4대강사업에 대한 전면적인 조사 및 평가라는 전제 없이 강행되어서는 안 된다. 22조의 혈세를 들여 4대강을 재앙으로 몰아넣은 것도 모자라 3조 5천억 원 이상의 혈세를 타당성도 없는 댐짓기에 낭비할 수는 없다.

댐백지화전국연대는 아래의 사항을 국토부에 요구하며, 이에 대한 답변을 요청한다.

○ 지엽적인 댐사업절차 개선방안 추진 중단.
○ 타당성 없는 댐장기계획을 일방적으로 강행한 것에 대해 공식 사과.
○ 국토부가 댐백지화전국연대와의 간담회를 홍보에 이용한 것에 대해 공식 사과.
○ 영양주민들에 대한 고소, 고발 취하.
○ '댐장기계획'을 백지화하고 원점에서 재검토.
○ 댐 계획과 수자원 계획 전반에 대해 논의할 기구로서, 각계의 참여로 구성된 총리실 산하 '(가칭)댐정책검토위원회' 운영.
○ 4대강 후속사업인 '댐장기계획'은 4대강사업에 대한 전면적인 조사 및 평가를 전제로 논의.

2013년 7월 29일
생명의 강을 위한 댐백지화전국연대
(국립공원을지키는시민모임, 기독교환경운동연대, 녹색연합, 달산댐반대대책위원회, 생태지평,
여성환경연대, 영양댐저지공동대책위원회, 평창오대천반대대책위원회, 지리산댐백지화대책위원회,
지리산생명연대, 청양 지천댐반대대책위원회, 피아골댐백지화대책위원회, 환경운동연합, 환경정의)

▶ 2015년 7월~2017년 8월, 조계종 화쟁위원회 중재로 국토부·한국수자원공사, 지리산댐백지화함양대책
위원회(진주환경운동연합, 지리산생명연대 포함) 양측의 '지리산댐 갈등조정을 위한 사회적 대화' 진행

※ 사회적 대화 일정은 주요연혁 268~269쪽 참조

지리산(문정댐) 관련 갈등 해결 위한 사회적 대화 회의규칙(안)

1. 목적

본 회의는 지리산 문정댐 문제해결을 위한 사회적 대화(이하 '회의'라 함)의 운영절차로서 원만한 회의 진
행과 참가자들의 협력적 소통을 돕는 데 목적을 둔다.

2. 회의 구성

1) 회의에는 지리산댐 반대 측(지리산댐백지화마천대책위원회, 지리산생명연대, 환경운동연합, 그리고 추
천 전문가)과 국토부, 수자원공사 등 이해관계기관과 조정가 역할을 담당하는 대한불교조계종 화쟁위
원회가 참여한다. 이해관계기관은 회의에 참여해 각 기관의 의견이나 입장을 대변할 구성원을 정한다.

2) 이해관계기관별 구성원은 다음과 같다.

이해관계기관	구성원	직위/직함
지리산댐백지화 대책위원회	전성기	지리산댐백지화함양대책위원장
	선시영	지리산댐백지화함양대책위 마천면 대표
	강학기	지리산댐백지화함양대책위 휴천면 대표

이해관계기관	구성원	직위/직함
지리산댐백지화 대책위원회	백인식	진주환경운동연합 사무처장
	김휘근	지리산생명연대 팀장
	박창재	환경운동연합 사무처장
국토교통부/수자원공사	우정훈	국토부 수자원개발과 과장
	김태훈	국토부 수자원개발과 사무관
	이종원	국토부 수자원개발과 주무관
	류종현	수자원공사 수자원개발과 주무관
	주진창	수자원공사 수자원계획팀 과장

3) 이해관계기관의 실무자는 참관인으로서 배석할 수 있다.

4) 조정가는 회의를 중립적으로 진행한다.

5) 구성원은 회의에서 합의 없이 변경 내지 추가될 수 없다.

6) 회의에는 확정된 구성원이 참석하는 것을 원칙으로 한다.

7) 사실확인이 필요하거나 전문가의 의견 청취가 필요한 경우에는 관련 전문가 등이 회의에 참관인으로서 참석하여 발언하도록 할 수 있다.

8) 회의의 원활한 진행을 위해 실무간사를 두고 실무간사는 연락업무 등 회의운영 전반의 실무를 담당한다.

3. 회의 진행

1) 조정가팀이 회의를 진행한다.

2) 구성원들은 조정가의 회의 진행에 적극 협조하여야 한다.

3) 원활한 회의 진행을 위하여 필요한 경우 조정가는 구성원의 발언을 제한할 수 있다.

4) 구성원에게 주어지는 발언과 반론의 기회 및 시간은 동일하게 함을 원칙으로 한다.

5) 발언 순서는 조정가가 의제별로 구성원들의 의견을 들어 정하며 해당 순서가 되면 이해관계기관별로 1인의 구성원만 발언하는 것을 원칙으로 한다. 동일한 집단의 다른 구성원이 발언하고자 하는 경우 참석한 다른 구성원의 동의를 얻어서 한다.

6) 조정가팀은 회의 내용을 기록한다.

7) 합의가 되지 않을 경우 회의 중 다뤘던 내용은 백지화이며 회의 내용이나 회의 진행 자체를 자신에게 일방적으로 유리하게 이용하지 않도록 한다.

8) 회의 결렬시 일방당사자가 회의 내용에 관한 합의되지 않은 언론 공개 등 악의적 이용시 화쟁위는 이에 대하여 보도자료 배포 등 위반에 대해 적극 대응한다.

4. 의사결정

논의 대상 주제에 대하여 참석자 모두의 의견이 일치할 때 합의가 이루어진 것으로 한다.

5. 개별회의

1) 회의 진행자가 필요하다고 판단하거나 구성원의 요청이 있는 경우 진행자는 각 기관별 구성원과 개별회의를 할 수 있다.

2) 개별회의는 비공개를 원칙으로 하되 진행자는 개별회의를 한 구성원이 동의하는 경우 개별회의 내용의 일부 또는 전부를 공개할 수 있다.

6. 비공개성 및 비밀보장

1) 회의는 비공개를 원칙으로 한다.

2) 조정가와 구성원 그리고 참관인 등 회의 참석자들은 회의에서 다루어지고 있는 내용에 대하여 비밀을 지켜야 하며 이의 공개는 회의의 합의에 의한다.

7. 회의 결과의 전달 및 홍보

1) 회의의 경과와 내용은 각 구성원이 자신이 대표하는 집단에게 전달함을 원칙으로 하되 전달 내용은 회의에서 공개하기로 합의된 사항에 한한다.

2) 회의의 경과 및 내용에 관해 언론홍보를 할 경우에는 회의에서 홍보하기로 합의한 사항에 대해 조정가가 대표로 발표하거나 회의에서 합의된 방식으로 알릴 수 있다.

3) 이번 대화의 합의된 명칭은 내부 보고 등에서 정확한 전체명칭을 사용하여 오해가 없도록 한다.

8. 회의 진행시 준수사항

회의에 참석한 자는 다음 사항을 지켜야 한다.

1) 상호 간에 예의를 지키고 상대를 존중한다.

2) 상대방의 발언에 끼어들지 않고 경청한다.

3) 인신공격성 발언과 욕설 언성을 높이는 행위 등 상대를 자극하는 행동을 하지 않고 진행자의 통제에 따른다.

4) 일방적으로 자리를 떠나지 않는다.

5) 논의되고 있는 주제 또는 쟁점에 관한 내용에 집중하여 발언한다.

6) 구성원 서로의 생각과 의견이 다름을 이해하고 서로 만족할 수 있는 해결책을 찾기 위해 노력한다.

7) 조정가는 본 약속을 잘 지키도록 안내하고 잘 지켜지지 않을 때는 발언을 통제할 수 있다.

9. 회의 내용의 기록 등

1) 조정가는 회의 결과의 투명성과 객관성을 담보하기 위하여 회의에서 구성원들이 발언하는 내용을 녹음하고 기록하여 정리하도록 한다.

2) 녹음 및 회의 내용은 조정가팀에서 관리하며 회의에서 합의하지 않고는 외부에 공개할 수 없다.

10. 회의 개최 주기 등

1) 회의는 7월 20일부터 매월 몇째 주 오후 2시부터 6시까지를 기본으로 하고, 장소는 협의에 따라 정한다. 2016년 7월 20일을 제1차로 하여 총 10차의 회의를 하기로 하고 회의 개최 주기는 1.5개월로 한다.

2) 진행자 합의를 통해 기간 횟수와 시간 장소 등을 변경할 수 있다.

11. 자료의 공유

회의에서 논의되는 내용에 관하여 참석자들의 이해를 돕는 데 필요한 자료는 공개가 허용되는 범위 내에서 각 구성원들에게 사전에 제공하는 것을 원칙으로 하되 자료의 처리는 이를 제공한 구성원의 방침에 따른다.

12. 합의

1) 구성원들이 합의한 결과는 각자가 대표하는 기관이 동의한 것으로 본다.
2) 구성원 간 서면 합의가 필요한 사항이 있는 경우에는 합의문 작성 전에 각자가 대표하는 기관의 동의를 구해야 한다. 동의 절차는 구성원 간 협의를 통해 결정한다.
3) 회의 종료시에는 그날 회의에서 합의된 사항을 정리하고 각 구성원과 조정가팀이 서명한다.
4) 각 구성원은 최종합의안의 이행을 확약하고 그 이행에 필요한 조치를 취하여야 한다.

13. 최종합의문 작성 등

구성원이 최종 합의한 사항은 이를 합의문으로 작성하여 각 구성원들과 진행자가 서명날인한 후 각각 1부씩 나누어 보관한다.

댐백지화대책위원회 (서명)	국토교통부/수자원공사 (서명)
대한불교조계종 화쟁위원회 (서명)	

낙동강 식수원 포기는 4대강사업 용인, 찬양하는 것

부산시는 남강댐물 취수 논의 즉각 중단하라!

그동안 20여 년 동안 정부가 바뀔 때마다 많은 방안들이 제시되고 변경되기를 반복한 남강댐 부산 물공급 문제는 지난 홍준표 도지사 시절 추진되었던 남강댐 상류에서 도수터널을 이용하여 합천댐으로 수로변경을 통한 부산 물공급 방안으로 부산에서 또다시 거론되었다.

지난 5월, 물관리일원화를 기점으로 새 정부의 물관리정책 기조는 한층 명확해졌다. 양적인 관점에서 질적인 관점으로, 당장의 성과를 위한 낡은 방식에서 보다 지속가능한 현대적 방식으로 전환하겠다는 것이 물관리일원화의 목적이었던 것이다. 4대강사업으로 인해 황폐해진 지역들을 재자연화할 필요성마저 제기되고 있는 지금, 우리나라 수자원의 질적인 수준은 그야말로 '위기'라고 할 수 있다. 따라서 물관리일원화는 약간 부족한 측면이 없지 않지만 대체로 환영받아왔다.

하지만 이런 흐름과 별개로, 부산시에서는 여전히 먹는 물 정책의 하나로서 '남강댐물 부산 공급'을 언급하고 있다. 안타깝고, 우려스러운 일이다. 당장 낙동강 물을 획기적으로 되살리기 어렵다는 것을 어느 정도 현실로 받아들이더라도, 남강댐을 둘러싼 복잡한 갈등과 위험성, 그리고 지리산댐으로까지 이어지는 정책의 연속성을 고려한다면 결코 대안으로 생각해서는 안 되는 것이 '남강댐물 부산 공급'이다.

지난 19일 '2018년 제3차 부산 먹는 물 정책토론회'에서 공개된 '취수원 다변화를 위한 수자원 확보 방안 조사 연구'는, 남강댐-합천댐 도수터널로 하루 18만~86만 톤의 식수를 확보할 수 있음을 밝히고 있다. 남강댐의 무효방류량을 터널을 통해 합천댐으로 옮겨 담고, 그것을 다시 부산으로 공급하겠다는 것이다. 이런 방식으로 남강댐 물을 합천댐으로 보낸다는 것은, 환경문제와 서부경남의 식수원인 남강댐은 안중에 없는 대안으로서 서부경남의 상수원인 남강댐의 수자원관리와 수질문제를 도외시한 발상이며, 특히 갈수기시에는 안정적인 상수원확보는 물론이고 수질관리에도 엄청난 재앙을 초래할 것이다. 결국 남강댐은 갈수기시를 대비하여 안정적인 물공급을 위해 항상 수위를 일정 수준 이상으로 유지해야 하며, 남강댐의 댐 운영에는 안전을 비롯한 많은 문제들이 도출되는 것을 의미한다.

그런데 바로 이 지점에서 남강댐은 이미 수많은 갈등을 양산하고 있는 것이 현실이다. 남강댐 수위상승 자체가 진주시민들의 무수한 반대에 직면해 있을 뿐 아니라, 현재도 남강댐은 홍수기 수위조절이 어려워 꾸준히 사천만 방수로 확장을 추진하고 있는 실정이다. 하지만 그 또한 사천만 어업피해로 인해 갈등에 휩싸여 있고, 그러다 보니 상류지역에 남강댐 홍수조절 능력을 강화하기 위해 추가로 댐을 지어야 한다는 논리가 등장하였으니, 그것이 바로 '지리산 홍수조절댐'이다. 하지만 남강댐의 집수유역을 고려하면 지리산댐의 홍수조절 능력은 2~3% 수준에 불과하다.

이번 토론회에서 '취수원 다변화'의 하나로 '남강댐물 부산 공급'이 등장하게 된 배경에는, 이러한 남강댐의 현실에 대한 고려가 없었다는 것을 의심하게 되는 대목이 있다.

즉, 부산 식수를 동부경남의 젖줄 낙동강을 통해 해결해야 하듯, 남강댐은 남강유역 내에서 그 안정성을 확보하기 위한 여러 방안을 고민해야 하는 상황이다. 이런 상황에서 타지역 식수 확보를 위해 다시 남강댐을 건드린다는 것은, 양적인 관점으로 질적인 측면을 희생하는 전형적인 사례라고도 할 수 있다. 다시 말해, 인구와 자본이 집중된 거대도시를 위해 비교적 영세한 지역에게 희생을 강요하는 행위인 것이다. 시대착오적이고, 근시안적인 주장이라 하지 않을 수 없다.

우리들은 지금까지 꾸준히, 남강댐 물 부산 공급이 결국 지리산댐 건설로 이어질 것임을 의심하고 주장해왔다. 지리산댐이 현재까지 추진되어온 역사를 돌아보면, 결국 낙동강의 수질 악화로 인한 부산 먹는 물 불안이 그 시발점이었다는 것을 알 수 있기 때문이다. 최초 부산 물 공급용이었던 지리산댐이 현재에는 '홍수조절용'이라는 탈을 쓰고 있지만, 그 또한 남강 상류지역의 물을 부산으로 공급하기 위한 수단으로서 억지로 고안된 논리였음을 생각해본다면, 이번에 다시 등장한 '남강댐물 부산 공급'계획은 결국 '지리산댐 건설계획'과 다름없는 발상임을 쉽게 알 수 있다.

낙동강을 되살리는 것이 당장에는 암담하다 싶을 만큼 먼 이야기처럼 들릴지 모른다. 하지만, 그나마 아직 완전하게 죽지 않은 지금, 한시바삐 재자연화에 박차를 가하지 않는다면 강은 정말로 숨이 끊어질지도 모른다. 그때는 또 어떤 방법으로 물을 찾으려는가. 부산시는 더 이상 철없는 발상을 걷어치우고 낙동강 수질 개선에 가장 앞서서 팔을 걷어붙여야 하고, 경남도는 여기에 아낌없는 도움을 약속하는 것이야말로 진정한 지역 협력이라 할 수 있을 것이다.

남강댐 물 부산 공급은 언 발에 오줌 누기에 지나지 않는다. 경남도는 이 고약한 냄새까지 풍기며 곧 다시 얼어붙을 계획에 동참하지 말라.

2018. 7. 24.
경남환경운동연합, 낙동강경남네트워크,
지리산댐백지화함양대책위, 지리산생명연대, 진주진보연합

　　정부는 댐정책의 중점을 '건설'에서 '관리'로 전환하고 대규모 댐 건설은 중단하기로 했다. 2018년 9월 18일 환경부는 물관리일원화 100일을 맞아 이 같은 내용을 포함한 정책과제들을 담은 '지속 가능한 물관리를 향한 첫걸음(이하 첫걸음)'을 발표했다.

〔요약〕

개요
○ 물관리일원화 결정 이후 그간 조직·인력 등 안정적 이관에 중점, 100일은 정책적 성과를 도출하기에는 짧은 기간
○ 앞으로 안정화된 조직 체계를 기반으로 국민들이 체감할 수 있는 물관리정책을 발굴하여 속도감 있게 추진

그간의 노력
○ 일원화 3법* 국회 통과(5. 28.) 이후 차관을 단장으로 하는 통합물관리 준비 추진단을 구성하여 조직·인력·예산의 안정적 이관 완료
　　*정부조직법, 물관리기본법, 물기술산업법
○ 기관간 자료 공유(수문, 기상정보 시스템 연계 강화 등), 기상·홍수예보 협업 강화 등을 통해 여름철 홍수 안정적 대응
○ 물관리기본법, 물산업법 하위법령 마련과 통합물관리 기반 구축을 위한 기초연구* 추진 중
　　* 유역 거버넌스 운영방안, 통합물관리를 위한 재정체계, 물관리 관련 법령 및 계획의 통합적 정비방안, 통합물관리 평가지표 및 평가체계 등

향후 정책방향
○ (거버넌스) 유역을 구성하는 모든 이해관계자가 참여하는 상생·협력의 파트너십을 구축하여 유역 물 문제 해결
○ (수자원 개발) Top-down 방식의 댐 개발은 중단하고, 기존시설(기존 댐, 발전댐, 농업용저수지 등) 연계활용 극대화 추진
○ (물이용 체계) 용수확보시 물 수요관리를 우선 검토하고, 용수 부족지역은 하수 재이용, 기존시설 최적 활용 검토
○ (상수도 분야) 광역-지방상수도 통합·연계 강화로 중복예산을 절감하고, 절감된 예산은 취약지역 물 형평성 개선에 투자
　　* 급수보급, 마을상수도 개선, 도서지역 지하댐 설치 등
○ (친수사업) 기존 친수구역 사업은 물 재이용, 도시 물순환 강화, 생태·경관을 고려한 친환경 물순환 도시 모델로 조성

이제는 역사 속으로 사라져야 할 이름, '지리산댐'

환경부의 '국가 주도 대규모 댐 건설 중단' 결정을 환영하며

지난 1999년, 지리산댐 건설계획이 처음 등장할 때만 해도 이렇게 긴 시간 동안, 이토록 많은 사람들이 싸워올 것이라고는 상상할 수 없었다. 지리산은 대한민국 국립공원 제1호로서 어떤 난개발로부터도 안전해야 할 곳이었으며, 지리산댐은 대담하게도 바로 그 지리산국립공원의 턱밑까지 담수하겠다는 계획을 내세웠다. 그 타당성 또한 심히 의심되었고, 천년고찰 실상사까지 수몰 예정지에 포함되어 있기도 했다. 곧 국민적 저항에 부딪혀 금방 사라질, 아니 사라져야 할 댐 계획이었다.

하지만 한국의 토건세력들은 지칠 줄 모르고 지리산을 향해 삽자루를 들이밀었고, 이는 곧 2002년 '지리산생명연대'의 창립 계기가 되기도 했다. 국립공원 제1호로서의 상징성은 지리산 생명의 평화로서 실재하게 된다고 믿었던 사람들이 지리산으로 모인 것이다. 그렇게 모인 사람들이 십시일반 힘을 모아 2007년, 실제로 지리산댐 건설계획이 다시 서랍 속으로 돌아가게 만들기도 했지만, 불과 4년여 만에 지리산댐 건설계획은 다시 부활했다.

지리산댐 건설계획은 우리나라 각지에서 갈등과 아픔을 양산하는 다른 토건사업들의 고질적인 문제점이 한데 모인, 마치 판도라의 상자와도 같았다. 필요성보다는 정치적 목적으로 수립된 계획이 필연적으로 보여주는 행정의 불투명성, 강행을 위해 물불 가리지 않는 정부 부처와 공기업의 행태로 인한 공동체 파괴, 주민들의 일상적 불안과 불화 등 헤아릴 수 없는 문제점들이 지리산 북부 하천 일대를 뒤덮었다. 용유담과 같이 가치를 인정받아 명승지정을 앞둔 명소가 순식간에 명승지 후보에서 탈락하기도 했고, 대규모 정부 예산에 눈먼 지자체가 국책사업에 반대하는 주민들에게 앞장서서 불이익을 주기도 했다. 실로 오래된 적폐였다.

바로 이틀 전, 2018년 9월 18일은 그래서 우리에게 더욱 뜻깊게 다가온다. 물관리일원화로 수자원정책에 대한 대부분의 권한을 국토부로부터 이양받은 환경부가, 국가 주도의 대규모 댐 건설계획을 중단하고 '건설'에서 '관리'로 전환하겠다는 정책 방향을 내놓은 것이다. 이것은 그간의 적폐를 청산하고 새로운 시대를 열겠다는 신호탄이라고도 볼 수 있는 사건이다. 이제 이날로부터 더 이상 신규 댐은 지어지지 않을 것이고, 지어져서도 안 될 것이다. 지리산댐이 지난 20년 동안 보여준, 실로 낙후된 관점이 불러온 구시대적 폐단을 가슴 깊이 새겨두고, 다시는 이 나라 어디에서도 이런 일이 반복되지 않게 해야 할 것이다.

지리산댐은 역설적으로, 지리산 일대의 시민운동을 깨어나게 했다. 지리산의 위기 앞에서 지리산생명연대뿐만 아니라 한생명, 지리산종교연대, 지리산권시민사회단체협의회 등 지리산을 중심으로 한 다양한 시민들의 목소리가 모여 넓은 민주주의의 스펙트럼을 만들어냈다. 이들 모두가, 바로 지리산을 생명 평화가 깃든 공간으로 만들어내고, 그 에너지가 세상 곳곳으로 퍼져나가기를 바라는 열망이 한데 모여 생겨난 결과다. 결국, 지리산의 힘이 사람들을 움직여, 마침내 이 나라에서 도서히 사라지지 않을 것 같은 토건 이데올로기를 물리치는 선례를 만들어낸 것이다.

물론, 지리산댐의 불가역적인 백지화를 위해 해결해야 할 과제는 여전히 남아 있다. 더 이상 지을 곳이 없는데도 댐 건설을 강제하는 '댐건설장기계획'이나, 댐 건설을 목적으로 할 경우 사유지라 할지라도 무단 침입을 가능하게 하는 등 구시대적 발상이 고스란히 남아 있는 댐 법을 새롭게 개정하는 작업은 가장 먼저 이루어져야 할 1순위 과제라 할 수 있다. 거기에, 남강댐 치수능력 증대사업의 일환으로 지리산댐이 거론되었던 만큼, 치수능력 증대사업의 근거가 되었던 '가능 최대 홍수량'도 명백한 기준으로 다시 산정해야 한다. 또한, 지리산댐 건설에 방해가 된다는 이유로 보류되었던 용유담 명승지정도 재추진해야 할 것이다.

하지만 지리산댐으로 인해 오히려 더욱 단단해진 지리산권의 시민사회의 힘은, 이 모든 과제들을 수행함에 있어 결코 부족하지 않을 것이다. 환경부의 "9·18 선언"이 결코 말뿐으로 끝나지 않도록, 끊임없이 감시하고 독려하는 것이 시민사회의 역할이고, 우리 지리산생명연대의 역할이다. 이제 우리는 새로운 시대를 위해 발전적인 논의에 적극적으로 참여하고 함께할 것이다.

드디어, 이날이 왔다.
'지리산댐'이라는 이름은, 이제 역사 속으로 사라져야만 한다.

2018년 9월 20일
지리산생명연대

환경부의 '국가 주도 대규모 댐 건설 중단'을 환영한다

지난 9월 18일, 환경부는 국가 주도 대규모 댐 건설을 중단하고, 댐 정책을 '건설'에서 '관리'로 전환하겠다는 의지를 표명했다. 이에 따라, 댐건설장기계획에 포함되어 있던 기존 14개 댐 가운데, 두 곳을 제외한 나머지 댐 건설계획에 대해서는 추진 계획이 없다는 입장도 밝혔다. 또한, 향후 중소규모 댐 역시 유역통합관리를 위해 인근 지자체의 합의, 공감대 확보를 거쳐 추진하겠다고 한다.

실로 길고 험난한 과정이었다. 우리 지리산댐백지화함양대책위원회(이하 대책위)는 지난 1999년, 처음 지리산댐 건설계획이 발표되던 시절부터 줄곧 일관된 목소리를 내어왔다. 지리산뿐 아니라 이 나라 어느 곳에도 더 이상 대규모 댐이 필요하지 않다는 사실을, 우리는 지리산댐 건설 백지화를 위해 싸우면서 깨닫게 되었다.

비전문가이자, 댐 건설이 추진될 경우 하릴없이 고향에서 쫓겨날 처지였던 주민들의 목소리는 지난 20년 남짓한 기간 동안 언제나 무시당하기 일쑤였다. 그런 외롭고 고된 시간을 버텨온 우리 대책위와 주민들에게, 이번 환경부의 결정은 실로 커다란 희망의 빛이라 할 수 있다.

지리산댐백지화운동사는 그 자체로 환경부의 새로운 물관리정책에 대한 당위성을 보여주고 있다. 유역통합관리라는 개념 없이 함부로 도입된 지리산댐 건설계획은 초기부터 현재까지 이어지는 남원-함양-산청-진주-사천 등 지자체 간의 갈등을 수시로 낳아왔다.

또한 지역, 혹은 중앙의 권력 교체기마다 댐 건설계획이 재점화되고, 그때마다 당대의 이슈에 맞게 댐의 목적이 변경되어온 것을 돌아보면, 이미 90년대 후반부터 대형댐 건설은 필요성 여부보다는 정치적 목적에 의해 이루어졌음을 알 수 있다. 댐으로 홍수도, 수질악화도 막을 수 없음은 4대강사업을 통해 온 국민이 처절하게 깨닫기도 전에, 이미 지리산댐백지화운동 과정에서 수차례 예견되었으며, 이미 충분히 확보된 수자원의 질을 향상시켜야 한다는 것 또한 운동 초창기 각계의 주장에서도 찾아볼 수 있다.

따라서, 환경부의 이번 결정은 그동안의 권력들이 무시해왔던, 댐으로 고통받는 사람들의 목소리를 늦게나마 조금이라도 수용한 것으로 볼 수 있다. 물론, 여전히 지리산댐 건설계획에 대해 '백지화'라는 단정적 표현을 하지 않고 있으며, '남강댐 치수능력 증대사업'과 관련하여 지리산 홍수조절댐을 주장하는 세력들이 남아 있기 때문에 완전히 안심할 수는 없다.

또한 여전히 불합리하고 시대착오적인 조항들이 가득한 댐 법 개정 역시, 지리산댐 건설 망령이 다시 등장하지 않도록 하기 위한 중요한 선결과제이다. 하지만 이번 결정을 계기로 삼아 보다 발전적인 논의가 지속된다면, 더 이상 댐으로 인해 삶이 망가지는 사람들이 나타나지 않는 시대가 올지도 모른다는 기대를 우리 대책위와 주민들은 품고 있다.

하여, 지리산댐백지화함양대책위원회는 이로써 함양을 관통하여 흐르는 지리산 북부하천, 엄천강의 보전을 위한 감시와 행동을 이어나갈 것이다. 앞으로 다시는 지리산댐 건설계획의 악몽이 엄천강을 위협하지 않도록 하기 위해 해결해야 할 과제가 적지 않다.

지리산댐으로 인해 좌절된 용유담 명승지정, 10년 단위로 댐 건설을 강제하고 있는 '댐건설장기계획' 폐기 등 더 먼 곳을 향해 우리는 멈추지 않고 걸어나갈 것이다.

환경부의 국가 주도 대규모 댐 건설 중단 결정에 감사하고, 환영한다.

이제 우리 대책위는 환경부의 보다 구체적인 이후 행보를 감시하고 촉구할 것이다.

2018년 10월 1일
지리산댐백지화함양대책위원회

지리산댐백지화 기념사업회(준) 백서 발간 사업

편집위원 Ⅰ 수지행, 이환문, 이원규, 최세현, 노재화
진행 Ⅰ 한승명, 백인식

『지리산의 마음』 발간기금을 후원해주신 분들

- **강원** 구재천 박도 삼척평화 황경자
- **경기** 강길모 고미화 고윤주 권미강 김주연 김현순 김희진 땅의사람들 박기성 박재은 박재현 박정규 백승권 사랑이랑 성미선 손현아 이무열 정지창 조경만 홍미나
- **광주** 이인자 강부미 심재수
- **경남** 강미영 강수돌 강태연 강휴·이선 고한용 권대우 규랑김다솜 김산 김성순 김유철 김현미 김호열 나리임우남 노재화 눈부시게유토피아 다시봄 두레마을 마용운 박태갑 백신종 백혜숙 서정숙 유진국 이나연 이미숙 이병철 이상윤 이재민 이환문 임미루고성준 임병택 임상엽 자유인고수익 장선미 장흔성 전성기 제창모이청득심 조영옥 차용택 최갑진 최세현 최승제 한은진 허정숙
- **대구** 김은선 바람나무배민희 신현희 정수근 최수미
- **대전** 이송 최장희
- **부산** 박소산 조금평에스더 조원옥
- **서울** DarhmaG구담 강대인 고은경 김경완 김광하 김수정 김영란 김제남 김흥규 류지호 바람돌이 불교환경연대 삼인출판 여행생활자선옥 오상선바오로OFM 유동영 유민혜 이선진 이승민 이신형 이영일 이재수 이창엽 이해성 이현지 임준호 장안젤라 전종열 조경두 조병준 조운찬 종이학박종학 주식회사판문 창작집단3355 최순복 한주영
- **세종** 유희경 최은숙
- **울산** 김연숙 언제나 자몽김진희 차카라채종철 천도 최기완
- **인천** 김성용 김지희 이필완
- **전남** 김현지 박발진 유종 윤주옥 장연환 조영
- **전북** 강명희 강회진 권시은 권정희대비주 귀염둥이건후이영임 김미경지견지 김연표 김영효수월심 김정진무애심 김종옥 김태임복덕행 김한나 꾸애최규혜 달곰정웅기 덕산 도법 류귀자 맹선희 박미란 박혜성 백승환 법인 변영희 사단법인한생명 사발지몽주요섭 서광석 서복안 서석곤 선나 성담강석훈 수지행 실상사 아지매최수옥 안상연 안증숙유리광 안지현 양미희 양옥희 오관영 오금자염지심 오혜원 우연이희옥 유미경 유순영 유정희 윤용병 윤평호 이세열 이순덕 이정현 임형택 장미영 전진택 정진철 조명자문수행 조성봉 조성환 조아신 진묵 최근정 탁은경 한형민 허금순대비심 허정순수자타 허차숙 현미선 흐뭇김태정
- **제주** 머털도사문용포 몽켈락김봉현 신나게잼나게지은희 신미영 신용인 정윤주
- **충남** 사단법인세상과함께 안준환 구자인
- **충북** 정재한루아농장 청명장미영
- **온세상이 내집** 강경민 김강민 마고 사랑나무정영석 이태현 최금옥 최순옥아띠 현주 흰놈